权威·前沿·原创

皮书系列为
"十二五""十三五""十四五"时期国家重点出版物出版专项规划项目

BLUE BOOK

智库成果出版与传播平台

河南省社会科学院哲学社会科学创新工程试点项目

河南蓝皮书
BLUE BOOK OF HENAN

河南文化发展报告（2023）
ANNUAL REPORT ON CULTURAL DEVELOPMENT OF HENAN (2023)

文旅文创融合发展

主　编／王承哲
副主编／李立新　杨　波

社会科学文献出版社
SOCIAL SCIENCES ACADEMIC PRESS (CHINA)

图书在版编目（CIP）数据

河南文化发展报告.2023：文旅文创融合发展／王承哲主编.--北京：社会科学文献出版社，2022.12
（河南蓝皮书）
ISBN 978-7-5228-1285-4

Ⅰ.①河… Ⅱ.①王… Ⅲ.①文化发展-研究报告-河南-2023 Ⅳ.①G127.61

中国版本图书馆CIP数据核字（2022）第247792号

河南蓝皮书
河南文化发展报告（2023）
——文旅文创融合发展

主　　编／王承哲
副 主 编／李立新　杨　波

出 版 人／王利民
组稿编辑／任文武
责任编辑／高振华
文稿编辑／顾　萌
责任印制／王京美

出　　版／社会科学文献出版社·城市和绿色发展分社（010）59367143
　　　　　地址：北京市北三环中路甲29号院华龙大厦　邮编：100029
　　　　　网址：www.ssap.com.cn
发　　行／社会科学文献出版社（010）59367028
印　　装／天津千鹤文化传播有限公司
规　　格／开　本：787mm×1092mm　1/16
　　　　　印　张：23.75　字　数：355千字
版　　次／2022年12月第1版　2022年12月第1次印刷
书　　号／ISBN 978-7-5228-1285-4
定　　价／98.00元

读者服务电话：4008918866

▲ 版权所有 翻印必究

河南蓝皮书编委会

主　　任　阮金泉　王承哲
副 主 任　李同新　王玲杰
委　　员　（按姓氏笔画排序）
　　　　　万银锋　王宏源　王建国　邓小云　包世琦
　　　　　冯玺玲　刘朝阳　闫德亮　李　娟　李立新
　　　　　杨东风　杨兰桥　完世伟　张进才　张富禄
　　　　　陈东辉　陈明星　陈建魁　赵西三　郜永军
　　　　　唐金培　曹　明　潘世杰

主要编纂者简介

王承哲 河南省社会科学院院长、研究员。中宣部文化名家暨"四个一批"人才,中央马克思主义理论研究和建设工程重大项目首席专家,中国社会科学院大学博士生导师,河南省和郑州市国家级领军人才,《中州学刊》主编。主持马克思主义理论研究和建设工程、国家社科基金重大项目"网络意识形态工作研究""新时代条件下农村社会治理问题研究"两项以及国家社科基金一般项目两项。出版《意识形态与网络综合治理体系建设》等多部专著。参加庆祝中国共产党成立100周年大会、纪念马克思诞辰200周年大会中央领导讲话起草工作及中宣部《习近平新时代中国特色社会主义思想学习纲要》编写工作等,受到中宣部嘉奖。主持省委、省政府重要政策的制定工作,主持起草《华夏历史文明传承创新区建设方案》《河南省建设文化强省规划纲要(2005—2020年)》等多份重要文件。

李立新 河南省社会科学院文学研究所(黄河文化研究所)所长、研究员。兼任河南省社会科学院中原文化研究中心副主任、河南省姓氏祖地与名人里籍研究认定中心副主任兼秘书长、河南省姓氏文化研究会副会长兼秘书长、《黄河文化》副主编。长期致力于甲骨学殷商史与中原文化研究,在《考古与文物》《中国历史文物》等杂志发表论文50余篇,并编著《中原文化解读》《华夏历史文明传承创新研究》等著作。主持并完成国家社科基金课题1项。连续多年参与河南省委省政府文化建设相关文件的起草工作和省内外文化专题调研活动,对河南文化建设有一定的实践感悟和理论积累。

杨　波　河南省社会科学院文学研究所（黄河文化研究所）副所长、研究员，第二届河南省直青联委员，河南省宣传思想文化战线第六批"四个一批"人才。兼任中国《三国演义》学会理事、河南省文学学会副秘书长等职。主要从事中国古典文学和中原文化研究，已发表《分类编纂唐诗总集的历史考察》《中原人文精神的文化价值和当代意义》等学术论文30多篇，出版《〈唐诗类苑〉研究》等著作8部，主持或参与完成国家社科基金青年项目1项、省部级以上课题8项，科研成果多次获得省部级优秀社科成果奖。

摘　要

2022年是实施"十四五"规划的重要一年，是河南省锚定"两个确保"、实施"十大战略"、加快文化强省建设的关键之年，也是深入实施"十四五"文化旅游融合发展规划、推动文旅文创成支柱的起始之年。一年来，河南省聚焦文化强省建设，以实施文旅文创融合战略为总抓手，以"行走河南·读懂中国"为牵引，多措并举讲好"中原故事""黄河故事"。一年来，河南省编制印发了《河南省"十四五"文化旅游融合发展规划》《实施文旅文创融合战略工作方案》《"行走河南·读懂中国"品牌塑造实施方案》，确定了中华文化传承创新中心、世界文化旅游胜地两大战略定位，明确了文旅文创成支柱的路线图、任务书。公共文化服务设施建设不断完善，文化惠民活动更加丰富多彩，公共文化数字化建设持续推进。文艺创作精彩纷呈，优秀作品接连获奖，河南文化形象不断提升，兴文化工程文化研究计划稳步推进。实实在在抓项目，谋划推进总投资4223亿元的138个文旅文创重点项目，构成文旅文创融合战略的"硬支撑"。以形式创新赋予优秀传统文化时代表达，通过创新创意，实现出圈出彩，做到守正创新，"中国节日"系列节目火爆网络，深受年轻人喜爱和推崇。全力推进河南省文物考古研究院重塑性改革，旨在打造世界一流考古机构；河南省文化旅游投资集团成功组建，成为推动文旅文创融合战略的"旗舰劲旅"。做强做大文化产业，河南省文化及相关产业增加值由2012年的670亿元增加到2020年的2202.99亿元，占同期GDP比重由2.26%提高到4.06%，文化产业正在成为经济增长的新动能。中原出版传媒集团连续7年入选"全国文化企业

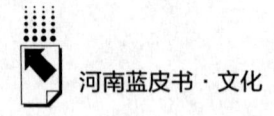

30强"。2023年河南省将着力打造"行走河南·读懂中国"品牌，建设黄河国家文化公园，打造一批具有中华文明标志意义的文化标识；将着力推进中华文明探源工程，在仰韶文化、夏文化、殷商文化等考古研究领域集中发力，形成突破；将着力推动文化旅游高质量发展，加快建设郑汴洛国际文化旅游目的地。推进文化自信自强，激发文化创新创造活力，以文化之光照亮现代化河南建设之路。

关键词： 河南　文旅文创融合战略　"行走河南·读懂中国"　文化强省

目 录

Ⅰ 总报告

B.1 2022~2023年河南文化发展态势分析与展望
………………………………… 河南省社会科学院课题组 / 001
  一　2022年河南文化建设的基本情况……………………………… / 002
  二　2022年河南文化建设存在的主要问题………………………… / 021
  三　2023年河南文化发展的趋势与建议…………………………… / 028

Ⅱ 专题报告

B.2 河南实施文旅文创融合战略的路径与对策研究报告
………………………………… 河南省社会科学院课题组 / 040
B.3 河南省文旅文创融合发展调研报告
……………… 中共河南省委宣传部文化体制改革办公室课题组 / 065
B.4 2022年河南文旅文创融合战略实施报告
……………………………………………… 王　超　王保陆 / 081

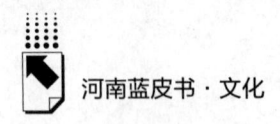

B.5 河南文旅文创融合战略的价值意义与实施路径研究
　　　　　　张　飞　楚小龙　司志晓　杨　奕　谢　顺　王　超 / 089
B.6 以文旅文创融合战略推进河南文化强省建设调研报告
　　　　　　　　　　　　　　　　　　　　　杨恒智　杜松江 / 098
B.7 河南省非物质文化遗产与乡村旅游融合研究……………席　格 / 113

Ⅲ　案例报告

B.8 "行走河南·读懂中国"品牌塑造的思路及举措研究
　　　　　　　　　　　　　　　　　　　　　杨　奕　司志晓 / 123
B.9 "行走河南·读懂中国"主题线路研究报告
　　　　　　　　　　　　　河南省文化和旅游厅文旅文创专班 / 132
B.10 以文化创新表达助力文旅文创融合发展策略分析
　　　——以河南卫视"中国节日"系列节目为例
　　　　　　　　　　　　　　　　　　　　　　　　靳瑞霞 / 144

Ⅳ　综合报告

B.11 2022年河南省公共文化服务发展报告……………孔令环 / 155
B.12 以"书香河南"建设提升全民阅读水平的创新路径研究
　　　　　　　　　　　　　　　　　　　　　　　　刘兰兰 / 172
B.13 2022年河南省新闻业发展研究报告……………田　丹 / 185
B.14 河南省国有景区管理体制改革调研报告
　　　　　　　　　　河南省委宣传部文化体制改革办公室
　　　　　　　　　　省委改革办改革二处调研组 / 197
B.15 关于布局建设河南博物馆群的思考与建议………联合调研组 / 207

B.16 推动河南文化产业高质量发展的路径研究 ……………… 郭海荣 / 217

Ⅴ 区域报告

B.17 西路军红色基因溯源研究报告 …… 河南省社会科学院课题组 / 229
B.18 郑州文旅文创产业发展路径调研报告 ……… 冀佳佳 武赛男 / 255
B.19 河南博物院文创产品开发的思考与建议 …………… 李 珂 / 269
B.20 河南省博物馆IP开发策略研究 ………………… 卢 冰 / 281
B.21 开封文旅文创融合发展研究报告 ………………… 郭树伟 / 290
B.22 2022年驻马店文旅文创融合发展报告 …………… 郭 超 / 300

附 录 2021~2022年河南文化发展大事记 ……………… 李玲玲 / 315

Abstract ……………………………………………………………… / 338
Contents ……………………………………………………………… / 341

总报告
General Report

B.1
2022~2023年河南文化发展态势分析与展望

河南省社会科学院课题组*

摘　要： 2022年是"十四五"规划全面展开布局的重要年份，也是河南实施文化旅游融合发展规划的关键之年。河南紧紧围绕建设文化强省的战略目标和实施文旅文创融合战略的重要任务，全方位塑造"行走河南·读懂中国"品牌体系，以超常举措跑出了河南文化旅游融合发展的"加速度"。一年来，河南省陆续出台了一系列政策法规，从政策、税收、金融、人才等方面给出推动文旅产业发展的具体措施。公共文化服务设施建设不断完善，数字平台建设日趋完善，文化惠民活动更加丰富多彩，为河南持续推进公共文化数字化建设奠定了良好基础；文化旅游融合发展带来重大战略机遇，文化产业明显企稳回暖，文化核心领域占比不断提高，

---

* 课题组组长：李立新，河南省社会科学院文学研究所（黄河文化研究所）所长、研究员；副组长：杨波，河南省社会科学院文学研究所（黄河文化研究所）研究员，研究方向为中国文学和文化学；课题组成员：席格、孔令环、郭海荣、靳瑞霞；执笔人：郭海荣、靳瑞霞。

文化传播和投资运营成为增长主力，新兴文化业态发展势头良好；文艺创作精彩纷呈，优秀作品接连获奖，河南文化形象不断提升；文化遗产保护有序推进，活态传承效果明显，社会影响力持续提高。但不容回避的是，河南文化旅游融合发展还存在以下问题：公共文化服务数字化仍需持续提质升级，文旅融合发展战略的体制机制仍需完善，文旅融合发展需要避开与其他项目建设交叉重复的问题，文旅文创产业间的融合度和文旅行业协同水平均有待提高，文旅融合品牌的综合影响力仍有待提升。打造文旅产业旗舰劲旅，提升龙头企业的数量、质量与韧性，依然是河南未来几年文旅产业发展的重中之重。2023年，应以"十四五"时期国家和河南省内编制出台的各项政策法规为主要依据，通过多点发力，持续推进公共文化服务数字化提质升级，提高公共文化服务水平；加强多级协同，大力推动文旅融合体制机制完善创新，打造文旅一体化机制；推动多方施策，快速提升河南文旅综合品牌影响力，在新时代的历史坐标上奋力谱写现代化河南的华彩乐章。

关键词： 河南　文化强省　文旅融合　"行走河南·读懂中国"品牌

2022年，河南省始终坚持把习近平总书记视察河南时的重要讲话、重要指示批示作为文化建设的总纲领、总遵循、总指导，坚持把创新作为引领发展的第一动力，把人民群众对美好生活的向往作为发展文化事业的奋斗目标，踔厉奋发、勇毅前行，使文旅文创频频出彩，展现出一亿河南儿女蓬勃向上的精神风貌。

一　2022年河南文化建设的基本情况

2022年是"十四五"规划全面展开布局的重要年份，也是河南实施文化旅游融合发展规划的关键之年。河南省紧紧围绕"建设文化强省"的战略目标，充分发挥历史文化资源优势，全方位塑造"行走河南·读懂中国"品牌体系，努力推动河南"在文化旅游融合领域持续创意创新、破题破冰、出圈出彩"①，在新冠肺炎疫情给全球文化旅游带来空前挑战的背景下，仍以超常举措跑出了河南文化旅游融合发展的"加速度"。

（一）出台多项扶持政策，推动文旅产业发展

第一，政策是行动的纲领。2022年1月13日，《河南省"十四五"文化旅游融合发展规划》（以下视情简称《规划》）正式发布，明确了河南省文化旅游融合发展的目标、体系构建和保障措施。《规划》提出要实施文旅文创融合战略，将河南建设成为中华文化传承创新中心、世界文化旅游胜地；到2025年底，河南省旅游业综合贡献和文化产业增加值占生产总值比重分别超过12%和5%，"文旅文创成为全省战略性支柱产业"；到2035年，文化强省建设目标全面实现，"文旅文创成为高质量建设现代化河南的重要支点"；到2050年，"以中原文化、黄河文化为代表的中华文化成为世界广泛认同的文明形态"，"文旅文创成为高水平实现现代化河南的重要标志"。②《规划》指出，要以习近平新时代中国特色社会主义思想为指导，以满足人民日益增长的美好生活需要为出发点和落脚点，坚持"创意驱动，科技赋能""深化改革，释放活力""项目为王，内容至上""以人为本，生活导向"的基本原则，从构建资源保护利用新体系、构筑文化旅游发展新空间、促进文化旅游内容再生产、完善文化旅游产业全链条、开拓文化旅游消费新领域、建设文化旅游推广新体系、重

---

① 参见《河南省人民政府关于印发河南省"十四五"文化旅游融合发展规划的通知》，河南省人民政府网站，2022年1月13日，https://www.henan.gov.cn/2022/01-13/2382423.html。
② 《河南省人民政府关于印发河南省"十四五"文化旅游融合发展规划的通知》，河南省人民政府网站，2022年1月13日，https://www.henan.gov.cn/2022/01-13/2382423.html。

塑文化和旅游公共服务体系等方面，对推动河南文化旅游高质量融合发展提出比较具体的要求。①《规划》的印发与实施，意味着新时期河南文化强省战略开始从宏观层面落到实处，河南文旅融合发展迎来新的机遇和挑战。

第二，政策是纾困的手段。为削弱新冠肺炎疫情对文旅产业发展的负面影响，2022年4月21日，河南省文化和旅游厅印发了《关于抓好促进旅游业恢复发展纾困扶持政策贯彻落实工作的通知》（以下简称《通知》），从政策、税收、金融等方面给出具体措施，要求全省各地把对旅游业的纾困帮扶作为重要工作任务来推进，努力稳住旅游业恢复发展的基本盘。《通知》提出，要从品牌塑造、数字赋能、搭建文旅消费平台等六大方面综合发力，改善文化旅游产业的发展环境，助力企业渡过难关，推动河南文化旅游产业发展。《通知》提出计划投资52亿元对只有河南·戏剧幻城、武陟县嘉应观景区、林州红旗渠景区等2291个文旅项目重点推进，对"行走河南·读懂中国"百大标识项目数字化展示给予2亿元奖补，对"黄河文化千里研学之旅"项目营地给予3000万元奖补，对A级乡村旅游示范村给予500万元至1000万元的乡村振兴补助资金，对省级非遗代表性项目和代表性传承人给予3000万元补贴。②为指导企业用好帮服政策，河南省又进一步推出《河南涉文旅纾困助企政策指南（第一版）》，对具体政策进行细化解读，运用现代数字网络科技，对企业进行细分，精准推送政策，扩大政策宣传的覆盖面，提高对其的理解度，推广政策执行的事务性操作途径与方法，力争让相关企业"应享尽享"政策措施。2022年4月27日，河南省文化和旅游厅与中国银联河南分公司联合印发了《关于开展文化和旅游消费助企惠民行动的通知》，在为小微企业减费纾困、文化旅游消费惠民活动、支付便利

---

① 参见《河南省人民政府关于印发河南省"十四五"文化旅游融合发展规划的通知》，河南省人民政府网站，2022年1月13日，https://www.henan.gov.cn/2022/01-13/2382423.html。

② 《关于抓好促进旅游业恢复发展纾困扶持政策贯彻落实工作的通知》，河南省文化和旅游厅网站，2022年4月21日，https://hct.henan.gov.cn/2022/04-21/2436158.html。

化等方面展开工作,① 对小微企业和个体工商户小额交易手续费给予优惠,鼓励各家银行依法发行推广文旅特色主题产品,并给予相应的用户优惠权益,真正把帮助文化旅游企业渡过难关、促进文化和旅游恢复发展落到实处、落到细处、落到具体处。

第三,政策是消费的动能。为贯彻落实《国务院办公厅关于进一步释放消费潜力促进消费持续恢复的意见》,提振社会消费信心,提升消费意愿,释放消费潜力,增强消费对经济发展的基础性作用,2022年7月河南省正式出台《河南省人民政府办公厅关于印发河南省进一步释放消费潜力促进消费持续恢复实施方案的通知》,该通知提出了26条重磅举措,通过多点发力、持续创新、强化支撑、完善监管、加强保障等多种手段,② 夯实消费发展基础,增强消费发展动能。这一实施方案还被国家发展改革委作为"进一步释放消费潜力促进消费持续恢复"的典型经验做法加以推广。③

第四,政策是定盘的秤砣。2022年8月,河南省又进一步出台《河南省全面加快基础设施建设稳住经济大盘工作方案》,推出重点工作清单,聚焦网络型基础设施、产业升级基础设施、城市基础设施、农业农村基础设施、国家安全基础建设五大领域,总投资4.22万亿元对包括中原大数据中心、河南省智慧岛(三门峡)项目等在内的597个重大基础设施项目推进实施和强化督导,对相关交通、能源、科技、物流、物资储备等多个方面的主要任务和发展目标提出具体要求。通过基础设施建设,提升河南经济文化服务水平,推动河南经济稳步增长。

---

① 《河南省文化和旅游厅 中国银联河南分公司关于开展文化和旅游消费助企惠民行动的通知》,河南省文化和旅游厅网站,2022年4月29日,https://hct.henan.gov.cn/2022/04-29/2441340.html。

② 《河南省人民政府办公厅关于印发河南省进一步释放消费潜力促进消费持续恢复实施方案的通知》,河南省人民政府网站,2022年7月15日,https://www.henan.gov.cn/2022/07-15/2488103.html。

③ 《进一步释放消费潜力促进消费持续恢复典型经验做法之十五:河南省"四力齐发"促进消费加快恢复》,国家发展改革委官方百家号,2022年9月13日,https://baijiahao.baidu.com/s?id=1743853832187472113&wfr=spider&for=pc。

第五，政策是规范的保障。2022年9月30日，河南省十三届人大常委会第三十五次会议表决通过了《河南省公共文化服务保障促进条例》（以下简称《条例》），为完善公共文化服务体系、推进公共文化服务高质量发展、加强"行走河南·读懂中国"品牌建设提供了政策法律指引。《条例》对公共文化设施建设、公共文化设施管理、公共文化服务提供、群众文化活动组织、公共文化品牌培育等涉及公共文化建设方面的众多内容进行规范，为河南文化强省建设提供了有力保障。①

第六，政策是标准的执行。2022年5月，河南省正式出台《河南省人民政府关于持续增加农民收入的指导意见》，强调要立足河南乡村振兴战略大局，加快发展乡村旅游，推进乡村旅游示范村、休闲康养基地等的建设，推广乡村旅游、康养、民宿、美食，力争到2025年，"创建400个A级乡村旅游示范村，全省乡村旅游年经营总收入达到3000亿元"②。河南省地方标准《乡村康养旅游示范村等级划分与评定》于2022年10月10日起开始实施，明确了河南文化旅游建设标准、等级划分和评定方法，推动了标准河南的建设，是对乡村康养旅游工作的深入探索，在全国范围内具有积极的创新引领作用。政策法规的密集出台，显示出河南为推进文化强省建设、推动经济文化稳步发展而主动作为的使命与担当。

（二）公共文化服务质效提升，服务能力不断增强

第一，公共文化服务设施建设不断完善。近年来，河南省持续加大公共文化服务投入力度，不断完善文化旅游场馆设施。为积极推动城乡基本公共文化服务一体化、均等化、标准化建设，更好满足城乡居民的文化消费需求，河南着力推动博物馆、图书馆、文化馆总分馆建设，加强基层综合性文化服务中心的建设，完善相关配套设施，《河南省"十四五"文化旅游融合

---

① 参见《河南省公共文化服务保障促进条例》，河南省人民政府网站，2022年10月15日，http://www.henan.gov.cn/2022/10-15/2624187.html。
② 参见《河南省人民政府关于持续增加农民收入的指导意见》，河南省人民政府网站，2022年5月26日，http://www.henan.gov.cn/2022/05-26/2456438.html。

发展规划》明确提出，要大力支持郑州建成"百家博物馆"，推动洛阳打造"东方博物馆之都"，努力将公共文化服务延伸到百姓身边。2022年，河南豫剧院新院建成并投入使用，河南博物院新院、河南省文物考古研究院新院、河南省美术馆新馆、河南省图书馆新馆等文化馆所陆续施工，河南省古籍博物馆、河南省非物质文化遗产馆等一批重点文化工程在不断推进。截至2021年底，河南省共有博物馆（纪念馆）384个、文化馆207个、公共图书馆166个、公共美术馆8个、乡镇（街道）文化站2478个、村（社区）综合性文化服务中心5万多个，智慧城市书房、文化驿站、朗读亭等新型公共文化空间1500多个，①公共文化场馆数量稳步提高，提升了城市品位，丰富了公共文化服务内容。2022年8月，河南省财政划拨资金3.29亿元，支持公共文化事业高质量发展，其中1.8亿元用于支持纳入中央免费开放补助范围的博物馆、纪念馆、公共体育馆的正常运行；1.1亿元用于支持落实基本公共文化服务标准，实施文化惠民工程，改善、提升公共文化设施条件，支持公共文艺演出；0.4亿元用于支持媒体融合发展，②建立和完善省、市、县、乡、村五级公共文化服务网络，让公共文化服务到社会的每一个神经末梢。

第二，数字平台建设日趋完善。为适应时代发展的新需求，近年来河南省大力推动实施公共数字文化建设工程，先后上线"文化豫约""百姓文化云""书香河南"等多个数字化服务平台，整合全省文化资源，使公共文化产品和服务直接展现在百姓面前，为百姓提供"菜单式""订单式"服务，让公共文化服务精准对接百姓需求，百姓参与公共文化服务的热情高涨。截至2022年3月底，"文化豫约"平台注册用户近200万人，在线开放文化场馆3688家，发布各类文化活动25706场，超3500万人次在线累计观看；③

---

① 《奋进新征程 建功新时代·非凡十年 出彩中原 厚重河南丨文化之光映照美好生活》，大河网，2022年10月1日，https：//baijiahao.baidu.com/s?id=17454137571953706 47&wfr=spider&for=pc。
② 《超3亿元资金支持河南省公共文化事业高质量发展》，澎湃网，2022年8月20日，https://m.thepaper.cn/baijiahao_19540686。
③ 《对省政协十二届五次会议第1250757号提案的答复》，河南省文化和旅游厅网站，2022年7月29日，https：//hct.henan.gov.cn/2022/07-29/2550686.html。

"郑州文旅云"平台注册用户近135万人，在线开放文化场馆658家，社群用户超2万人，累计开展文化直播活动832场，服务覆盖超4000万人次，用户注册数、订单量、活跃度等指标位居全国同类平台前列。[①] 数字化服务平台将新媒体运营、社区运营、内容运营等互联网运营模式与公共文化资源相结合，在丰富公共文化服务内容、扩大公共文化服务范围的同时，还有助于管理部门根据大数据分析了解群众需求，为科学决策提供依据，推动河南公共文化服务水平快速提升。2022年4月，河南省数字经济发展领导小组公布了河南省数字化转型典型应用场景（第一批）名单，包括10个领域的109个项目，共10个文旅类项目入选，其中，推广类场景7个、创建类场景3个（见表1）。

表1 河南省数字化转型典型应用场景（第一批）名单

	场景名称	申报单位
推广类场景	老家河南·黄河之礼数字非遗馆小程序	河南省中域文化旅游产业发展公司
	云台山智慧旅游系统	焦作云台山旅游发展有限公司
	郑州市公共数字服务平台"郑州文旅云"	郑州市文化广电和旅游局
	庙底沟仰韶文化博物馆数字馆	三门峡市文化旅游投资有限责任公司
	太极全域剧场	河南省知行太极文化旅游有限公司
	老君山智慧化管控平台	河南省老君山文化旅游集团有限公司
	信阳市鸡公山景区5G+智慧文旅平台建设	信阳鸡公山风景区经营管理有限公司
创建类场景	基于国家文化大数据体系河南中心建设的文化成果数字化	河南广电传媒控股集团数字产业投资有限公司
	龙门数字化展示中心	龙门石窟世界文化遗产园区旅游局
	文旅预约一码通	河南省文化和旅游厅信息中心

资料来源：《河南省首批数字化转型典型应用场景名单公布》，河南省人民政府网站，2022年4月27日，http://www.henan.gov.cn/2022/04-27/2439630.html。

城乡公共文化基础设施的进一步完善、数字平台用户规模的不断扩大、公众参与公共文化活动热情的不断高涨，都为河南持续推进公共文化数字化建设奠定了良好基础。

---

① 成燕、杨丽：《奋力打造黄河历史文化主地标城市》，《郑州日报》2022年10月8日。

第三，文化惠民活动走深走实。2022年，河南公共文化服务进一步向深向实推进，真正让百姓享受到文化惠民活动带来的实惠和乐趣。2022年春节，郑州大剧院启动"新春演出季"活动，共推出《水月洛神》《情满四合院》等有代表性的河南经典演出剧目28部45场，以精彩节目拉开了2022年春节文化活动的序幕。2022年，河南以"喜迎二十大 欢乐进万家"为主题，开展包括广场舞、大合唱、美术书法、摄影等在内的多项群众文化活动，其中，"中原舞蹁跹"河南省艺术广场舞大赛共有23万人1万余支广场舞队伍踊跃参加，线上线下观众参与高达2376.9万人次；"盛世梨园我来唱"河南省戏迷擂台赛吸引了来自全国各地的6500余名戏迷参与，线上线下共有5000余万人次观看；"唱响新时代"河南省群众合唱大赛展演25场，共有3400支合唱团队18.6万人参与；"我的乡村文化合作社"才艺大赛面向乡村乡民，活动期间共推出106首地方特色鲜明、精神昂扬向上的村歌村曲，创作出322项"乡创""村创"文化产品。这些活动通过"自下而上、层层选拔、适当奖励"的方式，吸引了广大人民群众的参与，目前已举办各类赛事活动7000余场，参与人数超1200万人次，真正做到让群众多参与、让群众"唱主角"。河南"2022全民阅读"活动由全省各级公共图书馆联合举办，依托讲座联盟、展览联盟、服务联盟等，紧扣活动主题"深入推进全民阅读，丰富群众文化生活"，开展主题展览、专题讲座、影片展映、读书会等一系列活动，其中"书香河南首届全民阅读大会"共展出4000多种图书、20种数字阅读产品，举办20多场阅读活动和百种文创产品展览会。此外，"文化行走 书香河南"微视频大赛、"行走读河南"系列展览、"六一"书香市集、"诗词里的河南"诵读等活动，更是激发了广大群众参与的热情，深受群众好评。

（三）文化产业企稳回暖，新兴业态势头良好

第一，河南省文化产业明显回暖。从规模以上文化及相关产业企业综合情况看，2021年，河南省2871家规模以上文化及相关产业企业实现营业收入2405.26亿元，同比增长7.4%；其中文化新业态特质明显的16个互联网

文化行业小类实现营业收入170.03亿元，同比增长14.5%，①比规模以上文化及相关产业企业增幅高出7.1个百分点，全省文化产业发展后劲十足。从文化产业领域划分来看，文化核心领域和文化相关领域营业收入分别为1515.67亿元、889.59亿元，同比分别增长7.9%、6.5%。从行业收入情况看，新闻信息服务124.44亿元、内容创作生产658.55亿元、文化传播渠道302.40亿元、文化投资运营16.19亿元、文化辅助生产和中介服务609.33亿元、文化装备生产68.46亿元、文化消费终端生产211.80亿元，同比增长分别为32.0%、4.6%、24.1%、27.9%、7.4%、10.6%、2.8%；文化娱乐休闲服务和创意设计服务表现不尽如人意，营收额分别为81.01亿元、333.08亿元，同比分别下降10.0%、0.3%（见表2）。从产业类型看，2021年河南文化制造业营业收入1255.87亿元、文化批发和零售业营业收入440.0亿元、文化服务业营业收入709.39亿元，同比分别增长5.8%、19.5%、3.6%。②从各省辖市发展情况看，郑州市、许昌市、洛阳市、南阳市、开封市等9个省辖市规模以上文化及相关产业企业营业收入超过百亿元，占全省的85.6%（见表3）。从上述数据可以看出，河南文化新业态的支撑作用进一步增强，文化传播和投资运营成为增长主力，文化核心领域占比不断提高，疫情影响明显减弱，文化产业逐步复苏回暖。

表2 2021年河南规模以上文化及相关产业企业营收情况

	绝对额（亿元）	占比（%）	比2020年增长（%）
全省总计	2405.26	100	7.4
1.文化核心领域	1515.67	63.0	7.9
新闻信息服务	124.44	5.2	32.0
内容创作生产	658.55	27.4	4.6

---

① 《2021年河南规模以上文化及相关产业企业营业收入同比增长7.4%》，河南经济报，2022年2月15日，https://baijiahao.baidu.com/s?id=17248110927992239 03&wfr=spider&for=pc。
② 《2021年河南规模以上文化及相关产业企业营业收入同比增长7.4%》，河南经济报，2022年2月15日，https://baijiahao.baidu.com/s?id=17248110927992239 03&wfr=spider&for=pc。

续表

	绝对额(亿元)	占比(%)	比2020年增长(%)
创意设计服务	333.08	13.8	-0.3
文化传播渠道	302.40	12.6	24.1
文化投资运营	16.19	0.7	27.9
文化娱乐休闲服务	81.01	3.4	-10.0
2. 文化相关领域	889.59	37.0	6.5
文化辅助生产和中介服务	609.33	25.3	7.4
文化装备生产	68.46	2.8	10.6
文化消费终端生产	211.80	8.8	2.8

资料来源：河南省统计局官网，https://tjj.henan.gov.cn/。

表3 2021年河南分地区规模以上文化及相关产业企业营收情况

	绝对额（亿元）	占比（%）	比2020年增长（%）	比2019年增长（%）
全省总计	2405.26	100	7.4	1.3
郑 州	530.88	22.1	16.7	11.2
许 昌	542.52	18.8	4.6	1.9
洛 阳	334.91	13.9	5.9	11.0
南 阳	163.73	6.8	19.0	20.7
开 封	125.72	5.2	-4.6	-15.1
新 乡	123.13	5.1	26.0	9.2
周 口	115.78	4.8	4.9	15.5
商 丘	109.70	4.6	-17.3	-19.9
平顶山	104.07	4.3	18.0	14.0
漯 河	66.56	2.8	-1.0	-54.5
驻马店	63.70	2.6	-7.2	1.6
信 阳	63.12	2.6	-6.0	2.0
焦 作	58.05	2.4	18.3	-21.7
濮 阳	26.29	1.1	13.0	-7.3
三门峡	24.90	1.0	17.2	37.2
鹤 壁	23.39	1.0	18.1	13.3
安 阳	15.12	0.6	-9.1	-13.8
济 源	3.71	0.2	-5.2	-20.4

资料来源：河南省统计局官网，https://tjj.henan.gov.cn/。

第二，文旅融合助推高质量发展。一是《河南省"十四五"文化旅游融合发展规划》的出台，极大地促进了河南文化旅游业的发展。文旅文创融合战略上升为"十大战略"之一，为河南省文化旅游融合发展带来重大战略机遇。2022年6月，河南省文化旅游投资集团正式挂牌成立，这是河南省委省政府为整合省内优质文化资源、加快文化旅游强省建设而采取的重要举措。成立初期，河南省文化旅游投资集团就与泰国正大集团正大商业发展（上海）有限公司签署协议，在景区、酒店、剧院、灯光秀等多个方面展开合作，争取在郑汴洛核心区文旅文创发展上先行实现突破。二是河南文化旅游公司运营水平不断提升。根据迈点研究院发布的《2022年4月中国文旅业发展报告》统计数据，河南银基文旅集团、建业文旅集团、洛阳文旅集团、河南省文化旅游投资集团分别以第35位、36位、37位、96位入选4月份"全国文旅集团品牌影响力百强榜"，其中银基文旅集团是第二次入榜，并在全国大型民营文化企业中居第5名。三是积极组织参与会展，大力推介河南丰厚的文化旅游资源。2022年7月，河南共有9个省辖市文化广电和旅游局及22家重点企业参加"2022中国国际旅游交易会"，通过对"行走河南·读懂中国"品牌场景化、时尚化、艺术化、数字化手段的展示，对"文明起源、华夏古都、万里黄河、中国功夫、老家河南"等最具河南文化特色的内容进行立体呈现。9月，在洛阳举行的第五届中原国际文化旅游产业博览会瞄准了文旅消费新趋势，以"户外+"为主题，通过营地设计、露营体验、"欢乐嘉年华"等活动，打造集露营、游玩、美食等于一体的户外潮流体验地，共吸引200多家国内外企业参加，展出产品1万余种，交易总金额达9220万元，微博话题点击量破亿，为洛阳市民和游客提供了一场异彩纷呈的文化盛宴。

第三，文旅融合发展助推旅游热潮。2022年春节期间，驻马店多家旅游景区精心准备了多姿多彩的旅游文化"大餐"，如嵖岈山景区推出"萌虎上山贺新春活动"，老乐山景区举办大型民俗艺术花灯展、表演确山打铁花，皇家驿站举行花船表演、绣球招亲，精彩的传统民俗表演吸引了无数游客，其中皇家驿站7天接待游客超过40万人次，老乐山景区接待游客超过

8万人次。同一假期，洛阳龙门石窟、隋唐洛阳城国家遗址公园、老君山等多家知名景区举办的民俗文化游也成为热点，其中龙门景区推出的"盛世隋唐·千年龙门"沉浸式灯光秀更是深受游客喜爱。2022年春节假期，洛阳共接待游客357.69万人次，旅游收入17.13亿元，其中龙门石窟共接待游客7.23万人次，旅游收入227.63万元；隋唐洛阳城国家遗址公园共接待游客4.47万人次，旅游收入115.18万元；老君山景区共接待游客2.18万人次，旅游收入485.43万元。① 文化旅游融合激发消费意愿，文化政策提振消费信心。2022年河南假日游中的游客数量明显提升，文旅市场发出积极信号。其中，春节期间全省共接待游客2768万人次，总收入约130亿元；国庆节期间更是出游高峰，全省接待游客数量居全国第3名，共接待游客3995.85万人次，旅游收入191.79亿元（见表4）。

表4 2022年河南省主要节庆日旅游数据

	接待游客数(万人次)	旅游收入(亿元)
元旦	1011	43
春节	2768	130
清明节	311.51	14.51
劳动节	1025.29	48.05
端午节	851.97	37.60
中秋节	1585.31	74.62
国庆节	3995.85	191.79

资料来源：河南省文化和旅游厅官网，https：//hct.henan.gov.cn/。

（四）文艺创作成绩突出，引发社会强烈反响

2022年9月19日，河南省委书记楼阳生在河南文艺工作者座谈会上强调，要深入学习贯彻习近平总书记关于文艺工作的重要论述，坚持以人民为中心，紧跟时代步伐，扎根中原大地，创作出更符合社会需要和人民需求的

---

① 《虎年春节，洛阳文旅交出亮眼成绩单！》，大象网，2022年2月6日，https：//www.hntv.tv/rhh-5426573312/article/1/1490321553511768065。

精品力作。① 2022年，河南省文艺工作者坚持以"胸怀国之大者，回应时代课题"为指引，创作出一批优秀的文艺作品，在新时代的历史坐标上唱出河南声音。

第一，文艺创作精彩纷呈。在长篇小说创作方面，乔叶的《宝水》一经推出，就受到社会各界的关注和好评。乔叶深入生活内部，以女性视角观察当下的新农村建设和乡村振兴，将位处中国政治神经末梢的小小村落因文旅发展而展现出的新风貌、新形象、新生活刻画得生动准确传神，从"宝水村"可以看见最基层、最普通也最具代表性的中国乡村建设，有评论者认为这部作品"潜入了生活深处，写活了人物，写足了细节"②。小说发表之后，迅速被《小说选刊》"新时代文学攀登计划"栏目转载，认为其是"用文学形式反映新时代历史巨变，向伟大时代、伟大人民、伟大实践致敬，开启一场与文学前辈跨越时空的文学接力"，"《宝水》向高峰迈出了可贵的、坚实的一步"③。李健伟、朱六轩合著的《痴心》是一部长篇工业题材小说，通过一家中小企业在改革开放后几十年的发展历程，讲述了一代企业家的青春与拼搏，填补了河南工业题材作品的空白。

在中短篇小说创作方面，刘庆邦的《梧桐风》和《花篮》延续了他的一贯风格和水准，将视线聚焦于矿山中的爱情。矿山中的青年在工作时下井是常态，但这同时也是"一场离别"。小说在讲述矿工爱情之时，用温和、古典的语言将残酷的生活场景描写得温暖从容。南飞雁的《枪王之王》以小蔺这个从小城走出来的年轻人结束"北漂"后的返乡生活为背景，讲述他在日常压抑的生活中不断在"躺平摆烂"和"奋斗上进"的两端摇摆，写出当下许多年轻人复杂的精神状态和困顿的现实生活图景。郑在欢的小说集《今夜通宵杀敌》分为"昔时少年"和"U形故事"两个部分，前者从少年视角出发回顾"90后"的成长，后者以回归者的视角剖析家乡。这是

---

① 《楼阳生在主持召开文艺工作者座谈会》，凤凰网河南，2022年9月21日，http://hn.ifeng.com/c/8JSmKMdCxLl。
② 韩敬群：《生活是创作的宝水》，《小说选刊》2022年第10期。
③ 《卷首语》，《小说选刊》2022年第10期。

少见的以"90后"视角描写家乡、成长、青春和疼痛的作品。有评论家认为，郑在欢的小说"残忍、沉痛，却又极其有趣，完全吻合这个世界存在的现象和本质"①。此外，李清源的《求诸野》、智啊威的《隐山》等质量上乘，颇受人瞩目。

在散文创作方面，冯杰的散文集《鲤鱼拐弯儿》，通过一个个具体的植物、动物、器物，写出了北中原黄河岸的风土人情，构建了一个丰富多彩的北中原乡村图景。赵瑜的《大海手记》以开阔的视野丰富了对海的理解。

在网络小说创作方面，舞清影的《谁不说俺家乡美》讲述了选调生赵钰在豫西山区驻村扶贫时与女村主任徐连翘之间发生的曲折浪漫的扶贫故事，将"悬浮"的网络小说与现实紧密地结合起来。

在诗歌创作方面，张鲜明的《鲜明之幻》无疑是最受关注的诗歌类作品。该诗集由《信使的咒语》、《暗风景》和《幻游记》三册组成，诗人用魔幻的手法表现出民众的生存状态和灵魂挣扎，使日常生活呈现超现实幻境，是河南诗歌创作的一次大胆尝试。

在影视创作方面，2022年河南卫视持续推出"中国节日"系列节目，在每个传统文化代表性节日都会推出相应的节目，节目持续火爆破圈，已经成为河南卫视乃至河南文化的新名片。截至2022年10月5日，2022年"中国节日"系列节目全网总阅读量已突破500亿次。② 其中，2022年河南春晚在推出三天后全网点击量已突破100亿次，热搜175条。外交部发言人汪文斌在Meta（即Facebook，脸书）上向世界介绍《国色天香》，认为这是"传统文化在春节联欢晚会上以一种富有想象力的方式呈现"③。河南小樱桃动漫集团制作发行的《焦裕禄》甫一播出就受到广泛关注，据"中国视听大数据"统计，该剧每集平均收视率为0.586%，高居当月动画片收视率榜

---

① 郑在欢：《所有故事都是人活出来的》，中国青年网，2020年4月21日，https：//baijiahao.baidu.com/s? id=1662834118325826542&wfr=spider&for=pc。
② 《河南台找到了开启中国传统文化持续"破圈传播"的"金钥匙"》，映象网，2022年10月6日，http：//news.hnr.cn/djn/article/1/15778621134409617922? source=mobile。
③ 《中国外交部发言人汪文斌发推点赞〈国色天香〉》，映象网，2022年2月2日，http：//news.hnr.cn/djn/article/1/14888428524712344562? source=mobile。

首，这也是21世纪以来河南动漫首次登上全国电视动画片收视冠军宝座。2021年10月，由河南南派影业有限公司制作的31集电视剧《红旗渠》在央视一套黄金档播出，收视率也位居同时段电视剧单频道收视指标前列。

第二，各类奖项喜获丰收。在文学作品方面，阎连科荣获"韩国第六届李浩哲统一路国际文学奖"，他是获得该奖的第一位中国作家。刘震云的长篇小说《一日三秋》被评为《当代》2021年度长篇五佳作品，邵丽的《黄河故事》和李宏伟的《月球隐士》同时入围第七届郁达夫小说奖中篇小说终评备选作品，网络作家舞清影创作的《谁不说俺家乡美》获"第二届石榴杯征文"活动"优秀作品奖"。在"第六届中国长诗奖"评选活动中，河南共有三位诗人获奖，其中胡红拴凭借《地球，地球》荣获最佳成就奖，杨炳麟的《殇》和田万里的《阿克苏·天山·儿子及其他》荣获最佳文本奖。诗人赵克红摘取第六届"中国·大河双年度"诗歌奖桂冠，郭栋超凭借《一切生命都在春天里萌生》荣获《中国诗人》（第七届）2021年度诗人奖。在全国"第二届'诗渡·海上云天杯'2021年度诗歌奖"大赛上，亢纪刚的《在母亲的城乡之间认证一粒粒麦穗》（组诗）和蓝雪的《残局》（外一首）获得优秀奖，年轻诗人李会荣获入围奖。田桑的《惊诧》（外五首）、扶桑的《她的月亮有锯齿形的边缘》（组诗）、朱怀金的《叠涩时间》和张永伟的《夜宿永康》入选《中国好诗年选》（2021~2022卷）。陈涌泉凭借曲剧《鲁镇》荣获第十七届中国文化艺术政府奖文华编剧奖。河南省曲协受到中国曲艺家协会年度表彰，荣获"中国曲协优秀团体会员"称号。在新闻出版方面，由河南省委宣传部、河南广播电视台联合制作的《雄关》和河南博物院联合大河网出品的《中原藏珍》分别荣获第三十一届中国新闻奖电视新闻专题、名专栏一等奖，河南日报的《谁是"老李"》和大河网的《记者直击黄河岸边凌晨抓捕盗猎者护鸟志愿者足迹遍布长垣等地》分别荣获文字通讯与深度报道、短视频现场新闻三等奖。在第三届戛纳国际微电影节上，由河南影视集团、黄河音像出版社与河南职业技术学院联合制作的戏曲表演作品《老家河南》荣获唯一最佳品牌奖。在2021年度优秀少儿节目评审中，河南广播电视台制作的《了不起的少年》入选优秀广播节目。郑州大学出版社出版的《永远的丰碑——焦裕禄画传》、海燕出版社出版的《长征路上小红军》、大象出版社出版的"我的国家公园"丛书、河南教育电子音像出版社出版的《那年的红军（VR 动画）》入选中宣部 2022 年主题出版重点出版物选题，对于此次入选的出版物，国家出版基金规划管理办公室将会给予专项支持，并加大宣传推介力度，以发挥引领示范作用。

（五）文化遗产保护有序推进，活态传承效果明显

第一，河南省考古工作取得新的进展。2022 年 9 月 16 日，国家文物局在"考古中国"重大项目重要进展工作会上宣布对郑州商城遗址内城一贵族墓的考古发掘获重大发现，首次发掘出商代中期的金覆面。该墓葬中大量使用黄金的现象，为进一步探讨中国西南地区出现的黄金面具与中原的关系提供了新的研究参照。在这次工作会上同时还宣布，二里头遗址以道路和墙垣规划为多个方正、规整的功能区，不同区块内挖掘出不同等级的建筑和墓室，表明二里头都城很可能出现了分区而居的规划布局，这是"里坊制"城市布局的早期雏形，对二里头遗址的发现有助于研究早期国家的都城制度。2022 年 9 月 28 日，国家文物局"'考古中国'平台发布河南开封北宋东京城州桥遗址重大考古新成果：北宋州桥重见天日，实证开封'城摞城'，首次揭示了北宋东京城内大运河形态"[①]。北宋东京城州桥始建于唐德宗建中年间（780~783），是北宋东京城中轴线标志性建筑，明末因黄河水灾被泥沙淤埋。州桥遗址被国家文物局列入大运河重要文物系统性保护整治工程"重要运河水工遗存保护"名录，同时被列入河南省"大运河沿线重点文物保护展示工程"名录，是河南省"黄河文化九大重大考古项目"之一。《东京梦华录》中称其"正对大内御街……其柱皆青石为之，石梁石笋楯栏，近桥两岸，皆石壁，雕镂海马水兽飞云之状，桥下密排石柱，盖车驾御路也"，州桥具有极高的历史价值和艺术价值，因此州桥重见天日的消息

---

① 《北宋州桥重见天日 重现〈东京梦华录〉中样貌》，光明网，2022 年 10 月 25 日，https://m.gmw.cn/baijia/2022-10/25/1303177378.html。

立刻受到社会各界的广泛关注。

第二，文博事业迈上新台阶。2022年4月，《河南省文物博物馆事业发展"十四五"规划》正式出台。该规划提出，"十四五"期间，河南文物博物馆事业着重推进十大重点工程，即打造中华文明标识体系、加强大遗址保护利用、强化文物古迹保护、加强革命文物保护管理利用、推进博物馆事业高质量发展、建设现代考古管理和技术体系、强化文物科技创新等基础工作、大力推进让文物"活"起来、深化文物保护利用改革、加强文物机构人才队伍建设。该规划的出台，为"十四五"时期河南省文博事业找准了研究重点、指明了发展方向。2022年7月27日，郑州商都遗址博物院正式开馆，展厅面积约5500平方米，展出青铜器、玉器、骨器、陶器等文物1000余件，[①] 不仅有传统器物、沙盘模型，还利用现代科技进行场景复原、历史重现，让人和文物实现"亲密接触"。河南省文物考古研究院新院项目正式开工，规划建筑面积20万平方米的河南博物院新院正在进行全球概念性设计公开招标，这些将为展示中原文明灿烂成就、加强文明间的理解与交流发挥重要作用。国家发展改革委下拨文化保护传承利用工程2022年第二批中央预算内投资超过3亿元，支持河南殷墟遗址博物馆、双槐树遗址发掘等7个重点文物保护和考古发掘等项目，这对于河南文博事业的发展具有重要的推动作用。

第三，文化遗产保护活动丰富多彩。近年来，文旅融合大大推动文物保护和非物质文化遗产保护，博物馆凭借现代数字、网络技术创新文物展示，受到社会各界的广泛好评。河南博物院运用5G技术、视频播放器、3D影像等技术手段，让文物从静态展示变成"主动交互"，让参观文物更加生动有趣。另外，河南博物院通过积极打造"智慧豫博"，开通新媒体平台，迅速成为"网红"博物馆。2021年河南博物院自媒体平台总浏览量高达5.45亿人次；2022年春节假期期间，在受疫情影响实行限流错峰的情况下，河

---

① 《郑州商都遗址博物院正式开放 生动展示巍巍亳都灿烂历史》，新浪网，2022年7月28日，https：//finance. sina. com. cn/jjxw/2022-07-28/doc-imizirav5725620. shtml? finpagefr=p_ 115。

南博物院总参观人数仍然达到32775人。河南博物院通过更加具象化、年轻化的展示，让代表中华优秀传统文化的文物进一步走近观众、贴近生活。为加强与国内外博物馆交流，2022年9月，第九届"中国博物馆及相关产品与技术博览会"在郑州举行，共有645家博物馆和相关企业参展。通过主题展区、博物馆展区、文博相关企业展区、文博公益事业展区4个展区，向公众集中展示中国博物馆，尤其是河南省内博物馆近年来的综合发展成果。同时，通过主题论坛、专题讲座、公众活动等形式，聚焦"当下博物馆展览策划的挑战与对策"，对新时期博物馆的发展提出建设性意见和建议。河南省委宣传部和河南省文化和旅游厅主办的"行走河南·读懂中国——博物馆展览季"活动，共有300多家博物馆（纪念馆）参加，推出160多个特色展览，开展研学旅行、公益讲座等活动3000多场。经过一系列活动推广，河南多家博物馆的影响力明显攀升。由中国文物交流中心指导，博物馆头条和文博头条统计发布的"中博热搜榜"2022年第二季度全国热搜博物馆百强榜单中，河南有6家单位上榜，其中河南博物院、洛阳博物馆、开封市博物馆、中国文字博物馆、郑州博物馆、安阳博物馆分别位居第5、第8、第24、第30、第36、第73名。中国传统节日是非物质文化展示、推广和传承的重要时机，河南电视台继续"中国节日"系列节目的制作，通过艺术化的表现手法，将中国传统节日涵盖的文化内容以更为直观的方式展现出来，受到海内外观众的高度赞扬，成为河南非遗展示和文化推广的重要名片。为推广富有河南地域特色的非遗项目，2022年6月河南推出了"非遗购物节"，集合河南线上线下640余家非遗商户开展"云购非遗"活动，将新的推广营销方式引入非遗，提高河南非物质文化遗产的社会知名度和接受度，营造保护、传承、推广、弘扬中华优秀传统文化的社会环境。

第四，文化遗产保护成绩突出。2022年是中国现代考古学诞生100周年，中国考古学会举行全国"百年百大考古发现"评选活动，河南省共有14项入选，居全国首位（见表5）。

表5　河南入选全国"百年百大考古发现"项目名单

	项目名称
新石器时期	河南舞阳贾湖遗址 河南新郑裴李岗遗址 河南渑池仰韶村遗址 河南三门峡庙底沟遗址 河南巩义双槐树遗址
夏商时期	河南偃师二里头遗址 河南偃师商城遗址 河南郑州商城遗址 河南安阳殷墟（含洹北商城、后冈遗址）
两周时期	河南三门峡虢国墓地 河南洛阳东周王城遗址
三国至隋唐时期	河南汉魏洛阳城遗址 河南隋唐洛阳城遗址
宋辽金元时期	河南许昌白沙宋墓

资料来源：《"百年百大考古发现"公布　河南14项入选》，河南省文化和旅游厅网站，2021年10月18日，https://hct.henan.gov.cn/2021/10-18/2328545.html。

这次活动以百年来中国考古学取得的重要考古发现和重大研究成果为主题，系统地回答"中国从哪里来""中华文明因何发展""中华文明怎样形成"等重大问题，为增强民族文化自信、建设文化强国提供了强大精神动力。2022年3月，河南南阳黄山遗址入选2021年度全国十大考古新发现。黄山遗址是一处新石器时代仰韶文化、屈家岭文化、石家河文化玉石器制作特征鲜明的中心性聚落遗址，黄山遗址的发现为实证河南处于"早期中国文化圈"增加了新的重要依据。

2022年度"弘扬中华优秀传统文化、培育社会主义核心价值观"主题展览中，河南省共有河南博物院的金相玉式——沿黄九省区金玉特种工艺瑰宝展、郑州二七纪念馆的千秋二七展览、南阳市博物馆的渠首遗珍——南水北调中线工程南阳段文物保护成果展、焦作市博物馆的丰碑——"特别能战斗"焦作工人阶级的奋斗史篇4个项目被纳入重点推介名单。[1] 在"新时

---

[1]《河南省4个展览被国家文物局集中推介》，河南省人民政府网站，2022年9月26日，http://www.henan.gov.cn/2022/09-26/2613420.html。

代博物馆百大陈列展览精品展示推介系列活动"中,河南省有9项入选,位居全国前列(见表6)。

表6 "新时代博物馆百大陈列展览精品展示推介系列活动"获奖名单(河南部分)

	项目名称
精品奖	许之昌——许昌历史文化陈列(许昌市博物馆,2012年度) 鼎盛中华——中国鼎文化(河南博物院,2013年度) 鹰城古韵——平顶山历史与文化陈列(平顶山博物馆,2013年度) 生命·超越——中原文化中的动物映像(浙江自然博物馆、河南博物院,2015年度) 谁调清管新声——丝绸之路音乐文展(河南博物院、洛阳博物馆,2017年度) 华夏第一王都——二里头夏都遗址博物馆基本陈列(二里头夏都遗址博物馆,2019年度) 花开中国——庙底沟与中华早期文明的发生历程(三门峡庙底沟博物馆,2021年度)
国际及港澳台合作奖	金字塔·不朽之宫展(河南博物院,2018年度) 微观之作——英国V&A博物馆馆藏吉尔伯特精品展(郑州博物馆,2021年度)

资料来源:《"新时代博物馆百大陈列展览精品"揭晓,河南9项展览入选》,澎湃网,2022年9月21日, https://m.thepaper.cn/baijiahao_19992875。

二 2022年河南文化建设存在的主要问题

党的十八大以来,河南省高度重视公共文化建设,公共文化服务的制度保障体系基本建成,公共文化服务的内容与形式也在不断创新,公共文化服务的质量和效益获得显著提升。但作为人口大省和农业大省,河南在公共文化服务的高质量发展方面仍有较大提升空间。

(一)公共文化服务数字化仍需持续提质升级

2020年,河南已建成覆盖全省城乡以省、市、县、乡、村为节点的五级公共文化服务网络,公共文化服务的信息化、社会化、品牌化建设也取得了显著成效,尤其是数字化建设使公共文化服务的均等化和标准化目标最大化地实现。受新冠肺炎疫情影响,基层公共文化服务的数字化提质升级紧迫

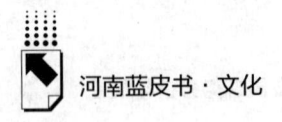

性骤升。

第一，部分基层数字化文化资源针对性不强、实效性不佳。在数字化资源的提供上，服务和内容有时过于"均等化"，所提供的文化内容或服务数年来一成不变，或不分地域完全雷同，忽略了精神文化需求的地方特点及当地群众的个性化需求，即使顺利下乡下村，也只能"束之高阁"，沉寂于数字存储，难以真正成为群众的精神文化食粮。当下时代发展非常迅速，信息社会文化产品内容飞速更新，移动网络的普及使人们能较为及时地浏览最新的文化信息。如果基层文化馆站所提供的数字化文化资源更新或上新不及时，就难以满足人民群众动态变化的精神文化需求。此外，提供公共文化服务时要适合群众。因此，公共文化服务的数字化供给要突破较多障碍，才能真正抵达群众的心灵，达到"以文化之"和愉悦精神的效果。

第二，各类线上公共文化资源整合度不高、互动性不强。河南依托微信小程序及公众号等，先后推出了"文化豫约""百姓文化云""文化合作社"等数字化公共文化服务网络平台，城乡群众依托一部智能手机，即可同步分享文艺展演、专题讲座、文化艺术培训以及艺术慕课等文化产品或服务。但通览过后便可发现，前两者所呈现的数字文化资源颇有类似之处，以河南特色文艺音视频资源的展示为主，来访者基本以收听和收看等被动接受为主；"文化合作社"这一平台从名称看有调动群众积极性、主动参与文化创作之意，但从平台上传服务内容的数量与质量来看，效果还有待时间检验。从平台所提供的音视频资源类型来看，文艺培训类或艺术慕课类资源较少，欣赏类传统文艺资源最多。从平台对线下文艺院团、文化馆站、博物院馆的推送链接来看，对以文艺展演为主的歌舞院团等表演性质的单位的推送和链接较多，对文博文创类及科普类院馆场所的推送和链接较少。从数量上看，河南的公共文化服务数字平台还是偏少，运维方面也存在转换不够流畅等问题，为数不多的平台上所提供的数字文化资源类型有待丰富，数量和质量均有待提升。此外，平台互动性和趣味性稍有欠缺，用户思维有待加强。简而言之，目前河南的公共文化服务数字平台建设，尚未实现畅达的线上文化场馆互通及即时互动体验。

第三，公共文化服务数字化人才队伍亟须引进和培养。公共文化数字化服务和产品的提供与接受两端，都需要数字化和文化相关人才的带动。从内容和产品的提供来看，数字化服务的设计制作和相关文化产品的生成，离不开文化数字化及相关创意人才的付出；从服务和产品的接收端来看，如果接收者不具备相应的数字素养和文化艺术素养，也需要文化及数字化相关教育培训者对人们进行数字文化素养的培训。举个最简单的例子，这些数字平台都需要接收者具备相应的最基础的智能手机操作技术，而农村中绝大部分中老年人操作智能手机存在困难。即便在数字化程度较高的上海，市政协委员依然能收到市民的意见——不太会享受数字化服务。作为农业大省的河南更要对"数字化鸿沟"保持警惕，未雨绸缪。《中国数字化人才现状与展望2020》（开课吧和脉脉数据研究院联合出品）报告显示，在数字化管理人才、数字化应用人才、数字化专业人才三项排名中，河南城市均未入选前10。而《中国经济的数字化转型：人才与就业》（清华经管学院互联网发展与治理研究中心和领英联合发布）报告显示，数字人才分布最多的城市中，河南城市仍然无缘前10，落后于周边省会城市武汉、西安。只有拥有高水平、高层次的专业人才，才能有高质量的文化服务和文化产品，河南数字人才建设刻不容缓。

（二）文旅融合发展战略的体制机制仍需完善

第一，文旅融合管理机制尚未形成一体化运维。《河南省"十四五"文化旅游融合发展规划》明确指出，河南省在文物和文化资源、旅游资源方面都具有独特优势和特色，但在文旅融合管理机制方面尚未形成一体化运维；相关文物建筑的开放和大遗址保护利用等工作，与人民群众的期待还不相匹配，甚至存在较大差距；相关文艺院团、博物馆等在激励机制方面尚不健全，创新不足，生机和活力无法得到有效释放。在文旅融合战略指引下，河南省迅即对阻碍文旅融合的相关事业产业进行了体制机制改革，于2022年6月19日正式挂牌成立了河南省文化旅游投资集团，这是河南省运用市场机制推动文旅企业壮大发展的有力举措。河南省文化旅游投资集团可以统筹全省文旅资源开发，同时在体制机制创新方面做出良好示范，但就河南丰富的文旅资源而言，仅有一个颇具规模的文旅投资集团显然是不够的。河南拥有着全国数一数二的历史文物资源和相当数量与规模的大遗址资源，当今社会人民群众对历史文物及大遗址资源的关注度较高，并且有着强烈的探索欲望，如何在做好文物保护工作的基础上，尽可能释放文博文物管理机构的活力，满足人民群众的历史文化求知欲和多元化的审美期待，河南文旅融合发展还有较多的体制机制瓶颈需要突破。以河南博物院为例，在河南卫视"中国节日"系列节目的高效引流之下，河南博物院以大规模精品文物展览为中心，以"国宝文物""网红文物"为依托，拓展出爆火的文创产业链，焕发出勃勃生机与活力。但文物文博文创要想实现成规模甚至指数级发展目标，还必须打破体制机制上的限制，让博物院馆等传统公益性文化事业机构以更加开放的姿态投入文旅文创融合发展的轨道。

第二，文旅融合发展需要避开与其他项目建设交叉重复的问题。在发展思路上，文旅融合发展需要解决好与城市一体化建设、黄河文化建设、乡村振兴以及非遗传承保护等交叉重复问题，要多方梳理，尽快理顺，以实现互相补充的融合式发展。在发展理念上，河南省过去以郑州为中心提出的"中原城市群"概念和"郑汴洛一体化"思路，都是直接从经济发展的角度、从全省层面考量的强省思路，而文旅融合发展则更多从文化资源与旅游资源结合的角度来统筹。以郑汴洛三个城市为例，洛阳是经济上仅次于郑州的副中心城市，其文旅资源较为雄厚，但洛阳与开封距离较远；而郑州和开封在经济体量上一大一小，文旅资源也互为补充，"郑汴一体化"或称"郑开同城化"显然更有利于二者文旅资源的融合以及文旅业的发展。"郑开同城化"在交通、金融、产业、生态等方面的关联共享，无疑为二者在文旅融合跨城发展方面提前打通了诸多具体关窍。另外，在黄河文化建设、乡村振兴等国家层面的发展战略之下，河南不同城市、不同地区之间，因资源禀赋的相似或不同，也或多或少存在不良竞争性因素。在实施文旅融合发展的大战略下，如何因势利导，将各方面积极性调动起来，将黄河文化资源、乡村特色文化资源以及非遗保护与传承等因素都囊括进文旅文创融合发展中来,也需要拓展思路,大胆推进相关体制机制方面的创新与先行先试。

第三,文旅文创产业间的融合度和文旅行业协同水平均有待提高。一是文化旅游和文化创意产品产业存在两张皮状况。省内头部旅游景区中只有少数以文化为主题特色的景区,能较好处理"以旅彰文""以文塑旅"的互补关系,达到互相增色添彩的境界。地市多数景区仍以观光游为主,对文化特色的宣传依然以图片文字为主,历史文化资源优势不能通过文创产品或文化演艺得以生动呈现。二是文化旅游产品仍存在千篇一律现象,缺乏文化深度和地方特色。文化旅游产品创意缺失,导致文脉不通,无生命力,吸引力不强,制作不精良,同时也缺乏有内涵、有主题、有特色的精品文化旅游演艺节目。三是在具体产业协同规划方面,同一地方的文化产业规划和旅游规划缺乏协同与融合,在最基础的土地利用规划、道路交通规划、其他公共文化基础设施规划等方面存在不少衔接问题。如交通方面,随着地铁、高速公路、高速铁路的建设,出游不断提速,但车站、地铁站与景区之间的换乘服务却存在衔接不够流畅的问题。在不同城市或地区之间,各自为政的现象更普遍。文化与旅游的产业协同更容易出现问题,需要从更高层面来规划和设计,有一些文化旅游资源的开发在文化资源特征方面适合协同发展,但在具体的地理或行政区划方面则要求跨越行政边界和行业边界,普遍会受到行业、地区、部门分割的制约,难以形成整体与集约开发的局面。

(三)文旅融合品牌的综合影响力仍有待提升

近年来,河南省文旅行业大项目不断推出,相关宣传推广活动不断创新,新兴文旅业态不断涌出,文旅品牌建设颇有成效。但从全国范围来看,从文旅资源禀赋优势与声誉的匹配度方面观察比较,河南还不算靠前,影响力仍亟须提升。

第一,河南文旅国内影响力有待提升。从最具代表意义的5A级景区品牌影响力来看,河南共有15家5A级景区,但迈点研究院发布的"2021年5A级景区品牌影响力100强榜单"显示,河南省共有5个景区上榜,分别是以历史人文特色为鲜明特征的洛阳龙门石窟景区和开封清明上河园景区，以及以独特自然景观为依托的安阳红旗渠·太行大峡谷景区、焦作的云台山—神农山—青天河景区、洛阳栾川老君山鸡冠洞旅游区。上榜的5个景区全部排在50名以后，最靠前的龙门石窟也排在了第55名。与周边省份相比，山东上榜数量为7个，且基本在前50名；山西有两个景区冲进了前10名。该榜单排名依据主要是对景区在移动互联网上的搜索指数、点评指数、运营指数、媒体指数4个方面的热度分析，进而根据影响力大小进行排名。从榜单的排名位置和数量均可看出，河南的景区还需要在国内影响力方面寻求突破。另外，从权威文旅平台"文旅产业指数实验室"每月发布的全国省级文化和旅游新媒体传播力指数报告上也可以看到，河南文旅在微博传播力指数、头条号传播力指数及抖音传播力指数排名中都进过前10，但较为不稳定；在综合传播力指数排名中只在1月进过前10，且排名第10。相邻省份山东省则非常稳定，2022年1~8月，"好客山东""文旅山东"等在综合传播力及其他几项排名中多次连续排名第1。窥一斑而知全豹，河南文旅还需要采取有力举措，通过文旅文创深度融合，进一步提升知名度和影响力。

第二，河南文旅国际影响力亟须重视。近年来，随着我国优秀的传统文化资源和旅游资源在海外宣传的持续推进，文化旅游新媒体平台正在成为中华文化和旅游传播国际的重要载体。诸如脸书（Facebook）、推特（Twitter）、照片墙（Instagram）、油管（YouTube）等海外社交媒体平台，作为河南省对外宣传文化和旅游的主流新媒体平台，是海外受众感知中华文化、中原文化和旅游的重要窗口，也是最活跃、最典型的文化传播渠道。河南省在对海外社交媒体平台的探索与运用方面，尚需以更广阔的国际视野和更多维的运营，更有力更高效地讲好中华文化、中原文化、中国故事和中国精神。从海外新媒体国际传播影响力指数实验室（由凤凰网、五洲传播有限公司以及中国传媒大学旅游传播研究中心联合成立）发布的2022年第1期《全国省级文化和旅游新媒体国际传播影响力指数报告》来看，河南文旅在综合传播影响力指数及各项单个海外社交媒体平台热度指数排名方面，都较为靠后，而海南、江西、浙江、山东等省份在海外传播力方面明显优于其他省份。例如，山东省对海外传播力非常重视，自2022年6月开始，坚持向海外发展，重视"好客山东"品牌的境外传播，对运营的境外新媒体账号进行优化提升，打造了全新的境外新媒体传播矩阵，持续扩大"好客山东"品牌的国际传播力和影响力，其运维平台及语种数量、传播渠道数量、辐射范围广度等，在全国文旅行业中走在前列。同为文化旅游资源丰厚的文化大省，河南应以国际旅游目的地为目标，在海外传播力、国际影响力等方面，也应该以更开阔的国际视野、更具前瞻性的战略眼光，统筹安排文旅融合发展的格局与架构。

第三，文旅龙头企业数量和质量都有待提升。文旅龙头企业的数量与质量是一个省份文旅实力的真正彰显，也是当地文旅影响力的重要因子。近年来，河南依托厚重的历史文化资源，在优秀传统文化创新性发展方面多方发力，频频出招，极大提升了河南的文化形象和文化地位。2020年以来，虽然受新冠肺炎疫情影响，河南文旅界在省政府多重政策支持纾解之下，依凭自身不懈坚持与努力，依然呈现不少文化旅游方面的亮点。2021年以来，河南卫视以《唐宫夜宴》打头阵，使"中国节日"系列节目火爆出圈；河南建业文旅集团投资的只有河南·戏剧幻城接力《大宋·东京梦华》与《禅宗少林·音乐大典》等备受好评的实景演艺节目；电视剧《风起洛阳》则实现了"一部剧带火了一座城"；河南博物院"盲盒"系列文创产品甚至已经漂洋过海，将中原历史文化传播到海外。但归结到文旅产业产值方面，考察河南省的文旅实力，依然要最终落脚到文旅龙头企业甚至上市企业的数量和质量上来。目前，河南尚没有一家上市的本土文旅企业。银基文旅、建业文旅、洛阳文旅与新组建的河南省文化旅游投资集团4家龙头企业虽然进入"全国文旅集团品牌影响力百强榜"，但从数量上来看屈指可数，其中建业文旅集团在新冠肺炎疫情与地产主业的双重打击下，步履维艰。打造文旅旗舰劲旅，提升龙头企业数量、质量与韧性，依然是河南未来几年文旅产业发展的重中之重。

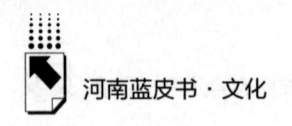

三 2023年河南文化发展的趋势与建议

党的二十大报告明确指出，"全面建设社会主义现代化国家，必须坚持中国特色社会主义文化发展道路，增强文化自信，围绕举旗帜、聚民心、育新人、兴文化、展形象建设社会主义文化强国，发展面向现代化、面向世界、面向未来的，民族的科学的大众的社会主义文化，激发全民族文化创新创造活力，增强实现中华民族伟大复兴的精神力量"①，"繁荣发展文化事业和文化产业"是其中一项重要内容。站在新时代的新起点上，河南应坚持以文塑旅、以旅彰文，在大力推进文化和旅游深度融合发展的过程中开新局、探新路，奋力谱写全面建设现代化河南更加出彩的绚丽篇章。

（一）多点发力，持续推进公共文化服务数字化提质升级

第一，基层公共文化数字化服务要提高针对性，增强实效性。《"十四五"公共文化服务体系建设规划》提出，要推动公共文化服务社会化发展和数字化、网络化、智能化建设，使公共文化服务布局更加均衡、服务水平显著提高、供给方式更加多元等。近年来，随着国家对数字经济的重视，各地纷纷出台公共文化数字化建设相关政策文件，河南省从省到县乡村等多级网络已经搭建完成；地市级以上文化数字化设施逐渐改善，运营逐渐规范化，在满足群众精神文化需求、提供多元文化产品等方面发挥着越来越重要的作用。县域以下公共文化服务数字化是整个公共文化服务体系的"最后一公里"，是群众文化工作做实、做活、落地的根本阵地。但由于工作力量不足、技术应用能力较低、经费投入有限等，县域及以下公共文化数字化建设仍存在不足，公共文化数字化服务成效尚不明显。在以后的公共文化数字

---

① 习近平：《高举中国特色社会主义伟大旗帜　为全面建设社会主义现代化国家而团结奋斗——在中国共产党第二十次全国代表大会上的报告》，新华网，2022年10月25日，http：//www.xinhuanet.com/politics/cpc20/2022-10/25/c_1129079429.htm。

化服务的提供上，要更加精细化区分，以提高服务和产品供给的针对性。比如针对城市居民，由于城市中文化馆站、博物院馆、美术馆、图书馆等基础设施相对完备，因此在数字化服务的提供上应更多考虑数字技术的尖端性和前沿性，满足群众对高新科技的新场景应用体验需求，以及更多的个性化点单需求。针对县域城镇居民，则应考虑其文化需求既受城市文化娱乐的影响，又会对乡村居民的精神文化需求产生影响，这种具有承上启下结构的公共文化数字化服务需要在经费支持的条件下提供精准的数字化服务和产品。针对乡村居民，则更应该考虑人口构成特点，如年龄分布以及乡村民俗特点等多重因素作用下的精神文化需求，进而提供针对性更强的数字化服务和产品，必要时还应配备相应的数字化培训人才，对数字化服务和产品的使用加以宣传、讲解和辅导。公共文化服务数字化只有先将针对性做好，避免提供服务和接受需求错位的情况发生，才能产生实效。

第二，加强线上数字文旅资源整合，增强互动性，提高参与度。从城市级别公共文化服务数字化来讲，需要注意加强文旅资源整合、盘活。一要保证新媒体运维，保证服务和产品的活性，避免僵尸网站的出现，诸如链接打不开、栏目没内容、资源数月甚至数年不更新等。二要打通行业或机构网站壁垒，可以打造一个包罗万象的网络大平台，如"百姓文化云"平台，从经典剧目资源到最新的剧目表演直播、从亲子手工艺制作到艺术类慕课等，都在不断更新和充实，但目前对该平台的宣传推广不够，其在河南省内的应用率还不算高。三要提高文旅行业互通性。可以在各文化行业或文旅机构网站或新媒体平台，以链接或推送的形式为彼此引流，让河南省内文旅资源在线上连成一片，如从博物院馆的公众号或小程序平台，可以找到和进入美术馆或影剧院甚至文旅单位等平台，只有这样文旅融合才可能从线下到线上实现全面融合。要从根本发力，加强数据、技术和平台资源的融合，解决数据分布、存储地点、存储格式等方面的差异问题。要遵循提升"供给水平"和满足"用户需求"原则，通过数字技术赋能，一方面满足用户搜索检索等基本需求，诸如语义内容聚合、信息检索、智能推荐等问题；另一方面要借助物联网、大数据等技术，在一定周期内对数字文化资源的点击量、点赞量、转发量、浏览时长频次等信息进行统计和分析，以了解群众需求特征及因地点、时间段、年龄段等各种变量的不同而发生的变化，进而对文化服务和产品提供进行调整，从而提高资源供给的准确性和全面性。要以用户需求为中心，降低平台操作难度，提升友好度，还应规范传统文化资源布局，使公共文化服务更系统、技术更兼容、适用更广泛、运行更可靠。通过互开端口、互设界面、互开专区等方式，推动形成文化云资源共享服务链，探索相对完备的跨平台资源交互机制。

第三，多方培养和引进数字化及文旅创意相关人才，紧急补充相关人才缺口。无论是公共文化服务的个性化、精准化还是便捷性，都需要相应的数字化专业人才进行管理、讲解、宣传甚至培训、辅助。因为文旅项目需要优质内容，公共文化服务的数字化不仅离不开数字化应用专业人才，也离不开较为专业的文化创意人才、文化旅游宣传设计人才等。在地市级公共文化系统中，数字化及文化旅游类顶层创意设计人才较为紧缺，所需人才不仅要精通数字技术，还要对全省或某地市的文旅资源情况进行深度的了解，并且要有专业设计开发规划能力；为适应公共文化服务的范围、方式、手段、模式的迅速变化，数据分析、数据挖掘、数据增值等人才也将成为今后人才引进的重点。简言之，数字化和文旅创意高端人才都非常紧缺。囿于人才成长周期，建议以多方引进为主，同时加强对本地相关专业人才的培养。在基层文化馆站，计算机应用、信息化服务等数字化人才更是普遍稀缺。基层文化服务和产品更多是参照省市级文化服务模式予以提供，因此对人才的高端性要求不高，但因河南基层县镇乡村范围较大、地域较广，对人才配比的数量要求较高。建议按照省数字化发展目标，制订基层人才引进周期计划，从岗位编制等福利待遇方面予以支持，通过事业单位考试录用的形式完善公共文化服务从业人员的资格准入机制。建议县域以下重点乡镇综合文化岗位至少配备4名相关专业工作人员；乡镇社区至少有两名相关专业工作人员；各个乡村也要明确相应专业人员人数。在相关专业人才培养方面，一方面要依靠相关专业院校的培养，另一方面要有效利用本土"能人"资源，对乡镇乡村相关传统文化人才进行摸排，进行相关管理宣传培训，提供一定的文化工作补贴，提高基层文化工作者的工作积极性，提升基层文化工作者的素质。

（二）多级协同，大力推动文旅融合体制机制完善创新

第一，创新文旅融合理念先行先试，尽快形成文旅一体化机制。河南省委省政府非常重视文旅融合战略，已经制定出台了《河南省"十四五"文化旅游融合发展规划》（以下简称《规划》）。根据《规划》指引，在文旅融合体制机制创新方面，一是要尽快健全文旅融合政策相应配套措施，完善文旅一体化市场运作机制，破解当前文旅产业"融而不合""合而难融"等问题，提升文旅要素及资源配置效率。二是要结合各地文旅资源具体情况，依据当地文旅资源禀赋和优势所在，尽快形成跨部门、跨行业、跨地域的联动协调机制，推动文旅要素资源的高效聚合，使文旅资源数据即时共享和互通。三是要快速建立健全先行示范区文旅产业融合发展机制。利用数字化等高新科技，将各地市及基层文化遗产、文化资源、文化要素与当地旅游资源深度结合、融合，转化为文化属性较突出的品牌旅游产品。要重视配套政策措施与当地社会经济发展状况的适配性，以及与当地文旅产业融合的针对性和有效性，使文旅产业融合不再啃文化资源的老本儿，进阶为创新驱动式的深度融合，从而增强文旅产业融合的示范带动作用。四是要推进体制创新，按照"宜融则融，能融尽融"原则，找准文旅产业融合的最佳融通点，打通跨区域资源融合通道，推进旅游一体化发展，提升黄河文化、绿色乡村、红色研学等主题旅游带品质内涵，全力打造郑汴洛焦等旅游核心区。要推动文旅产业全链条融合，实现资源共享、优势互补、协同并进。做大做强文旅产业综合体，加快开发集文旅产业属性和功能于一体的融合型产品，有效扩大文旅产品的市场供给，增强文旅强省建设支撑力。要充分挖掘河南省旅游资源特色和悠久的历史文化积淀，把众多景观独特的旅游景区和悠久丰厚的历史文化资源有效转化为群众喜闻乐见的文创产品和心向往之的旅游线路，赋予人们历史文化知识、心灵的慰藉、精神的愉悦，以品质创口碑，以流量提升文旅消费叠加的乘数甚至指数效应，达到文旅全

面深度融合。

第二，以事业单位重塑性改革为契机，激发相关文旅机构活力。河南省自2021年11月30日召开对省直事业单位重塑性改革动员部署的会议以来，至2022年5月底，省直事业单位重塑性改革任务已经顺利完成，政事关系、事企关系、管办关系等得以厘清，事业单位的公益类别、主要职能更加科学明晰，公益属性得到强化，体制机制更加完备，为接下来市县层面的改革做出了良好示范。对文旅融合发展来讲，地市相关文旅事业单位或机构也要以此为契机，厘清公益性与经营性、政企、政事、事企、管办等易于混淆的职能关系。文化事业单位应该获得更大自主权，通过绩效目标管理和正向激励，激活文旅机构乃至行业蕴藏潜能，促进发展势能的累积和创新动能的催化。以博物院馆的改革创新发展为例，2021年5月，国家文物局会同有关部门制定了《关于推进博物馆改革发展的指导意见》，指出博物馆一方面要坚持开放共享的办馆原则，另一方面要"通过区域协同创新、社会参与、跨界合作、互联网传播"等方式，"多措并举盘活博物馆藏品资源"。例如，可以实施"博物馆+"战略，博物馆可以"+教育""+科技""+旅游""+设计"等，实现公共文化服务、文化经营与其他各相关行业的跨界融合。以河南博物院为例，河南博物院在文创领域的探索和创新并不早，其2019年初才正式成立文创办，着手文物文博相关文创产品的设计、研发、推广和销售；积极跨领域，将数十家企业汇集到"文创智库平台"，关联起创意设计、生产销售、售后服务等各方资源。截至目前，河南博物院已与200多家文创类企业、高校等签订协议，展开合作。文创产品从1.0级各种文物主题的纪念品、2.0级文创美食和视听类产品已经升级到3.0级"考古盲盒"，互动性和体验性增强，广受好评，在社会效益与经济效益两方面都取得了非常好的效果。河南省18个地级市，以郑州、洛阳文博行业实力最强，其他地市的文博类单位，要抓住事业单位重塑性改革的契机，既要勇于突破，又要结合实际，创新发展举措，着力解决文博文创精品的生产、管理、运营和人才培养等方面的机制创新等问题，有效提高博物馆治理开发能力，努力探索博物馆公益性与市场化机制相融合的途径，为河南文博事业发展带来蓬勃生机。

第三，协调理顺不同地区不同层级关系，推动文旅融合协同发展。文旅融合貌似是两个行业的关系融合，实际上涉及与文化和旅游相关的多个职能部门，既包括跨地区的行政或地域间的关系，如跨县域跨地市，甚至一个景区跨两三个城市或省份；也包括同地区的不同部门间的关系，如文化企业、景区、市场执法甚至金融类机构等之间都会发生关系。文旅要达到深度融合、协调发展，各地必须积极理顺不同地域、层级、部门、岗位之间的职责边界。一方面要尽力优化部门职能，提高完成本职工作能力；另一方面要建立部门间协调配合机制，既有清晰的边界、明确的职责，也要有畅达的互联互通的合作关系，尽量避免多头管理、地缘恶性竞争，或争权夺利，或推诿扯皮等权责混乱情况的出现。在具体事项管理方面，要借鉴其他省份先进管理经验，如吉林、甘肃、广西等地按照"一类事项原则上由一个部门统筹、一件事情原则上由一个部门负责"等事项处理原则，有效厘清职责边界。要探索建立健全权责清单，调整规范并层层压实职责权力。例如，湖北从省到市到县到乡建立四级权责清单体系；山东聚焦基层问题，编制《县乡"属地管理"事项主体责任和配合责任清单指导目录》，下大力气解决职能交叉重复及相互推诿问题。

在厘清具体事项审批负责等行政管理关系之外，文旅融合还要从发展理念上理顺以下两组关系。其一，文化建设和旅游发展不是简单的合并，不能一方"侵吞"另一方边界，更不能互相替代，而是应在当地发展社会经济的过程中以文塑旅、以旅彰文。文化事业和文化产业界要增强为旅游塑形铸魂的意识，旅游从业者要提高文化素质，以历史文化视野提升城乡旅游线路品质。其二，在传统历史文化资源与旅游业结合之时，不能只注重历史文化开发，要赋予当代思维和价值观，让优秀的传统历史文化资源以旅游体验代入当代日常生活。因此，文旅融合是从文化理念与当代旅游理念到具体操作实践方方面面的融合，是各种关系的协同融合，只有正确认识文旅融合理念，才能最终实现社会经济文化生态等的健康和谐发展。

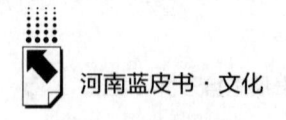

（三）多方施策，快速提升河南文旅综合品牌影响力

第一，升级品牌层次，提升河南文旅整体品牌影响力。河南的文化强省建设由来已久，从文化资源大省向文化强省的转化也取得了非常明显的效果。2009年以来，"老家河南"逐步作为河南文化根源性的标识被提取和强化，成为河南文化强省建设中非常有代表性和影响力的文旅品牌，也形成了一批品牌产品。但从文旅融合战略所定位的发展目标和河南近两年来的突出成就来看，"老家河南"这一品牌标识也存在一定的局限性，既不能凸显河南在中华文明中的位置和地位，也没有鲜明表达出河南与中国在文化文明方面的紧密联系和关系。在品牌体系构建方面不够丰富和立体，在相应项目落地和龙头企业带动方面也较为薄弱，较难准确支撑河南文旅融合发展。2022年初，河南省人民政府联合河南省文化和旅游厅、河南省文物局以新颖的年度日历形式，推出河南文旅整体品牌体系"行走河南·读懂中国"。河南省文旅厅在全省范围内遴选了隋唐洛阳城、安阳殷墟等31个重点项目，以"立起来、走起来、读起来"为具体目标，以文化遗产保护利用以及文旅业态创新等为标尺，达到国内外游客来到河南、行走河南·读懂中国、深刻理解中华文明的目的。这一品牌体系将河南与中华文明的实质联系通过16条历史文化遗产主题线路明确下来，把遍布于河南大地上的经典历史景点、现代重要考古发现、中华文明探源工程等都连接起来，让中华文明的基因呈现于中原大地。以项目为支撑，景点连缀，线路明晰。"行走河南·读懂中国"在河南文旅整体品牌塑造方面，还应该在文旅文创产品链条上发力，将品牌力以实物的形式送达游客手中，以更直观的方式强化和加固河南省的文旅品牌特质。在这方面河南博物院"考古盲盒"的做法值得借鉴，将文化和文明非常精巧地装入文创产品，使文创产品真正成为品牌特质的物质载体，真正实现"以文塑旅，以旅彰文"。

第二，打造企业"集群"，提高文旅企业整体影响力。文旅整体品牌影响力的大小还要看该省份文旅企业集体的规模与实力。河南文旅企业的数量和规模等与文化发达省份还有一定差距。例如，相邻省份山东出台

《山东省文化和旅游企业（集团）"百企领航"培育计划》，提出三年内要培育100家文旅领航型企业、300家文旅骨干企业、600家文旅成长型企业等。河南也应重视文旅企业整体实力，着力打造企业"集群"，全力培育数个上市文旅企业，鼎力培育一批龙头文旅企业，强力带动一批骨干文旅企业，还要孵化一大批潜力巨大、生长力较强的新业态文旅企业。文旅企业一旦形成完整的梯度和规模的集群，河南文旅整体品牌的影响力必然能实现质的飞跃。在疫情困境与数字化机遇并存的当下，一方面要对企业进行分层次的政策层面的支持与激励，包括文旅财政专项资金的设立、给予企业一定目标的资金奖励、税收贷款等金融政策的鼓励；另一方面要从人才引进、培养与专业培训等方面对相关企业予以配套政策的鼓励与支持。同时，从文旅消费端以各种形式激发市民文旅消费热情、营造文旅消费氛围与情境、消除文旅消费外在阻碍等，从消费端出发为处在困境中的企业纾解困难，推动文旅企业突破难关；扶持成长性企业找到着力点迅速崛起；引导文旅龙头企业以文化服务和产品质量为核心发展壮大，延长生命周期，紧跟时代发展，及时转型，提升文化创新力，在激发企业内生动力、实现转型发展上发挥头部企业示范作用，带动全省文旅行业健康发展。

第三，重视新媒体运维，提升河南文旅海外影响力。随着近年来河南省对文化建设的强调和重视，从"文化强省"到"老家河南"再到"行走河南·读懂中国"的提出，从文化建设到文旅融合，河南的文化发展战略意识越来越自觉，文化形象整体品牌意识越来越强烈，品牌主题倾向越来越鲜明。尤其随着近两年河南卫视"中国节日"系列节目在国内频频爆火，随着以河南博物院为首的、洛阳文博系统及郑州文博系统紧紧跟随的省内文博系统方阵在全国实力圈粉，河南文化形象进一步提升，文化品牌特征进一步凸显。如果将发展的眼光从国内向国际看过去，会发现随着近年来国家对文化和旅游资源在海外的宣传工作日益重视，海外社交媒体平台如Facebook、Twitter、Instagram、YouTube等已经成为我国及部分省份对外宣传文化和旅游的重要载体和工具。河南目前在海外文化影响力提升方面，无论是与兄弟省份在相关海外新媒体运营投入方面相比较，还是与自身在国内宣传工作上的投入相比较，都需要在新媒体运维方面投入更多的目光，给予更多的重视。在河南省最新制定的"十四五"文旅融合发展规划中，明确提出要"推动中国节日、中国文字、宋文化等彰显中华优秀传统文化魅力的文化元素走向世界"，要"面向世界推广黄河、古都、功夫、豫剧、书法、中医、美食、诗词、民居等代表中原特色的文化旅游形象符号"，尤其提出要"利用海外主流社交平台，打造多语种文旅推广阵地"，等等，① 这充分表明河南省已经打开了河南文旅融合战略的国际视野，注意到了文化力的海外传播和推广问题。在境外文旅营销推广方面，河南可以向相邻省份山东做一些借鉴。首先要基本覆盖河南在境外的主要客源地市场，结合境外传播特点，对境外新媒体账号及时进行优化提升和完善，增开Facebook、Instagram、YouTube、TikTok等多语种账号，形成"老家河南"与"行走河南·读懂中国"等河南文旅整体品牌传播矩阵。提供亮点内容，创建热度话题和中原文化特色版块，推出富有地域文化特色的兼具深度和趣味性的图文、视频，以境外受众易接受角度为切入点，满足海外群体对中华文化的心理需求，多维度展示中原文化深厚底蕴和特色旅游资源。重视多个渠道或文旅实验室发布的各省份国际传播力排行榜，及时进行分析和针对性取长补短。积极与境内外主流文化和旅游机构展开联动，形成传播的互推叠加效应，讲好中国故事河南篇，挖掘海外潜在的中原文化受众群体，扩大中华文化、中原文化的海外影响力。

2022年10月22日，中国共产党第二十次全国代表大会圆满闭幕，随即发布的约3万字的二十大报告全文中，"文化"出现58次，"文明"出现30次，"公共服务"出现14次，"旅游"出现2次。其中尤其指出要"坚持以文塑旅、以旅彰文，推进文化和旅游深度融合发展"，推动"实施国家文化数字化战略"，"创新实施文化惠民工程"等。这两个方面一个与文旅

---

① 《河南省人民政府关于印发河南省"十四五"文化旅游融合发展规划的通知》，河南省人民政府网站，2022年1月13日，https：//www.henan.gov.cn/2022/01-13/2382423.html。

产业发展对接，一个与公共文化服务建设对接，而河南文化建设在这些方面可以说都已经规划在前。早在2021年10月26日河南省第十一次党代会上，"文旅文创融合战略"已经被纳入十大发展战略之中。紧接着，2022年1月13日河南省人民政府发布了《河南省"十四五"文化旅游融合发展规划》，对河南文化旅游产业现状、发展条件及发展目标等做了明确规划。2月16日，关于全省数字化发展的《河南省"十四五"数字经济和信息化发展规划》发布，在智慧文旅部分明确提出要"围绕文旅文创融合发展战略，讲好河南故事、弘扬黄河文化"，要"加快发展新型文化企业、文化业态、文化消费模式，丰富和优化数字旅游产品与服务供给，构建智慧文旅新体系"等，为未来的文旅文创融合发展明确了方向。另外，党的二十大报告在"文化"部分专门列出一点，即文化建设层面要注意"增强中华文明传播力影响力"。在这一点上，河南更是表现出良好的发展势头，尤其以河南卫视"中国节日"系列节目的文化传播最为典型。该系列节目联合文博文创机构和单位，将中华文化和中华文明进行了持续的强有力弘扬和创新表达，做到了"坚守中华文化立场"，努力"提炼展示中华文明的精神标识和文化精髓"，"推动中华文化更好地走向世界"。随着国家整体经济文化水平的不断提升，文化自信已经成为中华民族复兴的强力支撑和必由之路，文化建设中的数字化特征越来越鲜明，中华文化厚积薄发的优势越来越明显，文旅文创产业的跨界性融合性发展趋向也越来越明晰。《河南省"十四五"文化旅游融合发展规划》从文化建设的"创造性转化和创新性发展"要求，到国际化传播视野，再到人民群众对文化的品质化需求等都设定了明确的目标。在中国共产党的带领下，在河南省委省政府的领导下，站在"十四五"规划的高起点上，以党的二十大报告为指引，相信河南的文化建设在文旅文创融合发展方面、在公共文化建设方面、在中华优秀传统文化的持续创新和传播方面，都能走出更稳健的步子，取得更亮眼的成绩。

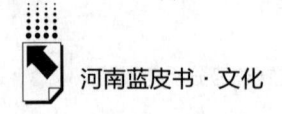

参考文献

[1] 习近平：《高举中国特色社会主义伟大旗帜　为全面建设社会主义现代化国家而团结奋斗——在中国共产党第二十次全国代表大会上的报告》，新华网，2022年10月25日，http：//www.xinhuanet.com/politics/cpc20/2022-10/25/c_1129079429.htm。

[2] 《河南省人民政府关于印发河南省"十四五"文化旅游融合发展规划的通知》，河南省人民政府网站，2022年1月13日，https：//www.henan.gov.cn/2022/01-13/2382423.html。

[3] 《关于抓好促进旅游业恢复发展纾困扶持政策贯彻落实工作的通知》，河南省文化和旅游厅网站，2022年4月21日，https：//hct.henan.gov.cn/2022/04-21/2436158.html。

[4] 《河南省文化和旅游厅　中国银联河南分公司关于开展文化和旅游消费助企惠民行动的通知》，河南省文化和旅游厅网站，2022年4月29日，https：//hct.henan.gov.cn/2022/04-29/2441340.html。

[5] 《河南省人民政府办公厅关于印发河南省进一步释放消费潜力促进消费持续恢复实施方案的通知》，河南省人民政府网站，2022年7月15日，https：//www.henan.gov.cn/2022/07-15/2488103.html。

[6] 《进一步释放消费潜力促进消费持续恢复典型经验做法之十五：河南省"四力齐发"促进消费加快恢复》，国家发展改革委官方百家号，2022年9月13日，https：//baijiahao.baidu.com/s？id=1743853832187472113&wfr=spider&for=pc。

[7] 《河南省公共文化服务保障促进条例》，河南省人民政府网站，2022年10月15日，http：//www.henan.gov.cn/2022/10-15/2624187.html。

[8] 《河南省人民政府关于持续增加农民收入的指导意见》，河南省人民政府网站，2022年5月26日，http：//www.henan.gov.cn/2022/05-26/2456438.html。

[9] 《楼阳生在主持召开文艺工作者座谈会》，凤凰网河南，2022年9月21日，http：//hn.ifeng.com/c/8JSmKMdCxLl。

[10] 《河南台找到了开启中国传统文化持续"破圈传播"的"金钥匙"》，映象网，2022年10月6日，http：//news.hnr.cn/djn/article/1/15778621134096179 22？source=mobile。

[11] 《郑州商都遗址博物院正式开放　生动展示巍巍亳都灿烂历史》，新浪网，2022年7月28日，https：//finance.sina.com.cn/jjxw/2022-07-28/doc-imizirav5725620.shtml？finpagefr=p_115。

[12] 《河南省4个展览被国家文物局集中推介》，河南省人民政府网站，2022年9月26日，http：//www.henan.gov.cn/2022/09-26/2613420.html。

[13] 《"新时代博物馆百大陈列展览精品"揭晓，河南9项展览入选》，澎湃网，

2022 年 9 月 21 日，https：//m. thepaper. cn/baijiahao_ 19992875。
[14] 成燕、杨丽：《奋力打造黄河历史文化主地标城市》，《郑州日报》2022 年 10 月 8 日。
[15] 《实施文旅文创融合战略　加快建设文化强省》，国际在线河南，2022 年 8 月 29 日，https：//hn. cri. cn/20220829/22598903 - 6674 - 69c3 - 8b54 - 219fb8553 57c. html。
[16] 《超 3 亿元资金支持河南省公共文化事业高质量发展》，澎湃网，2022 年 8 月 20 日，https：//m. thepaper. cn/baijiahao_ 19540686。
[17] 《虎年春节，洛阳文旅交出亮眼成绩单!》，大象网，2022 年 2 月 6 日，https：// www. hntv. tv/rhh -5426573312/article/1/1490321553511768065。
[18] 韩敬群：《生活是创作的宝水》，《小说选刊》2022 年第 10 期。
[19] 《卷首语》，《小说选刊》2022 年第 10 期。
[20] 郑在欢：《所有故事都是人活出来的》，中国青年网，2020 年 4 月 21 日，https：// baijiahao. baidu. com/s？id =1662834118325826542&wfr = spider&for = pc。

专题报告
Special Reports

B.2 河南实施文旅文创融合战略的路径与对策研究报告

河南省社会科学院课题组*

摘　要： 推动文化与旅游融合发展，是党中央、国务院立足全局、着眼长远作出的重大决策部署，是推动我国文化和旅游产业转型升级、提质增效的重要途径。2021年以来，河南坚持以文塑旅、以旅彰文，推动文化和旅游在更广范围、更深层次、更高水平融合发展方面取得了不少成绩，但由于新冠肺炎疫情等不确定因素的影响，制约河南文化旅游融合发展的深层次问题也不断凸显。推进河南文旅文创融合高质量发展，应坚持以黄河文化和中原文化为基础，以塑造"行走河南·读懂中国"文旅品牌为主线，以建设文化旅游强省为目标，充分发挥河南的资源优势、区位优势、

---

* 课题组组长：杨波，河南省社会科学院文学研究所（黄河文化研究所）研究员，研究方向为中国文学和文化学；课题组成员：王萌、冀佳佳、孙倩倩、夏丽月、刘振雨。该报告系河南省社会科学院2022年度创新工程重点项目"河南实施文旅文创融合战略的路径与对策研究"（项目批准号：22A18）阶段性成果。

发展优势等，选准适合河南文化旅游融合发展的方法路径，持续提升河南文化的影响力、竞争力和软实力。

关键词： 文旅文创融合战略 "行走河南·读懂中国" 路径选择

党的十八大以来，习近平总书记围绕文化和旅游的发展问题发表过一系列精辟的论述，指出"中华优秀传统文化是中华文明的智慧结晶和精华所在，是中华民族的根和魂，是我们在世界文化激荡中站稳脚跟的根基"[①]，"旅游是不同国家、不同文化交流互鉴的重要渠道，是发展经济、增加就业的有效手段，也是提高人民生活水平的重要产业"[②]。推动文化与旅游融合发展，是党中央、国务院立足全局、着眼长远作出的重大决策部署，是推动我国文化和旅游产业转型升级、提质增效的重要途径。2021年9月7日，在河南省委工作会议上明确提出"全面实施十大战略"的重大决策，其中"实施文旅文创融合战略"是第五个战略。从国家层面看，实施文旅文创融合战略，推动中原文化、黄河文化的现代化和国际化表达，实现中华优秀传统文化的创造性转化和创新性发展，是统筹中华民族伟大复兴战略全局和世界百年未有之大变局的应有之义。从省级层面看，实施文旅文创融合战略，是新阶段经济社会发展应时合势之举，是加快河南文化强省建设的新举措，是推动中华文化传承创新的新路径，是打造世界文化旅游胜地的新抓手，是推动文化创意产业发展的新方案。努力探索以文化带旅游、以旅游促文化、以文旅融合促经济社会发展的思路举措，寻求破解制约河南文化软实力持续提升的难题，可以为进一步推动中原文化创造性转化与创新性发展提供学理

---

① 《习近平在中共中央政治局第三十九次集体学习时强调　把中国文明历史研究引向深入　推动增强历史自觉坚定文化自信》，人民网，2022年5月28日，http://politics.people.com.cn/n1/2022/0528/c1024-32432826.html。
② 《习近平向联合国世界旅游组织第22届全体大会致贺词》，中国政府网，2017年9月13日，http://www.gov.cn/xinwen/2017-09/13/content_5224768.htm。

支撑，为实现"两个确保"奋斗目标、推动河南文化高质量发展提供有价值的决策参考。

一 河南实施文旅文创融合战略的现实基础

2022年1月13日，河南省人民政府正式发布了《河南省"十四五"文化旅游融合发展规划》，为河南实施这一文化战略进行了全面分析和深远谋划，指出"十四五"时期是河南文化和旅游发展的重要战略机遇期，"文化旅游融合发展已经具备弯道超车的优势和条件"[1]，具有深厚而坚实的现实基础。

（一）丰富厚重的文化和旅游资源优势

河南是黄河文化核心区和集大成之地，是华夏儿女的心灵故乡和精神家园。在5000多年中华文明史中，中原地区作为全国政治、经济、文化中心长达3000多年，河南拥有众多具有中原特色的文化和旅游资源，是实施文旅文创融合战略的重要载体。除了拥有伏牛山、太行山、大别山、黄河、伊河、洛河、淮河等众多风光优美的自然风物资源外，河南最大的优势是拥有底蕴深厚的历史人文资源。这里是三皇五帝等神话传说的发生地、中国文字的发源地、中华元典思想的诞生地，也是中华文明探源工程和夏商周断代工程的中心区；这里有谱系完整的史前文化，如李家沟文化、裴李岗文化、仰韶文化、龙山文化等；从夏商周时期到唐宋时期，先后有20多个王朝建都在这片土地上，华夏民族在这里繁衍生息，一枝多干的中华民族共同体在这里形成；以黄河文化、古都文化、根亲文化、汉字文化、功夫文化、中医药文化等为代表的中国文化和中华文明在这里延续；这里有巍然屹立的郑州、开封、洛阳、安阳4大古都，有传承千年的商丘、南阳、濮阳、浚县等8座

---

[1] 《建设文化强省！河南省"十四五"文化旅游融合发展规划公布》，河南省人民政府网站，2022年2月11日，http://www.henan.gov.cn/2022/02-11/2396824.html。

国家历史文化名城，有龙门石窟、殷墟、登封"天地之中"历史建筑群、大运河、丝绸之路5处世界文化遗产，有黄河、大运河、长城、长征4大国家文化公园，有125项活态呈现的国家级非物质文化遗产，有具有中原风貌的205个中国传统村落，有保存较好的420个全国重点文物保护单位，还有红旗渠精神、焦裕禄精神、大别山精神、愚公移山精神等红色文化资源，均为展示河南文化旅游形象的亮丽名片。

（二）得天独厚的区位发展优势

区位条件是体现一个城市、一个地区能否成为文化旅游城市的重要条件。河南地处九州腹地、中国之"中"，是连通境内外、辐射东中西的物流通道枢纽，境内分布着中原城市群、大都市区、国家中心城市、区域中心城市、重要节点城市、特色小城镇等具有集聚优势的文化空间，在构建新发展格局和推动高质量发展中具有得天独厚的交通区位优势，能够为推动文旅文创融合战略、促进中部地区崛起提供强有力的支撑和保障。作为一座被称为"火车拉来的城市"，省会郑州不临海、不靠边，却是全国7个公路主枢纽城市之一，也是京广、陇海两条铁路干线的交会点，还是京珠高速、连霍高速、107国道、310国道的交会处。地处中原腹地的4F级郑州新郑国际机场通达全国各大城市及多个国家和地区，开辟了郑州至中东、北非、欧洲等地的国际货运航线。目前，郑州有"空中丝绸之路""陆上丝绸之路""海上丝绸之路""网上丝绸之路"四条丝路共同发力，是集铁路港、公路港、航空港、信息港等多条干线为一体的综合性交通枢纽城市，在中国经济开放发展大格局中发挥着承东启西、连贯南北、沟通中外的重要作用。截至2022年6月，郑州新郑国际机场"已形成横跨欧美亚三大经济区、覆盖全球主要经济体、多点支撑的国际货运航线网络"，"国际地区通航城市由27个增加至42个，目前已在全球货运前20位国际枢纽机场中开通17个航点"，"成为中国与20多个国家的空中合作之桥、友谊之桥、民心相通之桥"，[①]

---

① 《郑州：四条丝路齐发力　开放发展同出彩》，《郑州日报》2022年8月4日。

为实施文旅文创融合战略提供了有力支撑。《"十四五"旅游业发展规划》明确提出,要建设一批旅游枢纽城市,打造一批重点旅游城市、特色旅游地,郑州、洛阳分别被列入"旅游枢纽城市"和"重点旅游城市",为增强城市区位发展优势增添了新的内容。①

(三)稳步增长的文化旅游产业发展优势

2021年以来,河南省上下以塑造"行走河南·读懂中国"文旅品牌为发展主线,通过创意驱动、美学引领、科技赋能、数字引领等措施,着力讲好新时代河南的"中国故事",打造富有特色的全链条文旅新业态,逐渐把河南丰厚的文化资源优势转化为显而易见的发展优势,扎实推动文旅文创融合战略。其中,科学合理的文化产业政策,规模体量大小不一的文化企业,具有集聚示范效应的文化产业园区,被誉为河南文化产业发展主要生力军的文化制造业,以及异彩纷呈的文化旅游品牌等,共同构成了河南的文化旅游产业发展优势。以当前文化旅游业热度较高的"夜经济"为例,河南目前已有9个国家级夜间文化和旅游消费集聚区,分别是郑州市郑州国际文创园区、开封市宋都皇城省级旅游度假区、开封市鼓楼特色文化街区、洛阳市古城特色文化街区、洛阳市龙门石窟、洛阳市栾川县重渡沟风景区、焦作市云台山岸上小镇、安阳市安阳古城、鹤壁市浚县古城,展现出文旅融合消费的新活力。②从河南文化旅游的发展现状看,截至2021年末,河南省共有旅行社1198家,比上年增长2.74%;③河南省游客接待量达到7.9亿人次,实现旅游综合收入6079亿元,④在加快推动文旅文创产业成为河南省战略性支柱产业的征程中稳步前行。

---

① 《"十四五"旅游业发展规划》,《中国旅游报》2022年1月21日。
② 《河南4地入选国家级文旅消费集聚区名单》,大河网,2022年8月26日,https://baijiahao.baidu.com/s?id=1742153157649993206&wfr=spider&for=pc。
③ 徐晓:《〈2021年度全国旅行社统计调查报告〉发布》,《中国旅游报》2022年5月11日。
④ 《实施全省文旅文创融合战略 让"行走河南·读懂中国"走向世界》,河南省文化和旅游厅网站,2022年3月14日,https://hct.henan.gov.cn/2022/03-14/2413355.html。

（四）日趋完善的文化旅游融合发展政策法规体系

近年来，河南省委省政府先后出台了一系列关于文化和旅游发展的规划意见。一是聚焦战略性、全局性、牵引性的重点工作，高标准编制《河南省"十四五"文化和旅游融合发展规划》《河南省黄河文化保护传承弘扬规划》《黄河国家文化公园（河南段）建设保护规划》等。二是坚持战略任务化、任务项目化、项目清单化，制定《实施文旅文创融合战略工作方案》等。其中省政府印发的《河南省"十四五"文化和旅游融合发展规划》提出，围绕中华文化传承创新中心、世界文化旅游胜地两大战略定位，坚持前瞻性、全局性、系统性观念，通过实施文旅文创融合战略，推动中华优秀传统文化朝着国际化、创意化、数字化、品质化、生活化方向发展，为河南省文化旅游高质量发展注入强大动力。三是结合各地的发展定位，制定切实可行的发展规划。例如，洛阳市第十二次党代会也把实施文旅文创融合战略放在重要位置，提出要将洛阳建设成"全省文化中心、全国文创高地和国际文化旅游目的地"的先行示范区。巩义市为塑造全域旅游主题形象，于2022年部署推动了两大"重头戏"：其一，着力推动乡村旅游发展，推动制定《巩义市旅游民宿管理办法》；其二，宣传城市品牌，编制《巩义市城市品牌三年营销推广战略策划书》。日趋完善的文化旅游融合发展政策法规体系，必将持续推动河南各地市稳步前行。

（五）渐入佳境的对外文化交流环境

河南对外文化交流的基础主要有一"硬"一"软"两大实力。"硬"是指四通八达的交通优势，"软"是指各种高层次高级别的文化论坛等。其一，交通是助力经济的"大动脉"，是推动发展的"先手棋"，是现代物流的"助推器"。2022年6月，河南省委书记楼阳生到商丘调研时，对商丘提出"建设对外开放桥头堡、枢纽经济新高地"的目标定位。素有"三商之源、华商之都"美誉的国家历史文化名城商丘，地处豫鲁苏皖四省接合部，是河南省第二个连接东西南北的综合交通枢纽城市，是2021年印发的《国家综合立体交通网规划纲要》中的80个交通枢纽城市之一，具有打造国内国际"双循环"重要支点的天然区位优势。①同时被列入《国家综合立体交通网规划纲要》的城市，有6条主轴中京津冀—粤港澳主轴上的节点城市郑州，7条走廊中大陆桥走廊上的节点城市郑州（干线）、南阳（干线）、平顶山（支线）、洛阳（支线），8条通道中二湛通道上的节点城市洛阳、南阳等；在建设面向世界的4大国际性综合交通枢纽集群中，郑州分别被列入"国际性综合交通枢纽城市""国际性综合交通枢纽港站"。②河南省各地市综合交通运输体系不断完善。其二，河南持续推出以文化创意为主题的文化出口企业和重点项目，举办"嵩山论坛——华夏文明与世界文明对话""纪念甲骨文发现120周年国际学术研讨会""仰韶文化发现暨中国现代考古学诞生100周年纪念大会"等一系列高层次文化交流活动，逐渐打造了以"一带一路"和中国传统艺术等为代表的众多主题交流活动品牌，在加强中原文明、黄河文明、中华文明与世界各国文明的交流互鉴方面打下了良好的基础。

二 河南实施文旅文创融合战略存在的问题

2021年以来，河南坚持以文塑旅、以旅彰文，"推动文化和旅游更广范围、更深层次、更高水平融合发展"③，文旅融合高质量发展成为引领消费升级的主战场，推动文旅融合、创新创意、出圈出彩成为文化建设的新常态，取得了不少成绩。但文化旅游业的发展环境仍面临深刻而复杂的变化，新冠肺炎疫情给全球文化旅游带来空前挑战，为国内文化旅游发展带来各种不确定性，河南文化旅游业的复苏任重道远，制约河南文化旅游高质量融合发展的深层次问题也不断凸显。

---

① 李凤虎、刘梦珂：《建强枢纽 筑就新高地》，《河南日报》2022年9月8日。
② 《中共中央 国务院印发国家综合立体交通网规划纲要》，中国政府网，2021年2月24日，http://www.gov.cn/zhengce/2021-02/24/content_5588654.htm。
③ 《文化和旅游部关于印发〈"十四五"文化和旅游发展规划〉的通知》，中华人民共和国文化和旅游部网站，2021年4月29日，https://zwgk.mct.gov.cn/zfxxgkml/ghjh/202106/t20210602_924956.html。

（一）推进文旅文创融合发展的思想观念相对滞后

有无兼容并包、与时俱进的发展理念，对一个行业的发展前景至关重要。目前，河南在推进文旅文创融合发展方面思想观念相对滞后，缺乏先行先试意识和前瞻性谋划。

一是文化资源解码速度缓慢。河南虽然拥有得天独厚的历史文化资源优势，近年来在持续推进文旅文创资源整合、丰富文旅产业新业态、培育文旅文创品牌等方面采取了不少措施，但特色文化资源挖掘力度不大，部分历史文化密码仍"藏在深闺人未识"，文化资源并未充分实现创新性发展、创造性转化。

二是文旅新业态"叫好"不"叫座"。近年来，国内文化旅游新兴业态形式层出不穷，"文旅+研学""文旅+民宿""文旅+康养""文旅+主题公园""文旅+特色小镇"等项目屡见不鲜。由王潮歌导演主持打造的只有河南·戏剧幻城，以沉浸式戏剧艺术为手法，为观众带来沉浸式的光感体验，首月累计接待游客10万人，创下了开业10天之内7次登陆央视的纪录，产生了良好的市场效应。然而，目前河南多数景区仍以传统的观光游模式为主，以沉浸式旅游演艺项目为代表的新业态项目并不多，难以满足当下消费者对文化的深度需求。

三是高科技利用程度不高。身处智能时代，数字文旅已成为文化和旅游业发展的未来方向，"创意+科技"成为文旅文创融合发展的关键一招。目前，河南虽已将数字化作为"行走河南·读懂中国"品牌体系建设的"先手棋"，但与其他文化旅游强省相比，在高科技利用方面仍有一定差距。以智慧博物馆和智慧景区建设为例，河南虽拥有361家博物馆，① 数量上居于全国前列，但智慧博物馆建设起步时间较晚，需要一定时间才能迎头赶上。河南虽建设了"互联网+龙门""智能云台山""5G

---

① 《2021年河南省国民经济和社会发展统计公报》，河南省人民政府网站，2022年3月14日，http://www.henan.gov.cn/2022/03-14/2414064.html。

红旗渠"等智慧景区，但与实现文旅文创战略的宏大目标相比仍有一定差距。

（二）推进文旅文创融合发展的体制机制仍需完善

良好的体制机制是促进文旅文创融合发展的重要保障。当前，河南推进文旅文创融合发展的体制机制仍不够完善，文物和文化资源、旅游资源的一体化管理机制仍有待健全。

一是文旅企业的体制改革不到位。文旅企业体制改革，关系到文化企业的活力、创造力。河南文化体制改革一直在步步推进，但部分企业仍存在市场化、企业化、专业化运营程度不够高等问题，制约文化旅游和文化创意融合发展的一些体制机制障碍仍然存在，部分文化创新主体积极性不高，亟须进一步深化国有景区、涉旅文物单位、文艺院团等体制机制改革，提升市场化运作水平，激发企业的发展活力、内生动力，提高竞争力。

二是文旅文创相关政策不完善。文旅产业的复合型特征，决定了立法指引的必要性。近年来，从中央到地方陆续印发了一些关于文化旅游方面的政策性文件，但至今仍未出台一部专门适用于文旅融合发展的法规。河南文旅文创融合发展也面临行业发展方面的问题，如知识产权保护方面存在漏洞，培养文化产业专业人才缺乏政策支持，与相关行业的融合过程中政策支持力度较小等。这些政策层面的交叉区盲点，在一定程度上也会影响河南推动文旅文创融合战略的脚步。

三是融资管理体制机制有待健全。推进文旅文创融合发展，需要充足的资金支持。但由于文化产业投入大、周期长、风险高，往往使许多企业家望而却步。2022年6月，河南整合省内优质文旅资源，正式成立了河南省文化旅游投资集团（简称"河南文投"），旨在通过创意激活和科技赋能，"打造国内一流的文旅产业旗舰劲旅"，进而引领全省逐渐形成万亿级文旅产业集群。河南文投的成立在一定程度上可以解决河南投融资平台缺乏的问题，但资金投入来源渠道单一、如何吸引社会资本投入文旅产业、文化和旅游资源一体化管理机制如何健全等，仍是制约河南文化旅游深度融合发展的现实困难。

（三）文化旅游业高端复合型人力资源相对匮乏

习近平总书记在中央人才工作会议上指出："国家发展靠人才，民族振兴靠人才。我们必须增强忧患意识，更加重视人才自主培养，加快建立人才资源竞争优势。"① 人才资源是推动经济社会创新发展的第一资源，对助推河南文旅文创融合发展起到至关重要的作用。当前，河南仍存在人才储备不足、人才队伍不健全、人才结构不合理等问题。

一是人才数量储备明显不足。近年来，河南积极推出各项人才引进政策，出台《关于加快建设全国重要人才中心的实施方案》，实施"八大行动"，为构建具有河南特色的人才发展雁阵格局助力。在智联招聘携手"泽平宏观"发布的《中国城市人才吸引力排名：2022》中，河南郑州、洛阳和新乡三个城市上榜，分别位列第18名、第71名、第100名。② 省会郑州对人才的吸引力较大，但仍落后于江苏、山东等省市，与建设文化强省的巨大人才需求相比远远不足。

二是文化创意人才队伍不健全。创意是文旅文创融合发展的灵魂，人才是创意创新的核心。从文化资源发掘到实现创意性转化，从文化产品的研发、设计到营销，都离不开专业人才的参与。2021年以来，河南电视台陆续推出的"中国节日"系列节目，展现了河南文化创意人才队伍的实力。但要让文旅文创产业成为战略性支柱产业，亟须统筹抓好各类人才队伍建设，培养更多创新型科技人才和各类急需紧缺专门人才，吸引高层次人才和文化管理人才，打造国内一流文旅文创专业团队，推动人才队伍建设。

三是文化旅游复合型人才缺失。在实施文旅文创融合战略的大背景下，河南的人才结构尚不合理，亟须培育或引进一批熟悉文化和旅游的复

---

① 《国家发展靠人才　民族振兴靠人才》，光明网，2021年9月29日，https://m.gmw.cn/baijia/2021-09/29/35199889.html。
② 《智联招聘携手"泽平宏观"发布〈中国城市人才吸引力排名：2022〉》，中国网科技，2022年5月17日，http://tech.china.com.cn/roll/20220517/387611.shtml。

合型人才。当前国内的高等教育尚未建立起文旅复合型人才培养体系，复合型人才输送力不足、持续性不强，从业人员文化素质不高，专业技能缺乏，在一定程度上也影响了新业态和新模式的孵化。如何依托省内高校建立文旅复合型人才培养基地，加大文化和旅游业企事业单位从业人员培训力度，是优化人才结构、解决人才短板问题、促进文化创意创新转化的关键因素。

（四）高品质文化产品供给难以适应现实需求

面对社会消费观念的变化，河南仍存在高品质文化产品供给不足、文化和旅游服务难以满足群众需求等问题。

一是高品质文化产品供给不足。创新是推动文旅文创融合发展的重要引擎。河南文化旅游产业起步不晚，科技创新能力和文旅文创精品却相对不足。2021年，河南电视台打造的春晚节目《唐宫夜宴》刷爆全网后，河南博物院迅速推出系列文创产品，收获了大量粉丝，成功开辟了一条传统文化IP的现代化运营之路。但放眼当前旅游市场，多数文创产品仍以书签、钥匙扣、折扇等为主，同质化现象严重，缺乏超级文化IP的注入，难以满足游客的多元审美需求，在市场上的竞争后劲不足。如何挖掘文化资源内涵，打造文旅文创精品，仍是目前文化产业发展面临的普遍问题。

二是文化和旅游服务难以满足群众需求。在新经济常态下，人们对文化产品的需求更加个性化、理性化、多元化，对旅游观赏性、体验性、互动性等方面要求更高，这就要求文旅市场及时做出积极转变和应对。当前，河南正在倾力塑造"行走河南·读懂中国"品牌体系，但仍然存在"有说头、缺看头，有资源、缺转化，有建筑、缺场景，有形态、缺业态"等问题，在基础设施"硬件"和文化服务"软件"上还无法真正满足人民群众的消费需求。

三是文化品牌的国际知名度、美誉度不够高。试以2019年中部地区接待入境过夜游客和国际旅游收入为例简要说明。2019年，河南接待入境过夜游客和国际旅游收入分别为180.4万人次、9.5亿美元，与同属中部地区的安徽379.7万人次、33.9亿美元,湖北450.0万人次、26.5亿美元,湖南467.0万人次、22.5亿美元相比,①仍有很大提升空间,需要在"双循环"思想指导下进一步思考并解决拓展国内国际消费市场、扩大文艺精品出口、助推优质文旅资源"走出去"等问题。

(五)推进文旅文创融合发展的营商环境仍需改善

经济为文旅文创融合发展提供支撑,文旅文创为经济发展提供助力。当前,河南经济发展对文旅文创融合发展的支撑动力不足,河南文旅文创融合发展的营商环境仍有待改善。

一是市场作用尚未充分发挥。河南省文化产业实力偏弱,规模以上文化产业企业缺乏竞争力,传统文化产业企业整体实力有待提升。2021年中国旅游集团20强及提名名单中,河南仅建业集团一家入选,②距离入选中国旅游集团前10强的目标仍有一定距离。2021~2022年度369家国家文化出口重点企业中,河南只有河南省山河柳编文化产业集团有限公司、中原出版传媒投资控股集团有限公司等4家企业上榜,③与邻近省份湖北、安徽等相比,数量不多,竞争力不强。这就需要积极引入竞争机制,通过减免税收、简化审批程序等政策举措,为文旅文创产业发展提供宽松的环境,进一步激发各类市场主体投资旅游和创业创新的积极性。

二是政策扶持力度有待加大。文旅文创融合发展离不开政府的支持。近三年来,受新冠肺炎疫情等外部因素的影响,文化旅游业受到重创,小微企业发展越发艰难。2020年,河南在文化旅游体育与传媒上的支出为140.9

---

① 国家统计局编《中国统计年鉴(2021)》,www.stats.gov.cn/tjsj/ndsj/2021/indexch.htm。
② 《2021中国旅游集团20强及提名名单对外公布》,人民资讯,2021年12月13日,https://baijiahao.baidu.com/s?id=1718992717796833111&wfr=spider&for=pc。
③ 《关于公示2021-2022年度国家文化出口重点企业和重点项目名单的通知》,中华人民共和国商务部网站,2021年7月27日,http://www.mofcom.gov.cn/article/jiguanzx/202107/20210703180727.shtml。

亿元，与同为中部省份的湖北省146.5亿元相比有一定差距。① 目前，河南需要进一步加大政府扶持力度，降低企业经营成本，激发市场主体活力，探索股权投资和市场化运作机制，为文旅产业保驾护航、赋能加速。

三是文旅消费潜力需进一步挖掘。文化旅游业是促进消费的主阵地、主力军，市场需求是促进旅游产业和文化产业渗透融合的原动力。2021年，河南省居民人均可支配收入26811元，比上年增长8.1%；而居民人均消费支出18391元，比上年增长13.9%。② 为逐渐恢复文化旅游市场，2022年河南多地多家景区推出了免门票政策，如暑假期间多家5A、4A级景区对高考生免门票，③ 为推动全省文化旅游业重回正常发展轨道提供了助力。但从2020年中部六省居民人均可支配收入与消费支出统计情况看（见表1），河南在释放文化和旅游消费潜力方面仍有很大空间。

表1 2020年中部六省居民人均可支配收入与消费支出情况

单位：元

	城镇居民			农村居民		
	人均可支配收入	人均消费支出	人均文化娱乐消费支出	人均可支配收入	人均消费支出	人均文化娱乐消费支出
河南	34750.3	20644.9	553.6	16107.9	12201.1	179.1
湖北	36705.7	22885.5	549.5	16305.9	14472.5	256.4
湖南	41697.5	26796.4	1121.4	16584.6	14974.0	315.5
山西	34792.7	20331.9	592.8	13878.0	10290.1	151.9
安徽	39442.1	22682.7	617.7	16620.2	15023.5	292.6
江西	38555.8	22134.3	595.3	16980.8	13579.4	286.8
全国	43833.8	27007.4	821.8	17131.5	13713.4	242.2

资料来源：国家统计局社会科技和文化产业统计司、中宣部文化体制改革和发展办公室编《中国文化及相关产业统计年鉴（2021）》，中国统计出版社，2021。

---

① 国家统计局编《中国统计年鉴（2021）》，http：//www.stats.gov.cn/tjsj/ndsj/2021/indexch.htm。
② 《2021年河南省国民经济和社会发展统计公报》，河南省人民政府网站，2022年3月14日，http：//www.henan.gov.cn/2022/03-14/2414064.html。
③ 《河南省多家5A、4A级景区对高考生免门票》，河南省人民政府网站，2022年6月14日，https：//www.henan.gov.cn/2022/06-13/2466359.html。

三 河南推动文旅文创融合战略的路径选择

文化业和旅游业是构成文化旅游产业的重要内容，文旅互动是实现文旅文创融合发展的核心内容。实施文旅文创融合战略，是河南省文旅产业发展史上具有里程碑意义的大事。作为综合性、带动性都很强的新兴产业，河南文化业和旅游业已呈现多元融合发展的趋势特征，集中体现在多领域、多产业、多样化、多区域的融合方面，其融合发展的有效路径主要表现为资源融合、技术融合、跨界融合等多种形态。为实现河南文旅融合效益最大化，需要根据不同地区的实际情况，结合时代发展趋势，作出正确的路径选择。

（一）资源融合是文化旅游产业融合的基础和前提

资源融合是不同类别的资源通过发挥自身优势，形成优势互补，从而大大提高资源利用率和回报率的文旅文创融合方式。河南省是名副其实的文化资源大省。截至2021年底，河南省共有不可移动文物65519处，数量居全国第2，可移动文物177万件/套，全国重点文物保护单位420处，省级文物保护单位1521处，有125个项目入选国家级非物质文化遗产名录，馆藏文物占全国的1/8，有"中国历史天然博物馆"之称。[①] 而文化资源如何进行有效整合，是关乎文化旅游产业发展的首要问题。近年来，随着河南文旅文创融合战略的实施，大量文化创意被引入并付诸实践，为文化旅游产业提供了资源融合的新灵感。

一是通过自然地理资源与文化资源融合，倾力打造黄河文化旅游带。在生态旅游方面，建设以三门峡、小浪底、郑州、中牟、开封、濮阳为重点的黄河生态走廊和湿地景观公园。在文化旅游方面，重点打造精品旅游线路，由黄河沿线向外发散，连点成线、扩线成面，全面开发美食游、古镇游、研

---

① 《2021年河南省国民经济和社会发展统计公报》，河南省人民政府网站，2022年3月14日，http://www.henan.gov.cn/2022/03-14/2414064.html。

学游、风俗游、地标游等多种旅游业态。通过自然地理资源优势与文化资源优势叠加互补，逐渐形成富有黄河文化特色的全链条文旅新业态。

二是通过历史人文资源与文化资源融合，重点建设七大文化片区。依托郑州、开封、洛阳三大历史古都，重点建设七大片区——郑州东部的中牟国际文化创意产业园区，包括建业·华谊兄弟电影文化小镇、中国绿化博览园、方特欢乐世界等；郑州西部的大嵩山文化旅游区，包括龙潭湖露营公园、少林寺、嵩阳书院等；郑州南部的新密银基国际旅游度假区，包括乐海水世界、黄帝宫御温泉、动物主题乐园等；郑州北部的惠济沿黄文化旅游区，包括惠济桥、大运河文化片区等；洛阳的龙门文化旅游园区，包括龙门石窟、龙门古街和龙门—伊河文化与生态景观带等；洛阳的黄河小浪底国际滨水旅游度假区，包括西霞湖、大坝湿地公园、张岭半岛度假区、黄河三峡；开封的宋都古城文化旅游区，包括清明上河园、北宋东京城遗址等。通过历史人文资源在新时代的再开发，将郑汴洛打造成品牌响亮的国际文化旅游之都。

三是通过多种资源跨界融合，积极推进国家级、省级全域旅游示范区建设。以太行山、大别山、伏牛山为主基地，"旅游+康养、工业、生态"等融合发展，打造一体化康养产业群。将发展旅游康养产业与新农村建设两手抓，推进文旅产业与乡村振兴有机融合。通过发展民宿等，带动当地经济发展，推进国家级康养基地建设，争取早日实现双向共赢。在建设康养基地过程中，推动自然资源、历史人文资源与各类产业一齐发力，共同打造出一条业态完整、设施完备的国家级康养产业链条。

（二）技术融合是文化旅游产业融合的核心和关键

科学技术是第一生产力，新时期信息技术的迭代和突破为文化旅游产业提供了新的发展方向。2021年6月，文化和旅游部印发了《"十四五"文化和旅游科技创新规划》，提出要"全面推进科学技术深度融入文化和旅游领域"[1]。而

---

[1] 《文化和旅游部关于印发〈"十四五"文化和旅游科技创新规划〉的通知》，中国政府网，2021年6月11日，http://www.gov.cn/zhengce/zhengceku/2021-06/11/content_5616972.htm。

数字赋能是文旅产业在新时代实现高质量发展的有力突破口，也是疫情防控时期文化产业实现转型升级的明智选择。河南要实现文旅产业高质量发展，必须高度重视文旅智慧化建设，把技术融合放在文旅产业融合的核心位置，大力开发线上文化旅游空间。一是建立数字博物馆。积极探索新时代文化资源保护新思路，对黄河、嵩山等自然景观和龙门石窟、少林寺、古城遗址等重要文化遗产实行数字化保护展示。二是构建网上云平台。对黄河、大运河、长城、长征国家文化公园（河南段）进行线上规划及展出，全面整合相关文化资源，实施数字化管理运营，彰显河南文旅文创产业发展魄力。三是建立河南省文旅文创融合数字创意中心。以《唐宫夜宴》《端午节奇妙游》等作品为优秀范例，创造出更多具有河南特色的网络影视、数字出版、数字动漫等文化作品，利用数字传媒打响河南文化招牌。四是建立数字文旅智慧产业园区。集中物资人力进行技术攻坚，推动关键技术突破与迭代，推进科研成果在文旅产业中进行有效转化应用，以科技创新为文旅产业注入发展新活力，全面推进线上线下数字化融合项目，塑造具有河南特色的国际文化品牌，为文化旅游产业的后续发展保驾护航。

（三）跨界融合是文化旅游产业融合的升级和发展

跨界融合是文化产业发展到一定阶段的必然产物，是在产业种类完善、功能完备基础上的升级和发展。近年来，社会主要矛盾的变化赋予了文化产业前所未有的压力和使命，人们对文化消费的多元需求刺激着文化产业由单一型业务向综合供应链服务转型，逐渐拓展出"文旅+商业""文旅+工业""文旅+教育""文旅+农业"等多种业态，成为文旅产业深度跨界融合的有力推手。文旅"夜经济"是刺激文化消费的新着力点，也是尚未充分开拓的新领域。按照河南省关于"到2022年，建设30个省级夜间文旅消费集聚区"[①]的目标定位，河南各地市纷纷鼓励和推动夜间文化和旅游经济的发

[①]《河南省人民政府办公厅关于进一步激发文化和旅游消费潜力的通知》，河南省人民政府网站，2020年5月13日，https://m.henan.gov.cn/2020/05-13/1454169.html。

展,其中郑州、开封、洛阳等城市成为全省发展文旅"夜经济"的重要示范区,催生出露天影院、灯光秀、夜市街区、星空露营、电音节等一批新兴经济业态,打造出"醉美·夜郑州""夜游清园""古都夜八点"等一批知名文化品牌。这种"文旅+商业"运营模式的成功推行,为开拓更广泛领域的跨界融合提供了新的借鉴,是河南文旅产业实现转型升级的有效参考。

(四)功能融合是文化旅游产业融合的价值新体现

随着全国各地城市化进程的加快,资金、人力等要素源源不断地流向城市,城市已成为文旅文创融合的主要阵地。文旅文创融合战略的实施,为河南城市的多元发展提供了更多选择,城市内部各机构的功能融合,也为河南各市县提供了高质量发展的中原方案。郑州市在文化资源和地理位置上都具有优越的先天条件,是文旅产业实行功能融合的重要试验田。郑州航空港经济综合实验区,是我国重点打造的贯通全国、辐射世界的立体综合交通枢纽,拥有航空、高铁、地铁、高速公路与快速路等多种交通方式,以便利的交通和优越的政策吸引了大量资金与人力的聚集,是河南省经济勃兴的命脉所在。近年来,郑州航空港经济综合实验区集中力量打造了文化产业的"三个中心",即港区北部的"综合文化产业组团中心"、南部的"港区工业设计创意中心"和东部的"创新艺术交流展示中心",其中北着力打造多元化产业平台,建立一批高端电子产业园、商贸中心、航空金融中心、市民服务中心、智能手机产业园等,在现代传媒、影视动漫、服装设计等领域,逐步实现产业转型升级;南部以高端制造业为文化产业驱动内核,依托原有电子信息产业基地的数字文化产业基础,搭建互联网产业综合信息平台,推进数字化、信息化进程;东部集聚了奥特莱斯时尚中心、国家生物医药产业园区、新能源产业园、会展城等,以"互联网+"和创意展示设计产业为中心,兼顾演艺业、展览、贸易、商务旅游业,高程度实现文化驱动。郑州航空港经济综合实验区围绕"东强、南动、西美、北静、中优、外联"的发展格局,坚持实施以项目带动发展的战略,不断推进城市核心板块建设,兼顾生态建设保护与文化资源保护利用,致力于打造一个集贸易、文化、科技、交通等多方面优势于一体的现代化大都市。河南特有的历史文化底蕴与国际大都市的现代化气息紧密结合,赋予了郑州航空港经济综合实验区层次多样、韵味丰富的城市内涵;而城市内部各板块之间的功能互融,大大提高了空间利用率和资源利用率,为郑州航空港经济综合实验区的文化旅游产业提供了更大的发展空间。

(五)区域融合是文化旅游产业融合的空间新拓展

近年来,随着文化资源开发利用的力度不断加大,河南文化旅游业在新时代迎来了第二春。文旅文创融合战略的实施,在政策上为文化旅游产业的发展打了一针强心剂,使河南文化旅游产业焕发出蓬勃生机。但从目前文化旅游产业的发展现状看,仍未能与河南所拥有的丰富文化资源相匹配,与日益增长的市场需求仍有一定差距。其一,推动城市与地区之间的互动与联合,开拓文化旅游发展新业态,是解决这个问题的有效方案。各城市乃至城市内部各区域在文旅产业上的各自为营,是束缚文旅资源实现价值最大化的主要原因之一。面对文化旅游产业的发展瓶颈,实行区域融合成为当今中原城市群的热门选择。其二,高起点规划文化创意城市建设,是促进中原城市群实现区域间联合互动的重要举措。郑州和洛阳是文化创意城市建设的两个中心。一是以郑州中心城区和航空港经济综合实验区为核心,以开封、焦作、新乡、许昌等城市为门户,通过城市间文化资源的联动和互补,打造一条首尾完善、功能齐备的文化旅游产业链。在文化创新方面,集中物资人力,促进郑州国际文化创意产业园建成并投入运作,打造河南文创新高地。在文博建设方面,以河南博物院为中心,通过各市文博联动,打造国际一流都市文博区。在文化遗产保护利用方面,建立郑开科创走廊,以黄河、嵩山沿线文化资源利用为主,将黄河文化旅游带、少林寺等打造成国际知名的文化品牌。二是以洛阳为核心,建立包括平顶山、焦作、济源、三门峡等城市在内的洛阳副中心城市文化创意区。以龙门石窟、丝绸、牡丹、大运河、唐三彩等文化元素为载体,利用数字赋能、"互联网+"等技术平台,创新文化遗址保护模式,对隋唐洛阳城、仰韶文化遗址群、龙门石窟等重点文化遗产进行数字化保护展示,提高文化资源保护水平和利用效率。通过城市间的跨区联动、线上联动,加强文化创意城市建设,最大限度地对中原文化资源进行开发利用,持续打造声名远播的中原文化品牌,这正是区域融合的价值所在。

四 推进河南文旅文创融合高质量发展的对策建议

中共中央办公厅、国务院办公厅印发的《"十四五"文化发展规划》指出:"十四五"时期是我国在全面建成小康社会基础上开启全面建设社会主义现代化国家新征程的第一个五年,也是推进社会主义文化强国建设、创造光耀时代光耀世界的中华文化的关键时期。① 文化生产是由文化内容、文化符号、文化媒介生产所构成的统一体,旅游活动通过承载和展示文化内容、丰富文化产品供给等形式推动文化空间生产,文化和旅游融合发展同时呈现"旅游的文化性"和"文化的旅游化"两个方面的特征。推进河南实施文旅文创融合战略,应坚持以黄河文化和中原文化为基础,以传承创新为手段,以建设文化强省为旨归,充分发挥资源优势、区位优势、品牌优势,选准适合河南文化旅游融合发展的方法路径,有针对性地提升河南文化的影响力、竞争力和软实力,真正推动文化旅游产业成为国民经济的重要支柱产业。

(一)做好顶层设计,强化政策保障

河南省应以第十一次党代会确定的"文旅文创融合战略"为指导,充分借鉴国内外发展文旅产业的优秀经验,加强顶层设计,为河南文旅产业提供方向性指导意见。一是坚持中华文化传承中心和世界文化旅游胜地定位,持续完善文旅行业发展布局。二是充分挖掘五大类资源,即以大别山、太行山、伏牛山、嵩山、黄河、淮河等为代表的区域生态文化资源,以红旗渠精

---

① 《中共中央办公厅 国务院办公厅印发〈"十四五"文化发展规划〉》,新华网,2022年8月16日,http://www.news.cn/politics/zywj/2022-08/16/c_1128920613.htm。

神、焦裕禄精神、大别山精神为代表的红色文化资源,以郑州、开封、洛阳、安阳为代表的古都文化资源,以禹州钧瓷、登封木雕、少林功夫、淮阳泥泥狗、浚县泥咕咕、镇平玉雕、朱仙镇木板年画、温县太极拳为代表的非遗文化资源,以郑州黄帝故里拜祖大典、开封菊花文化节、洛阳河洛文化旅游节、商丘国际华商节、三门峡黄河旅游节为代表的节庆文化资源等,着力发展以自然生态文化、红色文化、古都文化、民俗文化等为主题的文旅文创产业,逐渐形成文旅产业发展的集聚效应。三是高质量建好河南段黄河国家文化公园、大运河国家文化公园等,提升河南文旅产业发展能级。四是充分利用河南"一带一路"节点优势,加大对省内文旅行业的推广力度,通过在国内外重点城市设立文旅营销中心、输出文旅产品、发布专题广告片、加强与国外旅行社及高端酒店合作、开发国际文旅客源等形式,持续拓展文旅行业国际市场。五是不断完善文旅资源管理、文旅行业服务、文旅投资模式、文旅项目建设等方面的政策,切实为河南文旅行业发展提供强有力的政策支撑。

(二)加大资金投入力度,打造文化品牌

发达国家和我国沿海地区之所以文旅产业发达、文旅品牌较多,与这些国家和地区经济实力较强有关,可以为文旅行业发展提供持续的资金保障。河南文旅产业要实现高质量发展、打造文旅产业品牌,也离不开大量的资金支持。一是在政府扩大财政投入的基础上,不断健全文旅发展资金的募集机制,鼓励社会资本、企业资本、个人资本进入文旅行业,逐渐形成政府、社会、企业、个人共同投资文旅产业的新格局。二是在吸引国内资本的同时,还可在政策允许的情况下,加强与国外文旅企业合作,利用国际资本服务河南文旅产业发展。三是在扩大资金投入的同时,要注重引导文旅产业资金流向,重点支持打造文旅产业品牌,进一步提高河南文旅产业的知名度和美誉度,提升河南文旅产业的综合竞争力。四是立足中原文化在中华中的主根主脉地位,以"行走河南·读懂中国"文旅大品牌为引领,重点擦亮河南古都文化品牌、黄河文化品牌、功夫文化品牌、根亲文化品牌、河洛文化品

牌、姓氏文化品牌、节庆文化品牌、庙会文化品牌等子品牌，并借此打造世界级的文化旅游胜地和文旅精品线路，吸引海内外游客到河南旅游观光。五是加大资金投入力度，对外宣传好、营销好"老家河南"品牌，传播好河南最新声音、讲述好河南文化故事，充分放大河南文旅品牌的溢价效应，推动河南文旅消费再上新台阶。

（三）鼓励产业创新，重视互动体验

文旅文创产业具有产业链长、兼容性强、创意性强、附加值高等特点。扩大河南文旅产业规模、提高文创产业发展质量，需要大张旗鼓推动产业创新，不断用文旅文创新业态激发文旅市场活力。一是要对照发达国家和地区文旅文创产业的发展状况，着力补短板、强弱项、推强项，通过发展新兴业态、完善产业链条、提高产业产能等关键环节，不断健全河南文旅文创产业的整体发展格局。二是实施"文旅+""文创+""文化+"等策略，推进文旅文创行业与农业、工业、设计业、广告业、营销业、会展业、体育业、娱乐业、餐饮业、传媒业、建筑业、康养业、手工业等行业的深度融合，巧借外力实现文旅文创产业多元快速发展。三是注重发挥创意在文旅文创产业发展中的重要作用，及时发掘新点子、新创意、新成效，加大对创意的孵化力度，推动创意产业化进程，提高文创产品的市场占有率。四是利用数字化技术赋能文旅文创产业，推动文旅文创产业资源的数字化、文化消费的数字化、文化遗产保护的数字化、文化品牌推广的数字化、文化市场管理的数字化等，全力推动数字文旅文创产业发展。五是提倡不同文旅元素跨界整合，创新文旅的"河南礼物"，让省内外游客有消费新鲜感，从而延长文旅产品的生命周期。六是营造消费场景，重视互动体验，让游客在沉浸式消费文旅文创产品过程中获得良好的心理体验，增强游客对中原文化的思想认同和行为认同。

（四）聚焦现实问题，拓展发展模式

当前，河南文旅文创产业发展存在不少不足和短板，如部分市县对文旅

文创产业的重要性认识不到位、文化创意含金量不足、高端文创人才缺乏、文旅产业发展深受不可控因素的影响、龙头文旅文创企业缺乏、文旅品牌不多不精、文化基础设施建设相对滞后、文旅资源开发程度相对偏低等现实问题，亟须进一步转换发展思路，有针对性地拓展文旅文创产业的发展模式。一是实行项目带动模式。坚持项目为王，大力建设文旅资源大数据、特色文旅小镇、高端旅游度假村、文化康养基地等项目，加强博物馆、美术馆、展览馆等文化基础设施建设，着力培育有较大竞争力的特色文旅品牌，妥善解决文旅资源开发中存在的其他问题等。二是实行消费带动模式。全力发展文旅产业"夜经济"，办好太昊陵庙会、浚县正月古庙会等庙会，适当发放文旅文创产品消费券，减少新冠肺炎疫情对文旅文创产业的深度影响。三是实行精品带动模式。针对文化精品不足的问题，支持文旅文创企业要打造精品产品、精品服务、精品线路，用高质量的文化精品打开市场，赢得消费者的真心信赖。四是实行公共文化服务带动模式。在郑州、洛阳、开封、南阳等省内重点城市，打造"十分钟公共文化服务圈"，推动公益演出剧目、免费图书等公共文化服务进社区，让公共文化服务更有烟火气，从而营造出良好的文化发展氛围，多措并举推动文旅文创产业高质量发展。

（五）整合多方资源，培养专业人才

人才在文旅文创产业发展中起着不可替代的作用。从某种程度上说，全国各地在文旅文创产业发展上的差距，主要就是高端人才数量的差距，个别高端文旅文创人才的存在，有时甚至能带动整个行业的发展进步。河南在引进、使用、留住、培训高端文旅文创人才方面，需要在以下四个方面多下功夫。一要大力引进高端文旅文创人才。要根据河南的现实发展需求，完善高端文化人才引进的制度体系，使人才引进更具针对性、更有竞争力。要充分利用每年的招才引智大会等平台，面向全球招聘文旅文创行业的顶尖人才。要积极出台资金支持、户籍落户、子女入学等方面的倾斜政策，进一步加大文旅文创人才的引进力度，吸引他们来豫创业。二要善于使用现有人才。河南在学界、业界有大量的文旅文创产业人才，河南卫视推出的"中国节日"

系列节目、河南博物院推出的文创产品火爆出圈，充分证明河南文旅文创产业人才有着不凡的实力。要善用、巧用、选用本土文旅文创人才，充分激发他们的创新活力，争取推出更多具有文化深度和感情温度的文旅文创精品。三要想法留住各类人才。当今各地文旅文创产业的竞争，本质上还是人才的竞争。要关心、关爱文旅文创人才，积极营造良好的创业就业环境，为他们搭建各类平台，防止人才特别是高端人才流失。四要加强人才定期培训。鼓励、支持河南文旅文创人才到发达地区学习行业发展经验，邀请国际文旅文创专家到河南授课，不断开阔河南文旅文创人才视野，切实提升发展文旅文创产业的能力。

（六）坚守发展底线，建立长效机制

发展是硬道理，也是解决河南文旅文创产业存在问题的关键。省内外文旅文创产业发展的实践说明，要实现文旅文创产业高质量发展，就需要建立文旅文创产业发展的长效机制，只有这样文旅文创产业才能实现可持续发展。一是健全保障机制。不断加大对河南文旅文创产业发展的指导力度，及时帮助企业等市场主体解决在发展过程中面临的资金、政策等各类问题，切实为文旅文创企业纾困解难，帮助他们做强做优做大。二是健全激励机制。对发展好的地区和企业给予重点支持，并在宣传推广等方面给予一定的倾斜政策，以充分调动地方政府和市场主体的积极性。三是健全市场机制。充分发挥市场在文旅文创产业资源中的配置作用，不断优化营商环境，以良好的政治要素、经济要素、法律要素、人文要素提高市场运行效率，促进文旅文创产业市场有序运行。四是健全创新机制。提高文旅文创企业创新研发能力，弘扬文旅文创行业的"工匠精神"，大力支持技术创新、营销创新、制度创新、产品创新、渠道创新、政策创新、服务创新等，以创新创意推动文旅文创企业发展。五是健全协同机制。不同地市文旅文创产业要实现差异化发展，如开封重点发展大宋文化旅游、洛阳重点发展隋唐文化旅游、许昌重点发展三国文化旅游、安阳重点发展殷商文化旅游等，放大不同地区在文旅文创发展上的协同效应，进而提升整个河南文旅文创产业的发展水平。

参考文献

[1]《文化和旅游部关于印发〈"十四五"文化和旅游发展规划〉的通知》，中华人民共和国文化和旅游部网站，2021年4月29日，https：//zwgk.mct.gov.cn/zfxxgkml/ghjh/202106/t20210602_924956.html。

[2]《中共中央办公厅 国务院办公厅印发〈"十四五"文化发展规划〉》，新华网，2022年8月16日，http：//www.news.cn/politics/zywj/2022-08/16/c_1128920613.htm。

[3] 雒树刚：《文旅融合——宜融则融 能融尽融 以文促旅 以旅彰文》，搜狐网，2018年12月11日，https：//www.sohu.com/a/281176256_488939。

[4]《2021年河南省国民经济和社会发展统计公报》，河南省人民政府网站，2022年3月14日，http：//www.henan.gov.cn/2022/03-14/2414064.html。

[5]《国家发展靠人才 民族振兴靠人才》，光明网，2021年9月29日，https：//m.gmw.cn/baijia/2021-09/29/35199889.html。

[6]《智联招聘携手"泽平宏观"发布〈中国城市人才吸引力排名：2022〉》，中国网科技，2022年5月17日，http：//tech.china.com.cn/roll/20220517/387611.shtml。

[7] 国家统计局编《中国统计年鉴（2021）》，www.stats.gov.cn/tjsj/ndsj/2021/indexch.htm。

[8]《国务院关于印发"十四五"旅游业发展规划的通知》，中国政府网，2022年1月20日，http：//www.gov.cn/zhengce/content/2022-01/20/content_5669468.htm。

[9]《2021中国旅游集团20强及提名名单对外公布》，人民资讯，2021年12月13日，https：//baijiahao.baidu.com/s?id=1718992717796833111&wfr=spider&for=pc。

[10]《关于公示2021-2022年度国家文化出口重点企业和重点项目名单的通知》，中华人民共和国商务部网站，2021年7月27日，http：//www.mofcom.gov.cn/article/jiguanzx/202107/20210703180727.shtml。

[11]《河南省多家5A、4A级景区对高考生免门票》，河南省人民政府网站，2022年6月14日，https：//www.henan.gov.cn/2022/06-13/2466359.html。

[12]《文化和旅游部关于印发〈"十四五"文化和旅游科技创新规划〉的通知》，中国政府网，2021年6月11日，http：//www.gov.cn/zhengce/zhengceku/2021-06/11/content_5616972.htm。

［13］《河南省人民政府办公厅关于进一步激发文化和旅游消费潜力的通知》，河南省人民政府网站，2020年5月13日，https：//m.henan.gov.cn/2020/05-13/1454169.html。

［14］《习近平在中共中央政治局第三十九次集体学习时强调　把中国文明历史研究引向深入　推动增强历史自觉坚定文化自信》，人民网，2022年5月28日，http：//politics.people.com.cn/n1/2022/0528/c1024-32432826.html。

［15］《习近平向联合国世界旅游组织第22届全体大会致贺词》，中国政府网，2017年9月13日，http：//www.gov.cn/xinwen/2017-09/13/content_5224768.htm。

［16］《建设文化强省！河南省"十四五"文化旅游融合发展规划公布》，河南省人民政府网站，2022年2月11日，http：//www.henan.gov.cn/2022/02-11/2396824.html。

［17］《郑州：四条丝路齐发力　开放发展同出彩》，《郑州日报》2022年8月4日。

［18］《河南4地入选国家级文旅消费集聚区名单》，大河网，2022年8月26日，https：//baijiahao.baidu.com/s?id=1742153157649993286&wfr=spider&for=pc。

［19］徐晓：《〈2021年度全国旅行社统计调查报告〉发布》，《中国旅游报》2022年5月11日。

［20］《实施全省文旅文创融合战略　让"行走河南·读懂中国"走向世界》，河南省文化和旅游厅网站，2022年3月14日，https：//hct.henan.gov.cn/2022/03-14/2413355.html。

［21］李凤虎、刘梦珂：《建强枢纽　筑就新高地》，《河南日报》2022年9月8日。

［22］《中共中央　国务院印发国家综合立体交通网规划纲要》，中国政府网，2021年2月24日，http：//www.gov.cn/zhengce/2021-02-24/content_5588654.htm。

B.3
河南省文旅文创融合发展调研报告

中共河南省委宣传部文化体制改革办公室课题组*

摘　要： 党的十八大以来，以习近平同志为核心的党中央对文旅工作表示出高度重视，对文旅融合发展作出了一系列重要部署。2018年3月，中华人民共和国文化和旅游部正式设立，至此，文旅融合发展上升为国家战略。2021年10月，在河南省第十一次党代会上，文旅文创融合战略成为省委省政府重点实施的"十大战略"之一。本课题组以河南省文旅文创产业为研究和调研对象，围绕河南文旅文创融合现状、问题及原因，先后到焦作、安阳、南阳、信阳、温县、桐柏等市、县实地考察调研，并以书面调研的形式对省内其他地市的文旅文创产业发展情况进行了解，从顶层设计、挖掘资源、擦亮品牌、加强科技应用、提升创意水平、走向国际、深化改革、培养人才八大方面对当前存在的问题提出相应的对策。

关键词： 文旅融合　文化创意　高质量发展

为贯彻落实河南省第十一次党代会关于实施文旅文创融合战略的重大决策部署和十一届省委常委会第三次会议决定事项要求，中共河南省委宣传部文化体制改革办公室会同郑州大学组成调研组，围绕做大做强文旅文创产业等事宜开展了专题调研。调研组先后到焦作、安阳、南阳、信阳、温县、桐

---

* 课题组成员：杨恒智，中共河南省委宣传部文化体制改革办公室主任；赵洁，郑州大学新闻与传播学院2020级硕士研究生；杜松江，中共河南省委宣传部文化体制改革办公室干部；执笔人：赵洁、杜松江。

柏等市、县实地考察调研，并以书面调研的形式对省内其他地市的文旅文创产业发展情况进行深入了解。调研围绕塑造全域旅游主题形象、打造国际级黄河文化旅游带、建设休闲康养基地、发展特色鲜明的全链条文创产业、培育壮大市场主体等内容，认真分析了当前河南省文旅文创产业的发展现状和突出问题，并提出了今后一个时期的发展思路和建议。

一 发展现状

从整体上看，河南省文旅文创融合发展工作正在稳步推进，融合发展初显成效、文旅产业格局初步形成、服务设施不断完善、政策环境持续优化、文旅文创产业在经济发展中的比重不断增长，一大批新型文化旅游业态持续出圈，文旅市场消费潜力巨大。

（一）融合发展初见成效

近年来，河南省各地在省级政策的扶持下，立足于本土特色，利用一切可以转化的优势资源，将数字经济与实体经济相结合，积极引进新技术、新模式、新方法，瞄准发展目标，强化"文旅+"，从而使文旅文创的社会效益和经济效益得到了提升，更加拓展了文化旅游发展的广度和深度，推动了文旅文创产业高质量发展。2022年6月，河南省文旅文创融合创新基地在洛阳成立，该基地围绕"以黄河文化、中原文化为代表的中华优秀传统文化全面复兴"的目标任务，系统性组织开展好文化阐释、文创表达、IP发展、业态创新、创意传播、产业融合等工作，全面推动河南省文旅文创融合战略的创新研究和实践探索。焦作市积极推动全域旅游和乡村旅游发展，修武县、博爱县成功创建国家全域旅游示范区，近年来成为乡村旅游的典范，带动了县域旅游的发展；云上院子获评全国甲级民宿，成为北方民宿标杆。南阳市依托本地特色中医药资源，推进"旅游+康养"，掀起了该地区种植中草药的热潮；推进"文旅+教育"，大力发展研学旅游，内乡县衙博物馆、内乡宝天曼景区、淅川丹江湖旅游区等旅游地点被确定为全省首批研学旅游示范基地。洛阳市则大力推进"文旅+科技",展示《应天长歌》壁画、"一门三道"遗址,举办了应天门3D激光投影秀、九洲池全息夜游活动,玩转文旅新业态,将其丰富的历史文化通过数字技术完美展现,依托其传统资源,赢得了好口碑。

(二)文旅市场势头强劲

2015~2020年,河南省文化及相关产业增加值年均增长率为16.40%,占GDP比重从2015年的3%上升到2020年的4.06%。2022年上半年全省2877家规模以上文化及相关产业企业实现营业收入1220.82亿元,按可比口径计算,比上年同期增长3.30%。[①] 2015~2021年,河南省旅游业年收入从5035亿元增长到6079亿元,恢复到2019年的63%,游客数量从5.18亿人次增长到7.93亿人次,恢复到2019年的88%,[②] 均呈现上升趋势。2021年"五一"假期期间,河南省旅游市场共接待游客5526.03万人次,实现旅游收入293亿元,按可比口径计算,与2019年同期(4天)相比分别增长21.48%、1.75%。受新冠肺炎疫情和水灾影响,2021年中秋节小长假期间,河南省共接待游客1489.56万人次,实现旅游收入74.86亿元,分别恢复到2019年中秋假期的92.02%、93.99%。2021年"十一"黄金周期间,河南省共接待游客6675.07万人次,实现旅游收入为322.32亿元,与2019年国庆假期相比,旅游接待人次增长0.65%,旅游收入恢复到2019年同期的64.21%。[③] 2022年元旦假期期间,河南省共接待游客1011万人次,实现旅游收入43亿元,同比增长1.08%。[④] 2022年"五一"假期期间,河南省共接待游客1025.29万人次,

---

① 数据来源:河南省统计局。
② 《2021年河南接待游客7.9亿人次 旅游收入达6079亿元》,掌中九江,2022年2月16日,https://www.jjcbw.com/News/news/id/246844.html。
③ 《2021年河南文旅文创融合发展综述与观察》,河南省文化旅游手机报,2022年4月18日,https://baijiahao.baidu.com/s? id=1730428667225872359&wfr=spider&for=pc。
④ 《河南省元旦假期共接待游客1011万人次,旅游收入43亿元》,央广网,2022年1月4日,https://baijiahao.baidu.com/s? id=1720992170894123893&wfr=spider&for=pc。

实现旅游收入48.05亿元。① 2022年端午节假期期间，河南省共接待游客851.97万人次，实现旅游收入38亿元，② 文旅市场显现积极信号，总体趋势回暖向好。从近几年的产业发展态势看，文旅产业已成为河南省产业结构调整、转型升级、迈向高质量发展的重要推动力量。

（三）传承保护协同发展

河南省注重保护与传承并举，整合各种自然资源与文物遗产资源等，统筹协调文物保护与城市发展的关系，充分发挥文物资源传承文明、教育人民、服务社会、推动发展的作用。同时，与各大新技术公司合作，利用图文、视频和全景等多种形式，搭建数字文化旅游管理平台，从而更加高效便捷地管理区域内的文旅资源。焦作市加强了对黄河、大运河文化遗产的保护利用，谋划的21个项目被列入省规划，围绕黄河国家文化公园建设谋划各类重点项目44个，总投资217亿元。新乡市大运河文化遗产保护项目中的百泉程泉亭、嵇公亭、甘泉亭文物保护维修工程已经竣工并通过初验。玲珑塔保护维修工程已完工，长城文物保护方案已经编制完成。鹤壁市围绕非遗传承保护，开展常态化的非遗项目展演展示、非遗进校园、非遗代表性传承人技能培训等活动，大力推进非物质文化遗产生产性保护，浚县泥咕咕、鹤壁窑、浚县正月古庙会等非遗项目逐步走向产业化发展，促进了非遗"活"起来。新乡市成功举办5G+智慧全域旅游博览会暨文化和自然遗产日活动，吸引市内外100余家文旅企业参展，做到了文化保护和传承的与时俱进。

（四）项目带动成效显著

近年来，河南省各地市以项目为引领，拉动文旅投资，带动消费和就

---

① 《"云展演"增强信心 "微旅游"彰显韧性——2022年"五一"假日文化和旅游市场综述》，潇湘晨报，2022年5月4日，https：//baijiahao.baidu.com/s？id=1731890985667799339&wfr=spider&for=pc。

② 《河南：2022年端午假期共接待游客超851万人次》，华声在线，2022年6月8日，https：//baijiahao.baidu.com/s？id=1735039704103555337&wfr=spider&for=pc；原数据为"851.97"，因此题目中的数据应为852。——引者注

业，推动了文旅文创产业发展。2021年，河南省谋划建设146个省级重点文化旅游项目，总投资5475.38亿元，当年完成投资1182.59亿元。① 河南A类重点项目只有河南·戏剧幻城在郑州盛大开园。开城首演直播，全网播放量4160万次，开业10天内，7次登上央视，《人民日报》、新华社等中央媒体多次报道。只有河南·戏剧幻城入选"2021文旅融合创新项目"，2021年接待游客50万人次，实现旅游收入1.4亿元。南阳发挥中心城区聚集效应，谋划了黄山遗址考古公园、汉冶铁遗址公园、夏庄墓地楚文化综合展示中心等一批新项目，这些项目已入南阳市文旅重大项目库。信阳市在建旅游项目55个，投资总额429.2亿元，累计完成投资157.3亿元，年度完成投资44.6亿元。② 平顶山市文旅康养城项目稳步推进，2022年1~7月开工建设项目120个，完成投资84.2亿元，开工率51.72%。"十四五"期间，焦作市初步确定黄河文化保护开发利用重点项目63个，其中在建项目33个，拟建项目30个等。洛阳市2022年度全市重点文化旅游项目库中共有重点项目84个，计划投资887.0亿元。栾川通过打造区域农旅品牌"栾川印象"，实现新上农产品加工生产线23条，扩建扶贫基地27个，带动1751户贫困户实现增收，受益贫困群众达5250人。

（五）服务设施不断完善

2021年末河南省共有公有制艺术表演团体161个，文化馆207个，公共图书馆169个，博物馆361个；全国重点文物保护单位420处，省级文物保护单位1521处。有125个项目入选国家级非物质文化遗产名录。③ 共有A级旅游景区624家，其中4A级以上旅游景区218家。④ 星级酒店359个，旅行社1195家。南阳市持续完善市公共数字文旅智慧中

---

① 《盘点：2021年河南文化产业发展大事记》，河南省人民政府网站，2022年1月24日，http://www.henan.gov.cn/2022/01-24/2387563.html。
② 数据来源：信阳市委宣传部。
③ 《2021年河南省GDP 58887.41亿元，同比增长6.3%》，河南商报，2022年3月12日，https://baijiahao.baidu.com/s?id=1727103127340130326&wfr=spider&for=pc。
④ 数据来源：河南省统计局。

心大屏幕建设，设置了智慧旅游平台、诸葛书屋监控平台、诸葛书屋数据平台、总分馆智慧大数据中心、南阳数字文化云、文化执法数据中心6大功能模块，实现了实时监控、数据分析、新闻发布、文化配送、文旅服务、文旅地图等功能。平顶山市建成了河南省第一家5G智慧型博物馆，打造了集产品推荐、导航导览、预约预订、品享攻略、在线交易、社会交流于一体的平顶山智慧文旅平台和平顶山市级公共服务信息化平台，实现了"一部手机游鹰城"的目标。焦作市整合文旅综合数据，将全市的320个文化场馆和186个旅游咨询服务网点连线成面，打造文旅一体化服务站点体系，整合各类优势资源为群众和游客提供"一站式"文旅服务，推进文旅惠民常态化。

（六）市场消费潜力释放

随着河南省居民收入的增加，居民恩格尔系数逐年下降，精神文化消费比重增加。据统计，2021年河南省居民人均可支配收入26811元，比上年增长8.1%，居民人均消费支出18391元，比上年增长13.9%。[①] 收入增长促进消费要素更加齐全，为河南省文旅文创消费市场提供了巨大的发展空间。此外，河南省在文旅消费惠民措施和丰富文化产品供给方面多措并举，组织各地开展文化旅游消费季、消费月、数字文旅消费体验等活动，促进了文旅消费。2022年2月，河南省226家A级景区向游客免收门票。6月，河南省175家景区暑期向学生免收门票。郑州市6月底启动"乐享文旅，惠游郑州"促消费专项活动，共发放2000万元文旅消费券。同时，移动互联网的普及、短视频的兴起、夜间经济的火热等为文旅文创产业发展提供驱动力，扩展了文旅产业的传播渠道；博物馆越发火热，河南博物院、洛阳博物馆等预约人数屡屡爆满，文化场馆的"造血"能力大大提升；南阳府衙博物馆和南阳航旅集团联合举办了"南阳文旅国潮文创季"夜游活动，以国潮文

---

① 《2021年河南省国民经济和社会发展统计公报》，河南省人民政府网站，2022年3月14日，http://www.henan.gov.cn/2022/03-14/2414064.html。

创的顶流 IP——故宫文创为支撑点，吸引新时代年轻人积极参与。活动自 1 月 30 日开始到 3 月 5 日结束，参与人数超 5 万人。这些现象充分显示出河南市场充满活力，年轻群体的消费偏好也逐渐转向了文化领域，文旅文创消费市场潜力巨大，这为文旅融合发展带来了机遇。

（七）政策环境持续优化

2022 年中央一号文件《中共中央 国务院关于做好 2022 年全面推进乡村振兴重点工作的意见》中涉及文旅工作的内容如下：要鼓励各地拓展农业多种功能、挖掘乡村多元价值，重点发展乡村休闲旅游、农村电商等产业，实施乡村休闲旅游提升计划，支持农民直接经营或参与经营的乡村民宿、农家乐特色村（点）发展；将符合要求的乡村休闲旅游项目纳入科普基地和中小学学农劳动实践基地范围，启动实施文化产业赋能乡村振兴计划，整合文化惠民活动资源等。同时，河南省立足本省文旅资源，围绕提升旅游文化内涵、促进文旅产业高质量发展和转型升级目标，提出了"文旅文创融合发展战略"，为河南文旅产业的转型升级指明了方向，有力促进了河南省文旅文创产业的发展。2022 年，河南省人民政府正式发布《河南省"十四五"文化旅游融合发展规划》，明确了加快文化旅游资源大省向文化旅游强省进军的路线图、任务书、时间表。为加快文旅产业复苏，扩大居民消费，2022 年 4 月，河南省文化和旅游厅印发了《2022 年文化和旅游市场管理工作要点》，加强行业监管，不断提升市场治理能力，推动转型升级，着力促进行业高质量发展；下发《关于抓好促进旅游业恢复发展纾困扶持政策贯彻落实工作的通知》，着力推动旅游业恢复发展纾困扶持政策的贯彻落实。

（八）品牌影响力逐步提升

河南省在塑造品牌方面持续发力，宣传推介力度不断加大，品牌影响力逐步提高。河南卫视《唐宫夜宴》的文创产品"唐宫小姐姐"与世界 500 强企业沃尔玛梦幻联动，通过一场从唐宫穿越至现代沃尔玛商场的奇妙之旅,完成了品牌的价值输出与在地营销。宋都皇城旅游度假区成功入选"国家级夜间文旅消费集聚区",其中,以夜游清园为代表的景区夜游,以大宋御河为代表的夜间船游,以《大宋·东京梦华》为代表的夜间演艺等受到游客的欢迎,并且打造了"大宋不夜城"这一夜游品牌,影响力大大提升。南阳市叫响"四圣故里 渠首南阳""避暑康养福地 世界月季名城"等文化旅游品牌。宝泉景区成功创建河南省五钻级智慧景区,"卫辉古村探索之旅"上榜全国乡村旅游精品线路,郭亮村作为特色旅游乡村入选文旅部、中央广播电视总台联合摄制的大型探访类节目《山水间的家》。郑州市整合黄帝故里拜祖大典、中国(郑州)国际旅游城市市长论坛等郑州特有文化资源,统筹全流域、联动国内外,向全球推介了"山""河""祖""国"郑州文旅IP,"黄河文化月""山河祖国""三座城三百里三千年"成为代表郑州的全新热词成功出圈、强势输出,吸引了国内外大量游客前来打卡体验,俨然成了"网红"IP。

二 存在的问题

近年来,河南省在做大做强文旅文创产业发展方面做了大量工作,取得了一些成绩。然而,当前文旅文创发展环境也面临复杂变化,尤其是在新冠肺炎疫情给文旅文创产业发展带来重创的情况下,制约文旅文创高质量融合发展的深层次问题日益凸显。

(一)思想观念落后

受限于传统思维,难以跳出历史文化"资源陷阱",河南在文旅文创融合发展方面观念不够解放,先行先试意识不强,缺少前瞻性谋划,存在各自为战、缺乏统筹规划的问题,没有形成全省文旅文创产业发展的一盘棋格局。受长期以来行政思维的影响,河南省内一些地市在推进文旅文创融合发展时,缺乏市场观念,致使一些文旅文创产品经济效益较低。全社会关注和支持文旅文创产业的氛围尚未形成,大旅游、大格局的观念还没有真正树立起来。

（二）融合深度不够

河南省文旅文创资源丰富，但对文化内涵挖掘及开发利用不足，各地的本土文化还未有效转化为文化资本进行输出。文旅文创的融合方式以产品简单叠加为主，未能实现各领域、多方位、多层次的深度融合，在资源共享、优势互补、协同并进的高质量发展方面还存在不足。文化内涵与旅游载体未能充分融合，文化的社会效益和旅游的经济效益未完全展示出来，文旅融合的合力尚未充分发挥。在要素整合、全民参与、产业联动的新型文化业态生成方面还需继续优化。

（三）融合创意不足

河南缺乏文化创意人才，缺少创新创意氛围，难以形成文旅文创的新型业态，不能充分有效接入国际国内文旅文创新链。文化内涵挖掘和符号化表达不足，还缺少具有龙头带动作用和强烈吸引力的文化旅游头部项目。文旅产业链条不长，文化旅游消费主要停留在"一次性消费"阶段，缺少高品位的主题乐园、演艺节目、休闲度假区，对年轻人和高端人群的吸引力不够，产品同质化、低质化开发问题严重。文旅文创方面的营销创意不足，在挖掘故事、讲好故事等方面缺乏创新意识。

（四）科技含量不高

当前河南文旅文创科技应用程度低，多集中于服务型科技，以服务类智慧平台和App建设为主，体验式、沉浸式文旅项目和产品较少，虚拟现实景区和数字博物馆建造等还未形成常态化。直播、短视频、动漫游戏、影视等高度依赖数字技术的新兴业态发展还存在较大短板。在科技与旅游融合方面尚处于起步阶段，科技、文创作为新的"催化剂"和"动力源"的作用还没有充分发挥，符合年轻人消费需求的大型科技文旅产品和项目较少。

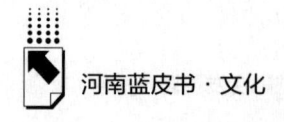

（五）品牌形象不亮

品牌定位模糊，河南省内各市尚未统一对外展示的文旅品牌。个别城市虽然文化资源丰富，但既想发展汉文化、宋文化，又想发展殷商文化，无法精准定位品牌，缺少响亮的城市名片、引擎式的IP型项目、国人公认的文创产品。文旅产业链条不完整，产业龙头缺位，存在"有文化、无产业""有名气、无效益"等现象，尚未形成全国叫响的品牌，缺乏规模体量大、综合收益高、知名度高、带动力强的龙头景区。对外推介传播渠道还不够广，力度还不够大，致使文旅文创品牌的传播力、影响力较弱。

（六）市场主体不强

河南省文旅文创企业总量较少、规模较小，品牌吸引力不强，影响力弱。特别是数字、创意等新型企业发展滞后，文旅资源的整体优势还远没有得到充分发挥。文创企业活化层次较低，在开发文化价值上做得多，在开发商业价值上做得少，整体实力不强。省级层面文化旅游投资运营集团的组建步伐较慢，难以吸引战略投资商和知名企业入驻，高成长性文旅文创企业偏少。本土企业"走出去"动力不足，上市步伐慢，目前全国有128家上市旅游企业，而河南省没有一家主板上市企业。

（七）体制机制不健全

河南文旅文创的一体化管理机制尚未形成，文艺院团、博物馆等文化事业单位激励机制不健全。国营景区机制不活、管理僵化，大部分景区仍按照事业单位进行管理，景区所有权、管理权、经营权"三权分置"不清晰，缺乏企业化、市场化运营，产业化进程缓慢。文旅文创投融资机制不活，资源资产化、资产证券化的进程缓慢，导致文旅文创企业融资难度加大。

（八）文创人才短缺

目前，河南省文旅文创产业缺乏高素质领军人才带动项目落地和发展。

缺乏文旅文创策划、推广、营销、经营管理人才，使得产品服务、经营收入、产品升级难以为继。同时，缺乏优质的文旅文创产品设计、研发人才，致使科技在文旅文创产业发展中的作用没有充分发挥，高端研发、创意产业相对滞后。

三 对策建议

2022年1月13日发布的《河南省"十四五"文化旅游融合发展规划》全面规划了河南省文旅融合发展方向，提出了明确目标，确定了明晰的路径图。河南省文旅文创融合发展要按照"宜融则融、能融尽融、以文塑旅、以旅彰文"的思路，统筹全省文旅文创发展工作，不断深化改革、激活文化资源、叫响文旅品牌、提升文化创意水平、夯实人才基础，推动文旅文创产业向数字化、国际化方向发展。

（一）提升政治站位，强化统筹引领

一是解放思想，提高站位。不断解放思想，实事求是，树牢抓文旅文创产业发展就是抓经济发展的理念，将河南省文旅文创资源转化为竞争资源。二是学习经验，统筹方向。借鉴国内外文旅文创产业发展的先进经验，邀请国内外顶级专家团队进行顶层规划设计，确定河南省旅游发展方向。三是围绕目标，做好规划。围绕打造中华文化传承创新中心、世界文化旅游胜地两大目标，在塑造全域旅游主题形象、建设休闲康养基地、发展特色鲜明的全链条文创产业及培育壮大市场主体、推动以中原文化为核心主干的黄河文化创造性转化和创新性发展等方面，进行战略性、系统性、纲领性规划。在规划引领、统筹全省上下"一盘棋"的基础上，打造优势互补、协调联动的文旅文创产业发展共同体。

（二）激活文化资源，深化文旅融合

一是积极做好古建筑活化利用。推动古建筑、重要史迹及代表性建筑资

源的保护利用，推动博物馆、文化馆、图书馆、大剧院等公共文化服务场馆的建设，注重运用AR、VR、全息等数字技术手段"讲故事"，用传说、传奇等文学艺术形式串联馆藏精品和当地历史文化、民风民俗资源，让文物"活"起来。二是充分挖掘黄河文化资源。实施好黄河文化旅游精品工程，规划建设好河南沿黄生态文化旅游带，做好黄河国家文化公园重大项目，让河南沿黄地区历史文化和生态文化"活"起来。三是深入推进文旅融合发展。推动文化和旅游在职能、资源、产业、市场、公共服务、对外开放等领域全方位、深度融合，实现资源共享、优势互补、协同并进，培育游戏动漫、创意设计、演艺游乐等新兴文化业态，形成产业链上下游和跨行业融合的数字化生产、流通、消费生态体系，着力构建高质量的文旅产业体系。

（三）叫响文旅品牌，擦亮城市名片

一是加强品牌策划。通过与大型策划公司合作，策划一批具有本土特色和品牌影响力的文旅活动，着力在"老家河南"上下功夫，创建更加丰富立体的河南形象。二是找准品牌定位。不断适应消费需求变化，着力从供给侧发力，将安阳、焦作、南阳等地的文化旅游发展与地域性、多元性、民族性、艺术性等多方面因素融合，形成"一市一品牌"，叫响文旅文创品牌，擦亮城市名片。例如，安阳着重塑造"殷商文化"，南阳发展"楚汉文化"，焦作主打"太极文化"，洛阳建设"隋唐文化"，等等。三是深化品牌形象印记。围绕河南省总体部署，加大文化旅游对外交流推广力度，充分借力媒体资源，创新运用网络营销、互动营销、节庆营销等多种方式，做好全方位、多层次、立体化报道，展示河南省良好形象。通过继续在央视、《人民日报》等大平台进行形象传播，与腾讯视频、今日头条、抖音等新媒体平台构建长期合作关系，深化品牌形象印记。

（四）加强科技应用，推动数字化升级

一是推动数字技术与文旅资源深度融合。加强大数据、云计算、人工智能、虚拟现实、增强现实、超高清、无人机、区块链、元宇宙等新技术在文

化和旅游领域的应用，挖掘河南省优秀文化，把蕴含的价值内容与新技术、新形势、新要素结合好，发展好沉浸式体验型文化，丰富旅游消费内容，举办全息互动投影、无人机表演、夜间光影秀等活动。二是推动数字技术与文旅项目深度融合。通过推动省内各地博物馆、文化馆、图书馆、大剧院"三馆一院"向数字化方向转变，推动传统景区向智慧景区转变等，加强数字技术在城市空间、城市综合体、文化场馆、景区街区等文旅项目上的应用，提升文化内涵和科技水平，创造新的消费场景，满足消费需求。三是推动数字技术与文旅产业深度融合。培育网络消费、体验消费、智能消费等消费新热点新模式，把握好数字化机遇，将数据作为文旅产业市场驱动的支撑，实现产业数字化、数字产业化。

（五）提升文化创意水平，促进消费升级

一是以文旅资源为基础，提高供给质量。在保护传承的基础上，深入挖掘河南省历史文化资源，支持创新研发文旅产品，不断提高文创产品供给质量。例如，教育厅等牵头，举办省市级文化创意大赛，推出非遗手工艺品和文化旅游纪念品、伴手礼等，并通过比赛结果有助于参赛者评职称、评先评优等方式，吸引更多文创人才加入，促进文创产品向更高级别方向发展。高标准设立一批文化创意产业园区，形成文旅文创产业规模集聚效应，营造文创产业发展的良好氛围。二是以市场需求为导向，扩大文创市场。不断探索文创带动文化、旅游发展新模式，以丰富游客个性化体验为导向，充分考虑文化、旅游、度假、居住、商业等各方需求，防止文化创意产业发展出现同质化现象，真正将文创产品融入流行时尚，扩大文创产品市场，不断满足更广大消费者的需求。

（六）立足资源禀赋，推动国际化发展

一是"走出去"。充分利用河南省丰富、独特的历史文化资源，把"激发全民族文化创造活力，提高国家文化软实力"作为重要的文化发展战略，积极寻找国外合作伙伴，搭建中外友谊之桥，大力推广中原文化。例如，推动国际级

黄河文化旅游带建设工程，打造郑汴洛大河文明传承创新核心区和豫晋陕、豫晋冀、豫皖苏黄河文化联动发展增长极，推动黄河文化走向世界。加强焦作、南阳、信阳等本土区域的文旅文创产品与国际类文旅文创产品的对接联动，参与国际项目、国际交流，通过一系列行业的对接融合，更好提升文旅文创产业的吸引力和增强其活力。通过"走出去"，安阳殷墟甲骨文文化、焦作陈家沟太极文化被充分展示，这样也能更好地借鉴吸收国外先进经验，实现国际化目标。二是"引进来"。通过进一步叫响"国字号"，把新郑黄帝故里拜祖大典、安阳国际航空运动旅游节、中国（安阳）国际汉字大会、南阳世界月季博览会、信阳茶文化节、中国焦作国际太极拳交流大赛等节会和赛事，办成具有巨大影响力、国际知名度高的文化旅游节会和赛事，吸引更多国外游客。组织外国学生来河南省进行游学，协助组织外国公司来河南省进行商务考察，为国外的合作伙伴提供河南省的培训项目，将游客成批地"引进来"。

（七）不断深化改革，健全体制机制

一是建设河南省文化旅游投资集团，实现一体化运作。按照"发展大旅游、形成大产业、组建大集团"的战略思路，整合文旅文创资源，坚持"政企分开、管办分离、依法规范、严格管理"的原则，加快推进河南省文化旅游投资集团建设，不断完善公司法人治理结构，积极对接资本市场，搭建资本与产业的桥梁，与银行、产业基金等金融机构形成战略伙伴关系，实现"投资、建设、管理、运营"一体化运作。二是探索景区管理体制，解决小弱散问题。实行景区所有权、管理权、经营权分置，根据景区功能定位，分类施策，先行试点、逐步推开，推进国有景区"管委会+公司"管理运营体制改革，选择几家国有旅游景区进行试点。三是拓展资金募集渠道，推动文旅产业发展。发挥河南省文化旅游融合发展基金的杠杆效应，积极拓展基金募集方式和渠道，撬动社会资本支持文旅产业发展。

（八）政企研产联动，夯实人才基础

一是培养选拔复合管理人才。通过文化和旅游部、宣传部等的引领，

联合各媒体、各文旅企业等开办高级经营管理人才研修班,重点培养选拔一批懂项目、会营销、善管理的"多面手"人才。二是培养选拔专业创意人才。通过政府引导,联合企业与高校,大力培养专业创意人才,出台创意人才培养的扶持政策,举办各种文创交流活动。三是培养选拔文旅领军人才。采取公开推荐、评审选拔的方式,每年在国内外选拔培养文旅领军人才,通过项目扶持、培训辅导、实践锻炼、宣传推介等方式,全面增强文旅领军人才的竞争力、影响力和带动力,推动文旅经营项目持续发展、服务项目打造品牌、研究项目彰显成果,培育河南省文旅产业发展骨干力量。

参考文献

[1]《国务院办公厅关于进一步激发文化和旅游消费潜力的意见》,中国政府网,2019年8月23日,http://www.gov.cn/zhengce/content/2019-08/23/content_5423809.htm。

[2]《中共中央关于坚持和完善中国特色社会主义制度 推进国家治理体系和治理能力现代化若干重大问题的决定》,中国政府网,2019年11月5日,http://www.gov.cn/zhengce/2019-11/05/content_5449023.htm?ivk_sa=1024320u。

[3]《中共中央关于制定国民经济和社会发展第十四个五年规划和二〇三五年远景目标的建议》,国际在线,2020年11月3日,https://baijiahao.baidu.com/s?id=1682344538991471949&wfr=spider&for=pc。

[4]《文化和旅游部关于推动数字文化产业高质量发展的意见》,中国政府网,2022年11月18日,http://www.gov.cn/zhengce/zhengceku/2020-11/27/content_5565316.htm。

[5]《文化和旅游部、国家发展改革委等十部门联合印发〈关于深化"互联网+旅游"推动旅游业高质量发展的意见〉》,中国政府网,2022年11月30日,http://www.gov.cn/xinwen/2020-11/30/content_5566041.htm。

[6]《中共中央 国务院关于做好2022年全面推进乡村振兴重点工作的意见》,中国政府网,2022年2月22日,http://www.gov.cn/zhengce/2022-02/22/content_5675035.htm。

[7]《河南省人民政府办公厅关于进一步激发文化和旅游消费潜力的通知》,河南

省人民政府网站，2020年5月13日，http：//www.henan.gov.cn/2020/05-13/1454169.html。

[8]《河南省人民政府办公厅关于加快乡村旅游发展的意见》，河南省人民政府网站，2020年5月13日，https：//www.henan.gov.cn/2020/05-13/1454180.html。

[9]《河南省人民政府办公厅关于加快推进新型智慧城市建设的指导意见》，河南省人民政府网站，2020年7月15日，http：//www.henan.gov.cn/2020/07-15/1740704.html。

[10]《建设文化强省！河南省"十四五"文化旅游融合发展规划公布》，河南省人民政府网站，2022年1月14日，http：//www.henan.gov.cn/2022/01-14/2383167.html。

[11] 李娜：《融合发展：构建"老家河南"文化旅游发展新格局——基于整体论的视角》，《新闻爱好者》2021年第12期。

[12] 周锦、王廷信：《数字经济下城市文化旅游融合发展模式和路径研究》，《江苏社会科学》2021年第5期。

[13] 章牧：《非物质文化遗产活化研究——基于文旅融合的视角》，《社会科学家》2021年第6期。

[14] 李凤亮、杨辉：《文化科技融合背景下新型旅游业态的新发展》，《同济大学学报》（社会科学版）2021年第32期。

[15] 夏营：《谈"文旅融合"发展的深层意义》，《旅游纵览》（下半月）2019年第10期。

[16] 王海迪：《文旅融合背景下旅游形象传播的路径研究》，《新闻传播》2019年第15期。

[17]《〈"十四五"文化产业发展规划〉发布（全文）》，中国网，2021年6月9日，http：//news.china.com.cn/2021-06/09/content_77556916.html。

[18]《抓好人才队伍建设，推动文旅事业发展》，《潇湘晨报》2020年12月11日，https：//baijiahao.baidu.com/s？id=1685754854121894463&wfr=spider&for=pc。

[19]《推动新时代文旅融合深度发展》，中国文明网，2018年6月14日，http：//www.wenming.cn/ll_pd/llzx/201806/t20180614_4722207.shtml。

[20]《总编有约：行走河南 读懂中国 解读文旅文创融合战略》，河南省人民政府网站，2021年12月14日，http：//www.henan.gov.cn/2021/12-14/2364633.html。

[21]《2021年河南省国民经济和社会发展统计公报》，河南省人民政府网站，2022年3月14日，http：//www.henan.gov.cn/2022/03-14/2414064.html。

B.4 2022年河南文旅文创融合战略实施报告

王 超 王保陆*

摘 要： 本文从河南省和地方两个层面，对2022年文旅文创融合战略实施情况进行全面总结、梳理。河南省统筹推动塑造"行走河南·读懂中国"品牌、加快建设博物馆群、谋划推进重大项目、培育旗舰劲旅、提升"吃住行游购娱"服务品质等重大事项。各省辖市、济源示范区充分发挥各自资源、渠道、平台等优势，在聚焦全省重点的基础上主动作为，高标准谋划，凸显地方特色，进行差异化战略定位。全省上下凝心聚力，共同推动文旅文创融合战略不断走深走实。

关键词： 文旅文创融合战略 "行走河南·读懂中国" 差异化战略定位

在"十大战略"工作领导小组领导下，河南省认真贯彻省第十一次党代会精神，聚焦省委十一届二次全体（扩大）会议上强调的"五件事"（塑造"行走河南·读懂中国"品牌、加快建设博物馆群、谋划推进重大项目、培育旗舰劲旅、提升"吃住行游购娱"服务品质），克服新冠肺炎疫情带来的重重压力和挑战，强力推动文旅文创融合战略见行见效。

---

* 王超，河南省文化和旅游厅艺术处四级主任科员、文旅文创专班成员；王保陆，河南省文化和旅游厅机关党委二级调研员、文旅文创专班成员。

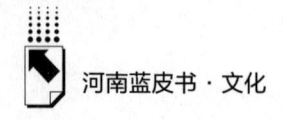

一　河南省层面推进情况

（一）品牌体系初步确立

一是定方案。2022年4月下旬完成《行走河南·读懂中国实施方案（初稿）》，在广泛征求相关部门、地市意见建议基础上，经省文旅文创融合战略工作专班召开会议进行研究并报省委同意，8月29日正式印发了《"行走河南·读懂中国"品牌塑造实施方案》。二是理资源。以历史探源、历史事件、历史人物等为主题，梳理了578处文物和文化资源，推出人类起源、王朝历史、姓氏寻根、科技发明、中国功夫等16条文化线路。三是数字化。坚持"线上读带动线下行"，遴选"行走河南·读懂中国"百大标识，面向全社会征集数字化创意方案，按照"一流资源+一流创意"原则整合4亿元资金奖补项目建设。四是展形象。在中央电视台投放"行走河南·读懂中国"宣传片。聚焦"行走河南·读懂中国"，举办壬寅年黄帝故里拜祖大典、第四届全球文旅创作者大会等活动。播出《春分奇遇记》《端午奇妙游》等"中国节日""中国节气"系列节目，全网累计播放量接近180亿次。进行"行走河南·读懂中国"集中采访报道，推出1200余篇（条）相关报道，总阅读量达30亿人次。

（二）博物馆群建设有序推进

成立了省博物馆群建设工作专班，制定了工作方案，对博物馆群选址、规模、功能业态、投资运营、政策法规等开展了专题研究，形成了《博物馆群建设研究工作综合报告》《博物馆群概念性策划方案》和4个专题研究报告。三门峡庙底沟仰韶文化博物馆、郑州商都遗址博物院、洛阳隋唐大运河文化博物馆等建成开放，黄河国家博物馆、黄河流域非物质文化遗产保护展示中心、贾湖遗址博物馆、曹操高陵遗址博物馆等年内完工，殷墟遗址博物馆、汉魏洛阳城遗址博物馆、中国文字博物馆（二期）、黄河悬河文化展示馆等加快推进。

（三）重大文旅项目加快落地

谋划推进138个文旅文创重点项目，总投资4223亿元（2022年计划投资1175亿元）。隋唐大运河文化公园（总投资15亿元）、鄂豫皖苏区首府革命博物馆（总投资6.1亿元）等23个重点项目预计2022年竣工。大河村国家考古遗址公园（总投资16.2亿元）、北宋东京城顺天门遗址博物馆（总投资6.6亿元）、黄河颂剧院（总投资19.6亿元）、南阳医圣祠文化园（总投资44亿元）等76个重点项目加速推进。宋都古城保护与修缮工程（二期）（总投资46.7亿元）、许昌三国文化历史遗址提质项目（总投资10亿元）等39个重点项目陆续开工。争取4亿元中央预算内资金，支持安阳殷墟遗址博物馆等重大项目建设和云台山风景名胜区等7个重点旅游景区发展。争取47亿元专项债券资金，支持嵖岈山等一批生态旅游项目。

（四）旗舰劲旅不断壮大

按照"省部共建、省校联建、全省一体、国际合作"的思路，推进省文物考古研究院重塑性改革，打造全国一流、具有世界影响力的文物考古院所。河南省文化旅游投资集团于2022年6月19日正式挂牌，与中国旅游研究院等93家单位签署战略合作协议，获5550亿元银行意向授信额度，并购只有河南·戏剧幻城、建业电影小镇等文旅文创标志性项目。加强河南省文化旅游融合发展基金与中国文化产业投资母基金等头部创投机构合作，推动设立数智文旅、文化创意等细分行业基金。银基文旅集团、建业文旅集团、洛阳文旅集团、河南省文化旅游投资集团4家文旅文创企业进入"全国文旅集团品牌影响力百强榜"。开封清明上河园股份有限公司、焦作云台山旅游发展有限公司等文化旅游企业上市步伐不断加快。清华大学文化创意学院、清华大学建筑学院、清华大学美术学院等组建河南省文旅文创融合创新基地（洛阳），搭建文旅文创新型智库及产业创新平台。

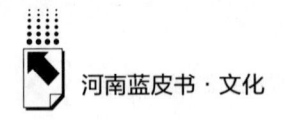

（五）文物考古、文艺创作成效显著

举办仰韶文化发现暨中国现代考古学诞生100周年纪念大会，习近平总书记专门发来贺信。舞阳贾湖遗址等14项考古项目入选"全国百年百大考古发现"。依托上海博物馆"何以中国"文物考古大展，举办"宅兹中国——河南夏商周三代文明展"，展示中华文明起源、形成、发展的历史脉络。汝州温泉遗址、南阳黄山遗址、开封州桥遗址等考古发掘工作取得重大进展，对研究人类起源、文明起源和运河演变具有重大意义。大力实施中原人文精神精品创作工程，先后推出重点剧（节）目200多部，豫剧《焦裕禄》《重渡沟》等剧目获得文华奖、"五个一工程"奖，实现了全国"五个一工程"奖八连冠、国家舞台艺术"十大精品工程"八连冠、"文华奖"六连冠，"河南戏剧现象"享誉全国。推出现代豫剧《大河安澜》，生动再现了保护黄河的历史画卷。

（六）"吃住行游购娱"服务品质全面提升

在济源、修武、栾川、光山遴选20个示范村，启动全国首批文化产业特派员制度试点，以文化产业赋能乡村振兴。制定了乡村康养旅游示范村标准，认定首批195个乡村康养旅游示范村创建单位，推动原乡、旅居、民宿等多种业态的发展。持续开展民宿"走县进村"行动，落地建设5个精品民宿集群，建成运营758家品牌民宿。推动世界研学旅游组织代表处落户洛阳，筹备召开世界研学旅游大会。打造"黄河文化千里研学之旅"精品线路，开设9节研学实践教育精品课程、20门研学实践特色课程。举办"黄河非遗点亮老家河南·全国大学生乡村振兴创意大赛"，遴选辉县郭亮村、宝泉景区等9个村（景区），开展青年乡村营造行动。编制《河南省旅游公路规划纲要》，规划布局"一环四纵六横"1号旅游公路网（共计约16600公里），加快构建"快旅慢游深体验"旅游交通体系。实施豫菜振兴工程，助推信阳开展"民宿+美食"行动，支持长垣启动创建世界美食之都，提升"中国烹饪文化博物馆"数字化展陈水平。豫博文创、唐宫文创、黄河之礼、洛阳礼物等文创企业不断发展壮大，考古盲盒、数字藏品等文创产品受到市场热捧。

二　各地推进情况

各省辖市、济源示范区思想认识到位，重视程度高，围绕"两个确保"，聚焦重点、主动作为，积极融入文旅文创融合战略工作大局，充分发挥各自资源、渠道、平台优势，高标准抓好谋划推动，高质量推进相关项目落地落实。

郑州市深刻把握省委提出的建设"行走河南·读懂中国"集中展示地的重要要求，以打造"炎黄子孙的寻根地、中华文化的朝圣地、中华文明的体验地、华夏国学的教育地"为目标，高标准规划建设具有国内外影响力的"博物馆群+大遗址公园"全景式文明展示体系，高起点谋划建设"中华文明主题乐园"，初步形成"两带一心"文旅发展格局。

洛阳市认真落实"文旅文创成支柱"的重要要求，以打造全国沉浸式文旅目的地为主线，把握好颠覆性创意、沉浸式体验、年轻化消费、交互式传播等文旅文创"风口"产业基本特征；找准剧本娱乐产业、电竞产业、研学游产业、高端民宿产业等文旅文创"风口"产业主攻方向；扭住基础设施建设、投资运营、宣传营销等文旅文创"风口"产业关键抓手。

开封市坚持"双创双修、三位一体、四态融合"，抓好宋都古城保护利用，把宋文化活化利用作为开封文旅文创融合战略的永恒主题，讲好宋文化故事，叫响"宋文化看开封"，全市17家3A级以上旅游景区中宋文化主题景区有14家，占比达82.4%。

信阳市确定"1335"工作布局，构建"一核四驱七特色"发展格局，推进狮河、鸡公山、南湾湖"三区"融合发展，打造文旅龙头企业，打造"美好生活看信阳"文旅品牌集群，开展"美好生活季"系列活动，擦亮"大别原乡·旅居信阳"民宿品牌，推动信阳菜品牌化、标准化、产业化，打造"食尚信阳"全域品牌，组建"老家河南，美好信阳"文旅推广矩阵，

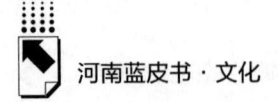

着力推进交旅文创出彩。

安阳市注重区域协作，将豫晋冀鲁交界区域四省八市作为重点进行培育，成功召开协作机制第一次联席会议，推出协作机制城市首张门票半价优惠政策，举办"遇见最美安阳"协作城市媒体采风活动，推进产品共融、市场共拓、环境共治、政策共享；依托林州石板岩写生基地，积极打造"中国画谷"；开办安阳市文化旅游网校，邀请知名文旅专家和相关领域文旅企业高管亲自授课，目前开展文旅培训17期，参训超过17万人次。

平顶山市坚持"强点""优线""扩面"相结合，推进"文化塑城、旅游兴城、健康悦城、养老福城"有机融合，打造精品民宿集群，推动50家田园综合体提档升级，成立市文创产品研发中心，培育各类文创企业600余家。

鹤壁市大力开展文化品牌彰显行动，探索了一条休闲度假和体验经济引领的文旅文创融合发展之路；联合知名企业打造浚县古城、朝歌文化公园、古灵山景区等一批辐射面广、带动力强、引领产业走向高端的文旅融合项目，浚县古城文旅融创、"北斗七星"山乡康养、公共文化服务体系建设、非遗助力乡村振兴等经验做法得到文旅部肯定，"七星八湖三道湾"已成为闻名的旅游目的地。

新乡市立足本地特色策划旅游精品线路，卫辉古村探索之旅、辉县清爽太行研学之旅入选全国乡村旅游精品线路。郭亮村作为特色旅游乡村入选文旅部、央视联合摄制的大型探访类节目《山水间的家》。

焦作市突出打造"山水富城·文武福地"城市品牌，创新宣传手段，打造"一体策划、集中采集、多种生成、立体传播、同频共振"新媒体推广矩阵，品牌形象塑造得到加强；大力发展沉浸式演艺，《印象·太极》、焦作·国际首创高塔实景演出、云台山国风沉浸式游园、"醉梦修武"等沉浸式演艺项目震撼登场；大力发展康养旅游，加快国际太极拳养生基地、和生国际康养度假小镇、荣盛康旅云台古镇等项目建设，培育太极拳、四大怀药、焦作山水国际康养品牌，打造具有区域影响力的康养名城。

濮阳市以打造"中华龙源地·世界杂技城"旅游城市品牌为目标，依托龙文化、上古文化等特色资源禀赋，制定《濮阳市打造"中华龙源地"城市文化品牌实施方案》，着力构建三大新空间，打造龙文化IP，以"龙根龙源"为主题，将"中华第一龙"出土地西水坡遗址打造为中华文明探源、溯源目的地。

许昌市塑造"行走许昌·读懂三国"和"千年等戛、为钧而来"两大文化品牌，深入挖掘三国文化资源，打造"1+1+3+N"三国文化精品线路，推出三国文化游、钧瓷文化游、乡村体验游、红色文化游等12条精品旅游路线。

漯河市将"历史文化资源活化、全域旅游形象塑造、城市品牌宣传推介、公共文化服务提质、体育漯河建设、文旅文创产业壮大"六大工程作为体现文旅文创战略意图的途径。

三门峡市围绕国家黄河流域生态保护和高质量发展战略，以仰韶文化为主线，以黄帝文化、虢国文化、天鹅文化等为辅助，挖掘展示仰韶文化资源，建设早期中国文明长廊；构建"一带一廊六区"文化旅游发展格局，打造晋陕豫黄河金三角文化旅游核心片区；培育特色文化旅游线路，将文化遗存和景点有效串联；积极打造黄河文化、仰韶文化、黄帝文化、道家思想、函谷关、白天鹅等全国知名文化IP，推动培育全链条文创产业。

南阳市紧紧围绕河南省副中心城市定位，以建设国内外知名的生态文化旅游目的地、全国健康养生之都为目标，构建"一城两带五区"的文化旅游发展格局，按照"休闲+中医+中药"的康养模式，建立一批特色康养基地，聚焦"仲景饺子""方城烩面""桐柏茶""赊店酒"等地方特色，推动豫菜振兴，打响"南阳宴"品牌。

商丘市率先在全省落实楼阳生书记"豫菜振兴"指示，举办商丘十大"名吃、名厨、名菜"评比活动，推动商丘"文旅+美食"品牌出圈、出彩；发展"文旅+非遗""文旅+研学""文旅+文博""文旅+夜经济"等新兴业态，打造"行走河南·读懂中国"的"殷商之源"文旅品牌，着力构建"五个1"宣传推介体系，有力提升文旅层次和吸引力。

周口市树立项目为王思想，以点带面、提质升级，着力打造"周口荷

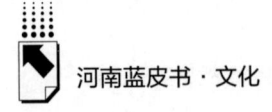

花""周口杂技""沙颖风光"等特色品牌，擦亮"羲皇故都　老子故里"文旅名片。

驻马店市把塑造品牌作为重要抓手，根植地域性传统文化（农耕文化、饮食文化、历史文化、民俗文化），打造特色鲜明的旅游品牌，增强旅游的核心吸引力。顺应市场需求，积极打造一批吸引力、感召力、带动力强的主题性、特色化项目，遂平县打造"1955工业文化创意园"；汝南县推出"船游汝南""夜游汝南"项目，实现了"水上观景、码头休憩、岸边漫步、沿河骑行"，业态创新不断推进文旅文创加速融合发展。

济源示范区坚持"项目为王"发展理念，夯实融合发展内劲，加快景区提质，提升融合发展品质。康养度假基地、全域康养网点等康养旅游项目全面优化产业产品体系，丰富文化旅游产品供给。

B.5 河南文旅文创融合战略的价值意义与实施路径研究

张飞 楚小龙 司志晓 杨奕 谢顺 王超*

摘 要： 河南将实施文旅文创融合战略确定为"十大战略"之一，全面塑造"行走河南·读懂中国"品牌，加快建设中华文化传承创新中心、世界文化旅游胜地，成为新时代推动文化旅游高质量融合发展的破题之举、关键一招。本文系统论述了实施文旅文创融合战略的价值意义，并提出了实施文旅文创融合战略的若干路径，以期为河南推动文旅文创融合战略走深走实、见行见效提供借鉴。

关键词： 文旅文创融合发展 "行走河南·读懂中国" 黄河文化

实施文旅文创融合战略、塑造"行走河南·读懂中国"品牌，是贯彻落实习近平新时代中国特色社会主义思想的重要体现，是河南省委顺应时代发展大势、厚植河南历史文化优势作出的战略部署，是新时代推动文化旅游高质量发展的破题之举、关键一招。实施文旅文创融合战略，要从构建新发展格局、坚定文化自信、建设现代化河南等高度研究其价值意义，并结合河南实际制定战略实施路径，确保这一战略不断走深走实、见行见效。

---

* 张飞，河南省文化和旅游厅资源开发处副处长、文旅文创专班成员；楚小龙，河南省文化和旅游厅文旅文创专班处长；司志晓，河南省文物局资源开发处副处长、河南省文化和旅游厅文旅文创专班成员；杨奕，河南省文化和旅游厅文旅文创专班成员；谢顺，河南省文化和旅游厅文旅文创专班成员；王超，河南省文化和旅游厅艺术处主任科员、文旅文创专班成员。

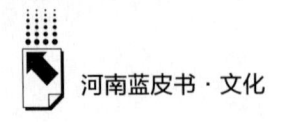

一 文旅文创融合战略的价值意义

第一，实施文旅文创融合战略，是坚定文化自信、讲好中华文明故事的历史责任。党的十八大以来，习近平总书记高度重视、反复强调文化自信和中国文明历史研究。他指出，"文化自信是最基本、最深沉、最持久的力量，是事关国运兴衰、事关文化安全、事关民族精神独立性的大问题"。① 他强调，"要做好考古工作和历史研究，更好认识源远流长、博大精深的中华文明"，② "弘扬中华文明蕴含的全人类共同价值，讲好中华文明故事，促使世界读懂中国、读懂中国人民、读懂中国共产党、读懂中华民族"。③ 习近平总书记的系列重要讲话重要论述，为我们指明了前进方向、提供了根本遵循。坚定文化自信、讲好中华文明故事，需要从中华文明起源、形成、发展的历史脉络中汲取力量和滋养，需要从中华文明精神特质和发展形态研究中阐明中国道路的深厚文化底蕴。河南是中国历史的主场，是中华文明连绵不断的探源地、实证地和体验地。中原大地上的一座座古都、一处处遗址、一件件文物、一册册典籍，都是坚定文化自信的重要源泉，都是讲好中华文明故事的重要宝藏。实施文旅文创融合战略，就是要从坚定文化自信、坚持以文化人、加强文明互鉴的高度谋篇，厚植河南的历史文化资源优势，扛稳河南在中华文明研究阐释中的历史责任，讲好"河南里的中国故事"。通过塑造"行走河南·读懂中国"品牌，让广大干部群众特别是青少年在河南这片土地上，更好认识中华文明的演进历程和灿烂成就，增强做中国人的志气、骨气、底气；让国际社会通过河南这扇窗口，更好认知中国历史、中华文明和中华民族，向世界展现可信、可爱、可敬的中国形象。

---

① 《坚定文化自信，是事关民族精神独立性的大问题》，中华人民共和国国防部网站，2018年10月27日，http://www.mod.gov.cn/jmsd/2018-10/27/content_4828018.htm。
② 《习近平：建设中国特色中国风格中国气派的考古学 更好认识源远流长博大精深的中华文明》，央视网，2020年9月29日，https://baijiahao.baidu.com/s?id=16791758201163 88090&wfr=spider&for=pc。
③ 《寻根追流：把中国文明历史研究引向深入》，光明网，2022年8月26日，https://m.gmw.cn/baijia/2022-08/26/35978592.html。

第二，实施文旅文创融合战略，是顺应时代大势、融入新发展格局的现实选择。当前，世界百年未有之大变局加速演变，新一轮科技革命和产业变革深入发展，新冠肺炎疫情影响深远，国际环境更趋复杂，我国社会主要矛盾发生历史性变化。以习近平同志为核心的党中央审时度势作出构建新发展格局的重大决策，这是把握未来发展主动权的战略性布局和先手棋。构建新发展格局，文化和旅游是重要支点，大有文章可做。从20世纪80年代起，发达国家在人均GDP超过1万美元、服务业占比超过50%的历史节点上，普遍将文化软实力作为综合国力竞争的关键因素，将文化和旅游上升到国家战略层面来推动。从国内看，北京、上海等先进地区都在加快建设国际文化大都市和世界旅游目的地，云南、贵州、新疆等中西部地区不断推动文化和旅游实现"井喷式"、跨越式发展。构建新发展格局，对每个地方来说，都是一次机遇性、竞争性、重塑性的变革。河南要牢牢把握时代大势，以前瞻30年的眼光想问题、作决策，确保在时代大潮中弄潮而不落潮、在新发展格局中入局而不出局。实施文旅文创融合战略是应时合势之举，特别是当前河南的人均生产总值已站上1万美元台阶，第三产业占比已接近50%，文化和旅游有望在新的历史起点上实现跨越式发展。面向未来，河南最大的优势是历史文化，最大的潜力是文旅文创融合。要掌握历史主动，树立抢滩意识，推动文旅文创融合战略走深走实，不断引领新时代文化旅游发展新赛道，确保河南文化和旅游在新发展格局中进入中高端、处于关键环。

第三，实施文旅文创融合战略，是建设现代化河南、让中原更加出彩的重大举措。党的十八大以来，以习近平同志为核心的党中央高度重视文化建设和旅游发展，将文化和旅游工作摆在事关全局的突出位置。习近平总书记指出，"统筹推进'五位一体'总体布局、协调推进'四个全面'战略布局，文化是重要内容；推动高质量发展，文化是重要支点；满足人民日益增长的美好生活需要，文化是重要因素"。[①] 文化和旅游具有高渗透性、强融

---

① 《深刻理解新时代推进文化建设的重要意义》，光明网，2022年9月9日，https：//m.gmw.cn/baijia/2022-09/09/36014396.html。

合性,是扩大内需、拉动消费的关键领域,是人民群众获得感、幸福感不断增强的显著标志。实施文旅文创融合战略是活跃全局之举,是立足现代化河南建设全局作出的系统性决策部署。实施文旅文创融合战略,对于汇聚一流创新人才、建设国家创新高地具有"引流"效应,对于推进以人为核心的新型城镇化具有提质作用,对于巩固脱贫攻坚、实现乡村振兴具有助推意义,对于绿色低碳转型发展具有引领作用,对于深化制度型开放具有"窗口"效应。

二 文旅文创融合战略的实施路径

第一,坚持创意引领、数字先行,全面塑造"行走河南·读懂中国"品牌。从加强文明互鉴、坚定文化自信、坚持以文化人的高度谋篇,聚焦"读什么、在哪读、怎么读"核心问题,紧扣历史探源、历史人物、历史事件"三要素",以"立起来、走起来、读起来"为目标,以"线上读带动线下行"为路径,坚持系统谋划、分批分期,坚持省级统筹、市县落实,着力讲好"河南里的中国故事",在行走河南中触摸历史、感知文明、滋养精神、读懂中国。联合世界一流纪录片制作团队,拍摄大型文化专题纪录片《行走河南·读懂中国》。以"行走河南·读懂中国"品牌为统领,积极筹办世界大河文明论坛,提升世界旅游城市市长论坛、世界古都论坛规格及影响力,重点办好黄帝故里拜祖大典、中国郑州国际少林武术节、中国洛阳牡丹文化节、中国(焦作)国际太极拳交流大赛、中国(安阳)国际汉字大会等。开设"读懂中国"大家讲堂,邀请国内文化名家及美国、英国、法国、日本等著名汉学家,围绕"行走河南·读懂中国"开展系列讲座。推出"行走河南·读懂中国"形象标识和宣传片,在外事、经贸、文化、旅游、体育等活动中统一推广,在重大文物和文化资源、重点博物馆、相关旅游景区及机场、高铁站等重要交通节点广泛投入。实施"行走河南·读懂中国"国际化培育推广计划,邀请驻华外国机构人员和留学生担任"行走河南·读懂中国"品牌体验官。持续实施"翻译河南"工程,出版"中华源·河南故事"外文系列丛书。

第二，增强历史自觉，坚定文化自信，加快建设文物强省考古强省。坚持"保护第一、加强管理、挖掘价值、有效利用、让文物活起来"新时代文物工作总方针，推动河南由文物考古大省迈向文物考古强省。把文物保护管理纳入国土空间规划，严格落实"先考古、后出让"制度政策。系统保护文物资源，高标准建设郑州、洛阳国家大遗址保护利用片区，争创国家文物保护利用示范区，加快构建三门峡—洛阳—郑州—开封—安阳世界级大遗址公园走廊。持续推进中华文明探源工程，聚焦仰韶文化、夏文化等重大课题，集中开展考古发掘研究，不断探索未知、揭示本源，提出文明定义和认定进入文明社会的中国方案，为世界文明起源研究做出河南的原创性贡献。重点建设贾湖、仰韶村、大河村、二里头、殷墟、汉魏洛阳故城、隋唐洛阳城、北宋东京城等大遗址，集中打造一批具象化、可感知的中华文化重大标识。活化文字、陶瓷、青铜、丝绸等具有代表性的文物瑰宝，让文物"活起来、动起来"，讲好河南文物的中国故事。加强国际交流合作，重点与共建"一带一路"国家开展联合考古，实施中原文物交流展览计划，在文明交流互鉴中贡献河南力量。深化省文物考古研究院重塑性改革，研究一流重大课题、建设一流科研平台、组建一流人才团队、创建一流体制机制，高标准建设华夏考古实验室，打造全国一流、具有世界影响力的考古机构，在国际考古领域奠定话语权。

第三，保护传承弘扬黄河文化，建设具有国际影响力的黄河文化旅游带。坚决扛稳保护传承弘扬黄河文化的历史责任，立足河南作为华夏文明主根、国家历史主脉、中华民族之魂的战略地位，构建"一核三极引领、一廊九带联动、十大标识支撑"的发展格局，重点实施保护传承、研究发掘、环境配套、文旅融合、数字再现5大工程，高标准打造黄河国家文化公园重点建设区。以"黄河魂·古都韵·中国情"为整体形象，将郑汴洛作为一个交通体系、一个产品体系、一个营销体系来打造，建设最具代表性的中华文明精华段、最具吸引力的黄河文化集中段、最具竞争力的黄河旅游精品段，使其成为具有重要影响力的国际旅游目的地——世界文化旅游之都。整合黄河沿线古都、世界文化遗产及特色文化旅游资源，加强跨区域协调与联动发展，重点培育黄河文明游、黄河古都游、文化寻根游、黄河乡村游、黄河美食游、黄河地标游、大河风光游、黄河湿地游等精品旅游线路。聚焦一条线（黄河），突破两座城（洛阳、开封），点亮几颗星（林州、鹿邑、灵宝、新郑等），支持洛阳办好世界研学旅游大会，开展"千里黄河文化研学之旅"，打造黄河文化研学旅行先行区。高标准建设黄河小浪底交通与文化旅游融合发展示范区，积极推动黄河适宜河段实现旅游通航。加快建设沿黄旅游公路，逐步构建主线串联、支线循环、联通景区、贯通城乡的黄河沿线旅游交通网络。依托黄河生态廊道，加快完善旅游解说、文化驿站等服务设施，打造沿黄旅游风景道。

第四，高标准高质量谋划建设博物馆群，打造中华文明全景式集中展示地。深化研究、谋定后动，以足够的历史耐心，坚持一张蓝图绘到底，高水平谋划省博物馆群，高标准建设河南博物院新院，集中展示中国通史及重大专题史，打造"行走河南·读懂中国"一站式体验旅游目的地，使其成为城市新地标、文旅新名片、文化新高地。重点建设黄河博物馆新馆、中国仰韶文化博物馆、二里头夏都遗址博物馆、中国文字博物馆（二期）、殷墟遗址博物馆、汉魏洛阳城遗址博物馆等，展现其在中华文明起源、形成、发展中的重大意义，讲好中华文明故事中的河南篇章。持续推进郑州"百家博物馆"和洛阳"东方博物馆之都"建设，打造世界级大都市文博片区。探索实施"策展人"制度，持续提升河南博物院、郑州博物馆、开封市博物馆、洛阳博物馆、安阳博物馆、商丘博物馆、南阳市博物馆等展陈水平，组建具有中原特色、彰显国家文化意义的博物馆群落。突出"数字化、沉浸式、多业态、创新型"，探索建立永不失传、永不落幕、永不过时的线上元宇宙博物馆。

第五，打造文旅文创旗舰劲旅，提升文化产业和旅游业的市场竞争力。发挥河南省文化旅游投资集团的"头雁领航"作用，坚持国际化视野，在全世界范围内整合文旅文创资源要素，对关乎全省文化产业和旅游业发展的关键环节、关键领域进行前瞻性布局，支持其在"十四五"期间实现主板上市，加快建成国内一流的数智型现代文旅集团，引领全省打造万亿级文旅产业集群。加强河南省文化旅游融合发展基金与中国文化产业投资母基金等头部创投机构合作，推动设立数智文旅、文化创意等细分行业基金。支持建业文旅集团、银基文旅集团、开封清明上河园股份有限公司、焦作云台山旅游发展有限公司等文化旅游企业做大做强，推动其上市融资。不断发展壮大中豫文旅投、洛阳文旅投、开封文旅投、信阳文旅投、济源文旅投等国有文旅投资平台，支持其整合区域文旅资源，打造精品项目，提升盈利水平。打造豫博文创、唐宫文创、豫游纪、黄河之礼、洛阳礼物、雅宋文会等高成长性文创企业品牌，形成强有力的"文创豫军"。依托省文旅文创融合创新实验室、省文旅文创融合创新基地等，引入国内外一流文化创意和科技创新团队，研发、孵化、落地一批文旅文创新业态项目，率先在郑州、洛阳、开封策划推出3~5个文旅文创融合现象级作品。高效统筹疫情防控和文旅行业发展，落实好对旅游景区、文化娱乐及各类中小微文旅企业的扶持政策，千方百计保市场主体、稳行业基本盘。

第六，贯通文创资源端、创意研发端、生产营销端，发展全链条文创产业。组建河南省工美产业联盟，形成集创意研发、加工制造、销售流通、市场服务等为一体的产业链和生产体系。推出陶瓷、玉雕、汴绣"中原三宝"，打响豫剧、豫菜、豫酒、豫茶、豫药等豫字品牌。围绕黄帝、老子、竹林七贤、武则天、玄奘、中医药、二十四节气、中国节日等文化IP，编纂出版系列丛书或数字出版物。厚植河南广电在"中国节日"等内容创作领域的优势，推出打造更多国潮国风系列节目。围绕塑造"行走河南·读懂中国"品牌，策划文旅文创设计大赛，推出系列深度报道、主题文旅剧、微纪录片、文旅慢直播等。在沉浸式文旅、文旅演艺、主题公园等文旅文创领域集中发力，支持洛阳打造国内首家沉浸式剧本娱乐产品交易中心，支持开封发展"剧本娱乐+文旅"，打造剧本娱乐产业之城。依托历史街区和工业遗产，打造一批文旅消费新场景，重点推出"洛阳古都夜八点""夜开封·欢乐宋""博物馆奇妙夜""深夜食堂""24小时书房"等夜游、夜宴、夜购、夜娱、夜读品牌。

第七，准确识变抢先机，科学应变扬优势，加快建设全国重要的康养旅游目的地。受疫情影响，聚集型的城市旅游需求逐渐被空间更宽松、人流更稀少、空气更新鲜的乡村旅游替代。自然生态资源条件优越的乡村，正在成为微型度假、研学旅游、康养生活的接待基地。要充分发挥河南得天独厚的区位优势、生态优势、资源优势，深度融合文化、旅游、养生、养老等业态，加快建设全国重要的康养旅游目的地。一方面，要优化康养产业布局，不断丰富河南省避暑康养、温泉康养、森林康养、乡村康养、运动康养、中医药康养等业态，打造以大别山、伏牛山、太行山等为主的康养旅游集群。乡村规划要引进山地城乡规划理念，遵循村落文化脉络肌理，着力做强康养小镇、社区康养综合体、康养村落等载体，培育壮大市场主体，不断完善康养设施和配套服务，推动康养与文旅等产业深度融合发展，打响康养旅游品牌，加快将康养产业培育成千亿级产业。另一方面，要在文旅康养深度融合上作示范，形成乡村康养旅游的河南标准。要提升河南省乡村康养旅游示范村标准的影响力，扩大应用范围，适时推动其上升为国家标准。要坚持县为主体、村为单元，以创建乡村旅游康养示范村为抓手，提升乡村康养旅游的标准化、品牌化、智能化、定制化服务水平。

第八，适应数字化转型，发展数字文旅经济，加快构建数字文旅新高地。当前，数字已成为高质量发展的新引擎。把握住数字发展先机，就能抢占未来发展制高点，就能赢得优势、赢得主动、赢得未来。实施文旅文创融合战略，要抢占新赛道、抢滩"新蓝海"，奋力打造数字文旅新高地。一是筑牢数字文旅新基建。按照"省总统筹、市县推进、属地管理"的思路，坚持"系统架构、打破壁垒、统筹推进、适度超前"的原则，搭建全省文化遗产数字平台，建立守护中华文脉的"安全岛"。在此基础上，推动文化遗产数字资源在全球范围内开放共享，打造中国文化遗产融入世界网络的"数据方舟"，使其成为多元文明跨时空交流互鉴的重要窗口。二是培育数字文旅新业态。按照"根扎实，线连通，网织好，数用活"的思路，深刻研判和把握元宇宙发展趋势，与博物馆群谋划建设相结合，建成一批领跑全国的智慧景区、智慧博物馆，做好龙门石窟、殷墟、隋唐洛阳城、北宋东京城等大遗址的数字化保护展示,建设一批"互联网+文旅"示范基地。三是以数字赋能推动文旅新消费。打造云展览、云体验、云宣教和沉浸式消费体验新场景,推出一批数字文旅文创示范项目。推动创意设计、工艺美术、游戏游艺、动漫、网络视频等数字文化产业发展,打造全国领先的文旅融媒体中心。

第九,提升"吃住行游购娱"服务品质,让游客安心顺心舒心。要全面推进豫菜振兴,既要把传统名菜做得炉火纯青,又要与时俱进、豫菜新做。洛阳、开封、濮阳等地要发挥地域特色,打响传统小吃招牌。支持信阳开展"民宿+美食"行动,打造"活""色""生""香"的美好生活城市。支持长垣启动创建"世界美食之都",支持原阳打造国内最大的预制菜全产业链集群。坚持"民宿发展争最快",按照文化引领、艺术点亮、美学提升、消费驱动的原则,重点打造"黄河民宿""嵩山民宿""太行民宿""河洛民宿""伏牛山居"等品牌,建立以民宿为核心的微型度假综合体。积极引进世界高端度假酒店品牌,提高河南省旅游的国际化接待水平。推动高速公路服务区向交通、旅游、消费等复合型服务区升级,完善"游购娱养食"一体化产业链,打造"流动的旅游景区"。支持庙底沟、仰韶村、二里头、殷墟、隋唐洛阳城、汉魏洛阳故城、郑州商城、大河村、郑韩故城、贾湖、平粮台等考古遗址公园积极进行大遗址利用示范,充分融入旅游服务功能,创建4A级以上旅游景区。支持只有河南·戏剧幻城、龙门石窟、少林寺、清明上河园、云台山、陈家沟、红旗渠、老君山、芒砀山、鸡公山、嘉应观、黄河小浪底、黄帝故里、太昊陵等提升文化底蕴,成为"行走河南·读懂中国"旅游景区打卡地。

B.6
以文旅文创融合战略推进河南文化强省建设调研报告

杨恒智　杜松江*

摘　要： 随着经济社会发展和物质生活水平的提高，文化旅游消费逐渐成为新常态。党中央将文旅文创产业的发展提上了新的战略高度，河南省委省政府将文旅文创融合发展作为当前工作的重中之重进行了安排部署，包括紧抓顶层设计，印发出台多种文旅文创工作方案；强化重点项目实施，重点推进博物馆集群项目建设；塑造河南品牌形象，着重推出高品质文化活动与节目；推动文旅融合创新，加强全链条文旅产业培育；深化体制机制改革；加强政策扶持；等等。目前，文旅文创融合战略的实施已取得显著成效，但仍存在文化资源转化率低、人才培养机制不完善等问题，需从体制机制改革、发挥政府投融资作用、加强组织保障等多个方面入手，持续落实文旅文创融合战略的实施，将河南打造为文化旅游强省。

关键词： 文旅文创融合　体制机制改革　文化强省

随着社会经济发展和人民群众物质生活水平的提高，广大百姓对美好文化生活的需求日益迫切，文旅文创消费已然成为新常态。党中央将文旅文创

---

* 杨恒智，中共河南省委宣传部文化体制改革办公室主任；杜松江，中共河南省委宣传部文化体制改革办公室干部。

发展提上了新的战略高度，党的十九大报告提出坚定文化自信，推动社会主义文化繁荣兴盛。党的十九届五中全会明确提出到2035年建成文化强国的远景目标，并强调在"十四五"时期推进社会主义文化强国建设。习近平总书记先后提出了"让收藏在博物馆里的文物、陈列在广阔大地上的遗产、书写在古籍里的文字都活起来"①"推进黄河文化遗产的系统保护，守好老祖宗留给我们的宝贵遗产"②"坚定文化自信，推动中华优秀传统文化创造性转化、创新性发展"③等重要论述。

2021年10月26日，河南省第十一次党代会将实施文旅文创融合战略作为河南省高质量发展的"十大战略"之一。这既是落实习近平总书记关于文化和旅游工作重要论述和指示批示精神的重要战略，也是新时期河南建设文化旅游强省和实现文化崛起的重要战略，体现了河南省对文化强国建设的主动担当、主动服务和主动作为。可以说，文旅文创融合战略的提出恰逢其时、很有必要，且大有可为、前景光明。河南省不仅有发展文旅文创融合的良好基础，也于这几年做了大量的工作和探索，取得了显著成效，但同时文旅文创融合发展也存在诸多亟待完善的地方，需要我们在下一步的工作中予以重视和加强。

一 河南省文旅文创融合发展的基础优势

河南省具有得天独厚的历史和文化资源优势，为文旅文创融合发展奠定了良好基础。目前，河南省拥有世界文化遗产5项、国家级非物质文化遗产125项、中国大古都4座、国家历史文化名城8个、中国历史文化名镇10个、中国历史文化名村9个、国家级传统村落205个、全国乡村旅

---

① 《让文物活起来（思想纵横）》，人民网，2020年12月30日，https：//baijiahao.baidu.com/s? id=1687453600860716426&wfr=spider&for=pc。
② 《讲述黄河故事 弘扬黄河文化 再创艺术新境——观豫剧〈大河安澜〉》，光明网，2022年8月30日，https：//m.gmw.cn/baijia/2022-08/30/35987651.html。
③ 《推动中华优秀传统文化创造性转化创新性发展》，《环球时报》2021年11月5日，https：//baijiahao.baidu.com/s? id=1717389435222643267&wfr=spider&for=pc。

游重点村38个。河南省统计局发布的《2021年河南省国民经济和社会发展统计公报》显示，2021年末全省共有公有制艺术表演团体161个，文化馆207个，公共图书馆169个，博物馆361个；全国重点文物保护单位420处，省级文物保护单位1521处；有125个项目入选国家级非物质文化遗产名录；2021年河南省共接待国内外游客79346.6万人次，旅游总收入6078.87亿元；2021年末共有A级旅游景区624家，其中4A级以上旅游景区218家；星级酒店359个，旅行社1195家。

二 河南省文旅文创融合发展现状分析

（一）强化统筹设计，规划引领明晰有力

第一，顶层设计高屋建瓴。河南省委省政府印发了《实施文旅文创融合战略工作方案》，明确实施全域旅游主题形象塑造推广、国际级黄河文化旅游带建设、休闲康养基地建设、全链条文创产业培育、文旅文创"旗舰劲旅"打造等工程。河南省人民政府出台了《河南省"十四五"文化旅游融合发展规划》等文件。河南省委宣传部研究制定了《"行走河南·读懂中国"品牌塑造实施方案》《关于在深化中国文明历史研究铸就中华文化新辉煌中展现河南更大担当作为的工作方案》《"中原文化大舞台"工作方案》等工作方案；印发了《河南兴文化工程文化研究计划实施方案》，发布了《关于做好2022年河南兴文化工程文化研究专项项目申报工作的通知》。河南省文化和旅游厅组织编制了《河南省黄河文化保护传承弘扬规划》《黄河国家文化公园（河南段）建设保护规划》等规划。

第二，工作谋划推进落实有力。郑州市持续推进中华文明探源工程、黄河流域"考古中国"重大研究项目——双槐树遗址考古发掘与研究展示，编制《双槐树遗址保护总体规划》。开封市制定了《开封市"十四五"文化旅游融合发展规划》《开封市黄河国家文化公园建设保护规划》。洛阳市制定了《关于促进沉浸式文旅产业发展创新发展的意见》《加快发展剧本娱乐

产业实施方案》，培育壮大声光电、AR、VR等沉浸式产业链上下游企业，打造全国有影响力的剧本娱乐产业集聚地。鹤壁市建立了以《鹤壁市关于加快文化旅游高质量发展的实施意见》《鹤壁市"十四五"文化旅游融合发展规划》为龙头、多个专项规划为支撑的"多规合一"规划体系。三门峡市制定了《三门峡市"十四五"文化和旅游发展规划》并推进实施。新乡市印发了《新乡市实施文旅文创融合战略工作方案》《新乡市"十四五"文化旅游业发展规划》《新乡市"十四五"非物质文化遗产保护规划》。焦作市印发了《焦作市实施文旅文创融合战略工作方案》《焦作市实施文旅文创融合战略2022年重点工作任务清单》《焦作市实施文旅文创融合战略重大项目清单（2022-2025）》，推动文旅文创融合战略全面铺开、落实落地。

（二）强化项目实施，项目建设卓有成效

第一，大力扶持重点项目。深入推进"中原地区文明化进程"等重大研究项目，国家文物局批复同意实施登封王城岗、偃师二里头、禹州瓦店等11个与夏文化相关的主动性考古发掘项目，南阳黄山遗址入围全国十大考古新发现20强。长征国家文化公园项目、黄山遗址考古公园项目、楚风汉韵文化体验综合体项目被纳入国家、省"十四五"文旅专项规划。近两年累计谋划推进138个文旅文创重点项目，总投资4223亿元。争取4亿元中央预算内资金，支持安阳殷墟遗址博物馆等重大项目建设和云台山风景名胜区等7个重点旅游景区发展。争取47亿元专项债券资金，支持嵖岈山等一批生态旅游项目。

第二，推进博物馆集群建设。争取中央资金2.4亿元支持黄河国家博物馆、殷墟遗址博物馆等项目建设。郑州市持续开展黄河国家博物馆、仰韶文化博物馆、中国古代冶铁博物馆建设工作。洛阳隋唐大运河文化博物馆、隋唐大运河文化公园、牡丹阁、隋唐里坊文化数字展示馆等项目建成开放；汉魏洛阳城遗址博物馆被列入国家发展改革委"十四五"文化保护传承利用工程项目储备库和省、市"十四五"规划；洛阳古代艺术博物馆提升项目各项工作已进入收尾阶段。开封宋都古城文艺（物、博）场馆项目启动。

安阳市殷墟遗址博物馆主体建筑建设、中国文字博物馆续建工程和汉字公园建设有序进行。三门峡庙底沟考古遗址公园、仰韶村国家考古遗址公园、西坡遗址特大房址和史前聚落遗址等重大文化地标工程的提升改造加快推进。

第三，强力推进重点项目建设。鹤壁市建成了黎阳故城、赵南长城等一批遗址公园，推出了具有鹤壁主题文化内涵的《淇水长歌》等经典演艺项目，开发了太行药膳、航天美味、古城美食等系列旅游新产品。南阳市突出打造"一水一圣"品牌，建立南水北调沿渠千里文化走廊，在干渠沿线建造南水北调公园，以"康养伏牛山"作为突破口，全力培育康养旅游新业态。三门峡市围绕仰韶文化，提出"七个一"建设项目，即中国仰韶文化博物馆建设项目、仰韶遗址核心保护区保护展示项目、安特生和袁复礼旧居改造项目、仰韶文化国际研学基地建设项目、仰韶文化村打造提升项目、仰韶文化产业园建设项目和举办仰韶文化节，旨在打造中国考古圣地，构建"早期中国"文明长廊。漯河市围绕漯湾古镇及沙澧河文化风光带提升工程项目、贾湖遗址提升工程项目等重点项目，实行"双指挥长"制，高位推进重点项目建设。

（三）强化形象塑造，品牌形象有效彰显

第一，塑造"行走河南·读懂中国"品牌。研究制定《"行走河南·读懂中国"品牌塑造实施方案》，以历史探源、历史事件、历史人物等为主题，梳理了578处文物和文化资源，推出人类起源、王朝历史、姓氏寻根、科技发明、中国功夫等16条文化线路。坚持"线上读带动线下行"，遴选"行走河南·读懂中国"百大标识，面向全社会征集数字化创意方案，按照"一流资源+一流创意"原则整合4亿元资金奖补项目建设。召开"行走河南·读懂中国"2022年河南智慧旅游大会，在元宇宙会议上集中展示20个大遗址、博物馆数字创意方案。举办"行走河南·读懂中国"品牌推广暨元宇宙创造者大赛，通过众创和定制两种模式打造"行走河南·读懂中国"编程场景及数字场景。聚焦"行走河南·读懂中国"，举办壬寅年黄帝故里拜祖大典、第四届全球文旅创作者大会、第九届博博会等活动。

第二，打造高品质"中国文化"节目集群。河南广播电视台建立项目化择优机制，推行竞聘上岗，赋予项目在选人用人、运营、资金支配等方面的自主权，极大激发了创作人员的积极性和创造性。河南牛年春晚火爆出圈，《唐宫夜宴》等节目收获5个全国热搜，《人民日报》、新华社等权威媒体点赞，多平台累计播放量、阅读量超200亿次；制作播出的2022年《元宵奇妙游》《清明奇妙游》《端午奇妙游》《七夕奇妙游》《中秋奇妙游》《重阳奇妙游》等节目，全网点击量累计超百亿，中国节日"奇妙游"系列节目引爆全网、惊艳全国、冲向世界。

第三，打造精品文化活动品牌。围绕"迎接二十大"主题主线，创新开展"奋进新新征程　建功新时代"重大主题宣传工作、"新时代　新征程　争出彩"十大主题宣传教育实践活动和"喜迎二十大　欢乐进万家"十大群众文化活动。按照"赛事牵引、协会组织、宣传文旅等部门指导"的原则，开展"中原舞蹁跹"广场舞大赛、"我眼中的大美中原"摄影大赛、"典籍里的中国"中华经典诵读大赛等十项群众文化活动，增强人民群众的文化获得感和幸福感。策划开展2022年"乐享新时代"周末音乐汇活动，在全省组织了64场音乐汇活动，"线上展演"和"线下演出"相结合，形成周周有活动、月月有重点的生动局面。开展"中原文化大舞台"活动，于2022年6月正式启动以来已演播16场，通过"百姓文化云"、移动戏曲、梨园频道、"文化豫约"、"老家河南"新媒体矩阵进行广泛传播。豫剧《朝阳沟》演播当日，92.5万人次线上观看了演出，再现经典剧目的永恒魅力。

（四）强化融合创新，全链条文旅产业培育亮点频现

第一，新兴产业方兴未艾。聚焦"十大战略"，深入挖掘中原历史文化资源，完善文化数字化新兴基础设施，助推河南兴文化工程。省文化和旅游厅建立河南省文旅文创融合创新基地（洛阳），打造新型智库及产业创新发展推动平台，助力文旅文创发展。中原出版传媒集团通过新媒体运营增强网络传播力，初步构建了IP项目矩阵，搭建起了多形态的内容产品

线和文化服务平台。大象融媒体集团积极运用5G、区块链、大数据等新技术，打造河南数字产业基地项目，加快发展数字创意、沉浸式体验等新型文化业态，推出更多数字化文化产品和服务。大河网络传媒集团重点打造"宋元宇宙"等项目，利用视频和区块链技术，将河南的厚重历史、宝贵文物传唱万家。河南一百度利用百度技术优势，深耕博物馆数字化项目，推进数字藏品NFT开发、"行走河南·读懂中国"品牌线路展示以及数字博物馆建设。

第二，文旅与科技有机融合。推动开展线上博览会、展览会。郑州市开发壬寅年网上拜祖平台"关爱版"等功能，增设"有声VR虚拟黄帝故里园区"等板块，以视频直播、AI拜祖等形式，圆满完成壬寅年黄帝故里拜祖大典宣传任务。开封市谋划包装了14个数字化项目，其中两个项目在2022年河南智慧旅游大会上进行展示。新乡市借助微信平台开通博物馆微信导览小程序"新乡市博物馆云导览"，实现对博物馆精品文物影像资料的线上浏览，并推出"'宅'家生活，'云'游新博"线上文化服务。安阳市建设"数字殷墟"，运用5G、VR、AR等数字技术，全息成像再现商王、妇好、甲骨窖穴、殷墟车马坑等内容，打造一个活灵活现的数字文化体验式景区。

第三，研学与旅游有效融合。通过开设精品课程，打造特色研学旅行基地，借力特色节会，搞好研学旅行市场营销，促进高效研学，实现"研学""旅行"有效融合。开封市大力推广"研学开封　知行中国"品牌，建设了30余家内涵丰富、安全适宜的研学旅行基地，开设了600多节寓教于乐、贴合需求的研学课程。安阳市发布《安阳市研学旅游组织与服务规范》，积极打造研学旅行全省"标杆"；整合林州石板岩141家写生基地，组织成立写生产业协会，年接待游客200万人次，旅游综合收入突破8亿元。周口市积极培育和创建研学旅游基地，打造研学旅游路线，丰富研学旅游产品供给，开设一批研学课程，如太昊陵景区推出的"伏羲文化初探""太昊陵古建筑知识普及"等适用小、初、高不同年龄段学生的全系列研学课程。信阳市重点打造红色研学、茶文化研学、非遗研学等三张研学品牌，建成研学基地66个，开设研学课程120节。驻马店市益农庄园、遇见世外桃源亲子农场等推出的儿童手工作坊、农耕体验等乡村研学产品，吸引了诸多孩子和家长。

（五）全面深化体制机制改革，助推文旅文创深度融合

第一，加强顶层设计。出台《关于国有文化企业深化改革加快发展的实施意见》，印发《关于加快推进省直报刊类机构转企改制有关工作的通知》，推动河南日报报业集团和河南广播电视台制定重塑性改革实施方案和全面深化改革实施方案，印发《关于文化企业坚持正确导向履行社会责任的实施意见》。加快河南省文物考古研究院重塑性改革，采取"省部共建、省校共建、全省一体、国际合作"方式，努力将其打造为彰显中国特色、中国风格、中国气派的世界一流考古机构。

第二，培育壮大市场主体。一是优化调整产业结构布局。河南日报报业集团支持顶端宣传推广，推进各媒体共建"一朵云""一个端"，深化媒体融合发展。河南广电传媒控股集团开展主业核定工作，鼓励各子公司选择1~2个新兴产业重点培育。中原出版传媒集团通过新媒体运营增强出版内容的网络传播力，搭建起了数据库、数字图书馆、电商、音视频、直播营销、在线课堂和培训服务等多形态的内容产品线和文化服务平台。大象融媒体集团剥离了不具备竞争优势、缺乏发展潜力、高风险低收益的非主业、非优势业务。河南省演出公司、河南中州影剧院资产、债务、业务、人员划转至河南歌舞演艺集团。许昌市文投公司完成了与许昌市投资集团有限公司的合并工作。信阳市将两家市属企业国有股权无偿划转至文投集团。周口市将市文化广电和旅游局所属的4家文化企业划入周口市文旅投资集团有限公司。二是经营机制趋于健全。河南日报报业集团实施任期制改革，制定了考核评价、薪酬管理、职务任免"三合一"的任期制管理办法。中原出版传媒集团深化薪酬分配机制改革，建立了以岗位贡献、岗位价值为基础的岗位绩效薪酬制度。河南广电传媒控股集团制定了任期制和契约化管理改革方案，并启动相关改革工作。河南文化影视集团、河南时代传媒集团、河南省

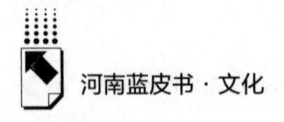

文化旅游投资集团开展了混合所有制改革试点。

第三，深化国有文艺院团改革。一是市场化经营机制不断健全。商丘市睢阳区国有文艺院团改制工作顺利完成，睢县睢州豫剧团聘用专门演出经纪人，开拓省内外演出市场。洛阳市完善相关方案，引导文艺院团转变创演理念，各文艺院团相继开设自媒体账号进行直播演出。漯河市指导临颍县启动曲剧团、豫剧团转企改制。二是强化人才激励机制。建立健全收入分配激励机制，细化奖励性绩效工资发放等级和档次。河南歌舞演艺集团开展年度业务考核工作，将人才队伍建设和薪酬分配机制紧密挂钩。焦作市文艺院团新进员工进行市场化招聘，并健全按业绩贡献决定薪酬的分配机制，实施全员绩效考核。商丘睢县睢州豫剧团对全体演职员实行按劳分配、多劳多得、工资浮动的薪酬发放办法，根据每个演职员的专业技能、技术高低、贡献大小调整原档案工资。三是建立健全剧目生产表演的有效机制。推动媒体与国有文艺院团积极合作，鼓励有条件的国有文艺院团探索剧目股份制、项目制等多种灵活方式，提升舞台剧目的传播力和影响力。河南歌舞演艺集团在剧目创作、重大主题综艺晚会演出方面将全面推行"项目制"改革，实行企业化管理、市场化运作。河南豫剧院一团主动谋划与视媒合作，顺利与河南网络广播电视台合作拍摄录制5部豫剧精品的4K高清音视频录像，让优秀传统剧目通过网络电视渠道传播。

第四，推动景区管理体制改革。积极推动景区规范化管理、制度化治理，建立健全现代景区管理体制机制。鹿邑县将原太清宫景区管理委员会和明道宫景区管理处改革为鹿邑县老子故里旅游开发有限公司所属的两个企业，实行岗位管理、全员聘任的干部管理制度，建立与市场经济体制相适应的管理体制。焦作云台山旅游发展有限公司建立市场化管理运营制度以及与市场深度接轨、与绩效相挂钩的薪酬体系，对高层管理人员实行年薪聘任制，对中层人员、基层人员实行岗位薪酬制和考核退出机制。安阳市制定《安阳市关于国有文物景区"两权分离"改革工作的实施意见》《安阳市第一批国有文物景区"两权分离"改革工作实施方案》。

第五，做强做大文旅旗舰劲旅。河南省文化旅游投资集团有限公司于2022年6月在洛阳正式挂牌，与中国旅游研究院、中国文化传媒集团等93家单位签署战略合作协议和业务实质协议。推动河南省文化旅游投集团收购建业集团旗下电影小镇和只有河南·戏剧幻城两大文旅项目，占股比例分别为90%和51%。将省文旅厅、河南广播电视台所属事业单位的20余家企业划转至河南省文化旅游投集团。各省辖市也积极成立文旅集团。开封市成立了以市场化为主体的文旅演艺集团公司；洛阳市成立了洛阳文化旅游投资集团，于2022年1月正式揭牌；周口市由市财政局牵头，市委宣传部、市文化广电和旅游局等相关单位参与，整合现有市属相关文化企业，成立了周口市文旅投资集团。银基文旅集团、建业文旅集团、洛阳文旅集团、河南省文化旅游投资集团4家文旅文创企业进入"全国文旅集团品牌影响力百强榜"。开封清明上河园股份有限公司、焦作云台山旅游发展有限公司等文化旅游企业上市步伐不断加快。

（六）强化政策扶持，助力文旅企业科学有效应对疫情

第一，加大金融支持力度。2019~2021年，安排中原文艺精品创作工程和精神文明建设"五个一工程"项目经费3000万元，用于支持电视剧、电影、歌曲、舞蹈等文艺创作。安排省级电影事业发展专项资金6500万元资助影院建设和设备更新改造及扶持影片制作、发行和放映等。2021年统筹推进疫情防控、灾后重建和文化产业恢复振兴，省财政列支1亿元用于河南省A级旅游景区门票费减免，列支3000万元支持重点旅游景区复工复产贷款贴息，帮助60家旅游景区获得贷款60余亿元，列支5亿元用于文旅"卡脖子"工程建设。

第二，创新文化投融资体制机制。以财政投入和基金引入社会资本等方式增加文化投入，加大对文化企业的扶持力度。近年来，河南省共有398个文化旅游项目被纳入省政府重点管理项目，共争取中央预算内资金、省级专项资金等105亿元。推动政银企合作，出台相关政策，对接合作银行，推进河南省优秀文化企业和项目进行信贷融资。河南省在开封设立首支黄河流域

文化产业股权类基金，成立文化旅游产业发展基金，优化了投融资环境。设立河南省文化旅游融合发展基金，总规模30亿元，通过投贷联动、基金债、子基金等多种方式放大基金杠杆效应，撬动更多社会资本。

第三，积极出台惠游惠企政策。郑州市开展消费助企惠民、"醉美·夜郑州"畅游绿城等活动；开展文旅消费第三季活动，启动"乐享文旅，惠游郑州"，共发放2000万元文旅消费券。开封市遴选"四保"文旅企业白名单15家，建立县级领导分包和助企政策服务专员工作机制，推动企业复工达产；支持旅行社行业纾困发展，为21家旅行社暂退质保金116万元。洛阳市开展"政府补贴，畅游一夏"年票半价购活动和"政府补贴，畅游一夏"年票进校园活动，采取政府补贴形式为全市133万名学生免费发放"年票学生卡"；面向广大市民推出"年票优惠购活动"，同时整合建行洛阳分行资金500万元，放大惠民效应。安阳市制定"迎客入安"支持旅游业发展的若干政策，推出了7个方面共12条"硬核"举措；与主流媒体、新媒体、头部文旅企业合作，开展"入住古都安阳·免费游览景区"活动，开发5条"游学安阳"免费线路。驻马店市重点推进了纾困惠企服务保障平台体系建设，做好了"四保"文旅企业白名单服务保障工作，制定文旅促消费10条措施。信阳市开展"信阳人游信阳"活动，发行信阳美好生活文旅年卡，提振文旅消费。

目前，河南省在文旅文创融合发展过程中，也存在一些突出问题。一是文旅资源转化率低。河南省拥有丰富的文旅资源，却未能将资源优势转化为产业优势，文化资源开发挖掘不够，还出现一批"半拉子"项目（工程），导致大量文旅资源、土地资源和有效资产闲置，未形成市场竞争力。二是人才培养机制不完善。目前，河南省缺乏高水平的文创学者，在理论研究、文旅规划、人才培训和对地方特色文化衍生品的创造及开发环节缺乏专业指导，缺乏系统的文旅人才储备和培养机制。三是缺乏精品文创项目。品牌不够突出，产品不够精良。缺少综合实力强和具有核心吸引力的文化旅游极品之作，没有形成叫响全国的主题和品牌，缺少响亮的城市名片和引擎式的IP型项目。

三　对策建议

（一）深化体制机制改革，壮大文旅文创市场主体

一是深化国有文化企业改革。认真落实好河南省《关于国有文化企业深化改革加快发展的实施意见》，完善中国特色现代企业制度。推动省管国有文化企业开展"对标国内国际一流管理提升"行动。实施"上市倍增"行动，推动优质文化资源向上市公司聚集。持续开展"瘦身健体提质增效"行动，加快同类业务横向整合和纵向产业链整合，推动国有文化企业聚焦主责主业，压缩管理层级、减少法人户数，加大"两非"剥离、"两资"清退力度。推动国有文化企业在二、三级子公司开展职业经理人制度、混合所有制改革、股权激励、员工持股、超额利润分享等试点工作。二是深化国有文艺院团改革。尽快出台国有文艺院团改革实施意见，为河南省国有文艺院团发展提供有效的改革依据和政策支持。在疫情防控常态化形势下，积极与新媒体寻求合作，更新商演模式，适应市场需求。持续推进对青年戏曲演员的培养，提高文艺院团演员待遇，培养出一批顶尖的青年戏曲演员。三是深化文化事业单位改革。加强数字化建设，提升公共图书馆、文化馆数字信息资源存储质量，加强网络化和智能化建设，覆盖城乡的公共文化云平台。指导博物馆、图书馆等场馆创建"智慧场馆"，使公共文化服务更加智能化，构建线上线下相融合的文化传播体系。定期召开理事会会议，采取整合重组机构、优化调整职能等措施，整合单位、编制、人员，合理配置领导干部队伍，着力解决职责交叉等问题，不断提高科学治理水平。四是推动景区管理体制改革。推进景区逐步实行政企分开、事企剥离、企业化运营模式，实现所有权、管理权、经营权相分离，构建产权关系明晰、责任主体到位、市场对接充分的经营管理体制机制。加快景区供给侧结构性改革，着力推动文化旅游业从门票经济向产业经济转变。支持省辖市整合文化旅游资源和资产，成立文化旅游集团，培育一批有实力、有竞争力的文旅旗舰企业。

（二）聚焦品牌建设，打造全国重要文化旅游目的地

持续打造"行走河南·读懂中国"品牌，以及"老家河南"、天下黄河、华夏古都、中国功夫等品牌，持续推出人类起源、王朝历史、姓氏寻根、科技发明等16条文化线路，遴选"行走河南·读懂中国"百大标识。继续办好黄帝故里拜祖大典、洛阳牡丹文化节、郑开国际马拉松等重要节会赛事。发展富有特色的全链条文旅业态，壮大以创意为内核的文化产业，打造中华文化传承创新中心、世界文化旅游胜地。坚持以文塑旅、以旅彰文，强化创意驱动、美学引领、艺术点亮、科技赋能，推动文旅文创产业高质量发展。坚持"快进慢游深体验"，以旅游环线建设为牵引，整合串联优质资源，打造郑汴洛国际文化旅游目的地，打造具有国际影响力的黄河文化旅游带。发展乡村旅游、红色旅游、休闲旅游，建设一批全国重要的康养基地。发展工艺美术产业、精品演艺、沉浸式体验消费，注重创意创新，努力出圈出彩。

（三）实施数字化战略，培育文旅文创发展新动能

抓住科技发展机遇，加快发展新型文化企业、文化业态、文化消费，壮大数字创意、网络视听、数字出版、数字娱乐、线上演播等产业。积极完善新型文旅文创设施，整合人工智能、大数据等科技产业资源，推进5G与VR/AR、4K/8K超高清视频等技术相结合，加快推进文旅文创重点领域数字化消费、数字化生产、数字化运营。加快NFT、元宇宙等元素与文化产业深度融合，将数字文化产业新业态打造为文化生产组织新形态和资源配置新方式。大力培育数字媒体产业、虚拟现实产业、数字直播产业、沉浸式产业等新兴业态。加快文旅产业信息化建设，支持文化和旅游数字化、网络化、智能化发展，发展5G智慧旅游，创新文旅产业体验模式，加快文旅融合的速度以及拓展其深度。支持5G、大数据、云计算、人工智能、物联网、区块链等在文旅文创领域的集成应用和创新，打造一批文化产业数字化应用场景。推进文旅文创企业的管理流程数字化再造与商业模式的数字化升级，在

文化科技融合的基础上将文化要素、数据要素、技术要素作为核心生产要素纳入文化生产流程。改变传统线性的文化生产模式和专业机构的供给模式，实现生产、分发和消费的双向互动和开放链接，打造"产消一体"的文化共创模式。加快龙门石窟、殷墟、隋唐洛阳城、北宋东京城等大遗址数字化保护展示，围绕广播影视、动漫游戏等产业，培育创新型产业集群，加速形成文化创新生态圈。

（四）建立区域协同发展机制，提升全省文旅文创发展整体水平

抓住国家规划建设大运河文化带、丝绸之路文化带重大机遇，落实习近平总书记"保护传承弘扬黄河文化"重大要求，规划和建设好大运河文化带河南段、丝绸之路文化带河南段和沿黄生态文化带。对各市、各区域进行合理分工和定位，打造文旅文创产业优化发展区域、重点发展区域和引导发展区域等。优化全省文旅文创产业总体布局，以"郑汴洛一体化"为牵引，持续推进实现文化产业多中心布局，为文化产业生产要素的自由流通与合理配置创造条件。依托以郑州、洛阳、开封为"一带"，以豫南（以南阳为中心）、豫北（以安阳为中心）为"两翼"的区域化产业优势，以及郑州商文化和三教文化、洛阳汉文化、开封宋文化、安阳殷商文化、南阳汉文化和玉文化，把郑州、洛阳、开封、安阳、南阳打造成河南文旅文创产业基地，以点带面，以面谋带，发挥辐射带动作用。整合现有文旅资源和产业资源，不断增强文化产业整体竞争实力，着力解决文化产业"小、弱、散"的问题，为文化产业空间集聚提供组织结构保障。有机整合同质文化资源和产业资源以及不同地区、行业的文化资源和产业资源，取长补短，优势互补，构建跨地区、行业的文化产业链条。

参考文献

[1] 习近平：《高举中国特色社会主义伟大旗帜　为全面建设社会主义现代化国家

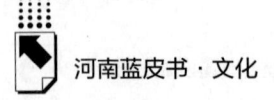

而团结奋斗——在中国共产党第二十次全国代表大会上的报告》，中国政府网，2022年10月25日，http://www.gov.cn/xinwen/2022-10/25/content_5721685.htm。

[2]《河南省人民政府关于印发河南省"十四五"文化旅游融合发展规划的通知》，河南省人民政府网站，2022年1月13日，http://www.henan.gov.cn/2022/01-13/2382423.html。

[3]《2021年河南省国民经济和社会发展统计公报》，河南省人民政府网站，2022年3月14日，http://www.henan.gov.cn/2022/03-14/2414064.html。

[4]《中共中央办公厅 国务院办公厅印发〈"十四五"文化发展规划〉》，中国政府网，2022年8月16日，http://www.gov.cn/xinwen/2022-08/16/content_5705612.htm。

[5] 李娜：《融合发展：构建"老家河南"文化旅游发展新格局——基于整体论的视角》，《新闻爱好者》2021年第12期。

[6]《总编有约·"十大战略"大家谈⑤丨行走河南 读懂中国——解读文旅文创融合战略》，大河网，2021年10月14日，https://baijiahao.baidu.com/s?id=1719100699451536641&wfr=spider&for=pc。

B.7 河南省非物质文化遗产与乡村旅游融合研究

席 格*

摘 要： 推动非物质文化遗产代表性项目与乡村旅游的深度融合，既是文旅文创融合战略的重要维度，又是非遗助力乡村振兴的必由路径。河南省拥有门类齐全、内容丰富、特色鲜明和数量众多的非物质文化遗产资源，同时又拥有很多承载历史记忆和展现文化变迁的历史名镇、名村与古村落。在乡村振兴战略和美丽乡村建设的推动下，河南省已经迈出了非物质文化遗产与乡村旅游融合发展的坚实步伐。但因缺乏具有针对性的融合规划、创意熔铸、人才培养和资金扶持，两类资源的融合遇到了发展瓶颈。基于此，河南省在落实国家发展战略以及做好顶层设计、深化体制改革、完善人才队伍、构建资金投入体系和搭建宣传平台等的基础上，充分发挥文化创意的作用，抓住地域、人文与体验三个融合关键词，切实推动非物质文化遗产与乡村旅游的深度融合。

关键词： 河南省 非物质文化遗产 乡村旅游 文化创意

在如何发展乡村旅游的战略规划中，非物质文化遗产的作用一直没有得到充分发挥。事实上，非物质文化遗产与乡村作为农耕文化的不同呈现形态，具有内在的相通性、一致性和互补性。在乡村旅游中，依托文化创意深

---

* 席格，河南省社会科学院文学研究所（黄河文化研究所）副研究员，研究方向为审美文化。

度发掘非遗资源，可以突破乡村生态采摘旅游的季节性、趋同性和单一性，深化乡村民宿旅游的体验性、趣味性和人文性，丰富乡村康养旅游的精神性、艺术性和审美性；依托名镇、名村等乡村旅游重点载体发掘非遗资源，则有助于还原非遗本身的原生环境，展现其内在的地域性、文化性和生命性，推动非遗传播、传承和弘扬。作为中华文明的发祥地，河南省不仅拥有种类齐全、丰富多样的非物质文化遗产资源，而且拥有底蕴深厚、特色鲜明的名镇村落遗产资源。河南要在乡村振兴中肩负起一个传统农业大省的责任，在美丽乡村建设中发挥一个经济大省的模范作用，如何大力发展乡村旅游便成为一项至关重要的内容。可以说，探索河南省非物质文化遗产与乡村旅游深度融合发展的路径，不仅事关文旅文创融合战略的实现、文化强省的建设以及让文化产业成为支柱性产业，而且事关乡村振兴战略的落实、美丽乡村的发展和高质量、高水平现代化河南的建设。

一 河南省非遗与乡村旅游融合的现状

近几年，受新冠肺炎疫情对大规模旅游出行空间限制的影响，区域内的乡村旅游已经成为旅游产业的一个重要增长点。其中，在乡村民宿游、节庆民俗游、生态采摘游和康养游等新兴旅游业态的推动下，一些独具特色的非遗项目自然而然地成为乡村旅游的重要项目。但就河南省非遗资源的拥有量、影响力和审美力等来看，其对乡村旅游的贡献值远未达到峰值；就河南省传统古村落的数量、历史文化名镇的美誉度和潜在市场号召力来看，其对区域特色非遗资源的整合利用率不高。换言之，河南省非遗与乡村旅游深度融合、发展的空间很大，并且相关旅游规划已对其进行了关注。

第一，非遗资源的丰富多元为其融入乡村旅游提供了坚实的文化基础。单就国家级非物质文化遗产项目而言，依据国务院发布的《关于公布第五批国家级非物质文化遗产代表性项目名录的通知》，河南省玄奘传说、陕州锣鼓书、宝丰魔术和鲁山花瓷烧制技艺等12个项目入选名录。至此，河南省共有125个国家级非遗代表性项目，且涵盖民间文学，传统音乐，传统舞蹈，传统戏剧，曲艺，传统体育、游艺与杂技，传统美术，传统技艺，传统医药，民俗。其中，以梁祝传说为代表的民间文学项目10项；以唢呐艺术为代表的传统音乐项目13项；以火龙舞为代表的传统舞蹈项目10项；以豫剧为代表的传统戏剧项目29项；以河洛大鼓为代表的曲艺项目5项；以少林功夫和陈氏太极拳为代表的传统体育、游艺与杂技项目10项；以朱仙镇木版年画为代表的传统美术项目14项；以棠溪宝剑锻制技艺为代表的传统技艺项目14项；以四大怀药种植与炮制为代表的传统医药项目6项；以太昊伏羲祭典为代表的民俗项目14项。其中，太极拳在2020年12月成为中国唯一被列入联合国人类非物质文化遗产代表作名录的项目。另外，河南省还有说唱文化（宝丰）生态保护实验区和河洛文化生态保护实验区两个国家级保护试验区。若就河南省省级非遗项目数量来看，更是多达914个。这些非遗项目充分彰显了中原文化的深厚底蕴，且其中富有观赏性、体验性和互动性的项目比例较大，具有与乡村旅游深度融合发展的可能。虽然"非遗+"的旅游开发包括研学、景区、民宿、文创等，但乡村作为众多非遗项目的原生环境，却没有得到重视。

第二，名镇名村为乡村旅游整合非遗资源提供了坚实的物质平台。河南作为文化大省，虽然在历史上饱经战争战乱影响，但仍然保存下来一批历史文化名城、名镇、名村。截至目前，河南省拥有禹州市神垕镇、淅川县荆紫关镇、社旗县赊店镇、开封县朱仙镇、郑州市古荥镇、确山县竹沟镇、郏县冢头镇、遂平县嵖岈山镇、滑县道口镇和光山县白雀园镇10个国家历史文化名镇，以郏县堂街镇临沣寨（村）、郏县李口乡张店村、郏县薛店镇冢王村、郏县薛店镇下宫村和郏县茨芭镇山头赵村等为代表的9个国家历史文化名村。另外，河南省还评选出了41个省级历史文化名镇和37个省级历史文化名村。可见，河南历史文化名村名镇，可谓数量多且类型丰富。它们不仅以物质文化遗产的形式承载言说着历史，而且内在蕴含着丰富的历史故事、艺术内容和生存智慧。2021年12月第五批中国传统村落名录发布，以巩义市大峪沟镇海上桥村为代表的78个河南村落入选，至此，河南共有205个国家级古村落。另外，河南省文化和旅游厅为推动乡村旅游，还评选出了乡村旅游特色村镇，如2022年就认定了138个乡村旅游特色村、50个特色生态旅游示范镇、50个休闲观光园区和10个乡村旅游创客示范基地。在这些名镇名村中，有的本身就拥有非物质文化遗产项目，如神垕镇的钧瓷技艺，朱仙镇的木版年画；有的可以凭借自身的知名度，成为非物质文化遗产的聚集地、展演地和体验地。

第三，战略规划为非遗与乡村旅游深度融合提供了坚实的政策保障。最近几年，河南省高铁与公路得到进一步优化提升，特别是农村和山区交通的完善，为提升乡村旅游水平奠定了坚实的交通基础。更重要的是，2018年1月，《中共中央 国务院关于实施乡村振兴战略的意见》正式发布，其中提出"传承发展提升农村优秀传统文化"，"切实保护好优秀农耕文化遗产，推动优秀农耕文化遗产合理适度利用"，"划定乡村建设的历史文化保护线，保护好文物古迹、传统村落、民族村寨、传统建筑、农业遗迹、灌溉工程遗产。支持农村地区优秀戏曲曲艺、少数民族文化、民间文化等传承发展"，①为非遗与乡村旅游的融合指明了方向、奠定了基础。可以看到，在河南省2021年4月发布的《河南省国民经济和社会发展第十四个五年规划和二〇三五年远景目标纲要》、2021年9月发布的《河南省乡村文化振兴五年行动计划》、2022年1月发布的《河南省"十四五"文化旅游融合发展规划》等重要战略规划中，或从宏观维度强调了乡村旅游文化贡献率提升问题，或从具体维度关涉了非遗与乡村旅游的融合。以《河南省"十四五"文化旅游融合发展规划》为例，其中论及"实施'乡创特派员制度'，引进国内外文旅创意人才深入河南乡村开展乡创实践，培育本地文旅创意人才，助力乡村文旅发展"，"将历史文化名城名镇名村（传统村落）、历史街区、历史建筑、历史地段等遗产地转化为目的地，增强城乡发展活力"，"依托当地戏曲、书法、绘画、非遗等资源，建设乡村文化合作社。推进'艺术乡村'建设，鼓励有条件的地方建设村史馆、非遗传习所、农民文化公园等各类文

---

① 《中共中央 国务院关于实施乡村振兴战略的意见》，中国政府网，2018年2月4日，http://www.gov.cn/zhengce/2018-02/04/content_ 5263807.htm。

化主题空间,推动乡村公共文化设施主客共享",等等。① 简言之,这些规划从人才支撑、政策保障、平台建设和资金引导等多个方面对乡村旅游发掘非遗资源进行了顶层设计。

二 河南省非遗与乡村旅游融合的瓶颈

非物质文化遗产项目的传承、传播、保护和利用不同于其他历史文化资源,必须坚持"保护为主、抢救第一、合理利用、传承发展"的方针原则,与乡村旅游的融合也必须如此。尽管"非遗助力乡村振兴"的提法得到多方支持并在一定程度上付诸落实,但非遗与乡村旅游融合却迟迟难以深化。就客观原因来看,主要在于旅游行业发展受疫情影响整体降速,两者融合的现实推动力不足。但若基于文化与旅游融合的视角来审视,便可看到两者深度融合的瓶颈。

第一,缺乏融合规划。乡村旅游既是乡村振兴战略实施的重要路径,又是乡村文化建设的重要内容。要借助非遗提升乡村旅游的文化竞争力以及依托乡村旅游推动非遗传承,必须制定针对性的规划以支撑融合的关键环节。显然,非遗与乡村旅游融合的规划尚未被高度重视,这首先表现在缺乏评估机制。在名镇名村资源中,需要评估哪些村镇具有文化整合力、带动力、号召力和发展潜力;在非遗项目资源中,需要评估哪些非遗适宜旅游开发且有助提升乡村旅游的观赏性、趣味性和体验性;在非遗与村镇两种资源匹配过程中,则需要评估两者融合的市场效应、文化效应和审美效应。其次缺乏推动机制。鉴于村镇本身在文化属性上具有同质性,乡村旅游主要以民宿、观光、生态等形式展开,趋同化特征十分鲜明。以村镇为平台发掘区域内的非遗资源,正是着眼于乡村旅游的特色化发展。这就需要从非遗项目匹配、文化人才分配、项目资金引导和宣传价值导向等方面加以具体推动。最后缺乏

---

① 《河南省人民政府关于印发河南省"十四五"文化旅游融合发展规划的通知》,河南省人民政府网站,2022年1月13日,https://www.henan.gov.cn/2022/01-13/2382423.html。

评价机制。非遗与乡村旅游的融合式发展，应当是相得益彰的，即非遗依托乡村旅游获得传承发展和创造性转化，乡村旅游凭借非遗提升文化含量、品牌效应，综合起来则是推动乡村振兴、美丽乡村建设。只有坚持融合的多赢标准，才能达成深度融合。

第二，缺乏创意熔铸。非物质文化遗产作为历史文化的活态传承，内在蕴含着传统的自然观念、生存智慧、艺术价值和审美精神等丰富内容。当前非遗与旅游的融合，主要采取展示展览的形式。2022年8月，在由文化和旅游部、山东省人民政府在济南共同主办的第七届中国非物质文化遗产博览会上，河南就有太极拳、光山花鼓戏、仰韶彩陶制作工艺等16个非遗项目和4个非遗美食企业参展，以展示非遗保护成果、展现中原文化魅力；在2022年9月郑州举办的第九届中国博物馆及相关产品与技术博览会上，非遗泥塑项目的传承大师携原生态泥塑和陶瓷泥塑作品参加；而黄河非遗博物馆更是集中展示非遗项目的人文旅游景点。显然，乡村旅游与非遗的融合不能局限于此，而应该通过创意进行文化生态还原，以揭示非遗项目自身承载的艺术内涵和文化精神。如果只是在乡村旅游中品尝非遗项目中的美食，观赏非遗民俗、曲艺、杂技等表演项目，固然可以提升乡村旅游的文化品位，却没有充分发掘非遗项目助力乡村旅游的文化潜能。

第三，缺乏人才培养。目前，河南省拥有国家级非遗代表性传承人127名，省级832名，市级3445名，县级9600名，整体上形成了一个非遗传承人队伍。在乡村旅游与非遗的融合发展方面，为落实"乡创特派员制度"，河南省在2022年7月实施了"文化产业特派员制度"。首批选取济源示范区、修武县、光山县和栾川县的20个乡创特色村让其作为试点，并遴选一些艺术家、设计师、创业者和社会工作者等作为乡村文化产业的"首席运营官"，负责引导支持乡村文化产业发展。这在一定程度上将有效解决乡村旅游、乡村文化产业专业人才匮乏的问题。但从非遗与乡村旅游的融合发展来看：非遗传承人若具体到每个项目本身，便出现了多寡不均的现象，甚至有些非遗项目面临失传的风险，即使适宜于产业化开发的非遗项目也存在储备人才不足的现象。同时，能够运用文化创意进行非遗项目产业化开发的人才,能够结合乡村旅游进行非遗项目表演、展示和教学的人才,能够依托非遗项目并结合现代审美需求进行创新性转化发展的人才等,更是严重不足。着眼于乡村振兴、乡村文化建设有针对性地培养乡村文化人才、非遗人才,已经成为亟待破解的难题。

第四,缺乏资金扶持。非遗与乡村旅游的深度融合,是一项长远的系统工程,并不是一个在短时期之内便能见效的旅游项目,这注定要求建构长效投资机制。尽管《河南省"十四五"文化旅游融合发展规划》中提出要统筹省级专项资金,对A级乡村旅游示范村进行整村项目包装,推出乡村旅游重大项目等,但在投资规模、资助额度和支持时限等方面并未作出明确规定。显而易见的是,仅仅依靠省级财政资金支持和地方财政专项资金扶持,根本难以满足非遗与乡村旅游的融合要求。但在乡村旅游成为旅游增长热点前,又难以吸引民间资本、金融资本、风险基金等。因此,如何利用有限的财政资金、最大限度发挥有限财政资金的作用,成为难点所在。加之河南非遗资源和名镇名村、特色乡村资源都十分丰富,更加需要建构一个尊重市场规律、文化规律和审美规律的综合评价体系,方能通过资金来源、项目内容、市场前景等指标进行科学评估,进而引导有限的资金投入最适宜于开发且开发效果显著的乡村旅游项目。

三 河南省非遗与乡村旅游融合的推动路径

当前,在乡村振兴战略的推动下,河南省乡村旅游最为基本的交通基础设施已经较为完善;在民宿游、康养游、休闲游等新兴旅游业态的推动下,河南省乡村旅游所必备的住宿与饮食条件已经大为改观;在文化与旅游融合战略的推动下,河南省村史馆、民俗馆、独具特色的小型农业博物馆等硬件设施和乡村文化队伍建设也正在得到改善。这在整体上为河南省非物质文化遗产与乡村旅游的深度融合发展,奠定了坚实的物质基础。同时,受新冠肺炎疫情影响,近距离空间内的乡村旅游获得了发展机遇,加上"旅游+生态+休闲+体验+文化"等高品质、综合性旅游模式方兴未艾,也为乡村旅游借助非遗项目融入文化旅游产业快车道提供了机遇。基于此，河南省要在实施"文旅文创融合战略"背景下推动非遗与乡村旅游的深度融合，除做好顶层规划、完善人才队伍、构建资金投入体系和搭建宣传平台等之外，还必须充分发挥文化创意的作用。

第一，基于资源的地域性，依托文化创意推动非遗与乡村旅游特色融合。无论是非遗项目还是古村落、名镇名村，虽然宽泛地看在文化根底上具有共通性、相似性，但在内容、形式和表达技巧等方面则具有鲜明的地域文化特征。如果要避免乡村旅游"千村一面"现象的出现，便要在非遗和村落融合过程中注重地域性差异，以此凸显乡村旅游的千姿百态。以洛阳为例，拥有河图洛书、玄奘传说、河洛大鼓、洛阳宫灯、唐三彩烧制技艺、真不同洛阳水席制作技艺、平乐郭氏正骨法、关公信俗（洛阳关林）和洛阳牡丹花会9个国家级非物质文化遗产代表性项目，洛阳海神乐、杜康酿酒工艺等60多个省级非遗代表性项目以及将近1000个市县级项目；在传承人方面则有国家级7人、省级67人、市县级600多人；还拥有以杜康村为代表的25个国家级古村落。显然，洛阳所拥有的非遗项目展现出了河洛文化、古都文化、信俗文化等鲜明的地域特征。若依托洛阳的古村落，诉诸文化创意来发掘非遗项目的文化潜能，必然会形成独具特色的洛阳乡村旅游。如依托洛阳市汝阳县蔡店乡杜康村，结合杜康酿酒工艺和杜康有关史料，可以讲好酒文化故事，甚至可以融入其他特色非遗项目，从而赋予杜康村以特有的"杜康"乡村旅游品牌。如果河南省各个地市都能将所拥有的非遗项目与名镇、名村、古村落结合起来，借助文化创意发掘特色地域文化，乡村旅游同质性、趋同性的困难必将迎刃而解。

第二，基于内容的历史性，依托文化创意推动非遗与乡村旅游人文融合。不仅非物质文化遗产项目具有丰富的历史故事，名镇、名村、古村落也关联着历史人物、历史事件。在非遗与乡村旅游融合过程中，借助专家、学者的研究成果，诉诸文化创意综合发掘非遗和村镇村落背后潜藏的故事，必将深化乡村旅游的文化内涵。以国家历史文化名镇安阳滑县道口镇为例，作为隋唐大运河永济渠段的重要地段，不仅拥有大王庙、顺河街、同和裕老票号等古建筑，而且拥有全国知名的"道口烧鸡义兴张"品牌，并已经成为4A级旅游景区。在非物质文化遗产方面，滑县不仅拥有大弦戏、二夹弦、滑县木版年画三项国家级非物质文化遗产代表性项目，而且有秦氏绢艺、罗卷戏等省市级非遗项目，还建有大运河非遗博物馆。如果能够运用文化创意，将大运河文化、与道口镇相关的历史人物、非物质文化遗产项目的传承等有机结合起来，从水文化、民俗艺术、手工技艺等多个角度发掘其艺术内涵、审美追求、生存观念等人文历史内容，将会进一步提升道口镇的旅游品质，同时反向推动非遗项目的传承。可以说，借助文化创意，以名镇、名村、古村落为切入点，融入非遗项目，将有效带动乡村旅游从生态休闲、生态采摘、农业景观观光等向内涵丰富的历史人文发展，从而促使"非遗助推乡村振兴"落到实处。

第三，基于旅游的体验性，依托文化创意推动非遗与乡村旅游潮流融合。当前的"非遗+"旅游和乡村旅游，主要以"可看"的模式展开。但无论是民宿游、康养游、研学游还是亲子游、家庭游等新兴旅游形式，"吃"与"看"都已经成为基本要求，而身体康养、精神休闲和审美满足则成为重点需求。就乡村旅游而言，其仅仅局限在采摘、观光、游览等"可看"的层面，注定难以获得跨越式发展。要打破这一行业"天花板"，可以借助文化创意发掘具有特色的非遗项目资源，提升乡村旅游以身体去"感受"的体验性，即向"可体""可居""可想"的身心审美层面转向。特别是在城市生活身心压力倍增的状况下，乡村审美已经成为城市审美不可或缺的互补性构成，成为人们精神放松的安顿之所、栖居之地。《河南省"十四五"文化旅游融合发展规划》中就明确提出打造"人文旅居乡村"："以太行山、伏牛山、大别山为重点区域，按照文化引领、艺术点亮、美学提升、消费驱动的原则，加快布局精品民宿、乡村酒店、艺术聚落等人文体验空间，打造一批彰显中原文化底蕴、承载现代生活方式的乡村旅居目的地，助推乡村振兴。"[①] 显

[①] 《河南省人民政府关于印发河南省"十四五"文化旅游融合发展规划的通知》，河南省人民政府网站，2022年1月13日，https：//www.henan.gov.cn/2022/01-13/2382423.html。

然，通过文化创意发掘非遗项目的文化内涵和审美精神，从身体感受和精神感受两个维度提升旅游体验性，是打造人文旅居乡村、提升乡村旅游水平的必由路径之一。以焦作修武县的乡村民宿旅游为例，其凭借山清水秀的生态环境推动了乡村旅游的发展，但若能够充分利用修武县西村乡东交口村、长岭村、平顶爻村和双庙村以及岸上乡一斗水村和东岭后村6个古村落的中药炮制技术（四大怀药种植与炮制）、太极拳、传统舞蹈耍老虎、当阳峪绞胎瓷烧制技艺、苏家作龙凤灯舞等国家级非遗项目和省市级非遗项目，使山水与人文有机交融，将会有力推动生态体验、康养体验、人文体验等，综合助力乡村旅游的转型升级。

参考文献

［1］《中共中央　国务院关于实施乡村振兴战略的意见》，中国政府网，2018年2月4日，http：//www.gov.cn/zhengce/2018-02/04/content_ 5263807.htm。

［2］《河南省人民政府关于印发河南省"十四五"文化旅游融合发展规划的通知》，河南省人民政府网站，2022年1月13日，https：//www.henan.gov.cn/2022/01-13/2382423.html。

案例报告
Case Reports

B.8 "行走河南·读懂中国"品牌塑造的思路及举措研究

杨奕 司志晓*

摘 要： 河南省委提出要全力塑造"行走河南·读懂中国"品牌，充分展示河南历史文化底蕴和深厚内涵，着力讲好"河南里的中国故事"，在行走河南中触摸历史、感知文明、滋养精神、读懂中国。为持续增强"行走河南·读懂中国"品牌影响力，本文研究了"行走河南·读懂中国"品牌建设的总体思路，提出了建立资源保护利用新机制、打造文化展示体验新空间等系列举措。

关键词： "行走河南·读懂中国" 文化展示体验新空间 国际研学旅游

---

* 杨奕，河南省文化和旅游厅文旅文创专班成员；司志晓，河南省文物局资源开发处副处长、河南省文化和旅游厅文旅文创专班成员。

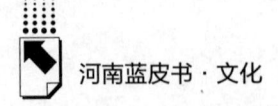

为深入贯彻落实党中央、国务院推动文化旅游融合发展的决策部署，河南厚植历史文化资源优势，实施文旅文创融合战略。系统谋划、持续推进"行走河南·读懂中国"品牌塑造，以品牌为统领构建品牌形象推广新格局，是推进文旅文创融合战略的重中之重，要从加强文明互鉴、坚定文化自信、坚持以文化人的高度出发，树牢"内容为本、场景至上、项目为王、创新创意"导向，从资源保护利用、空间展示体验、内容创作生产、国际研学旅游、形象宣传推广等多层次、多角度构建文旅融合业态新谱系，持续激发品牌活力，不断扩大品牌影响力。

一 塑造"行走河南·读懂中国"品牌的战略背景

我国已迈向全面建设社会主义现代化国家新征程，经济高质量发展、人民高品质生活都对品牌建设提出了新要求。品牌是高质量发展的重要象征，加强品牌建设是满足人民美好生活需要的重要途径。区域品牌形象体现了一个地方的总体风格和特征，是由历史传统、文化积淀、经济支柱等要素凝聚而成的区域灵魂。实践证明，打造具有浓郁地方特色的区域品牌形象，是提升区域认知度和区域竞争力的关键，不仅能够提高区域规模经济效益，给区域内企业和产业带来溢价，还能够提升区域文化自信。文化旅游是典型的形象产业、眼球经济、创意经济，从品质到品位，从品位到品牌，是文旅发展必由之路。"好客山东""七彩云南""诗画浙江"等凝练精当、特色鲜明的品牌，凸显了当地文化的核心价值和内在活力，在推动旅游宣传推介、获取竞争优势和发展先机等方面起到了巨大的作用。

着力培育具有国际影响力的"行走河南·读懂中国"品牌，加快建设中华文明连绵不断的探源地、实证地和体验地，是实现中华优秀传统文化创造性转化和创新性发展、提升文化自信的重要基石，也是河南在新发展格局中进入中高端、关键环的重要载体。文旅文创融合战略实施一年来，河南省聚焦塑造"行走河南·读懂中国"品牌，坚持创意驱动、美学引领、艺术点亮、科技赋能，整合央视、新华社等各大媒体，通过各种活动，使"行走河南·读懂中国"品牌"热起来"。举办"行走河南·读懂中国"元宇宙创造者大赛，实施"行走河南·读懂中国"百大标识数字化展示工程，让"行走河南·读懂中国"品牌"立起来"。"行走河南·读懂中国"品牌效应不断彰显。

二 "行走河南·读懂中国"品牌塑造的总体思路

立足河南作为华夏文明主根、国家历史主脉、中华民族之魂的重要地位，围绕中华文化传承创新中心、世界文化旅游胜地两大战略定位，坚持以文化人、坚定文化自信，以保护传承弘扬黄河文化为主线，以黄河国家文化公园为主阵地，面向国际国内两个市场，坚持供给需求两端发力，以价值为导向建立资源保护利用新机制，以场景为核心打造文化展示体验新空间，以创意为手段建立内容创作生产新体系，以课程为引领打造国际研学旅游目的地，以品牌为统领构建品牌形象推广新格局，建设中华文明连绵不断的探源地、实证地和体验地。

第一，坚持内容为本，需求导向。围绕中华文明演进史、中华文明创造史、中华民族成长史、文明交流互鉴史，系统梳理中原大地上具有重大价值、突出影响、关键意义的文物和文化资源，研究阐释其所蕴含的中国价值、中国精神、中国力量，创作适应国际化语境、互联网思维、年轻化消费的文化旅游作品。

第二，坚持场景至上，消费引领。将场景打造作为历史文化资源活化和文化旅游消费升级的关键环节，聚焦考古遗址公园、博物馆、旅游景区、线上空间等消费场景，将其打造为具象化、可感知的"行走河南·读懂中国"展示体验空间，面向消费端推出更多感悟中华文明、认知中华民族的沉浸式体验新场景，引领消费型社会发展。

第三，坚持项目为王，点上突破。坚持串点成线、以线带点，坚持盘活存量、做优增量，遴选一批主题文化线路上的关键节点和重大标识，以市县为主体，引入优质团队开展规划设计和投资运营，工程化推进、项目化运作,尽快推出一批示范引领性项目,打造"行走河南·读懂中国"系列文化旅游目的地,使其形成可复制可推广的经验模式。

第四,坚持创意创新,共建共享。适应网络化生存、圈层化社交、平台化运营等传播新趋势,利用大数据、新媒体等手段进行个性化精准营销。整合电视、报刊、网信、外宣、商务、民航、高铁等多种渠道,构建覆盖广泛的"行走河南·读懂中国"融媒体推广新体系,构造各级各部门及社会各界共同参与、共同受益、共建共享的品牌建设大格局。

三 "行走河南·读懂中国"品牌塑造的关键举措

第一,建立资源保护利用新机制。一是实施文化和旅游资源"入库"计划。适应文旅融合发展新要求,研究制定《河南省文化和旅游资源分类、调查与评价》。运用遥感技术(RS)、地理信息系统(GIS)、全球定位系统(GPS)、大数据等科技手段开展全省文化和旅游资源普查。建立包括但不限于工艺美术、农业文化遗产、工业遗产、水利遗产、历史文化名城名镇名村(传统村落)、历史街区、历史建筑、历史地段、地名文化遗产等在内的文化和旅游资源大数据库。将文化和旅游资源空间信息纳入国土空间基础信息平台,优先保障纳入"行走河南·读懂中国"的重大文化和旅游资源保护利用项目的合理用地需求。二是实施文物和文化资源"点亮"计划。全力推进河南省文物考古研究院重塑性改革,建设国内领先、国际一流的考古研究机构,重点建设省文物考古研究院新院及鹤壁、周口、信阳、三门峡、郑州(新郑)等考古科研基地,加快组建"中原考古实验室"。提升郑州大学、河南大学等高校的考古学科实力,做强夏文化研究中心、黄河文化研究院、龙门石窟研究院等,组建高规格的殷墟、二里头、汉魏洛阳城等研究机构。对夏文化研究、中原地区文明化进程研究等"考古中国"重大课题集中攻关,研究阐释巩义双槐树、灵宝铸鼎塬、偃师二里头、安阳殷墟、汉魏洛阳城等大遗址的价值意义,集中打造中华文化重大标识。各级博物馆、图书馆、文化馆、文保单位、非遗保护机构等要结合实际开设"行走河南·

读懂中国"公益讲堂。三是实施"行走河南·读懂中国"文化线路工程。重点推出人类起源、文明起源、国家起源、王朝历史、逐鹿中原、追寻先贤、姓氏寻根、元典思想、治黄史诗、科技发明、四大古都、中国功夫等"行走河南·读懂中国"主题文化线路，所有纳入文化线路的文化和文物资源实行清单管理、挂牌保护。设计推出"行走河南·读懂中国"形象标识体系（含标识、解说牌、导览系统等），按照"省级统筹、市县落实"原则，在重大文物和文化资源、重要交通节点等应用场景广泛推广，提高品牌整体性和形象辨识度。选择仰韶村、庙底沟、双槐树、大河村、二里头、殷墟、汉魏洛阳城、隋唐洛阳城、龙门石窟、北宋东京城、宋陵、嘉应观等重大遗址和黄帝、老子、竹林七贤、武则天、玄奘、杜甫、甲骨文、钧汝瓷、《诗经》、中医药、二十四节气、少林拳、太极拳、中国节日等文化符号先行先试，重塑性改革、颠覆式创意、数字化表达、项目化推进，通过点上突破带动文化线路整体水平提升。

第二，打造文化展示体验新空间。一是实施博物馆"激活"计划。建设河南博物院新院、黄河国家博物馆、仰韶文化博物馆等，整合郑州博物馆、郑州商都遗址博物院等，打造国际知名的大都市博物馆群落。升级洛阳博物馆、二里头夏都遗址博物馆等，建设汉魏洛阳城遗址博物馆等，支持洛阳打造"东方博物馆之都"。探索实施"策展人"制度，提升河南博物院、开封市博物馆、安阳博物馆、南阳市博物馆等综合博物馆和中国文字博物馆等专题博物馆展陈水平。选择河南博物院等重点博物馆示范应用5G、3D、VR/AR/MR等新技术，提升其数字化、沉浸式体验水平。开展"博物馆奇妙夜"试点，延长基本展陈开放时间，在重要时间节点、法定节日增加夜间展览场次，列支专项资金补贴其管理运营费用。激活博物馆特展、临展、主题展等空间，举办文艺表演、科普讲座、主题市集等活动。推动博物馆展览进入地铁、机场等公共空间。二是实施考古遗址公园"融景"计划。选择庙底沟、仰韶村、二里头、殷墟、隋唐洛阳城、汉魏洛阳故城、郑韩故城等国家考古遗址公园进行大遗址利用示范，完善景观生态、考古体验、文化演艺、游憩服务等多种功能，创建一批4A级以上旅游景区。实施龙门石窟、殷墟、隋唐洛阳城、北宋东京城等大遗址数字化升级改造工程，建成具有示范引领作用的"数字考古遗址公园"。三是实施旅游景区"彰文"计划。对于旅游景区及周边涉及"行走河南·读懂中国"的重大文物和文化资源，景区主管部门要切实承担保护利用和宣传推广职能。制定旅游景区文化旅游融合指数测评体系，将文化旅游融合测评结果作为旅游景区质量等级划分与评定的重要依据。支持旅游景区（度假区）对区域内的文物古建、历史事件、历史人物等进行景观游憩设计和产品业态开发，推动文艺精品、非物质文化遗产等进景区（度假区），推动龙门石窟、少林寺、清明上河园、云台山、老君山、芒砀山、鸡公山、黄河小浪底等建成富有文化底蕴的世界级旅游景区（度假区）。重点推动5A级旅游景区和国家级旅游度假区加快数字化建设，积极发展沉浸式体验、高清直播等新型文旅业态。

第三，建立内容创作生产新体系。一是实施中华文化IP孵化工程。以"行走河南·读懂中国"为主题，加快构建中华文化IP矩阵。聚焦"老家河南"、天下黄河、华夏古都、中国功夫等全球著名文化IP，做好国际化阐释和时尚化表达。重点打造仰韶文化、甲骨文、二里头夏文化、隋唐洛阳城、大宋文化、道家思想、二十四节气、唐诗宋词等国际知名文化IP，提高其国际知名度和影响力。同步打造嵩山、大运河、长城、长征、丝绸之路、中医药、华夏礼乐、豫剧、古代科技、古庙会等全国一流文化IP，推动其"出圈出彩"。通过书籍、影视、动漫、舞台剧、数字艺术等多种形式，传达中华文化IP所代表的中华民族独特的文明成就、哲学思想、价值观念、制度体系、美学精神等。通过IP授权形式与国内外优质团队开展合作运营。二是实施"行走河南·读懂中国"文化焕新工程。与知名专家、知识博主等签约合作，编纂出版古籍、考古、历史、地理、旅游、文学、摄影、绘本、漫画等"行走河南·读懂中国"系列丛书。围绕"行走河南·读懂中国"涉及的历史事件、历史人物、二十四节气、中医药、宋文化等打造国潮国风系列节目。研究出台支持国内外优秀影视剧组来豫取景拍摄的优惠政策，将河南省重大文物和文化资源植入影视剧。围绕中华文化IP，推出《大河安澜》《黄河故事》等豫剧精品名作，扶持一批音乐、话剧、脱口秀等声频节目。鼓励各地与头部网络平台合作，围绕中华姓氏、文字诗词、治黄史诗、古代科技等主题文化线路，创作一批网络纪录片、网络综艺、网络剧等新媒体作品。三是实施"老家河南"新文创计划。组建河南省工美产业联盟，研究制定全省工艺美术产业发展规划。培养一批工艺美术大师、非物质文化遗产传承人，扶持一批工艺美术企业，形成千亿级工艺美术产业。推出陶瓷、玉雕、汴绣"中原三宝"，打响豫剧、豫菜、豫酒、豫茶等豫字品牌。办好全球文旅创作者大会、"老家河南·黄河之礼"国际文旅创意设计季、"创意河南"主题作品艺术设计大赛等活动。策划举办"行走河南·读懂中国"文旅文创设计大赛、中原艺术节、郑州设计节等活动，加快建设"设计河南"。支持郑州、洛阳、开封、南阳等规划建设世界级文创园区、都市文博区及国际艺术社区，创建全球创意城市。推行"文化产业特派员"制度，总结、复制、推广济源、修武、光山、栾川等地的"乡创实践"经验，推动文化下乡、资本下乡、产业下乡。做大做强豫博文创、唐宫文创、豫游纪、"洛阳礼物"等本土文创品牌。

　　第四，打造国际研学旅游目的地。一是实施"行走河南·读懂中国"研学旅游基地（营地）建设工程。聚焦一条线（黄河），突破两座城（洛阳、开封），点亮几颗星（林州、鹿邑、灵宝、新郑、新县等）。重点打造三门峡仰韶文化、洛阳"五都荟洛"、郑州大嵩山、开封北宋东京城、安阳殷墟5大研学旅游目的地，布局建设一批主题突出、功能完善的全国研学旅游基地（营地）。在郑州、开封、洛阳、安阳、三门峡等地率先改造或新建一批接待规模超过2000人的枢纽型基地（营地）、接待规模1000~1500人的生活型基地（营地）、接待规模500~1500人的专题性基地（营地）。研究出台支持研学旅游营地（基地）建设的优惠政策。二是实施"行走河南·读懂中国"精品研学课程计划。选择庙底沟、仰韶村、汉魏洛阳故城、二里头、郑州商城、大河村、殷墟等国家考古遗址公园（含博物馆），河南博物院、郑州博物馆、洛阳博物馆、开封市博物馆等国家一级博物馆，以及隋唐洛阳城"七天"建筑群、龙门石窟、登封"天地之中"历史建筑群、郑韩故城、开封城墙、州桥及汴河遗址、龙亭等历史文化遗产，由相关省辖市人民政府采取公开招标形式委托一流科研院所或研学旅行机构为其量身定制研学课程，打造"行走河南·读懂中国"研学旅行样板课程。出台河南省研学旅行课程评价和扶持办法，对被确定为"行走河南·读懂中国"研学旅行样板课程的予以资金奖补和重点推荐。三是实施研学旅游"保驾护航"计划。支持郑州大学、河南大学等高等院校开设研学旅游专业（或研究方向）。将研学导师纳入高级导游人员和特种教师资格认证体系，由省级文化和旅游、教育行政部门联合制定出台职业标准并开展资格认证。建立健全研学导师等级晋升制度和资格退出机制。支持河南博物院、河南省文物考古研究院等建立"行走河南·读懂中国"研学导师培训基地。建立特种研学导师制度，鼓励文物考古专家、离退休文化工作者等提供研学旅游专业讲解服务。将"行走河南·读懂中国"研学旅行纳入中小学教育教学计划，与学校综合考评体系、教师工作考核机制等挂钩。规范中小学综合实践经费管理，确保足额用于研学旅行。成立河南省研学旅游协会，制定研学旅游基地（营地）、课程、服务等质量等级标准并组织认定。

第五，构建品牌形象推广新格局。一是实施"行走河南·读懂中国"整体推广计划。将"行走河南·读懂中国"作为全省对外宣传的整体品牌，在外事、经贸、文化、旅游、体育等活动中统一推广，在央视、新华社、《人民日报》等主流媒体和航空、高铁、高速公路等媒介平台集中投放。鼓励各地各部门围绕"行走河南·读懂中国"灵活设置主题，拍摄高质量的电视纪录片、旅游宣传片、城市宣传片、公益宣传广告等。与今日头条、快手、B站、小红书等新媒体开展"行走河南·读懂中国"品牌推广合作，支持一批网红达人、关键意见领袖（KOL）等，扶持一批本土文旅代言人，引导公众制作发布海量相关"内容+短视频"。依托郑州都市圈和洛阳、南阳副中心城市，加强区域文化旅游协作，联合推出"行走河南·读懂中国"文旅消费券、旅游年卡、门票减免等优惠措施。依托各级各类博物馆、图书馆、美术馆、剧院、艺术中心、非遗中心等公共文化机构，开展"行走河南·读懂中国"文艺创作、展览展演等活动。二是实施"行走河南·读懂中国"节事推广计划。围绕"行走河南·读懂中国"品牌形象，筹办世界大河文明论坛,提升国际旅游城市市长论坛、世界古都论坛规格及影响力,重点办好三门峡黄河文化旅游节、中国(郑州)黄河文化月、黄河国际论坛、黄河文化论坛、老子文化论坛等活动。提升黄帝故里拜祖大典、中国(郑州)国际少林武术节、中国(开封)菊花文化节、中国(开封)清明文化节、中国(洛阳)牡丹文化节、洛阳河洛文化旅游节、中国(焦作)国际太极拳交流大赛、中国(安阳)国际汉字大会、中国诗歌节、中国杂技艺术节、中国(鹤壁)民俗文化节等品牌影响力。三是实施"行走河南·读懂中国"境外推广计划。以日本、韩国、新加坡、澳大利亚、英国、法国、德国、美国、加拿大、俄罗斯等海外国家的中高端人士和新时代年轻人为目标客群,以"行走河南·读懂中国"为形象主题,利用国际外文主流媒体、海外华文媒体和 Meta、Twitter、Instagram、TikTok 等网络新媒体,实施精准化营销推广。采用"线上+线下"形式,面向海外国家和地区策划推出"行走河南·读懂中国"文物展、书画展、功夫表演等。与北京、上海、西安等入境旅游城市建立协同机制,联合设立海外旅游推广中心,共推"行走河南·读懂中国"跨省域文化旅游线路。积极推动阿根廷、柬埔寨等在郑州设立领事馆。邀请驻华外国机构人员和留学生担任"行走河南·读懂中国"品牌体验官。积极争取外国人 144 小时过境免签、机场购物免退税等政策落地,推动卢森堡在郑州设立签证中心。开辟更多至东盟、日韩、北美、中亚、西亚等海外地区的国际航线,加快构建东北亚、东南亚"4 小时航空交通旅游圈"和全球主要城市"12 小时航空交通圈"。引入西南航空、瑞安航空、亚航等低成本航空公司。探索开辟洛阳国际航线。制作"行走河南·读懂中国"(英文版)文化旅游宣传片和系列专题片。持续实施"翻译河南"工程,推出"中华源·河南故事"外文系列丛书。积极应对新冠肺炎疫情影响,稳定外语导游等国际化人才队伍,为行业恢复发展蓄力储能。

B.9 "行走河南·读懂中国"主题线路研究报告

河南省文化和旅游厅文旅文创专班*

摘　要： 塑造"行走河南·读懂中国"品牌，是实施文旅文创融合战略的重要内容。本文系统梳理了中原大地上具有重大价值、突出影响、关键意义的文化资源，初步提出了人类起源之旅、文明起源之旅、国家起源之旅、王朝历史之旅、逐鹿中原之旅、先贤追寻之旅、姓氏寻根之旅、元典思想之旅、治黄史诗之旅、科技发明之旅、文字诗词之旅、文明互鉴之旅、四大古都之旅、中国功夫之旅14条主题线路，以期助力"行走河南·读懂中国"品牌的塑造。

关键词： "行走河南·读懂中国"　主题线路　文旅文创

为实施文旅文创融合战略，全力塑造全域旅游品牌形象，立足河南作为华夏文明主根、国家历史主脉、中华民族之魂的战略地位，本文系统梳理了具有重大价值、突出影响、关键意义的文化资源，初步归纳提炼"行走河南·读懂中国"的主题线路。

第一，人类起源之旅：证实东亚人类连续演化进程。河南自然禀赋优越，地形地貌多样，自远古就是古人类繁衍生息的宝地，境内发现多处古人

---

* 河南省文化和旅游厅文旅文创专班成员：张飞、楚小龙、司志晓、杨奕、谢顺、王超。执笔人：楚小龙，河南省文化和旅游厅文旅文创专班处长；张飞，河南省文化和旅游厅资源开发处副处长、文旅文创专班成员。

类化石和旧石器遗址。从直立人时期的"栾川人"孙家洞遗址（距今约70万年）、南召杏花山猿人遗址（距今约50万年）等，到智人向现代人演化时期的灵井"许昌人"遗址（距今约10万~12万年）、洛阳北窑旧石器遗址（距今约3万~10万年）等，再到现代人阶段的郑州老奶奶庙遗址（距今约3万~5万年）、鲁山仙人洞遗址（距今约3.2万年）、安阳小南海遗址（距今约1.5万~2.5万年），较为系统地展现了中原地区在中国乃至东亚地区现代人起源与发展中的重要地位，证实东亚人类"连续进化附带杂交"理论。

第二，文明起源之旅：仰望中华文明的第一缕曙光。河南是中国第一支考古学文化——仰韶文化的首次发现地和命名地，中国现代考古学从仰韶村遗址的发掘起步。仰韶文化主要集中在距今约5000~7000年，前后持续了大约2000年，是中国分布地域最广的史前文化，遗址数量众多，仅河南就有3000余处。从灵宝铸鼎塬上的北阳平遗址、西坡遗址群、黄帝陵遗址、轩辕台遗址等出发，探秘众多的仰韶文化遗址、丰富的黄帝传说与中华人文始祖黄帝的密切关系；游历仰韶村国家考古遗址公园、庙底沟考古遗址公园，欣赏"华夏之花"仰韶彩陶之美，感受庙底沟时期彩陶掀起的"史前中国艺术浪潮"；从洛河上游的宜阳苏阳遗址到河洛汇流处的巩义双槐树遗址，辅以郑州的西山古城、大河村遗址、青台遗址、汪沟遗址等，探源拥有多重环壕特大聚落、原始宫殿、养蚕缫丝、天文星相等文明要素的"河洛古国"；到以濮阳西水坡遗址、南乐史官遗址（仓颉陵）为代表的"中华第一龙"的故乡，寻踪仰韶时代最神秘的蚌塑龙虎图蕴涵的精神信仰。在遍访处于中华文明孕育萌生关键时期的河南仰韶"文化圈"后，就逐渐读懂了"文化意义上的早期中国"。

第三，国家起源之旅：见证中华文明的形成和发端。公元前2000年前后，出现中国历史上第一个王朝夏王朝。探寻新密古城寨遗址、郾城郝家台遗址、淮阳平粮台遗址、淮阳时庄遗址、登封王城岗遗址、禹州瓦店遗址、新密新砦遗址、焦作西金城遗址、辉县孟庄遗址、濮阳戚城遗址等11座夏朝早期的古城址，领略高耸的城墙、宽深的城壕、方正对称的宫殿、祭祀礼仪、国家仓城等突出成就,感受二里头王国前夜以中原为中心的历史发展趋势。参观二里头夏都遗址博物馆,读懂最早的中国,以偃师二里头遗址为代表的华夏第一王都在洛阳盆地兴起后,以巩义稍柴遗址、郑州大师姑二里头文化城址、新郑望京楼二里头文化城址、平顶山蒲城店二里头文化城址、方城八里桥遗址、济源原城遗址等等为代表二里头"卫星"城市拱卫四周,构建起二里头广域王权国家的交通网络和政治结构,共同铸就二里头文化作为中华文明总进程核心与引领者的历史地位。

第四,王朝历史之旅:触摸中华文明演进的主根脉。中国有5000年文明史,河南作为政治经济中心长达3000年。夏王朝被商人灭亡之际,距离都邑二里头约6公里处的偃师商城(偃师商城博物馆)和约100公里外的郑州商城(商都遗址博物院)几乎同时拔地而起,见证了中国历史上"夏商更替"的重大社会变革;商王迁都频繁,到郑州小双桥遗址探研"隞"都,到安阳洹北商城寻找"相"都,到洹水南岸的小屯寻找商王盘庚最后迁徙的"殷"都(殷墟遗址),观看中国目前最早的成熟文字甲骨文(中国文字博物馆),惊叹青铜器铸造的精致和玉器的华美(安阳博物馆、殷墟遗址博物馆),感受商王宫殿的宏阔和陵墓的深邃(小屯宫殿宗庙遗址、侯家庄商代王陵)。周灭商,纣王自焚于朝歌鹿台(淇县朝歌公园、鹿台遗址),周公东征,中原地区彻底纳入西周的统治版图。西周王朝一方面由"周公卜洛"营建东都洛邑(洛阳北窑西周墓、洛阳林校西周祭祀遗址),另一方面为巩固对中原地区的统治,将河南先后分封给宋国(商丘宋国故城遗址)、应国(平顶山应国墓地)、蔡国(上蔡蔡国故城)、卫国(鹤壁辛村遗址、濮阳高城遗址)、郑国(郑韩故城、郑王陵博物馆)、虢国(三门峡虢国博物馆、李家窑遗址)等多个诸侯国,拱卫藩屏西周王室。周平王东迁后,洛阳正式成为周王朝的统治中心(东周王城、天子驾六博物馆、王城公园),韩、赵、魏、楚等周边诸侯国(郑韩故城、宜阳韩都故城、辉县赵固墓地、琉璃阁墓地、苑陵故城、信阳城阳城)相继争霸、问鼎中原,中原地区政治格局又开始新一轮洗牌。秦末楚汉相争,对峙荥阳鸿沟(汉霸二王城遗址)。西汉时期,河南以境内众多冶铁遗址(荥阳故城、古荥冶铁遗址博物馆、南阳瓦房庄冶铁遗址、泌阳下河湾冶铁遗址群）等支撑汉帝国崛起，刘姓的梁国分封在此（永城芒砀山汉梁王墓群）。东汉定都洛阳，曹魏、西晋、北魏相继沿袭，留下了汉魏洛阳故城遗址（白马寺、永宁寺遗址、太极殿遗址、辟雍碑、灵台等主要建筑）和邙山陵墓群（东汉帝陵、曹魏帝陵、西晋帝陵、北魏帝陵）。隋统一全国后，在修建大运河的同时，规划修建洛阳为东都，唐代武则天时期继续营建，留下了今天47平方公里的隋唐洛阳城遗址（定鼎门、应天门、天堂、明堂等构成"七天"中轴线、九州池、东方博物馆之都研学营地）。陈桥兵变结束了纷乱割据的五代（封丘陈桥驿、后周皇陵），北宋王朝定都开封（北宋东京城遗址、州桥遗址、顺天门遗址博物馆、繁塔、铁塔），皇陵则安葬在今天的巩义（巩义宋陵）。游历河南自夏商至北宋以来古都胜迹、帝王陵寝，就读懂了中国王朝历史的主脉，会深刻感受到在中华文明多元一体的演进过程中河南作为大熔炉、主舞台的历史主场地位。

第五，逐鹿中原之旅：见证中华文明演进的重大事件。国之大事，在祀与戎。位居天下之中的枢纽位置，决定了河南历来是中国历史上著名战争和重大战役主舞台。公元前1046年，周人发动牧野之战（今新乡）一举灭商。东周王室日渐衰微，诸侯先是相继争霸，继而开始灭国。繻葛之战（公元前707年，今长葛）、泓水之战（公元前638年，今柘城）、城濮之战（公元前632年，今范县）、鄢陵之战（公元前575年，今鄢陵县）、桂陵之战（公元前353年，今长垣至菏泽间）、马陵之战（公元前341年，今范县至大名一带）、伊阙之战（公元前293年，今洛阳龙门）等著名战役相继发生，至函谷关之战（公元前241年，灵宝函谷关）楚、赵、韩、魏、燕五国联军攻秦失败，从此秦国结束逐鹿中原、统一全国的历史趋势不可阻挡。秦末楚汉争霸中鸿沟对峙（今荥阳广武山鸿沟，楚河汉界），23年，刘秀在昆阳之战（今叶县）以少胜多，为推翻新莽政权建立东汉王朝奠定了基础。200年，曹操在官渡之战（今中牟东北）以少胜多战胜袁绍，为统一中国北方打下基础。北魏分裂成东魏、西魏后，双方于543年发动邙山之战（洛阳邙山），客观上加速了北方统一。621年，李世民率军在虎牢关附近打败窦建德，达到了围城打援、逼迫王世充投降的战略目的，基本实现了李唐王朝统一大业。唐末安史之乱第二年，即756年，张巡带领约7000名士兵抵御约18万名叛军，坚守睢阳城（今商丘睢阳区）10个月，创下睢阳保卫战的奇迹，为唐王朝平定叛乱、保障江淮地区安全发挥了关键性作用。两宋时期，赵宋王朝、辽、金、蒙古等政权相继开战。北宋王朝为结束宋辽之间长达20多年的战争，与辽政权于1005年在澶州（今濮阳）订立和约，史称"澶渊之盟"，此后百年间双方不再有大的战事，为北宋的发展和繁荣赢得了和平环境。北宋末年，金军侵宋，1127年，东京保卫战（开封）失败，宋室南迁。南宋政权先后派岳飞组织北伐，1140年，先后取得郾城大捷（今临颍小商桥、杨再兴墓）和朱仙镇大捷（今朱仙镇岳飞庙）。金朝定鼎中原后，蒙古进攻金国，1232年蒙古军队以少胜多，取得钧州三峰山之战（今禹州）胜利，第二年，蒙古联合南宋，发动蔡州之战（今汝南），一举灭金，统一北方。战争作为群体之间不可调和的冲突，是一种有组织、精心计算的结果，客观上推动着历史的前进。探访重大历史战争发生地，串联历史战争故事，感悟古今兴废和历史成败得失，应珍惜当下的和平与发展。

第六，先贤追寻之旅：回望群星闪耀的历史长河。中原历史上涌现出一大批帝王将相、文化名人、历史名人、革命先烈，分布在政治军事、思想文化、科学技术、艺术等各领域，承载着中华民族的优秀精神品格和独特气质风范，是宝贵的遗产和资源。寻访中原大地灿若星河的历史名人，感悟中华先贤的思想智慧、价值追求和卓越成就，展示杰出人物在中华文明发展中的伟大创造及其对世界文明做出的突出贡献，汲取不忘初心、继续奋斗的精神力量。

帝王将相：燧人氏（燧人氏陵）、伏羲（太昊陵）、女娲（女娲城）、黄帝（新郑黄帝故里、灵宝黄帝铸鼎塬、济源天坛黄帝祭天处）、颛顼和帝喾（颛顼帝喾陵）、仓颉（仓颉陵）、大禹（启母石、启母阙、禹王台、禹王锁蛟井）、殷纣王帝辛（鹿台遗址）、周文王姬昌（羑里城、文王庙）、周武王姬发（武王庙）、汉高祖刘邦（斩蛇碑）、光武帝刘秀（东汉原陵）、魏武帝曹操（安阳高陵、曹丞相府、汉魏许都故城）、魏文帝曹丕（受禅台、受禅碑）、晋宣帝司马懿（温县司马故里旧址、三陵冢）、晋文帝司马昭（崇阳陵）、北魏孝文帝拓跋宏（龙门石窟、洛阳长陵）、隋炀帝杨广（隋唐大运河河南段）、武则天（天堂、明堂、龙门石窟奉先寺大佛、升仙太子碑、大周封祀坛遗址、嵩山石淙河摩崖题记）、后梁朱温（后梁宣陵）、后晋石敬瑭（后晋显陵）、后汉刘知远（睿陵）、后周世宗柴荣（新郑庆陵）、宋太祖赵匡胤（陈桥驿、永昌陵）、宋真宗赵恒（永定陵）、宋仁宗赵祯（永昭陵）、宋徽宗赵佶（新乡文庙大观圣作之碑）；伊尹（伊尹故里、虞城伊尹墓及伊尹祠）、妇好（安阳妇好墓）、比干（比干庙）、姜尚（卫辉姜太公故里、姜尚墓）、周公（洛阳周公庙、周公测景台）、宋襄公（宋襄公墓）、郑庄公（郑韩故城、京城、望母台、郑庄公墓）、范蠡（南阳范蠡故里、南阳范蠡祠、范蠡纪念馆）、苏秦（洛阳苏秦墓）、蔺相如（渑池会盟台）、吕不韦（禹州吕不韦故里）、李斯（正阳李斯墓、李斯故里）、张良（兰考张良墓、郏县张良故居）、萧何（造律台）、陈平（原阳陈平墓、陈平祠）、张苍（原阳张苍墓）、张释之（方城张释之祠及张释之墓）、诸葛亮（南阳武侯祠）、关羽（洛阳关林、许昌关帝庙、春秋楼）、曹植（通许曹植墓、周口思陵冢）、狄仁杰（洛阳狄仁杰墓）、姚崇（伊川姚崇墓）、张巡（商丘张巡祠）、裴度（新郑裴度墓）、赵普（巩义赵普墓）、寇准（巩义寇准墓）、包拯（开封包公祠、开封府、宋陵包拯墓）、韩琦（安阳韩琦墓、韩王庙与昼锦堂）、司马光（光山司马光故居、洛阳独乐园遗址、崇福宫）、岳飞（汤阴岳飞庙、岳飞故里）、明周定王朱橚（明周定王墓）、明潞简王朱翊镠（新乡潞简王墓、卫辉潞王石刻）、高拱（新郑高拱墓）。

历史名人：师旷（古吹台）、许慎（郾城许慎墓、许慎博物馆）、蔡邕（熹平石经、尹宙碑、蔡邕墓）、杨修（杨修墓）、谢灵运（谢灵运故里）、刘希夷（刘希夷墓）、颜真卿（鲁山元次山碑、确山北泉寺）、杜甫（巩义杜甫故里、杜甫墓）、吴道子（禹州吴道子故里）、韩愈（孟州韩愈墓及韩愈祠）、刘禹锡（荥阳刘禹锡公园）、白居易（洛阳香山白园、隋唐洛阳城遗址履道坊）、李贺（连昌宫、福昌阁）、李商隐（李商隐墓）、范仲淹（邓州花洲书院、伊川范仲淹墓）、欧阳修（新郑欧阳修墓）、苏轼（郏县三苏园、光山静居寺）、黄庭坚（叶县县衙、幽兰赋碑、达摩颂碑）、张择端（开封州桥、清明上河园）、许衡（焦作许衡墓、许衡祠）、元好问（内乡县衙、超化寺、百泉诗碑）、王铎（孟津王铎故居）、朱载堉（沁阳朱载堉墓）、侯方域（商丘壮悔堂）；杜康（汝阳杜康祠、杜康墓园）、西门豹（安阳西门豹祠）、聂政（聂政墓、聂政台）、鬼谷子（鹤壁云梦山）、孙膑（孙膑洞）、庞涓（庞涓墓）、苏秦（苏秦故里、拜相台、苏秦墓）、荆轲（荆轲墓）、纪信（纪信庙）、僧一行（登封会善寺、戒坛）、花木兰（虞城木兰祠）、张公艺（张公艺故里及张公艺墓）、玄奘（偃师玄奘故里）、李诫（新郑李诫墓）、贾鲁（贾鲁河）、曹瑾（沁阳曹瑾墓）、陈星聚（临颍陈星聚纪念馆）、吴其濬（吴其濬故居及吴其濬墓）、刘青霞（开封刘青霞故居、尉氏刘青霞故居、安阳马氏庄园）、张钫（新安千唐志斋、新安张钫故居、开封张钫故居）；吴焕先（新县吴焕先故居）、吉鸿昌（扶沟吉鸿昌故居、吉鸿昌纪念馆）、杨靖宇（驻马店杨靖宇纪念馆、杨靖宇故居）、彭雪枫（镇平彭雪枫故居及纪念馆、夏邑彭雪枫纪念馆）、焦裕禄（兰考焦裕禄纪念馆、焦裕禄墓）。

第七，姓氏寻根之旅：回归全球华人的心灵故乡。河南是中华姓氏的摇篮，姓氏起源第一大省，前100个大姓中有78个姓氏的源头或部分源头在河南，并留下了众多的根亲故里。比如，鹿邑老子故里（李姓）、濮阳挥公陵园（张姓）、鲁山刘累陵园（刘姓）、陈胡公陵园（陈姓）、黄国故城（黄姓）、比干庙（林姓）、偃师邱氏总祠（邱姓）、商丘三陵台（戴姓）、三门峡虢国（郭姓）；弘农杨氏（灵宝豫灵镇）、颍川陈氏、河南丘氏、汲郡孙氏、陈留谢氏、荥阳郑氏、汝南周氏、三槐王氏；固始陈元光祖祠（闽台祖地）、固始王审知纪念馆、洛阳大谷关客家之源纪念馆（客家南迁起点）。到河南寻根问祖，探寻中华儿女同根同祖同源的历史脉络，增强我们作为中华儿女的身份认同和文化认同，构筑中华民族共有的精神家园。

第八，元典思想之旅：体悟中华民族核心价值观念。中华元典文化和众多思想学说在古代中原孕育、开枝散叶、积淀升华，长期滋润着中国文化发展和民族精神发扬。主要有伏羲（淮阳太昊陵、孟津龙马负图寺）、洛宁洛出书处、文王拘而演《周易》（汤阴羑里城）、老子（鹿邑太清宫老君台、洛阳孔子入周问礼处、灵宝函谷关太初宫、栾川老君山）、庄子（民权庄周故里、庄子文化馆）、列子（郑州列子故里、列子墓）、孔子（孔子"周游列国"线路）、墨子（鲁山墨子古街）、释源（洛阳白马寺、登封禅宗祖庭少林寺）、魏晋玄学（修武百家岩寺塔、竹林寺遗址及碑刻、阮籍啸台、阮籍墓、山涛墓祠、向秀墓、获嘉刘伶墓）、密宗祖庭（会善寺）、程朱理学（嵩县两程故里、伊川二程文化园、登封嵩阳书院、扶沟大程书院、伊川邵雍墓、辉县百泉邵夫子祠）、商丘应天书院。走进中原大地，来一场思想之旅，感知先哲思想和古老中国智慧，认知和理解中国人看待世界、看待社会、看待人生的独特价值体系。

第九，治黄史诗之旅：感悟中华民族的根和魂。河南地处黄淮海平原，黄河中下游分界在郑州，号称"悬河头"，作为中国千年治黄的主战场，留下了大量的水利设施和治黄思想、人物、故事等水利文化遗产。主要有大禹治水、汉武帝瓠子堵口（滑县、濮阳）、西汉贾让治河三策、东汉王景治河（金堤、河汴分流）、元贾鲁治河、明徐有贞治黄保运（台前敕修河道治河功完之碑）、明刘大夏黄陵冈治水（黄陵冈塞河功完之碑）、清雍正治河（武陟嘉应观、御坝）、清林则徐祥符堵口（林公堤）、商丘黄河故道、郑州花园口水文站、台前县孙口将军渡、三门峡水利枢纽、黄河小浪底水利枢纽、兰考东坝头（毛主席视察黄河纪念亭）、人民胜利渠（人民胜利渠渠首）、兰考三义寨引黄渠首闸、濮阳渠村分洪闸、黄河悬河城摞城展示馆、黄河博物馆（黄河国家博物馆）。行走在黄河河南段，共同讲好中原大地上的治黄祭黄用黄故事，以及在长期治黄过程中形成的国家治理体系、中华民族精神，感悟中华民族百折不挠、自强不息的奋斗精神。

第十，科技发明之旅：展现同时期人类文明最高峰。支撑河南3000年经济、社会繁荣发展的是发达的科技文化和众多的创新成果。领略中原先民在农业、"四大发明"、丝绸、瓷器、中医药等科技领域所取得的突出成就，展现中华文明的伟大创造和非凡智慧，感悟中华民族开拓创新的进取精神，进一步坚定文化自信。

（1）农业技术：贾湖遗址（最早家猪驯养）、青台遗址、汪沟遗址、双槐树遗址、城烟遗址（养蚕缫丝织绸技术）、三杨庄遗址（汉代农业生产体系）、灵宝川塬古枣林、嵩县银杏文化系统、新安樱桃种植系统（中国重要农业文化遗产）、方城县柞蚕原种一场旧址、鲁山丝绸（传统柞蚕养殖、抽丝、丝织技术）、黄泛区农场、许昌中原农耕文化博物馆、洛阳拖拉机厂、鹤壁农垦。（2）金属冶铸：夏青铜铸造技术（二里头遗址青铜铸造作坊）、商青铜铸造技术（郑州商城遗址铸铜作坊、殷墟铸铜遗址）、周铜铁冶铸技术（洛阳北窑铸铜遗址、辛村卫国铸铜作坊、鹿楼冶铁遗址、西平酒店冶铁遗址、确山郎陵古城、泌阳下河湾冶铁遗址、河南博物院馆藏冶铸文物）、汉代冶铁遗址群（郑州古荥冶铁遗址博物馆、林州正阳集冶铁遗址、鲁山望城岗冶铁遗址、渑池县一里河冶铁遗址与铁器窖藏、南阳汉代宛城冶铁遗址、南阳瓦房庄冶铁遗址、舞钢冶铁遗址群、泌阳下河湾冶铁遗址群、巩义铁生沟冶铁遗址）、钱币铸造（荥阳官庄春秋铸钱遗址、新郑春秋铸钱遗址、南阳府衙汉代铸币遗址）、唐宋冶铁熔铸遗址（林州申村冶铁遗址）、舞钢集团、西平棠溪。（3）中医药：《黄帝内经》（新郑黄帝内经纪念馆、新密岐黄文化康养小镇）、扁鹊（扁鹊墓及扁鹊祠）、张仲景（南阳医圣祠、仲景国医大学、仲景宛西制药）、华佗（许昌华佗墓）、孙思邈（济源孙思邈墓、焦作药王庙）、龙门石窟药方洞、百泉药会（百泉古建筑群、百泉药市习俗）、禹州药会（怀帮会馆、十三帮会馆、禹州药市习俗）、开封大宋中医药文化博物馆、河南中医药大学（中医药博物馆、药材基地）、焦作四大怀药、南阳艾草、新密金银花。（4）天文：濮阳西水坡蚌塑龙虎图（四神、北斗七星）商丘阏伯台（中国现存最早的观星台遗址）、郑州大河村遗址（天象纹彩陶）、殷墟（甲骨文天文历法记载）、登封观星台（周公测影、僧一行测量子午线、郭守敬观星）、南阳张衡博物馆（张衡墓、张平子读书台、浑天仪复原）、洛阳灵台遗址（东汉国家天文台遗址）、洛阳古代艺术博物馆（洛阳新莽壁画墓天象图、北魏元乂墓星象图）、南阳汉画馆（天文类画像石）、开封博物馆（《甘石星经》、北宋水运仪象台复原）。（5）陶瓷：隋代青瓷（安阳相州窑）、唐三彩、唐白瓷、唐青花（巩义窑址）、唐代花瓷（鲁山段店窑址、郏县黄道窑、南阳内乡窑）、登封窑、白釉、珍珠地划花、白地黑花（密县瓷窑遗址、新密窑沟遗址）、鹤壁集窑、汝瓷（宝丰清凉寺汝官窑遗址、汝州张公巷窑址）、钧瓷（禹州钧台钧窑遗址、禹州神垕钧窑址）、绞胎瓷（修武当阳峪窑址）。

　　第十一，文字诗词之旅：读懂绵延不绝的中国文脉。世界范围内的古文明中书写文字在国家政治经济文化中心产生，因此仓颉造字传说和中国目前最早的成熟书写文字都首先出现在河南。行走河南，从中国文字的演变史中寻找中华文明连绵不断的基因和密码，从各领风骚数百年的诗词文章中感悟中国文学艺术的博大精深，在数千年的中华文脉中体会中华美学精神的独特追求和价值理念。（1）文字演变：南乐仓颉陵（造字传说）、贾湖遗址（契刻符号）、甲骨文（殷墟、中国文字博物馆、安阳博物馆）、金文（商周青铜器铭文）、许慎《说文解字》（漯河许慎文化园）、隶书（汉循吏故闻熹长韩仁铭、熹平石经、尹宙碑、肥致碑、河南博物院石刻馆、偃师博物馆藏汉魏碑刻）、古文、小篆、隶书（曹魏《正始石经》）、魏碑（龙门石窟碑刻题记）、楷书颜体（鲁山元次山碑）、篆书、楷书（嘉祐石经）、楷书瘦金体（大观圣作之碑）、王铎草书（王铎故居、墓园）、千唐志斋（汉唐宋碑刻艺术博物馆）、中国翰园。（2）诗词：诗经（淇河国家湿地公园、孟津诗经阁、溱洧之汇）、杜甫故里景区、白居易文化园、刘禹锡墓、李商隐墓、韩愈墓及韩愈祠、范仲淹墓、欧阳修墓、郏县三苏园、禹王台、梁园（商丘）。

　　第十二，文明互鉴之旅：彰显中华文明的开放包容。丝绸之路、大运河、万里茶道是中国相继出现的大型线性文化遗产，而河南是其中的重要组成部分。（1）丝绸之路：汉魏洛阳城遗址、隋唐洛阳城定鼎门遗址、洛阳龙门石窟、新安汉函谷关遗址、义马鸿庆寺石窟、崤函古道石壕段遗址、安国寺、陕州古城（古城遗址、宝轮寺塔、陕州牌坊）、温塘摩崖造像、灵宝函谷关（太初宫、函谷夹铺、崤函古道）。（2）大运河：隋唐大运河文化博物馆、洛阳丝绸之路文化交流中心、偃师玄奘故里、方城博望古城（张骞封侯地）、孟津班超墓及纪念馆。（3）万里茶道：南阳府衙、南阳天妃庙、三皇庙、南阳府接官亭、唐河源潭山陕会馆、社旗赊店古镇（瓷器街、山陕会馆、码头、北关古桥)、方城扳倒井驿站、叶邑澧河石桥、郏县李口石桥、山陕会馆、宝丰大营古村、汝州半扎古村、洛阳关林、洛阳潞泽会馆、洛阳山陕会馆、孟津古渡口、扣马古村、太行陉(河南)。重走丝绸之路、大运河、万里茶道上的古都古城古关古道,聆听历史上中外使节、商队、学者等互通有无、互相交流的历史故事,共同传承和平合作、开放包容、互学互鉴、互利共赢的文明交流精神,构建人类命运共同体。

第十三,四大古都之旅:追寻古代王朝的盛世荣光。洛阳、开封、安阳、郑州四大古都,见证了20多个朝代的200多位帝王施展治国抱负,造就成了古代政治文明的巅峰与辉煌。(1)洛阳:二里头夏都(二里头遗址公园、二里头夏都遗址博物馆)、偃师商城(尸乡沟商城遗址、偃师商城博物馆)、东周王城(东周王城遗址、天子驾六博物馆)、汉魏洛阳故城(汉魏洛阳故城遗址公园、白马寺)、隋唐洛阳城(定鼎门、应天门、明堂、天堂、九州池、隋唐大运河回洛仓与含嘉仓)、洛邑古城(古城风貌);龙门石窟、关林、周公庙、山陕会馆、潞泽会馆、洛阳博物馆、隋唐大运河文化博物馆、洛阳古代艺术博物馆。(2)开封:北宋东京城遗址(新郑门遗址、州桥和古汴河遗址)、明清开封城墙(墙体、马面、城门、瓮城和城摞城遗址)、书店街、御街(古城风貌);铁塔、繁塔、延庆观、龙亭、禹王台、相国寺、清明上河园、开封博物馆、开封城摞城博物馆。(3)安阳:殷墟(宫殿区、王陵区、殷墟遗址博物馆)、洹北商城、古城历史街区(古城风貌);曹操高陵、灵泉寺石窟、天宁寺塔、韩王庙与昼锦堂、汤阴羑里城、岳飞庙、马氏庄园、袁林、中国文字博物馆、安阳博物馆。(4)郑州:郑州商城(城墙遗址公园、文庙、城隍庙)、大河村遗址、双槐树遗址、郑州小双桥遗址、新郑黄帝故里、郑韩故城、登封"天地之中"历史建筑群、巩县石窟、宋陵、康百万庄园、郑州博物馆、河南博物院。行走河南,首先应巡礼四大古都,共同领略古代盛世时期的万千气象,为实现中华民族伟大复兴凝聚精神力量。

第十四,中国功夫之旅:感悟刚柔并济的中华文化。中国功夫文化源远流长,是中国享誉国际的文化符号,而少林拳、太极拳则是其中最能展示中华优秀传统文化魅力的国际金名片。到登封去观摩学习少林拳（少林寺、少林武术馆、《禅宗少林·音乐大典》），到温县去体验练习太极拳（太极拳祖祠、太极拳博物馆、陈家沟古民居、《印象·太极》），到濮阳杂技之乡去欣赏杂技表演（东北庄杂技文化园区、《水秀》）。海内外游客到河南体验中国功夫，理解中国人拼搏自强之道和独特生活方式，感悟博大精深、刚柔并济、兼收并蓄的中华文化。

B.10
以文化创新表达助力文旅文创
融合发展策略分析
——以河南卫视"中国节日"系列节目为例

靳瑞霞*

摘　要： 近两年来，河南卫视"中国节日"系列节目频频出圈，成为河南文旅文创融合发展的突出案例。本文以该系列节目为主要研究对象，分析文旅文创融合发展的关键在于文化创新表达。具体包括以高新技术赋能开发传统文化资源，以新理念加强文旅文创品牌高效传播能力，以新模式助力文旅文创快速交互响应，等等。因资源禀赋优势，河南文旅文创融合发展前景无限。

关键词： 文化创新　文旅融合　河南卫视　中国节日

　　文旅融合发展思路本质上是文化和旅游的双向促进，以文塑旅，以旅彰文，以融合创新发展彼此，让二者的潜能充分释放，最终达到为人民群众提供更高质量的文化服务和产品的目的。2018年3月，文化部和国家旅游局整合组建文化和旅游部，标着国家层面文旅融合的正式开启。作为历史文化资源极其丰厚和旅游资源极大丰富的省份，河南在整合文旅资源、总结已有发展经验的基础上，积极响应，果断决策，于2021年10月在河南省第十一次党代会中将文旅文创融合战略纳入现代化河南建设"十大战略"，具体包

---

* 靳瑞霞，河南省社会科学院文学研究所（黄河文化研究所）助理研究员，研究方向为文艺学。

括"塑造全域旅游主题形象；打造国际级黄河文化旅游带；谋划建设休闲康养基地；发展特色鲜明的全链条文创产业；壮大文旅文创市场主体"①等。针对习近平总书记提出的"推动中华优秀传统文化创造性转化、创新性发展"②"让收藏在博物馆里的文物、陈列在广阔大地上的遗产、书写在古籍里的文字都活起来"③等对文化发展规律的深刻揭示与历史性总结，河南要以"要挖掘中华优秀传统文化的思想观念、人文精神、道德规范，把艺术创造力和中华文化价值融合起来，把中华美学精神和当代审美追求结合起来，激活中华文化生命力"④为指引，推动传统文化创新表达，让传统文化审美步入人们的日常生活。河南在这方面已做出了不少文旅创新融合发展的实绩，其中尤以河南卫视"中国节日"系列节目内容出色，形式新颖，持续时间长，影响广泛，在以文化创新表达助力文旅文创融合策略方面做出了不少有益探索。

河南卫视"中国节日"系列节目起始于2021年河南卫视举办的河南春晚，其中《唐宫夜宴》《白衣执甲》《天地之中》《新春国乐畅想曲》等节目以经典历史文物活化、传统戏曲诠释医护情怀、中国功夫景观化和传统国乐精华展示等为基础内容，结合炫酷的外景、科幻感的加入以及潮流元素的融入，明显有别于传统春晚的节目形式，甫一出现便引爆了流量。以《唐宫夜宴》为例，当月全网点击量即超过27亿次，成为现象级的文艺节目。自此河南卫视一发不可收，开启了"奇妙游"系列节目——"中国节日"系列节目——的制作开发。从2021年河南卫视春晚至2022年的《重阳奇妙游》，"中国节日"系列节目几乎次次有爆款，诞生了《唐宫夜

---

① 《【喜迎党代会】文旅文创融合发展 河南银基勇当先锋》，河南日报网，2021年10月25日，https：//www.henandaily.cn/content/2021/1025/328546.html。
② 《推动中华优秀传统文化创造性转化创新性发展》，《环球时报》2021年11月5日，https：//baijiahao.baidu.com/s？id=17173894352226432607&wfr=spider&for=pc。
③ 《让文物活起来（思想纵横）》，人民网，2020年12月30日，https：//baijiahao.baidu.com/s？id=1687453600860716426&wfr=spider&for=pc。
④ 《「每日一习话」激活中华文化生命力》，国际在线，2022年7月3日，https：//baijiahao.baidu.com/s？id=1737295440367152955&wfr=spider&for=pc。

宴》《龙门金刚》《洛神水赋》《纸扇书生》等多个现象级节目，呈现罕见的持久创新力。截至2022年10月5日，"中国节日"系列节目全网总阅读量已突破500亿次。其中，2022年河南春晚仅推出72小时，全网阅读量已突破100亿次，斩获热搜榜175个。节目的频频出圈还带动了河南相关人文自然景区热度的提升以及相关文创产品的爆火。河南博物院的"考古盲盒"、豫博网红咖啡"妇好鸮尊咖啡"、"古钱币巧克力"等相关文创产品也随之火遍全网。那么，近两年来，"中国节日"系列节目究竟是如何做到持续对传统文化进行创新性表达，以助力河南文旅文创融合发展的呢？

一 固本培元：新技术赋能优秀传统文化资源开发

文旅文创融合要坚持以文塑旅，以旅彰文，以文化创新带动旅游发展。对2021年河南春晚以来的"中国节日"系列节目进行盘点，可以看出，无论是舞蹈还是戏曲，无论是中国功夫还是琴棋书画，无论是对山川河流的赞美还是家国情怀的展现，所有节目的内容都根植于中华优秀传统文化的深厚土壤之中，但这些传统文化资源却又以焕然一新的面貌出现在观众眼前，其中重要因素在于制作团队以当代高科技及数字技术等对其进行了赋能，使技术创新渗透到节目制作的多个环节，原有的内容便以更生动更新颖更丰富的形式得以展现。优秀传统文化资源仍然是根本，新技术的赋能使这个根本更加根深叶茂，生机勃发。

首先，节目展演空间因技术而扩展丰富。"中国节日"系列节目中的绝大部分节目在展演空间上都进行了拓展，舞台空间从传统台地幕布等向户外自然实景转变，尤其国风舞蹈节目将自然山川田野溪涧等作为表演舞台，极大增强了节目的观看美感。同时，空间功能比例加大，修饰性增强，强调与舞蹈的一致性，成为文艺节目本身的一部分。如《唐宫夜宴》的拍摄和表演空间既包含了传统舞台，也有河南博物院的现实场景，使历史与现实的转换对接更加流畅，代入感增强。《龙门金刚》则将舞蹈表演直接搬到了龙门石窟，节目制作团队专门赶赴洛阳龙门石窟、应天门、明堂等地取景，使《龙门金刚》的艺术舞台与石窟实景相结合，最大限度地融合复原石窟历史，取得了令人震撼的舞台效果。除了实景化以外，还出现了舞台的虚拟化。虚拟化主要出现在室内拍摄的舞蹈节目中，同样以空间充实舞蹈，使空间与舞蹈充分互动。与实景化相比，将舞台背景虚拟化，利用丰富舞蹈和综艺节目的结构，使其更显立体化和多维度，增强了文化的纵深感。例如，《唐宫夜宴》中诸多的国宝文物在周围环绕掠过，烘托出盛世之文化底蕴。舞蹈节目《鹤归来兮》从开场一条月光下的蜿蜒小路，到花开富贵的舞台，再到月光下的鹤舞，"晴空一鹤排云上"，传统文化中关于鹤的意蕴与关联意象在虚拟与现实融合的情境舞台中得到充分的展现。又如《梦莲》中对莲花意象的提炼与丰富，《中国功夫》中对少林功夫背后禅文化的诠释，等等。舞台空间的多样化与个性化使众多古典舞蹈突破传统舞台限制，进行更高层次的意象化表达，最大力度展现作品的时空感，获得历史的真实感，让观众获得最大限度的审美体验，叹为观止。

其次，节目形式因技术而丰富多彩。高新技术的发展给晚会创作者们更多的发挥空间。节目制作者们既有效调用现场舞美和实景道具，同时又利用高新技术弥补处理得不够好的部分，增强视频画面的现实感等。每个节目内容和形式的不同要素都借助融媒体技术，进行剪辑、拼贴以及叠加等，目的是增加节目的文化厚度，实现节目的情境化、景观化表达。歌曲节目《若思念便思念》，演唱者在前景位置，背景中一艘亮着灯的古船缓缓前行，一身白衣的歌者赫然立在船头。前景与背景中的歌者一大一小、一虚一实，又从小到大，从虚到实，转换自然，意境天成。表达思念的歌词与古典雅致的画意深度融合，带来"人在画中游""游人入画更胜画"的唯美观感。技术的加持不仅让舞台熠熠生辉，还让歌者与舞者的艺术效果大大提升。2021年春晚，受新冠肺炎疫情影响，河南卫视采用5G"云互动"形式，并根据河南广电8号演播厅自身空间特点，以传统灯笼为主元素，通过机械装置与吊装技术，进行空间分割，实现多空间变化，并利用灯光、高清屏幕等将舞台划分出不同的表演区域，满足多种艺术门类的表演需求，为观众带来不同空间演出的观看体验。整体上再结合AR制作技术进行前后期制作，对节目进行虚拟的有机融合。舞台之外，4K高清转播车、飞行器、天眼、斯坦尼康等新技术手段也大大助力场场视觉盛宴，给观众带来前所未有的欣赏视角和身临其境的审美感受。《唐宫夜宴》在打磨原舞蹈表演之外，多处运用"5G+AR"技术，加入水墨画、国宝、VR等特效，将歌舞放进博物馆场景，完美实现虚拟场景和现实舞台的衔接，营造了"博物馆奇妙夜"的奇妙氛围。舞蹈节目《天地之中》的太极表演，亮眼元素不仅是传统太极拳术，其中被实景观星台与虚拟星空宇宙等覆盖的视觉特效同样受到观众追捧。很多形象符号都是通过后期VR技术进行多维表达来融入节目中的，技术给文艺创作和表演提供了无限新生的可能。

最后，节目内容因技术的加持得以展现得更加生动和富有层次。河南卫视2021年《中秋奇妙游》中的传统戏曲节目《戏韵》在影视化、服化道和视听媒体技术表达下，以5分钟的长镜头跟随主角唐晓月悄悄步入表演后台，观看与传统戏曲相关的非遗装备及传承人扮相练功等风采，一直到饰演二郎神的演员上台，才切换为传统舞台上的唱念做打等戏曲表演。以此为契机，传统戏曲文化中通常不被正式的台前幕后、衣箱妆容等相关文化都得到完整细致的呈现，传统艺人的人格与精神风貌也可窥见一斑，使年轻观众对传统文化的欣赏更加全面和立体。另一款舞蹈节目《墨舞中秋帖》则以完全虚景取胜。为了衬托水墨，表演的背景基本是全白，既像在一张白纸上挥毫泼墨，又仿佛在茫茫太空中恣意挥洒。舞者以率性飘逸的舞姿在纯白的近似虚无的情境下舞动，以身躯为笔杆，以衣袖为笔头，挥舞出传统书法艺术的一笔一画，完成王献之的名作《中秋帖》，达到了笔随身走、意与人和的境界。无独有偶，在2022年《重阳奇妙游》中，《得见李白》以唐代大诗人李白与其书法作品《上阳台帖》为中心，以故事与舞蹈相结合的形式，表现书法名帖的诞生历程及诗人的人生感悟与情感激荡。显然，有别于传统艺术门类各自独立的表现形式，河南卫视以影视化、数字化、实景拍摄等技术方式，将舞蹈、书法、戏曲、音乐、中国功夫等连缀融合，使各种艺术门类相互融通，蕴藏其间的独特艺术美感也随之油然而生。传统各文艺门类因技术而跨界交融，生成新的审美情境，既实现了对本土旅游资源的巧妙推送，又满足了当代社会人民群众日益增长的精神文化需求。

二 融合创新：新理念增强文旅文创品牌传播力

从河南卫视的发展历程来看，及时更新媒体传播理念，不断促进媒体融合发展，是其长期坚持的发展思路。早在2014年10月，河南广电就整合旗下数十个传统媒体单位和媒体公司，组建了全国首家以"融媒体"命名的河南大象融媒体集团，并形成了全媒体生产传播链条。次年7月，大象融媒体集团技术研发中心作为体制改革试点，更名为河南广播电视台全媒体营销策划中心。至2020年，河南广电再次进行资源整合，将全媒体营销策划中心进行一体化运作。在媒体融合理念、定位用户的互联网思维方面，大象融媒庞大的新媒体矩阵发挥了良好效用。

首先，媒体融合理念助力扩大传播范围。多款节目的火爆出圈固然与精良的节目制作分不开，但河南广电全媒体融合传播策略也起到了助力和催化的作用。例如，2021年河南春晚出圈后，河南广电全媒体传播矩阵便高密度推出了一系列相关短视频、海报、H5自宣，营造出全网"观看期待"的氛围。在电视媒体正式播出前30分钟，又提前在短视频快手平台和移动端提前开播，部分满足观众期待，营造受众抢先观看的氛围。紧接着进行全网多平台分发，显示特殊时间节点文艺节目的社交属性，抢占话题传播制高点，获得转发推荐，进而链接央媒背后上亿级的用户，获得不同圈层的受众，引发二次大规模讨论。2021年《端午奇妙游》中的水下舞蹈节目《洛神水赋》以同样的媒体传播策略推出，不仅收获外交部发言人华春莹在个人推特账户上的称赞，甚至联合国教科文组织转发微博并推荐："翩若惊鸿，婉若游龙，荣曜秋菊，华茂春松。仿佛兮若轻云之蔽月，飘摇兮若流风之回雪。"一支舞蹈不仅突破地域性舞台限制，更是以前所未有的速度走出国门，实现跨文化传播。2022年7月11日央视市场研究（CTR）发布的本年度上半年主流媒体网络传播力报告显示，河南广电在短视频分榜中排名第2，在国内38家省级以上广电机构网络传播力榜单中排名第3，在自有App、微博和其他第三方渠道分榜中均入围前10。[①] 传播力的提升与传播范围的持续扩大都有赖于河南广电对当下社会新媒体融合传播趋势与规律的严谨把握。在核心文化内容生产与网媒高效传播下，河南的文旅文创产业获得良好的发展空间与机遇，相关文创产品产业链迅速形成，相关景区获得流量，成为网红景区。

其次，用户定位理念提升传播热度。近两年文化类节目的爆红与网络传播密切相关，网络传播离不开年轻受众的关注与加入。河南卫视以《唐宫夜宴》成功试水春晚之后，深感网络传播的威力，在后续"奇妙游"节目的制作推出中，分外重视年轻网友的网络互动反馈，在多个环节都表现出对年轻观众的重视。例如，在节目的播出顺序方面，先网后台的播出模式被固定下来，以年轻人为聚焦群体的B站和优酷被赋予优先直播权；在节目体量制作分发方面，大量短视频被拆分为经典片段率先进行全网播放，以方便网络用户的收看转发；甚至在节目演员的遴选上，节目组也在全网发布征集令，重视网友意见，《端午奇妙游》中的人物"唐小妹"即为用征集令招募的素人演员，甚至部分网综剧本以及人物角色名字等都由网友投稿或网上投票而获得。对年轻人口碑的重视，吸引了更多年轻人加入二次创作的队伍，帮助节目持续扩大了影响力。在达到一定的传播积累之后，在口碑有一定基础后，河南卫视对用户市场有更宏大的洞察力。在与优酷合作方面，二者之所以共同选择传统文化为全面合作的切入点，是因为观察讨论节目的社交场景后，发现用户已经进入"泛用户"的状态，年龄层的差别开始逐渐消弭，大屏收视数据也显示出传统文化内容传播覆盖的用户层是泛人群化的。传统文化提供了多个切面，可以找到大多数用户的需求共性。河南卫视和优酷等媒体以大小屏联动的方式，精准定位用户需求，得以进一步创新文综节目，在传统文化创新表达上生出诸多新意。

---

① 《河南广电短视频传播力，全国第二》，河南卫视，2022年7月13日，https://baijiahao.baidu.com/s?id=1738167216531621201&wfr=spider&for=pc。

最后,"中国节日"系列节目制作理念稳定传播路径,稳步辐射相关文旅产业。从 2021 年河南春晚的成功试水,到"奇妙游"系列节目的一路开播,河南卫视至今已经制作播出了 14 期"中国节日"系列节目。河南卫视不仅继续优质地输出"中国节日"系列节目,还积极向外联动,与多个知名网络媒体平台如 B 站、优酷、网易等合作,以传统文化为核心,拓展研发出《新民乐国风夜》《舞千年》《少年奇妙游》等多个优质文化节目。2021 年与优酷联合出品历史类节目《隐秘的细节》,考古"可爱的中国";2022 年 9 月底推出古典诗歌的当代讲述节目《天地诗心》。以传统文化为圆心,以"中国节日"系列节目爆红为契机,河南卫视正在迅速扩圈。两年来,以《唐宫夜宴》《洛神水赋》《龙门金刚》等为代表的典型节目,也使得河南文旅频频火爆出圈。河南文旅以此为契机,开展系列大型主题宣传推广活动,总传播量达 170 亿次以上,有效调动了用户参与积极性。例如,"网红"文创制造者河南博物院与 200 多家省内外文创企业、高校开展深度合作,已经形成线下文创产业链条,共同开发文创产品。目前,共注册申请成功包括"河南博物院 HENANMUSEUM""仕女乐队""豫来遇潮"等在内的 400 多个文创商标。2021 年河南博物院文创产品的销售额更是从 800 万元涨到 4000 多万元。河南焦作著名景区云台山也在 2021 年《重阳奇妙游》的节目《逍遥》以及 2022 年《端午奇妙游》的节目《屈子吟》中频频上镜,并借此热度在线下展开多个传统文化类活动,如"汉服花朝节"等,掀起"汉服·山水"时尚热潮,实现从线上到线下的流量接力。从文化到旅游,河南的部分景区从网上到网下成为实实在在的流量担当,河南文旅产业也从资源时代进入文旅品牌强化时代。

三 持续拓展:新模式促进文旅文创快速交互响应

河南卫视在 2021 年河南春晚一炮而红之后,抓住时机,迅速行动,以多种联动模式,持续拓展研发,促进河南文旅文创快速交互响应,将线上流量转换成旅游线路的开发、景区流量的增加以及对文创产品市场的关注和文创产品交易量的提高,进而整体带动河南文旅品牌形象获得有效跃升。

首先,特色文化资源串场有意促发观众线下打卡引流。以《唐宫夜宴》为起始,多个节目有意引入带有河南地方特色的文旅资源,传统文化元素的运用可谓淋漓尽致。以国宝文物为例,仅《唐宫夜宴》中就穿插了妇好鸮尊、莲鹤方壶、贾湖骨笛、捣练图、簪花仕女图、备骑出行图、千里江山图七大国宝。节目播出之后掀起了一波又一波到河南博物院打卡参观相关国宝文物的热潮,给河南博物院带来相当可观的流量,也为相关考古类文创产品的火爆做足了心理和市场铺垫。除了国宝文物之外,河南多姿多彩的非物质文化遗产也频频现身,成为节目的重要流量担当。例如,《花木兰》展现了河南地方戏曲文化遗产豫剧;民乐节目《豫见》中融合了河南豫剧流水、越调乱弹、河南道情戏和河南曲剧等多个剧种,与现代电子音结合,配以虚拟背景,给人全新的视听感受。又如曲艺说唱节目《七夕》中的三弦、唢呐表演,太极节目《和》中笙的演奏,都是河南富有地域特色的乐器表演。2021年《中秋奇妙游》中的开场节目《秋月稷》简直是一场展示非遗文化的视觉盛宴,包含皮影、剪纸、泥塑、刺绣、舞龙舞狮以及河南特有的打铁花等等。在书法艺术上,在2021年《中秋奇妙游》中,以舞蹈形式呈现了王献之的《中秋帖》;在2022年《重阳奇妙游》中,则以"网剧+舞蹈"的形式展现了大诗人李白的《上阳台帖》。简言之,"中国节日"系列节目中高密度的传统文化为全网观众线下探索河南丰富的文旅资源打开了多个入口。

其次,虚拟形象设计积极衍生关联文创产品。大IP的"大"在于其文化积累的丰厚度和内涵的精华性。文化IP内在包含着世界观、价值观,有鲜明的文化辨识度和强大的文化传播力,特别有助于传统文化的传承和创新。河南卫视的"中国节日"系列节目既依托传统的各个大文化IP,同时又在继承中创新生成着自己的IP体系。以《唐宫夜宴》为例,2021年2月推出官方联名文创,完成"唐小妹"等虚拟IP形象的设计;9月官宣动漫版IP形象,并规划了一个系列IP培育计划;12月推出4款相关数字文创藏品。"唐宫夜宴"作为一个整体IP也开启了多款周边文创产品的开发。2022年8月24日,在广州琶洲会展中心开幕的淘宝造物节上，唐宫文创携相关文创 mini 黑胶唱片机、"中国邮政×唐宫文创"之邮折、唐宫夜宴系列"唐小妹·宫"手办、唐宫夜宴"唐小妹 BJD 娃娃"、"唐宫夜宴考古盲盒"等参展。9 月 27 日，在鹤壁市群众艺术馆甚至举办了《唐宫夜宴》——戏里戏外文创展巡展。河南广电对相关知识产权保护也非常重视。企查查资料显示，《元宵奇妙夜》等"中国节日"系列节目都已经各自注册了涉及教育娱乐、广告销售等多达 20 个国际分类的商标。节目中的元素，如"鹤归来兮""龙门舞集""墨舞中秋""洛神水赋"等等，河南卫视也申请注册了商标。甚至节目中的具体场景创作如"唐小妹吹笛子""唐小妹说悄悄话"等作品，河南卫视也申请了作品著作权。从近两年十几次节目的效果和口碑来看，构建"唐宫宇宙"大 IP 体系言之不虚。以"唐宫"为文创空间，多层次、多维度、多业态的 IP "全域开发"，河南潜力无限。

最后，多地实景拍摄提升河南历史文化旅游形象。2021 年河南春晚与传统春晚一大不同的是实景拍摄，后续"中国节日"系列节目更是将实景拍摄这一特点持续放大。借此，河南独具特色的人文自然景区都陆续登场，包括郑州、洛阳、开封、焦作、新乡、南阳、济源等，先后到河南博物院、龙门石窟、隋唐洛阳城、洛邑古城、清明上河园、云台山、八里沟、老君山、王屋山等知名旅游景区拍摄"奇妙游"节目。《唐宫夜宴》的出圈，河南博物院功不可没；《龙门金刚》的爆火，与龙门石窟自带流量也密不可分；《少林功夫》自然离不开少林寺与嵩山的加持；云台山和八里沟的青山绿水与彰显自然意境的古典舞蹈相得益彰；太极节目《和》与老君山的道家文化积淀虚实相生。统筹少林寺、龙门石窟等 20 多家重点景区推出《若思念·便思念》系列短视频，持续二次传播，引流落地等工作颇有成效。2022 年节目组的取景地开始跨省，前往甘肃、贵州、安徽黄山、云南玉龙雪山等地取景，将全国各地的文旅风景带到观众面前。如《重阳奇妙游》中的《云窟万象》即涉及敦煌莫高窟、大同云冈石窟、麦积山石窟、炳灵寺石窟等，中华悠久历史中的石窟文化一览无余。实景拍摄与虚拟技术相结合的新模式极大拓展了文旅文创融合的空间，提升了文旅文创的融合效率，

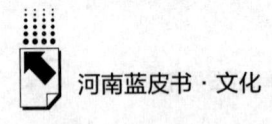

延伸和丰富了文旅文创的产业链条，为河南文旅文创产业的发展提供了新路径。

优秀传统文化是刻在中华儿女骨子里的基因，是发展壮大文旅文创产业的核心竞争力。2022年，河南站在了文旅文创战略的较高起点上，期待河南持续发力，创造性构建文化旅游资源保护利用的"河南范式"，绘制"行走河南·读懂中国"的文化图谱。

参考文献

[1] 河南省人民政府网站，https://www.henan.gov.cn/2021/09-07/2308688.html。

[2] 《河南广播电视台，河南广电短视频传播力全国第二!》，财经头条，2022年7月13日，https://t.cj.sina.com.cn/articles/view/6426290707/17f096a1301901315w。

综合报告
Comprehensive Reports

B.11 2022年河南省公共文化服务发展报告

孔令环*

摘 要： 2022年，在全面推进文旅文创融合战略的背景下，河南省的公共文化服务建设迎来了新的发展契机，河南省的公共文化服务发展态势良好，具体表现在五个方面：一、不断完善顶层设计，健全相关配套制度；二、创新公共文化服务体系，切实做好重点工作；三、基层群众成为主体，文化活动精彩纷呈；四、加速推进公共文化服务数字化建设，提升公共文化服务供给能力；五、加大资金投入力度，提供坚实的财政保障。但也存在公共文化服务均等化水平仍需进一步提高、公共文化服务效能有待提升、公共文化服务创新性不足等问题。建议推动基本公共文化服务均等化，保障全体人民群众的基本文化需求；多措并举，切实提升公共文化服务效能；创新公共文化服务，促进公共文化服务高质量发展。

---

* 孔令环，河南省社会科学院文学研究所（黄河文化研究所）副研究员，研究方向为中国现当代文学。

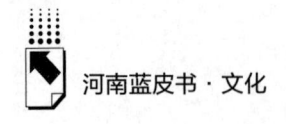

关键词： 河南 公共文化服务 高质量发展

2022年是河南省全面推进文旅文创融合战略的开局之年，河南省第十一次党代会将实施文旅文创融合战略列为"十大战略"之一，这是河南文旅融合发展史上具有里程碑意义的一件大事。在全面推进文旅文创融合战略的背景下，河南省的公共文化服务建设迎来了新的发展契机。在省委省政府的高度重视与领导下，河南省公共文化服务领域坚持以习近平新时代中国特色社会主义思想为指导，全面贯彻落实《关于加快构建现代公共文化服务体系的意见》《关于推动公共文化服务高质量发展的意见》等相关文件精神，河南省公共文化服务体系建设取得显著成效，公共文化服务的质量稳步提升，形成了良好的发展态势。

一 2022年河南省公共文化服务的发展现状与实绩

（一）不断完善顶层设计，健全相关配套制度

近年来，河南省政府、河南省文化和旅游厅等相关部门对公共文化服务体系建设给予了高度关注，先后召开会议并出台一系列相关文件，为加快建设现代公共文化服务体系、提高公共文化服务质量保驾护航。

2021年11月1日，河南省文化和旅游厅、河南省广播电视局、河南省体育局、河南省文物局联合下发《河南省基本公共文化服务实施标准（2021-2025）》，分别对公共文化设施、公共文化服务供给、公共文化制度保障、公共文化反馈评估的具体标准作出了明确规定，建立起一整套比较完备的河南省公共文化服务标准体系。

2021年11月12日，河南省文化和旅游厅、河南省发展和改革委员会、河南省财政厅联合下发《关于推动河南省公共文化服务高质量发展的实施意见》，确立工作目标为："到2025年，全省城乡公共文化服务体系一体建

设取得重大突破，城乡协同发展机制逐步健全，公共文化服务布局更加均衡，公共文化服务供给能力进一步增强，公共文化服务水平显著提高，公共文化服务供给方式更加多元，公共文化数字化网络化智能化发展取得新突破，基层群众文化创造力进一步激发，乡村群众自我服务的局面初步形成，人民群众的文化获得感、幸福感、满意度不断增强。"① 另外，该意见对这一阶段的主要任务作了具体部署。

2022年2月21日，河南省文化和旅游公共服务工作会议在郑州召开。会议全面贯彻落实党的十九届六中全会精神、河南省第十一次党代会精神，将本年度主要任务定为：①推动城乡公共文化服务体系一体建设；②持续打造公共文化品牌活动；③创新公共文化服务模式；④推进数字文化建设；⑤推动公共文化服务社会化。其中重点工作包括6个方面：一是抓好绩效考核；二是抓好示范创建；三是抓好群众文化活动；四是抓好新型公共文化空间建设；五是抓好数字文化建设；六是抓好乡村"文化合作社"建设。② 体现出以服务人民为导向、以创新为核心的顶层设计思路，为河南省2022年公共文化服务的高质量发展指明了方向、奠定了基调。

2022年9月30日，河南省十三届人大常委会第三十五次会议表决通过《河南省公共文化服务保障促进条例》，主要内容包括公共文化设施建设、公共文化设施管理、公共文化服务提供、群众文化活动组织、公共文化品牌培育、鼓励社会力量参与、保障和促进措施等方面，③ 旨在为河南省公共文化服务顺利高效的展开提供切实有力的制度保障。该条例于2022年10月15日全文发布，自2022年12月1日起施行。相信不久的将来，该条例的施行将会进一步助推河南省的公共文化服务提升至一个新台阶。

---

① 《关于印发〈关于推动河南省公共文化服务高质量发展的实施意见〉的通知》，漯河市文化广电和旅游局网站，2022年4月8日，http：//www.luohelvyou.gov.cn/news/view-1578.htm。
② 《2022年河南省文化和旅游公共服务工作会议在郑州召开》，河南省文化和旅游厅网站，2022年2月23日，https：//hct.henan.gov.cn/2022/02-23/2403083.html。
③ 《河南省公共文化服务保障促进条例》，河南省人民政府网站，2022年10月15日，http：//www.henan.gov.cn/2022/10-15/2624187.html。

（二）创新公共文化服务体系，切实做好重点工作

当前，河南省已构建起覆盖城乡的五级公共文化服务网络，建成图书馆、美术馆、科技馆、群艺馆、文化馆、博物馆、展览馆、纪念馆等一批功能完备的公共文化服务设施，各级图书馆166个，文化馆205个，博物馆357个，乡镇文化站2478个，村级综合性文化服务中心5万多个。各级免费开放单位服务7000多万人次，举办各类活动20多万场，受益群众8000多万人次。① 在此基础上，公共文化空间建设和乡村"文化合作社"建设成为2022年河南省公共文化服务工作的重点和亮点。

最引人注目的是对公共文化空间建设的有力推进。公共文化空间最初指的是城市公共文化空间。城市公共文化空间"是城市空间的重要组成部分，是向全体市民开放，提供文化、休憩、娱乐、交流等多种活动的场所。博物馆、美术馆、图书馆、文化馆、社区文化活动中心等公共文化服务体系中的设施大可归于此"。② 后来这一概念也延伸至乡村。"十四五"时期，文化和旅游部相继出台《"十四五"文化和旅游发展规划》《"十四五"公共文化服务体系建设规划》等文件，都明确提出要打造一批新型公共文化空间。营造新型公共文化空间已上升至国家层面。2022年，河南省文化和旅游公共服务工作会议将"抓好新型公共文化空间建设"作为本年度六项重点任务之一。各地市对公共文化空间建设十分关注，其中城市与乡村的侧重点又有所不同。在城市，注重城市书房、文化驿站、睦邻中心等新型公共文化空间的建设；在乡村，则重点建设农耕博物馆、非遗传习所等主题功能空间。目前，已涌现出新郑孟庄镇综合文化服务中心、河洛书苑兴洛湖城市书房、郑品书舍（省委社区店）、温县小麦博物馆、浚县土圆粮仓、只有河南·戏剧幻城等众多网红公共文化空间，这些各具特色的公共文化空间承载着河南深厚的文化底蕴，在为人民群众提供文化服务的同时，本身也成为新型文化的一个有机组成本分。

---

① 《2022年河南省文化和旅游公共服务工作会议在郑州召开》，河南省文化和旅游厅网站，2022年2月23日，https://hct.henan.gov.cn/2022/02-23/2403083.html。
② 张昱：《以公共文化空间创新推动公共文化服务升级》，《上海艺术评论》2020年第3期。

在由文化和旅游部公共服务司指导、上海市文化和旅游局主办的"2021年长三角及全国部分城市最美公共文化空间大赛"中，河南省有33个空间获奖，其中孟庄镇综合文化服务中心（郑州新郑）、河洛书苑兴洛湖城市书房（洛阳洛龙区）获最美公共文化空间奖，郑州市文化广电和旅游局公共服务处获优秀组织奖。获奖名单见表1。

表1 2021年长三角及全国部分城市最美公共文化空间大赛获奖名单（河南省）

单位：个

	获奖单位	数目
最美公共文化空间奖	孟庄镇综合文化服务中心（郑州新郑）	2
	河洛书苑兴洛湖城市书房（洛阳洛龙区）	
百佳公共文化空间奖	孟庄镇综合文化服务中心（郑州新郑）	9
	河洛书苑兴洛湖城市书房（洛阳洛龙区）	
	微光书苑（安阳内黄）	
	最美亲子阅读空间（郑州金水区）	
	光山大别山乡村会客厅（信阳光山）	
	大南坡乡村美学示范村（焦作修武）	
	丁李湾传统古村落茶湾里（信阳新县）	
	老苗窑洞书馆（焦作孟州）	
	一鸣书居（平顶山郏县）	
优秀公共文化空间案例	神农黑陶空间站（焦作沁阳）	24
	河南省荥阳市植物园郑品书舍（郑州荥阳）	
	郑州松社书店（郑州金水）	
	百年焦作城市书屋（焦作解放区）	
	郑州图书馆	
	寻宋书房（开封市龙亭区）	
	悦览书香（信阳市新县）	
	丁里湾*传统古村落（信阳新县）	
	莫奈花舍民宿（焦作修武）	
	云上院子（焦作修武）	
	墨香栗社（信阳新县）	
	魅力时庄（永城）	
	郑州足球小镇游客中心（郑州二七区）	
	中原茶书院（郑州惠济区）	

续表

	获奖单位	数目
优秀公共文化空间案例	非遗馆(鹤壁淇滨区)	24
	言几又郑州建业凯旋广场店	
	怀帮黄酒酿造技艺传习所(焦作沁阳市)	
	郑州美术馆	
	洞林窑洞文化空间(郑州荥阳)	
	洛阳非遗会客厅(洛阳瀍河回族区)	
	沽读书廊(周口市川汇区)	
	固始县啤酒花园	
	固始县西九华山风景区中原竹寨	
	星栖己书屋(郑州郑东新区)	
优秀组织奖	郑州市文化广电和旅游局公共服务处	1

*注：似应为"丁李湾"。
资料来源：《全国"最美公共文化空间"大赛名单公布！河南33个空间上榜》，河南文化网，2022年1月10日，http://news.hawh.cn/content/202201/10/content_422885.html。

2022年长三角及全国部分城市最美公共文化空间大赛中，河南省共有425个公共文化空间报名，参赛数量远超其他省市。其中，公共阅读空间124个、基层文化空间102个、跨界文化空间20个、美丽乡村文化空间75个、商圈文化空间25个、文博艺术空间79个。[1] 目前，77个公共文化空间进入决赛。[2]

公共文化空间遍及城市与乡村的街头巷尾，融入人民群众的日常生活，滋养着人们的心灵，在潜移默化中提升人民群众的文化修养与审美素质，虽然刚刚起步，但已经呈现蓬勃的发展态势，假以时日，必将在公共文化服务建设中发挥更为关键的作用。

乡村文化合作社是河南省在农村公共文化服务体系建设中的创新尝试，是以农村文化艺术队伍为基础，在文化和旅游行政部门引导扶持下，由掌握文化技能或有共同文化爱好的农村群众自愿自发成立、开展自娱自乐活动的

---

[1]《河南425个空间参赛最美公共文化空间大赛》，河南省人民政府网站，2022年8月26日，http://www.henan.gov.cn/2022/08-26/2568307.html。
[2]《最美公共文化空间大赛河南77个空间进入终评》，河南日报客户端，2022年9月28日，https://app-api.henandaily.cn/mobile/view/news/9641857639 04225283 10020。

基层群众文化合作组织。① 2020年以来，河南省委宣传部、省文化和旅游厅在全省积极推动乡村文化合作社试点建设，截至目前，河南省共整合各种农民文艺团队3477支，成立文化合作社900余家，发展社员近万名，组织开展文化活动7000余场。②

各地市因地制宜，积极探索适合本地的文化合作社的模式，不少地市的文化合作社已初具规模。新郑市已成立新区李唐庄轩辕大鼓文化合作社、和庄镇陆庄战鼓文化合作社、新村镇戏曲合作社、薛店镇书画合作社、观音寺镇舞狮合作社、辛店镇秧歌合作社、新华路街道舞蹈合作社、新烟街道模特秀合作社等28家文化合作社，共有3300余名社员。③ 济源示范区已成立26家乡村文化合作社，其中8家已较为成熟。④ 平顶山已成立78家文化合作社，有汝瓷文化、非遗、戏曲、书法、摄影、红色文化、文旅发展等92家分社，拥有各种文化团队117支，组织开展各种活动累计达210余场，受益群众达100万人次。⑤

2021年10月下旬，河南省文化和旅游厅开通了全省文化合作社交流展示平台小程序。为文化合作社提供创作、分享与互动服务，在平台开展短视频发布、分享展示、群组互动等活动，传播河南各地各具特色的乡村文化。

2022年，河南省还举办了"我的乡村文化合作社"才艺大赛（作为"喜迎二十大欢乐进万家"十大群众文化活动之一），活动以寻找村宝、唱响村歌、齐秀村艺、同绘村画、乡创产品为主题，创作出106首不同特色、

---

① 周涵维：《河南省以文化合作社为载体探索乡村文化建设新模式》，乡村干部报网，2022年2月24日，http://www.dxscg.com.cn/xczx/202202/t20220224_7439143.shtml。
② 《河南推行乡村文化合作社：为乡村振兴共同富裕提供强大精神支撑》，河南省人民政府网站，2022年1月7日，http://www.henan.gov.cn/2022/01-07/2379320.html。
③ 《新郑市：乡村文化合作社赋能乡村振兴》，映象网，2022年5月27日，http://gov.hnr.cn/xzzm/article/1/1530090149491085313。
④ 《加快推进文化合作社建设 丰富公共文化服务方式》，济源产城融合示范区文化广电和旅游局网站，2022年6月28日，http://wglj.jiyuan.gov.cn/zwdt/yaowen/t842963.html。
⑤ 《河南平顶山的乡村"文化合作社"》，文旅中国，2022年2月28日，https://baijiahao.baidu.com/s?id=1725984220179725034&wfr=spider&for=pc。

体现村民热爱家乡、歌唱自己村庄的村歌；打造了322项"乡创产品"。①显示出乡村文化在文化合作社的引领下焕发蓬勃生机。

此外，河南省各地市还通过召开现场观摩会、试点推行"荣誉社长"制等各种方式，促进文化合作社的发展，助力乡村文旅文创融合发展。

文化合作社激发了群众参与文化创造的热情，在一定程度上解决了农村群众文化活动数量少、服务效能不高等以往农村公共文化服务中普遍存在的问题，取得了较为显著的效果。

此外，国家文化公园建设中的很多项目同时也属于河南省公共文化服务基础设施，如2022年重点建设的国家文化公园项目黄河国家博物馆、汉魏洛阳城遗址博物馆、安阳殷墟遗址博物馆等，这些项目的有力推进使河南省公共文化服务基础设施再次提档升级。

（三）基层群众成为主体，文化活动精彩纷呈

2022年，河南省开展了一系列公共文化活动，这些文化活动大多线上线下同时展开，覆盖范围广，而且十分注重激活基层群众的文化创造力，将群众的角色从享受现成的文化成果的服务对象转变为创造文化的参与者、分享者，使基层群众真正成为文化活动的主体。

2022年3~9月，省委宣传部在全省范围内组织开展了"喜迎二十大 欢乐进万家"十大群众文化活动，活动内容覆盖广场舞、大合唱、戏曲、摄影等多个领域，举办各类赛事活动近7000场，直接参与群众达1200万人次。②

2022年4~12月，河南省文化和旅游厅在全省开展"2022全民阅读"系列活动，活动主题为"奋进新征程 阅读再出发"。内容包括永远跟党走

---

① 《文化乐民 为百姓幸福加码——河南省"喜迎二十大 欢乐进万家"十大群众文化活动综述》，河南省人民政府网站，2022年9月28日，http://www.henan.gov.cn/2022/09-28/2614388.html。

② 《文化乐民 为百姓幸福加码——河南省"喜迎二十大 欢乐进万家"十大群众文化活动综述》，河南省人民政府网站，2022年9月28日，http://www.henan.gov.cn/2022/09-28/2614388.html。

奋斗新征程——迎接中国共产党第二十次全国代表大会胜利召开系列活动、品读河南系列活动、"礼赞黄河"系列活动、培训推广计划、"河南省公共图书馆未成年人阅读服务联盟"提升计划、文旅融合活动、"手拉手　阅读齐步走——特殊群体儿童阅读活动"服务案例征集活动、公共数字文化进基层活动、书香进校园活动、古籍保护传承与展示项目、"中华优秀传统文化传习行动计划"、中原阅读榜。在这一系列丰富多彩的活动引领下，阅读逐渐成为河南各阶层群众的良好习惯，中原大地飘满了书香。

2022年5月28日至12月，根据河南省委宣传部要求和全省文旅工作安排，结合文旅行业实际，按照"政府主导、社会参与、各方支持、群众受益"的原则，组织开展河南省首届"惠民文化节"系列群众文化活动。活动内容包括：①"中原舞蹁跹　群星耀中原"河南省第六届艺术广场舞大赛（5~9月）；②"唱响新时代　群星耀中原"河南省群众合唱大赛（5~9月）；③2022年"我的乡村文化合作社"才艺大赛（5~9月）；④河南省第十五届"群星奖"音乐舞蹈大赛、戏剧曲艺大赛（5~10月）；⑤河南省第十八届艺术摄影展（5~11月）；⑥河南省第二届民间艺术大赛（5~9月）；⑦"翰墨丹青迎盛世"河南省美术书法作品展；⑧河南省第十一届少儿才艺大赛；⑨"书香河南"2022全民阅读活动。活动在线下线上同时展开，为广大人民群众带来一场文化盛宴。

此外，2022年9月18日正式启动的黄河文化月活动也颇引人注目。2022年中国（郑州）黄河文化月包括黄河文学艺术系列展演活动、"大河欢唱庆盛会"系列文化活动、黄河文旅系列活动、中国（郑州）黄河合唱周、"美丽郑州，炫舞世界"活动周5大系列25项活动，活动一直持续至11月下旬，一场场"看黄河、说黄河、唱黄河、悟黄河"的文化盛宴陆续精彩呈现，其中舞蹈诗剧《只此青绿》更是黄河文化月活动中的一大亮点。

为了解决新冠肺炎疫情防控期间出行不便的难题，越来越多的公共文化活动搬到了线上。春节期间，河南省图书馆采取线上"云服务"的方式，开展《中华传统文化百部经典》阅读推广活动、"春满中原　老家河南"河南省图书馆线上特色资源展、"典籍里的中国年"传统文化线上展、豫图品牌活动、豫图趣味线上活动等。河南省少年儿童图书馆开展了云展览、微视频展播、云端知识竞答、阅读有礼互动等多种形式的900余场活动，让少儿读者"云端"享受阅读服务。① 剧团将"送戏下乡"改为抖音直播，每天超10万人围观。2022年4月16日晚，郑州大剧院郑州橙空间云LIVE系列首场音乐会在抖音、微博、微信视频号等多平台直播，在线观看者近2万人次，点赞数超过13万次，让观众足不出户就感受到音乐会的浓郁艺术氛围。② 4月3日至5月7日，河南省开展优秀剧目线上展演活动，共演出话剧《老街》《兵团》、豫剧《小推车》《故乡记忆》等15台剧目。4月30日至5月4日，由河南省文化和旅游厅主办，河南豫剧院、郑州广播电视台、河南李树建戏曲艺术中心承办的"行走河南·读懂中国'梆声豫韵唱起来'——河南豫剧院庆'五·一'线上演出系列活动"包括5场线上演出，通过央视频、新华网、大象新闻客户端、梨园频道、"百姓文化云"、"文化豫约"等平台进行直播，让广大戏迷观众足不出户看豫剧，共度"五一"劳动节。4月30日的首场演出在线观众达到126万多人次。③ 5月11~19日，河南艺术中心云剧院线上直播十余部精彩剧目。6月"中原文化大舞台"正式启动，以省直文艺院团参与为主，以剧场演出录制、线上展播形式开展。共演出剧目103部（场），其中整剧（含音乐会、综艺晚会）77部，折子戏、名家名段26场；汇聚了河南歌舞演艺集团、河南豫剧院、河南省曲剧艺术保护传承中心、河南省京剧艺术中心等九大院团。④ 6月11~16日"文化和自然遗产日"期间，由省文化和旅游厅主办、省文化艺术研究院承办的"第二届河南省非遗曲艺展演周"在线上举行，内容包括河南歌舞演艺集团曲艺团专场、宝

---

① 《2022省少儿图书馆"春满中原 书香云端"春节暨寒假系列活动启动》，中国新闻网，2022年1月26日，https：//www.ha.chinanews.com.cn/news/hnjk/2022/0126/41140.shtml。
② 《郑州橙空间云LIVE系列 首场音乐会线上精彩亮相》，搜狐网，2022年4月18日，https：//www.sohu.com/a/538839502_160386? scm=1004.780752318059708416.0.0.568-676-1297。
③ 《河南豫剧院一团庆"五一"线上演唱会成功举办》，河南省文化和旅游厅网站，2022年5月2日，https：//hct.henan.gov.cn/2022/05-02/2442201.html。
④ 《中原文化大舞台百部剧目线上展播》，搜狐网，2022年6月4日，https：//www.sohu.com/a/553945332_160386。

丰国家级说唱文化生态保护实验区专场、豫东曲艺专场等，每个专场精选15个优秀曲目，共计近100个曲目。① 这一场接一场的文化盛宴，打破了新冠肺炎疫情防控期间的空间限制，为群众带来身临其境的视听体验。

（四）加速推进公共文化服务数字化建设，提升公共文化服务供给能力

2020年，河南出台了《河南省公共数字文化工程实施方案》，确定了公共数字文化建设目标：2022年底，基本建成统一的标准规范体系，平台有效整合、资源共建共享、管理统筹规范、服务便捷高效，社会力量参与机制更加健全，服务效能显著提升。② 2021年初出台的《河南省国民经济和社会发展第十四个五年规划和二〇三五年远景目标纲要》强调，要持续推动公共文化服务数字化建设。2021年10月，河南省第十一次党代会提出，要实施"数字化转型战略"。河南省依托丰厚的文化资源，公共文化数字化建设加速升级。

近年来，河南省公共文化数字化建设取得显著成绩，其中"文化豫约""百姓文化云""书香河南"三大公共数字文化平台的创建，整合全省文化资源，向人民群众提供"菜单式""订单式"服务，为人民群众营造起共同的数字文化家园。

2020年7月23日，河南省打造的公共数字文化平台"文化豫约"正式上线，17个省辖市、10个直管县全部覆盖。2021年，"文化豫约"注册用户194万人，在线文化场馆3688家，发布文化活动25706场，在线累计观看人数达3500多万人次。③

"百姓文化云"是2018年中原出版传媒集团打造的河南省首家数字化

---

① 《非遗日，听河南曲艺人说唱非遗》，腾讯网，2022年6月11日，https：//new.qq.com/rain/a/20220611A0AOPO00。
② 《河南省公共数字文化工程建设正式启动》，河南省人民政府网站，2020年4月10日，http：//www.henan.gov.cn/2020/04-10/1316111.html。
③ 《河南省2021年公共文化服务十件大事》，河南省公共文化研究中心，2022年1月18日，https：//sites.lynu.edu.cn/ggwhyjzx/info/1016/2894.htm。

公共文化服务平台，2021年1月16日，"百姓文化云"完成升级改造，2.0版本全新上线。全新版本的"百姓文化云"功能更加强大，注重与戏剧院团、文化场馆、本土文化大咖、非遗传承人等深入合作，利用直播、短视频、秒杀抢票等互联网传播方式，宣传河南优秀文化。同时，打造全民参与的优质文化内容生产模式，弘扬传承优秀传统文化。①

2022年1月，河南大学出版社与国内数字出版第一家上市公司中文在线数字出版集团联合搭建了全国第一家个性化数字阅读平台——"书香河南"，免费向公众开放，该平台拥有10万种数字图书、200余种数字期刊等正版数字内容资源，并以每年不少于20%的规模进行更新，所有资源均可免费阅读、收听、收藏、下载，无须额外付费，②为广大人民群众提供了一间永久免费的书房。

此外，由河南省文物局、百度百科、百度百科博物馆计划、河南—百度联合打造的河南省文物地图是国内首个省级文物地图，在2022年春节前夕正式上线。河南省文物地图综合运用百度地图精准定位、数字化展馆、高清大图、音频讲解等互联网技术和融媒体形式，使河南省305家博物馆共6000余件文物藏品实现了数字化建设，为河南大量珍贵文物打造了一个安全、开放的文化数字资源平台，为人民群众提供了一条通过屏幕走近文物、感受中原历史文化的便捷途径。

（五）加大资金投入力度，提供坚实的财政保障

2022年，为积极推动城乡基本公共文化服务一体化，更好满足人民群众文化需要，河南省财政下达资金3.29亿元，支持河南省公共文化事业高质量发展。其中包括：下达资金1.8亿元，支持114个纳入中央免费开放补助范围的博物馆、纪念馆正常运转，保障92个公共体育场馆向社会免费或

---

① 《河南：云书网百姓文化云升级上线》，安徽全民阅读网，2021年1月19日，http://www.ahread.com/front/news/9-6764。
② 胡春娜：《全国首家个性化数字阅读平台"书香河南"免费开放 让中原大地书香弥漫》，《河南日报》2022年1月13日。

低收费开放；下达资金1.1亿元，支持落实基本公共文化服务标准，实施文化惠民工程，改善提升公共文化设施条件，促进戏曲进乡村等文艺演出；下达资金0.4亿元，支持媒体融合建设，策划推出反映河南省中心工作的深度报道。① 该项资金的下达，有力地支持了基本公共文化服务体系建设，为河南省文化的创新发展提供了充足的财力支持。

二 存在的问题

虽然2022年河南省公共文化服务工作取得了一系列成绩，但是仍然存在公共文化服务不均等、服务效能不高、创新性不足等比较突出的问题。

第一，公共文化服务均等化水平仍需进一步提高。从地域来看，城乡公共文化服务发展不均衡现象仍然存在。尽管近年来农村基础文化设施已逐渐趋于完备，但是由于大量青壮年农村人口外出务工，留守农村的人员整体文化素质偏低，难以形成比较浓厚的文化氛围，再加上缺乏文化素质高、专业能力强的基层公共文化服务人才，基础文化设施的利用率普遍偏低，尤其是很多农村书屋形同虚设。送文化下乡的活动仅能引起短暂的文化热，却没有从根本上改善农村文化贫瘠的现状，缺乏常态化的文化活动、文化内生能力差、城市公共文化发展势头迅猛又进一步加大了二者之间的差距。另外，对特殊群体公共文化服务的供给明显不足，无论从硬件配套设施建设上还是提供针对性服务上都有所欠缺。

第二，公共文化服务效能有待提升。首先，公共文化服务供给的质量与数量还不能满足人民群众日益增长的文化需要。大量文化产品没有经过精心打磨，停留在低层次模仿、重复的阶段，高品质的、能代表河南文化特色的公共文化品牌还不多；公共文化活动类型不够丰富，文化活动常集中于重大节日或有纪念意义的日期前后，日常文化活动不够丰富，无法满足人民群众

---

① 《河南省财政下达资金3.29亿元支持公共文化事业高质量发展》，大象网，2022年8月18日，https：//www.hntv.tv/rhh-5426573312/article/1/15601661060464230042？v=1.0。

的基本文化需求。其次，公共文化服务供求两端衔接度不高。图书馆及书苑、书屋中的书籍缺乏针对性，图书更新速度缓慢，部分地区图书馆、农家书屋的开放程度低，出现大量图书闲置和读者无书可借并存的现象。另外，配送的文化服务与服务对象的文化需求不匹配。最后，个性化文化服务普遍不足。为完成现代公共文化服务体系建设绩效考核，各地市基本采取一刀切式的供给模式，加上相关人员数量不足，无暇顾及群体差异，也无法针对性地提供菜单式服务。

第三，公共文化服务创新性不足。从供给内容上看，相当数量的文化产品缺乏新意，大量优秀传统文化资源没有实现现代化转化。从服务形式上看，基本上还是供给方单向供给，虽然已经建立了一些数字化公共文化服务平台，但是在为群众提供智能化、个性化一站式的现代文化服务方面还远远不够。从服务机制上看，仍旧是以政府为主导的传统运作模式，社会力量参与不足，限制了公共文化服务的发展。

三　对策与建议

第一，推动基本公共文化服务均等化，保障全体人民群众的基本文化需求。推进农村文化数字化建设，通过互联网等多种渠道实现城乡公共文化服务资源的互联互通。做好宣传与指导，引导信息相对闭塞的农村居民熟练运用数字化公共文化服务平台，享受应得的公共文化服务。针对农民工群体流动性大、时间碎片化的特点，在各大数字化公共文化服务平台增设相关服务项目，以确保农民工群体享受文化服务的权益。加快文化服务无障碍环境建设，并提供相关配套服务，满足残障人士及其他特殊群体的文化需求。

第二，多措并举，切实提升公共文化服务效能。首先，吸引鼓励社会力量参与，创造更多更好的文化产品。其次，深入推进公共文化领域供给侧结构性改革，以问卷或对话调查方式了解人民群众的文化需求，以及满足群众文化需求的途径，然后利用集中配送、流动服务等有效方式，为不同群体提供文化服务，实现供与求的无缝对接。最后，强力推进公共文化空间和文化合作社建设,将公共文化服务融入普通老百姓的日常生活,增强公共文化服务的便利性与可及性。

第三,创新公共文化服务,促进公共文化服务高质量发展。首先,创新服务供给内容。挖掘提炼河南优秀传统文化,促进河南省优秀传统文化资源的创造性转化,精心生产一批高质量的文化产品。其次,创新服务方式。积极推进公共文化服务的数字化建设,不断升级完善现有的数字化公共文化服务平台,并积极创建新的多元化的数字化公共文化服务平台,同时做好宣传,通过抖音、快手等各种途径让人民群众能便捷地接触这些数字化公共文化平台,以便有效发挥数字化公共文化平台的功能。加快智慧图书馆、公共文化云项目的建设,提升公共文化服务数字化水平。最后,创新服务机制。改变原有的封闭性工作思路,将正在进行中的国家文化公园、"行走河南·读懂中国"等项目与公共文化服务建设有机融合起来,以实现"1+1>2"的叠加效应。鼓励社会力量参与公共文化设施建设,推动形成从政府单方供给向由政府主导、多方社会力量积极参与转变的公共文化服务建设机制。出台相应税收补贴与奖励政策,对积极参与公共文化建设的企业给予支持与鼓励,调动企业参与公共文化建设的积极性。

参考文献

[1]《2022年河南省文化和旅游公共服务工作会议在郑州召开》,河南省文化和旅游厅网站,2022年2月23日,https://hct.henan.gov.cn/2022/02-23/2403083.html。

[2]《河南省公共文化服务保障促进条例》,河南省人民政府网站,2022年10月15日,http://www.henan.gov.cn/2022/10-15/2624187.html。

[3] 张昱:《以公共文化空间创新推动公共文化服务升级》,《上海艺术评论》2020年第3期。

[4]《河南425个空间参赛最美公共文化空间大赛》,河南省人民政府网站,2022年8月26日,http://www.henan.gov.cn/2022/08-26/2568307.html。

[5]《最美公共文化空间大赛河南77个空间进入终评》,河南日报客户端,2022年

9月28日，https://app-api.henandaily.cn/mobile/view/news/96418576390422528310020。

[6] 周涵维：《河南省以文化合作社为载体探索乡村文化建设新模式》，乡村干部报网，2022年2月24日，http://www.dxscg.com.cn/xczx/202202/t20220224_7439143.shtml。

[7] 《河南推行乡村文化合作社：为乡村振兴共同富裕提供强大精神支撑》，河南省人民政府网站，2022年1月7日，http://www.henan.gov.cn/2022/01-07/2379320.html。

[8] 《新郑市：乡村文化合作社赋能乡村振兴》，映象网，2022年5月27日，http://gov.hnr.cn/xzzm/article/1/1530090149491085313。

[9] 《加快推进文化合作社建设　丰富公共文化服务方式》，济源产域融合示范区文化广电和旅游局网站，2022年6月28日，http://wglj.jiyuan.gov.cn/zwdt/yaowen/t842963.html。

[10] 《河南平顶山的乡村"文化合作社"》，文旅中国，2022年2月28日，https://baijiahao.baidu.com/s?id=1725984220179725034&wfr=spider&for=pc。

[11] 《文化乐民　为百姓幸福加码——河南省"喜迎二十大　欢乐进万家"十大群众文化活动综述》，河南省人民政府网站，2022年9月28日，http://www.henan.gov.cn/2022/09-28/2614388.html。

[12] 《2022省少儿图书馆"春满中原　书香云端"春节暨寒假系列活动启动》，中国新闻网，2022年1月26日，https://www.ha.chinanews.com.cn/news/hnjk/2022/0126/41140.shtml。

[13] 《郑州橙空间云LIVE系列　首场音乐会线上精彩亮相》，搜狐网，2022年4月18日，https://www.sohu.com/a/538839502_160386?scm=1004.7807523 18059708416.0.0.568-676-1297。

[14] 《河南豫剧院一团庆"五一"线上演唱会成功举办》，河南省文化和旅游厅网站，2022年5月2日，https://hct.henan.gov.cn/2022/05-02/2442201.html。

[15] 《中原文化大舞台百部剧目线上展播》，搜狐网，2022年6月4日，https://www.sohu.com/a/553945332_160386。

[16] 《非遗日，听河南曲艺人说唱非遗》，腾讯网，2022年6月11日，https://new.qq.com/rain/a/20220611A0AOPO00。

[17] 《河南省公共数字文化工程建设正式启动》，河南省人民政府网站，2020年4月10日，http://www.henan.gov.cn/2020/04-10/1316111.html。

[18] 《河南省2021年公共文化服务十件大事》，河南省公共文化研究中心，2022年1月18日，https://sites.lynu.edu.cn/ggwhyjzx/info/1016/2894.htm。

[19] 《河南：云书网百姓文化云升级上线》，安徽全民阅读网，2021年1月19日，http://www.ahread.com/front/news/9-6764。

[20] 胡春娜：《全国首家个性化数字阅读平台"书香河南"免费开放 让中原大地书香弥漫》，《河南日报》2022年1月13日。

[21] 《河南省财政下达资金3.29亿元支持公共文化事业高质量发展》，大象网，2022年8月18日，https：//www.hntv.tv/rhh-5426573312/article/1/1560166106046423042?v=1.0。

[22] 《关于印发〈关于推动河南省公共文化服务高质量发展的实施意见〉的通知》，漯河市文化广电和旅游局网站，2022年4月8日，http：//www.luohelvyou.gov.cn/news/view-1578.htm。

[23] 《全国"最美公共文化空间"大赛名单公布！河南33个空间上榜》，河南文化网，2022年1月10日，http：//news.hawh.cn/content/202201/10/content_422885.html。

[24] 《关于印发〈"2022全民阅读"系列活动实施方案〉的通知》，河南省文化和旅游厅网站，2022年4月20日，https：//hct.henan.gov.cn/2022/04-20/2435283.html。

B.12
以"书香河南"建设提升全民阅读水平的创新路径研究

刘兰兰*

摘　要： 全民阅读是满足人民精神文化需求、提高社会文明程度、推进文化自信自强的重要举措。近年来，河南高度重视全民阅读工作，并把"书香河南"建设纳入全省经济社会发展全局，在阅读内容建设、阅读品牌建设、阅读渠道建设和数字阅读方面做了大量工作，营造了浓厚的全民阅读氛围，有力提升全民文化素质。加快"书香河南"建设，不断提升全民阅读水平，还需要从宣传引导、内容引领、满足多样化学习需求、完善多层次阅读服务体系和健全"书香河南"建设长效保障体系五个方面，做实做深全民阅读活动。

关键词： "书香河南"　全民阅读　文化强省

党的二十大报告提出要深化全民阅读活动，这一重要论述为"书香河南"建设指明了道路、提供了遵循。河南文化底蕴深厚，在历史的长河中，河南大地孕育和产生的众多思想学说，深刻影响了中华民族的核心内涵，也深深激励着一代又一代中华儿女对读书学习的崇高追求。近年来，河南大力开展全民阅读工作，全民综合阅读率不断提升，但在全民阅读引导、内容、方式、渠道和服务精准化等方面还有较大提升空间，迫切需要从做好全民阅

---

* 刘兰兰，河南省社会科学院新闻与传播研究所助理研究员，研究方向为新媒体与文化传播研究。

读宣传引导、加强全民阅读内容引领、满足人民群众多样化学习需求、完善多层次阅读服务体系、健全"书香河南"建设长效保障体系五个方面，推动"书香河南"建设走深做实。

一　"书香河南"建设的背景及重要意义

习近平总书记高度重视全民阅读工作，党的十八大以来，多次在不同场合对推动全民阅读、建设书香社会作出重要指示批示。2019年8月，习近平总书记在考察调研读者出版集团时强调，"人民群众多读书，我们的民族精神就会厚重起来、深邃起来。要提倡多读书，建设书香社会"。① 2022年4月，习近平总书记在致首届全民阅读大会举办的贺信中指出，"阅读是人类获取知识、启智增慧、培养道德的重要途径，可以让人得到思想启发，树立崇高理想，涵养浩然之气"。② 全面阅读还多次被写入政府工作报告、重要规划及相关法律法规文件。2014年至今，"全民阅读"已经连续九次被写入政府工作报告。2016年国家"十三五"规划纲要提出"普及科学知识，推动全民阅读"，2021年国家"十四五"规划和2035年远景目标纲要提出"深入推进全民阅读，建设'书香中国'"。中共中央办公厅、国务院办公厅《关于加强和改进出版工作的意见》、中宣部《关于促进全民阅读工作的意见》、《公共文化服务保障法》等法律法规，从国家制度层面保障了广泛深入开展全民阅读活动和建设书香社会。

河南近年来高度重视全民阅读活动，通过出台重要文件、不断安排部署把全面阅读活动不断向深处推进。2019年4月，河南省人大常委会通过《关于促进全民阅读的决定》，提出"县级以上人民政府应当将促进全民阅读工作纳入本级国民经济和社会发展规划，将所需经费纳入本级财政预算，

---

① 《习近平总书记关切事｜爱读书、读好书、善读书》，环球网，2022年4月25日，https://baijiahao.baidu.com/s?id=1731037298203541793&wfr=spider&for=pc。
② 《习近平致首届全民阅读大会举办的贺信》，新华网，2022年4月23日，http://www.xinhuanet.com/politics/2022-04/23/c_1128588166.htm。

将全民阅读设施建设纳入城乡建设规划",① 三个"纳入"体现了河南对全民阅读工作的决心和魄力。2021年10月，河南省第十一次党代会把"书香河南"列入"十个河南"重大部署，提出要完善终身学习体系，加快建设书香河南。2022年7月21日，河南省委、河南省人民政府印发《书香河南建设实施方案》，"书香河南"建设上升到新的战略高度。2022年9月22日，河南省委书记楼阳生在"书香河南"首届全民阅读大会开幕式上强调，"要深入推进全民阅读，加快建设书香河南，营造更加浓厚的读书氛围、学习氛围、创新氛围，汇聚起奋进新征程的磅礴力量"。② 短时间紧锣密鼓地部署，拉开了"书香河南"建设帷幕，为全民阅读活动不断向深处推进营造了良好的社会氛围。

（一）"书香河南"建设是打造文化强省的重要途径

文化与政治、经济相互影响，相辅相成。著名经济学家保罗·萨缪尔森在作区域发展比较分析时发现，文化软实力是区域经济发展的强大动力，在地理环境、资源禀赋、技术状况和交通条件等都大致相当的情况下，谁拥有强大的文化软实力谁就能在区域竞争中赢得优势。阅读是推动全民获取知识、增长智慧的重要方式，更是传承文明、提升文化软实力，打造文化强省的重要途径。近年来，随着河南电视台春晚、"中国节日"系列节目不断"火爆出圈"，河南文化强省形象不断提升，"书香河南"建设有助于通过阅读提升河南文化软实力，推进文化自信自强。

（二）"书香河南"建设是提高民众文化素质的重要保障

阅读，是认识世界、增长才智的重要方式，更是传承文明、提升全民文化素质的重要途径。古往今来，各个朝代、国家都强调阅读对国民素质的重要性，大力提倡和推行全民阅读活动。成语故事"凿壁借光""孙康映雪"

---

① 《河南省人民代表大会常务委员会关于促进全民阅读的决定》，《河南日报》2019年4月21日。
② 《把阅读作为一种生活方式　让中原大地处处书香充盈》，《河南日报》2022年9月23日。

"悬梁刺股"等，无不反映了古人对读书的崇尚。毛泽东同志曾说"我一生最大的爱好是读书"，认为"有了学问，好比站在山上，可以看到很远很多东西。没有学问，如在暗沟里走路，摸索不着，那会苦煞人"。① 以"书香河南"建设促进全民阅读，实施全民参与的文化建设工程，有利于更好地满足人民文化需求、提升人民思想境界、增强人民精神力量，有利于社会主义思想道德建设，提升全省民众文化素养，为河南文化强省建设奠定坚实的基础。

（三）"书香河南"建设是打造学习型、创新型社会的重要举措

习近平总书记高度重视读书学习，多次在讲话、文章、谈话中提到读书的故事，无论是在梁家河还是在中南海，无论躬耕基层还是领航中国，读书始终是习近平总书记"最大的爱好"。习近平总书记从大量优秀图书中汲取中华民族文化土壤中蕴涵的思想智慧，并将其融入治国理政实践，在习近平总书记的大力倡导和亲自推动下，书香社会氛围愈加浓厚。在信息化时代，新知识、新技术不断推陈出新，知识更新速度不断加快，阅读内容更加丰富，阅读选择更加多元，只有多读书、多学习，不断提升自身思想文化素质，才能跟上时代发展的节奏，适应时代和社会发展的要求。

二 "书香河南"建设的基本做法和成效

河南是历史文化大省、创作和出版大省，全民阅读根基深厚、需求突出。相关统计数据显示，2015~2021年，河南省综合阅读率由79.8%提高到84.1%，居全国前列。② 近年来，河南从阅读内容建设、阅读品牌建设、阅读渠道建设和数字阅读四个方面深入推进全民阅读，"书香河南"建设初效凸显。

---

① 《毛泽东谈读书》，人民网，2019年5月21日，http://dangshi.people.com.cn/n1/2019/0521/c85037-31094819.html。
② 《书香润中原 奋进新时代》，《河南日报》2022年9月27日。

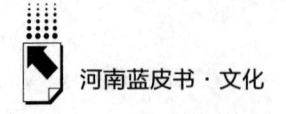

（一）抓好内容建设，做强做精主题出版

坚持以优质内容不断满足人民精神文化生活新需求、新期待，在河南省营造爱读书、读好书、善读书的良好氛围。一是围绕弘扬伟大建党精神等主题主线，对《共和国日记》《中国共产党执政历程》等百余种建党百年书系的选题加强组织策划。二是在"学习强国"河南平台开设"书香中原"专题，集中推介主题图书、豫版优秀出版物，《中华文脉——从中原到中国》、《黄河文库》、专题史料图书《黄河记忆》等一系列黄河文化出版项目不断"立"起来、"活"起来。三是及时回应时代发展和群众需求，《直面中国种子问题》、《中国探月工程科学绘本》、"乡村振兴科普口袋书·农业科普系列"、"漫画前沿科学"等一批弘扬科学精神、普及科学知识的科普读物不断涌现。

（二）抓好品牌建设，做深做细阅读推广

通过开展系列特色品牌活动，实现群众"要文化"与政府"送文化"的精准有效对接。重点开展系列红色经典阅读活动，组织红色经典阅读示范活动，持续用好"新春第一课"，诵读红色经典，传承红色记忆。持续做好重大特色品牌活动，不断擦亮"4·23世界读书日"、"书香河南"全民阅读、河南省青少年爱国主义读书教育、世界知识产权日版权宣传周和"绿书签行动"系列活动品牌。积极推进阅读公益事业发展，为援建新疆哈密市捐赠豫版精品图书，向汝州市南关社区捐赠精品图书，举办各类线上线下读书活动，大力倡导家庭阅读和亲子阅读，加强中小学书香校园文化建设，重点保障留守儿童、城市务工人员随迁子女等群体的基本阅读需求，有效加大全民阅读活动的覆盖力度。

（三）抓好渠道建设，做全做实阅读空间

全面推进"书香河南"建设，需要不断拓展全民阅读平台，打造"处处有书香"的书香社会。一是提升传统阅读渠道服务效能。发挥图书馆主

体作用，统筹联合图书馆总分馆、新华书店、城市书房、社区书屋、农家书屋等阅读场所，实施"图书馆+书店"行动、农家书屋"百姓自主选书"工程，加快推广线上线下"读者选书、图书馆买单、新华书店服务运营"模式，把选书的权利交给大众，把传统的"我选你看"转变为"你选我买"，充分发挥群众积极性、主动性、创造性，最大限度方便群众阅读。二是挖掘打造阅读新空间。打造群众亲近、方便的阅读空间，如在机关、企事业单位建立书角、书吧等阅读场所，在公园、车站等公共场合提供书屋、图书角、智能化终端图书借还设备等阅读设施。三是打通全民阅读"最后一公里"。充分利用现有社区书店、校园书店、乡镇出版物发行网点、乡村文化电商服务站等渠道，找准区域读者爱好、习惯和阅读需要，加快丰富图书品类，提高质量和供给匹配精准度，让符合人民需要的好书真正发挥到滋养心灵、启迪智慧的作用。

（四）抓好阅读创新，做大做优数字服务

紧跟数字化阅读趋势，不断加大优质内容网上供给力度。一是加强移动平台、数字阅读平台建设，搭建全国第一家个性化数字阅读平台"书香河南"，10万种优质图书、3万集有声读物，免费向河南省公众开放；开通"文化豫约"微信公众号，整合全省资源，和"百姓文化云"一起开展"云阅读"。二是实现农家书屋数字化全覆盖，目前已建成万余个数字农家书屋，为群众提供更快捷、更方便、全方位、全时限的数字阅读服务，如"淇县公共数字文化云平台"开通电脑、微信、手机、一体机四个在线端口。三是以数字化、智能化技术提升服务质量，精准分析策划文化活动，实现政府公共文化服务从"端菜"到"点单"的转变，被称赞为"老百姓的掌声工程"。

三 加快推进"书香河南"建设需要注意的问题

当前，"书香河南"建设还处于起步探索阶段，覆盖城乡的全民阅读推广服务体系还未完全建立，基础设施还不够完善，全省居民综合阅读率还有

待提升，全民阅读的普及度还较低，精品力作不多，阅读方式、渠道和群众多样化需求不匹配，监管落实还停留在重形式轻反馈层面，"书香河南"的建设和加快构建学习型社会、不断满足人民群众精神文化需求、实现人民精神生活共同富裕还有一定差距。

（一）全民阅读意识不强

一方面，一些政府部门官员主观忽视全民阅读中政府应该承担的责任，认为推进全民阅读投入大、周期长、见效慢，地方政府的决策者不愿意对全民阅读投入太多的人力和资金。[1]另一方面，随着社会节奏加快，社交媒体、视频媒体等"快餐式"阅读改变了人们的阅读方式，阅读兴趣被稀释、阅读深度被削减、阅读空间窄化、阅读功能式微以及市民生活泛化，[2]越来越多的人习惯在网上看"干货"，很难静下心来尽情享受深度阅读乐趣。

（二）阅读引导推介不多

一些地区在推动全民阅读上仅限于对阅读场所大小、图书多少等"硬件"的追求，对阅读的质量不够重视，特别是缺少阅读引导推介。在图书出版方面，"来料加工"较多，重大选题策划较少，缺少从源头上把关阅读引导。在图书销售方面，一些传统书店仅限于新书签售、新书推介，对一些高品质的图书缺少常态化推荐。对阅读活动品牌不够重视，缺乏有影响力、吸引力的品牌阅读活动。在宣传引导人才方面，缺少阅读推广人才。

（三）阅读服务理念不新

随着互联网技术和移动社交媒体的发展，人们的学习方式、阅读方式都

---

[1] 李贵成：《全民阅读：学习型社会中的国家战略与政府责任》，《出版发行研究》2016年第11期。

[2] 吴赟、刘倩：《"可阅读的城市"：城市视域下的纸质阅读危机与复兴对策》，《中国编辑》2022年第9期。

发生了巨大变化。然而，在地市级及以下地区，不少阅读场所依然只是提供传统阅读方式，如到馆阅读、借阅阅读等。这些阅读方式虽然延续久远，但已不再能适应快节奏生活方式，特别是一些偏远地区，借阅方便成为影响全民阅读的突出因素。除此之外，在阅读分享方面，一些商业化媒体平台通过组建读书兴趣小组，进行读书分享、评价等，聚集了大量读者，形成了强大的阅读黏性，这种社交化、兴趣化的阅读方式未能被运用到线下实体阅读场所。

（四）公共阅读渠道不畅

各级各类公共图书馆作为提供公共文化的最广泛的场所之一，其渠道建设是否全面，是否覆盖社会各级组织和各类人群，是一个国家、一个民族、一个地区文明程度的重要指标。城乡公共阅读渠道建设差距过大，城市过分集中阅读资源，而乡村则缺乏必要阅读资源，导致城乡知识鸿沟越来越大。随着人口规模、年龄结构和人口流动性的变化，适老化阅读、农民工阅读、留守儿童阅读等新的阅读需求还未得到有效保障。地铁、公交、社区等全民阅读的"最后一公里"还未打通，距离打造"处处有书香"的书香社会还有一定差距。

（五）全民阅读保障不够

全民阅读是一项提升民族素养、提升文化软实力的重要公益事业。然而，一些地方政府对全民阅读的重视程度不高，缺少完善的监管体系、财政体系和法律保障体系。全民阅读的口号很早之前就已提出，但实际工作推进慢，特别是涉及多部门协同的工作难以开展，迫切需要构建完善的全民阅读政策法规保障体系，确保全民阅读落到实处、做出实效。

四 "五个维度"推进"书香河南"建设走深做实

当前，民众对以阅读为代表的美好精神生活需求越来越高，迫切需要为其提供更好的精神产品、更新的科技呈现方式、更美好的阅读体验、更贴心更务实的阅读服务。① 习近平总书记关于推进全民阅读、建设书香社会的重要指示精神和党中央、国务院的部署要求，为建设"书香河南"指明了方向、提供了路径遵循。要深入学习贯彻习近平总书记关于推进全民阅读、建设书香社会的重要指示精神，切实增强责任感、使命感、紧迫感，努力从"多读书""读好书""爱读书""享读书""常读书"五个维度推动"书香河南"建设走深做实。

（一）做好全民阅读宣传引导，实现"多读书"

2021年京东阅读数据报告显示，贵州、河南、宁夏等中西部省区图书消费市场渗透率较低。为此，要在加强全民阅读推广上下功夫，形成人人为启智增慧、修身上进而愿意读书、主动读书的引导机制。一是抓好重大节点活动。围绕"世界读书日"、各类节假日等重要时间节点，以社会主义核心价值观为指导，组织开展全民阅读主题活动，开展线上线下荐读导读、专题讲座、读书征文、阅读分享、知识竞赛和经典诵读等形式多样的主题阅读活动。二是实施"两个带头人"工程。党员干部和教师群体具有较强的引领示范作用，推动党员干部率先垂范，带动群众形成读书风气；推动教师群体领读推荐，让书香浸润校园，营造读书环境。三是加强阅读推广人队伍建设。全国各地高度重视培养阅读推广人，深圳、烟台等地通过"阅读推广人"培育计划、儿童阅读推广人培育工程等形式，有效激发全民阅读热情。河南要加快组织培训一批具有较高素质的阅读推广人，开展常态化进农村、进社区、进家庭、进学校、进机关、进企业、进军营的"七进"活动，让全民阅读更好触达基层。

（二）加强全民阅读内容引领，实现"读好书"

信息化与全媒体时代，互联网极大丰富阅读内容的同时，也带来了复杂

---

① 郝天韵、杨雅莲：《全民阅读10年间，播撒书香遍九州》，《中国新闻出版广电报》2022年9月7日。

的局面。要加大优质阅读内容供给，出版好书、推荐好书、销售好书，使人们能够真正读到好书。一是加强党的创新理论读物出版传播。把学习宣传贯彻党的二十大和习近平新时代中国特色社会主义思想作为长期任务，做好党的创新理论读物策划、编辑、出版和传播工作，增强内容吸引力、感染力和传播力，让老百姓愿意看，容易理解，看了有用，真正筑牢听党话、跟党走的思想基础。二是抓好中原文化重大出版工程。出版行业肩负着新时代引导民众"读什么"的重要任务，需要针对国家需求和社会需求进行选题、质量分析和内容评价，进而进行源源不断的资源供给。①要围绕更好展示中原文化、延续历史文脉、彰显时代价值等，策划出版河南兴文化研究丛书、"行走河南·读懂中国""夏文化""跟着文物看华夏"等系列丛书，加强策划引导，推出一批具有长远意义和现代价值的高水平精品力作。三是强化阅读品牌引领。按照"政府主导、社会参与、全民共享"的理念，以"书香河南·全民阅读""中原书架""最美读书声""豫荐好书"等活动为引领，运用好读书节、读书月、阅读季等，创新培育一批群众可感可触的地方阅读活动品牌。

（三）满足人民群众多样化学习需求，实现"爱读书"

艾媒咨询（iiMedia Research）阅读行业数据分析显示，在阅读场景分布中，碎片化阅读趋势愈加明显，等待、睡前、通勤成为用户重要的数字阅读场景，分别占比56.4%、43.0%和35.2%。在现代社会，存在阅读氛围不浓厚和社区图书馆利用率不高的双重矛盾。要适应现代社会碎片化阅读习惯，创新阅读方式，挖掘阅读乐趣。一是加快数字阅读平台建设。调查显示，截至2020年6月，中国数字阅读用户规模达5.1亿人，电子书App、电子书网站和有声书分别占比62.4%、43.6%和40.0%。针对当前读者群体阅读场景和阅读模式的变化，要进一步拓展河南数字阅读、数字农家书屋、

---

① 张永清、于琦：《基于全民阅读战略的我国主题出版与主题阅读推动策略》，《图书馆建设》2022年第5期。

云书网及"百姓文化云"等平台的功能，用好全民数字阅读平台，不断满足人民日益增长的精神文化需求。二是推广社交化阅读。晋江文学、微信阅读、京东阅读、喜马拉雅等读书类新媒体平台及抖音、小红书等社交媒体平台利用社交化阅读模式，吸引了大量用户参与和分享，形成了良性互动。可以借鉴这种模式，建立新媒体平台阅读社区，邀请出版社资深编辑、作者、名家走进直播间，利用社交互动，提升场景化阅读体验。三是搭建线上线下双向互动阅读平台。充分发挥融媒体中心和新时代文明实践中心同频共振作用，通过增强融媒体原创内容的策划、制作和输出能力，重点策划具有时代特色、中原文化风采的原创内容，创新阅读体验；同时，用好新时代文明实践中心办好读书活动，建立线上线下全空间阅读体系。

（四）完善多层次阅读服务体系，实现"享读书"

营造"人人溢书香""处处有书香"的全民阅读环境，需要不断完善适应各类社会群体的阅读服务体系，强化各级各类阅读基础设施和载体平台支撑，丰富拓展阅读新空间、新领域。一是做好分众阅读服务。2021年4月23日，"文化强国"光明日报协同推广平台联合京东集团共同发布《阅读大数据报告（第四季）》，其中指出年龄、性别、职业、收入水平差异在一定程度上决定了阅读类型、阅读目的等方面的差异。要针对不同群体阅读需求，开展多层次分众阅读服务，大力倡导家庭阅读、亲子阅读，建立健全学校、家庭、社会有机结合的幼儿和大中小学生阅读服务体系，重点保障农村留守儿童、城市务工人员随迁子女等群体的基本阅读需求，加快推进面向残障人士、务工人员等群体的阅读服务，积极建设和改造适老化阅读场所、阅读服务终端。二是加强阅读服务基础设施建设。合理规划布局一批与当地经济社会文化水平相适应的社区书店、校园书店、专业书店、特色书店等实体书店。不断创新大型购书中心、中型复合书店、农家书屋、乡村文化服务站和微型智能服务点等阅读阵地体验场景及其服务内容，延长拓展阅读学习、美学生活、文化休闲、聚会交流等多元业态服务链。打通全民阅读"最后一公里"，鼓励倡导商场、机场、地铁、公交站、超市等公共场所开辟阅读空间，为群众营造处处有书香的全民阅读环境。三是创新阅读空间。北京推出10条书香主题游线路，挖掘文化旅游消费潜力。云南聚焦"书店+旅游"，把图书馆、书店与景区、小镇、乡村、度假区等相结合。河南结合地域文化特色，可以推动全民阅读与"行走河南·读懂中国""寻根中原文化"等深度融合，打造沉浸式、体验式全民阅读新模式，打造"书香河南+文旅融合"新阅读场景，加快梳理研发精品研学线路，建立亲子阅读体验场地。

（五）健全"书香河南"建设长效保障体系，实现"常读书"

要加快构建"书香河南"建设保障体系，形成常态长效的阅读机制。一是加快阅读立法进程。全民阅读涉及范围广，通过立法可以有效整合各方力量，保障公民在平等享有阅读资源、享有多种阅读资源选择权等方面的权利。要对管理体制、财政投入、指标体系、重点任务及弱势群体的阅读权益保障等进行具体化、细化、量化，特别是对违反法律的责任追究要明晰，促进"书香河南"建设高质量、可持续发展。二是建立常态化监管体制。确保阅读推广活动、重大阅读活动、全省性大型阅读活动和全民阅读设施建设等专项资金及时到位，完善书香社会评价指标体系，定期发布各市县阅读状况报告，努力把"书香河南"建设的目标任务落实到实施项目与具体行动中。三是多措并举加强经费保障。设立全民阅读专项资金，纳入省、市、县（市、区）政府年度财政预算，适时成立"书香河南"全民阅读促进会、"书香河南"全民阅读基金会，鼓励和引导社会资本、民间资本积极参与全民阅读，不断拓宽经费来源渠道，加大财政投入力度。

参考文献

[1]《习近平总书记关切事｜爱读书、读好书、善读书》，环球网，2022年4月25日，https：//baijiahao.baidu.com/s？id=1731037298203541793&wfr=spider&for=pc。

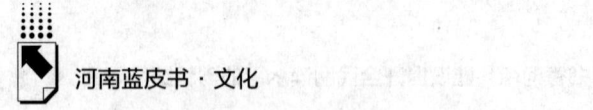

［2］《习近平致首届全民阅读大会举办的贺信》，新华网，2022年4月23日，http：//www.xinhuanet.com/politics/2022-04/23/c_1128588166.htm。

［3］《河南省人民代表大会常务委员会关于促进全民阅读的决定》，《河南日报》2019年4月21日。

［4］《把阅读作为一种生活方式　让中原大地处处书香充盈》，《河南日报》2022年9月23日。

［5］《书香润中原　奋进新时代》，《河南日报》2022年9月27日。

［6］李贵成：《全民阅读：学习型社会中的国家战略与政府责任》，《出版发行研究》2016年第11期。

［7］吴赟、刘倩：《"可阅读的城市"：城市视域下的纸质阅读危机与复兴对策》，《中国编辑》2022年第9期。

［8］郝天韵、杨雅莲：《全民阅读10年间，播撒书香遍九州》，《中国新闻出版广电报》2022年9月7日。

［9］张永清、于琦：《基于全民阅读战略的我国主题出版与主题阅读推动策略》，《图书馆建设》2022年第5期。

B.13
2022年河南省新闻业发展研究报告

田 丹*

摘　要： 2022年，河南省新闻业发展全方位增速，全媒体化、平台化发展的趋势愈发明显。以报纸、广播、电视为代表的传统媒体规模逐渐收缩，新闻媒体积极试水人工智能产品；传统媒体根植于优质内容创作，守正创新，致力于讲好河南故事；新媒体平台账号布局不断优化，党报全媒体转型成效明显。2022年，河南广电聚焦中国节日"奇妙游"系列节目擦亮传统文化IP，传媒产业发展迈上新台阶，媒体融合传播效果显著。同时，新媒体智库建设、主流舆论格局塑造、全媒体人才队伍建设等方面出现一些掣肘因素，亟待解决。为更好地壮大、做强新闻宣传工作，河南省应着力推出一批精品化智库研究成果，加快助推建成新媒体智库品牌；应积极引导社会舆论，强力推动省级媒体构建主流舆论新格局；应深化媒体人事机制体制改革，进一步释放活力，强化从业人员能力水平建设。

关键词： 河南省　新闻业　融合传播　人才队伍

一　河南新闻业发展概况

2022年是"十四五"规划实施的关键之年，是党和国家事业发展进程中十分重要的一年。2022年，河南省新闻业持续布局移动互联网，在融合

---

* 田丹，河南省社会科学院新闻与传播研究所助理研究员，研究方向为媒介文化研究、新媒体研究。

传播中力保优势不失；传统媒体依托现象级节目，夯实媒体深度融合的内容之基；短视频平台，借力人工智能技术，新媒体收入成为行业收入的重要增长点，为传媒产业高质量发展注入活力。

（一）媒体规模与行业趋势分析

截至2021年底，河南省网民规模达到9082.5万人，较2020年增加246万人；手机网民规模达到9000.7万人，较2020年增加252.6万人；网络新闻用户规模达到8156.1万人，较2020年增加345.6万人。[①] 从主要数据的统计分析可知，网民数量、手机网民数量、网络新闻用户数量皆远远高于2020年。与之相对的是，河南省报纸总印数、总印张、定价总金额等指标继续下降（见表1）。2022年，随着媒体融合进入深水区，河南省新闻媒体顺势而为，坚持移动优先原则，有力推动媒体融合向纵深发展。河南日报报业集团先后上线"大河云"融媒体平台和顶端新闻，倾力打造河南日报客户端、大河客户端、河南手机报以及河南政务客户端等全媒体矩阵平台，成功构建报纸、网络、移动端等多形态传播格局。

表1　河南省2019年、2020年报纸出版数据统计

	2020年	2019年
种数（种）	77	77
总印数（万份）	132314	157481
总印张（千印张）	2363517	3217861
定价总金额（万元）	203895	229930

资料来源：河南省统计局、国家统计局河南调查总队编《河南统计年鉴（2021）》，https：//oss.henan.gov.cn/sbgt-wztipt/attachment/hntjj/hntj/lib/tjnj/2021nj/zk/indexch.htm。

2020年，河南省广播电视行业总收入达到770413万元，与上年相比总收入略有减少。广播电视行业收入结构持续变化，传统广播电视业务收入比

[①]《2021河南省互联网发展报告》，河南省通信管理局、河南省互联网协会，2022年6月，https：//hca.miit.gov.cn/cms_files/filemanager/1075216164/attach/20226/464c222cc4d24283b67d78deee436119.pdf。

重下降，新媒体业务收入成为广播电视业务收入的重要增长极。2020年，河南省广播电视广告收入114263万元，同比下降22.3%；有线电视网络收入104379万元，同比下降27.2%；广播电视节目销售收入1256万元，同比增长112%；新媒体业务收入91191万元，同比增长15.85%。[①] 从数据可知，广播电视节目销售收入、新媒体业务收入是广播电视行业收入占比中仅有的两项正增长指标。也正是得益于收入结构的调整，广播电视行业倾颓之势稍止，广播电视事业单位年度负债情况较上年明显好转。此外，2022年河南新闻业积极入局人工智能产品，助力政务新媒体建设。大河网旗下数字科技有限公司自主研发的"大河智慧普查"信息化平台于2022年8月1日正式上线。该智慧普查信息平台支持政务网站、电子报、微博、微信、抖音号、头条号、百家号等多平台内容巡检，具有覆盖广、普查快、错敏排查类别多的特点，真正实现政务新媒体普查与人工智能技术的应用结合，有效提升了河南省政务新媒体内容普查的质量和效率。

（二）专注优质内容，守正创新

2021年，河南卫视"中国节日"系列节目引爆全网，并在社交媒体引发"文艺复兴看河南"的讨论。2022年，河南广电以"中国节日"系列节目为突破口，加强与B站、优酷等网络视频平台合作，围绕弘扬优秀传统文化的主题，相继推出一系列叫好又叫座的融媒体节目。2021年底，河南卫视联合B站共同打造文化剧情舞蹈节目《舞千年》，于蹁跹舞姿中讲述华夏故事。2022年，河南卫视携手优酷推出文明探索纪实真人秀节目《闪耀吧！中华文明》，聚焦考古文物和考古发现，通过推理解谜、国漫、CG特效等创新方式，打造文物考古、文明探源的视觉盛宴。此外，河南卫视制作播出时代故事展演节目《天地诗心》，围绕英雄、文化、生态、青春四大主题，以歌舞、戏剧、微电影、媒体报告剧等多种艺术手法，赋予传统诗词新

[①] 国家统计局社会科技和文化产业统计司、中宣部文化体制改革和发展办公室编《中国文化及相关产业统计年鉴（2021）》，中国统计出版社，2021，第107~108页。

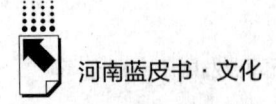

时代的表达方式。节目一经播出，赢得了网友们的如潮好评，"天地诗心"相关话题迅速冲上微博热搜。

2022年，河南省新闻媒体专注于挖掘中原大地深厚的历史文化资源，聚焦媒介内容，推动内容创新，积极讲好河南故事，推动全媒体融合报道出新意、出新彩。河南日报报业集团围绕学习贯彻习近平新时代中国特色社会主义思想的主线，在全国两会期间，运用H5、图解、短视频等融媒体形式宣传解读政府工作报告。顶端新闻推出H5媒体产品"巍巍焦桐成长记 祖国邀你助把力"，运用一镜到底、一镜穿越等特效设计，将政府工作报告中各行业内容转变成"能量球"，用户一旦点击相关"能量球"，获取详细内容的同时会帮助焦桐生长开花。该H5产品推出1小时内，迅速吸引了"10万+"的用户点击阅读。

（三）优化新媒体布局，新旧相融

2022年，河南省新闻媒体不断优化新媒体平台账号布局，遵循"小屏优先"原则，在新媒介产品筹划、研发阶段，利用小屏传播，力争最大限度提升媒体传播力。河南广播电视台在各大短视频平台增设"唐宫夜宴"等文创类账号，同时在"河南卫视""大象新闻"等新闻资讯类账号中，增加"2022奇妙游"文化类内容，从而实现文化IP热度的延续。2022年全国两会期间，河南卫视推出系列创意短视频"出彩项目看河南"，一改过去大屏刊发、小屏跟推的做法，而是先由新媒体宣发，然后卫视晚间二次播出。此番播出顺序的调整，既能在移动端保证新闻的时效性，同时也给重点人群的信息到达率上了一重保险。截至3月10日，"出彩项目看河南"全网阅读量突破5亿人次，节目内容"捡破烂一年挣了800亿"在社交网络引发网友热议。

南阳日报社于2019年8月全方位启动媒体融合改革，秉持"新媒优先、实质突破、着力破解、勇于领先"的方针，着力构建全媒体传播矩阵，重点进行内容、管理、平台、机构等各个层面的融合探索，搭建起全媒体指挥平台"诸葛云"。目前，南阳日报社下设65个新媒体账号，粉丝总量3800万人，日活跃量2100万人，日均阅读量达到3.5亿人次。南阳日报社推陈出新，将报纸平面阅读与新媒体立体影像结合起来，研发出视频版《南阳日报》，采用"图文音视"四位一体的方式呈现新闻作品，受到用户的一致好评。《南阳日报》日均阅读量突破2万人次，叫响了党媒全媒体转型的南阳品牌。南阳日报社所属新媒体账号（部分）粉丝量统计见表2。

表2 南阳日报社所属新媒体账号（部分）粉丝量统计

单位：万人

	《南阳日报》	南阳网
微信公众号	120	300
抖音	350	1300
今日头条	42	—
客户端	40	—

资料来源：《学习！南阳日报社的媒体融合之路很有特点！》，《焦作日报》2022年8月29日。

二 河南新闻业发展主要成就

经过数年的不懈耕耘，2022年河南省新闻业的发展取得了骄人的成绩。媒体融合逐渐迈入深水区，全媒体传播力、影响力显著提升；立足内容、擦亮品牌，传统文化类节目持续爆红，文化IP形象牢牢树立，为河南文化强省建设贡献传媒力量；传媒产业整体上恢复增长态势，传媒数字经济继续保持较高速度发展态势。

（一）主流媒体融合传播效果显著

2022年，河南省新闻业着力优化新媒体平台账号布局，着力提升短视频平台账号传播力，形成了较好的融合传播效果。2022年7月，央视市场研究（CTR）发布《2022上半年主流媒体网络传播力报告》，河南广播电视台在2022年上半年38家省级以上广电机构网络传播力总榜中排名第3位，较2021年上半年同期排名上升4个位次；38家省级以上广电机构网络传播力短视频分榜单排名中，河南广播电视台排名第2位，与2021年上半年同期排名持平；

在2022年上半年省级台新闻融合传播指数排行榜、短视频传播指数排行榜中，河南台稳居首位；在2022年上半年新浪微博、自有客户端指数排行中，河南台均居前三位。2022年上半年，河南广电旗下河南民生频道、大象新闻、河南都市频道3个新媒体账号进入短视频播放亿级账号阵营。其中，大象新闻视频号互动量达到10.4亿次，领跑省级台新闻短视频互动量排行榜。①

2022年，河南广播电视台旗下各频道新媒体账号全面发力，短视频账号累计粉丝量、传播量在各省级台排行中居首位。2022年上半年，河南广播电视台6个新媒体账号传播量突破10亿次，在省级台新闻融合传播效果统计中表现尤为亮眼。阵营下的大象新闻账号，2022年仅上半年传播量超过70亿次，与上年同期相比增长超250%。此外，河南广电旗下河南民生频道、河南都市频道在新闻账号传播矩阵中，扮演着举足轻重的角色：频道所属栏目《大象直播间》《打鱼晒网》聚焦本地民生，以接地气、生活化、趣味化的特色内容跻身10亿级流量阵营。2021年，河南日报客户端下载量达到11421万次，在省级党报客户端下载量排行榜中居第2位；大河网开设的今日头条账号展现量为15.5万次，在2021年党报头条展现量排行榜中排名第9位。②河南省各级新闻媒体经过媒体深度融合的有益探索，在提升新媒体传播力方面摸索出一条适合本地媒体开拓的融合之路，主流媒体融合传播取得了较好的成绩。

（二）精品节目擦亮传统文化IP

自"文化立台"的定位确立以来，河南卫视相继推出《汉字英雄》《成语英雄》等"英雄系列"节目、中国节日"奇妙游"系列节目，突破以往《梨园春》《华豫之门》《武林风》"三足鼎立"的局面，成功塑造以"奇妙游"为代表的传统文化IP形象。河南卫视中国节日"奇妙游"系列节目在传播内容选择上较为精妙，通过与微博、优酷、B站等社交媒体的融合传播，

---

① 《竞渡深水区，新闻融合传播持续变局——2022年上半年省级台新闻融合传播指数观察》，收视中国，2022年8月22日，https：//mp.weixin.qq.com/s/TpFN4MZl7LGREQ0lsEFVWQ。
② 《2021全国党报融合传播指数报告》，人民资讯，2021年12月29日，https：//baijiahao.baidu.com/s？id=1720460589563462924&wfr=spider&for=pc。

有效实现了传统文化类电视节目"社会遗产传承""审美共振""情感共鸣"的社会功能。中国节日"奇妙游"系列节目通过对文化内涵、文化遗存等传统文化精髓的探寻,将传统之美展现得淋漓尽致,形成一种文化号召力,号召受众认识传统之美,将受众引入对传统文化的向往和憧憬中,助推受众形成强烈的文化自信和文化自觉。中国节日"奇妙游"系列节目一改以往的叙述风格,以趣、萌、雅的方式让人产生共情,贴合了青年受众的审美偏好。中国节日"奇妙游"系列节目深入挖掘中华传统节日的人文内涵,每档节目都巧妙实现了主题与内容的贴合,从价值观层面引起了受众的精神共鸣。

2022年,《元宵奇妙游》中的视觉秀节目《守望山河　狮舞东方》,利用AR手段实现南北舞狮"同框",共画山河盛景。"狮舞东方"与"元之始终"的主题相契合,展现出大地回春、祖国上下一派勃勃生机的景象。《清明奇妙游》中的歌曲《清明客》,在歌手演唱过程中不断闪现祠堂、老者、村庄、家谱等画面,用简单的镜头语言勾勒乡村的面貌,从而体现"清明无客不思家"的情思。舞蹈节目《陇上踏歌行》以桂林山水为背景,以脚踏大地为节拍,歌舞相融,展现清明时节农家一派繁忙的景象。同时,山川日月的美景与中国文人画中的悠然恬淡之气跃然屏上,在自然之静与歌舞律动中彰显雅致之美。《重阳奇妙游》以"秋来辞青""九九暖阳""登高抒怀"三个篇章串联"孟嘉落帽""白衣送酒""滕王阁序"三个文人故事,借由舞蹈节目《登高抒怀》《酿秋》、歌曲节目《辞青》再现登高、赏菊、插茱萸等重阳习俗,进而得以呈现重阳节蕴含的深层次人文追求和精神内涵。通过七场传统节目"奇妙之旅",中国节日的传统文化IP成为促进河南文化、旅游、文创高质量发展的"种子选手",为河南文旅文创融合发展开创新局面提供原动力。

(三)传媒产业发展迈上新台阶

根据传媒产业细分市场构成,报刊、电影、网络视听、广播电视广告等的收入是传媒行业主要的细分市场收入。2020~2021年,河南传媒产业有序恢复发展,广播电视行业亏损、负债状况有所好转,音像及电子出版物、期刊出版总印数等起伏波动不大,电影票房收入保持增长态势。根据猫眼专业版App发布的数据，2021年河南省电影票房收入21.33亿元，在全国各省份票房收入排行榜中列第8位，较2019年票房排行上升1个位次，基本恢复到新冠肺炎疫情前票房收入水平。① 面对郑州"7·20"特大暴雨，多家电影院为上千人提供避险、休息、过夜场所。这一举动让"郑州电影人"同"建党百年""长津湖"一道，共同入选2021年中国电影十大关键词。2022年春节档期间，河南省电影票房收入2.99亿元，观影人次达到577.7万人，在春节档全国各省份票房排行榜中列第6位。此外，2022年上半年，河南省规模以上文化及相关产业企业营业收入达到1220.82亿元，其中，新闻信息服务业实现营业收入62.42亿元，较上年同期增长18.6%。②

在新闻出版方面，中原出版传媒集团2021年赢利9.63亿元，创历史新高。中原出版传媒集团多年来连续入选全国文化企业三十强，形成了一定规模的"豫字号"图书品牌。如中州古籍出版社的古籍整理出版、大象出版社的文献集成、河南文艺出版社的历史小说等，均在全国范围内具有一定的影响力。中原传媒出版集团大力推动中华文化"走出去"，2022年上半年，该集团在英国伦敦、东南亚地区进行精品图书的巡展。中原出版传媒集团发布的2021年年报显示，2019~2021年中原出版传媒集团传媒营业总收入复合增长率达到0.95%，在已公开披露2021年年报的17家大众出版行业公司中排名第11位。③ 2022年8月25日，中原出版传媒集团公开发布的2022年半年度报告显示，中原出版传媒集团2022年1~6月实现净利润4.58亿元，较上年同期增长3.82%。④

---

① 《2021年，河南票房全国第八，"郑州电影人"入选中国电影十大关键词》，正观新闻，2022年1月5日，https://baijiahao.baidu.com/s?id=1721102313352454729&wfr=spider&for=pc。
② 《2022年上半年河南规模以上文化及相关产业企业营业收入增长3.3%》，河南省人民政府网站，2022年8月12日，http://www.henan.gov.cn/2022/08-12/2559762.html。
③ 《中原传媒：2021年净利润同比增长5.11% 拟10派3.3元》，新浪财经，2022年5月16日，http://finance.sina.com.cn/stock/relnews/cn/2022-05-16/doc-imcwiwst7695242.shtml。
④ 《图解中原传媒2022半年报：净利润4.58亿元，同比增加3.82%》，东风新闻，2022年8月25日，https://mp.weixin.qq.com/s?__biz=MzUyMzAxNTYxOA==&mid=2247502225&idx=1&sn=e40431d830a9407b6df0ecbcbc7de221&chksm=f9c18d3cceb6042a3322a9f95c5434547be2463b585aa75688a5b0cb41c772b688e5de975f33&scene=27。

三 河南新闻业发展困难所在

随着媒体融合逐渐进入深水区，河南省新闻业取得了显著的技术进步，传播效果显著提升。但同时，以人工智能为代表的新媒介技术、传播生态的改变对新闻业发展提出了新的要求。相较于新媒体战略传播体系的构建而言，河南省新媒体智库建设仍处于相对落后的阶段。当下新媒体舆论生态、传播格局越发复杂多变，河南省新闻业全媒体人才队伍建设面临严峻的考验。

（一）新媒体智库建设亟须提上日程

2022年4月，中共中央办公厅印发《国家"十四五"时期哲学社会科学发展规划》（以下简称《规划》）。《规划》提出，要着力打造一批具有重要决策影响力、社会影响力、国际影响力的新型智库。媒体智库是中国特色新型智库体系建设中的重要力量，也是新历史方位下时代赋予新闻业的发展使命与任务。从新闻业自身的发展前景看，新媒体智库建设是新闻媒体行业前进的"智囊团"，对行业的发展起到前瞻性、引导性作用。新媒体智库兼具媒体与智库双重功能，在引导社会舆论、讲好中国故事、建言咨政方面发挥着重要作用。目前，我国新媒体智库建设由官方力量和社会力量两股主力共同主导。以人民网新媒体智库、央视市场研究、湖南日报智库等为代表的主流新媒体智库，多倚仗传统媒体力量成立。阿里研究院、腾讯研究院等是社会化新媒体智库的主要代表，多从企业发展、技术进步的视角开展新媒体研究。新媒体智库建设是拓展新闻业行业产业边界的重要尝试，同时也是提升媒体影响力、知名度的重要路径。当前，河南省新媒体智库建设仍处于起步阶段，虽然有河南日报智库推出的《县域经济何以"成高原"》，但是其传播力、影响力与新型媒体智库的高效益建设、高能级建设要求仍有一定距离。因此，建设好新媒体智库、推出兼具精品化和高质量的智库成果是河南新型媒体智库建设的重要任务。

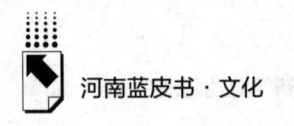

（二）舆论引导新格局构建能力有待提升

5G技术的普及，加快了信息传播的速度，越来越多的人凭借具有"匿名化"和交互传播优势的网络媒介"各抒己见"。这些声音中不乏理性的建议，同时也包含有情绪化的表达，更有甚者虚假消息掺杂其中，舆论信息构成日趋复杂。在当前舆论场中，情感逐渐成为影响舆论走向的重要因素。信息的传播也更偏爱情绪化的内容，甚至大有情绪因子的影响力超过事实因子的趋势。媒介用户关注的焦点发生偏移，从基于事实本身的理性思考转向更易引起共鸣的情绪化内容，舆论观点情绪化倾向日趋明显。传统媒体掌握媒介话语权的时期，舆论事件的焦点较为集中，人们在舆情爆发期的关注点也相应更加聚焦。在社交媒体的赋权下用户获得话语权、表达权，导致人们常借助于已曝出的热点舆情事件表达自身诉求，与之相关的舆情喷薄而出。舆论场短时间内围绕某一话题或者是某一主体形成众多舆情，舆论搭车、舆论失焦现象日趋普遍。舆论信息的飞沫化、舆论观点的情绪化、舆论搭车的普遍化成为后真相时代舆情传播的明显特征，同时也是关系到能否成功构建健康向上舆论生态的关键因素。

四 推动新闻工作提质增效的建议

为更好地推动河南新闻宣传工作实现高质量发展，河南新闻业应从自身面临的困难出发，有针对性地采取措施，从推动建设特色化的新媒体智库品牌、更加全面地落实媒体人事体制机制改革入手，为河南新闻业发展迈入新台阶贡献力量。

（一）推出精品化研究成果，打造新媒体智库品牌

智库研究成果是新媒体智库推出产品的主要形式，也是衡量智库影响力、公信力的重要标准。欧美地区老牌媒体智库通过发布专题报告或年度调查报告以扩大研究成果的影响力，如美国皮尤研究中心发布的皮尤调查、英

国路透社新闻研究所发布的年度《新闻、媒体和技术趋势预测》报告。凭借这些行业调查报告，皮尤研究中心、路透社新闻研究所现已成为享誉世界的国际智库研究品牌。因此，河南省应聚焦重点行业推出高质量、精品化的智库研究成果，全力打造特色鲜明的新媒体。例如，可以结合河南省文化资源特点，聚焦文旅文创融合的重点问题，运用大数据、人工智能等媒介新技术，充分挖掘文化数据资源优势以及相关领域专家资源优势，推出一批眼光独到、内容精准的研究调查报告，为政府决策部门、社会各界提供决策咨询服务。同时，要充分利用媒体在传播方面的优势，构建成果传播矩阵，将智库研究成果进行视频化、可读性转化，从而塑造媒体智库品牌。

（二）建设全媒体传播体系，塑造主流舆论新格局

塑造主流舆论新格局是党的二十大报告明确提出的部署要求。建设全媒体传播体系是塑造主流舆论新格局的实践抓手，只有确保主流媒体的全媒体矩阵成为舆论斗争的主战场、主力军，方能实现以主流声音引领社会舆论。建设全媒体传播体系，必须保证媒介形态"全"、舆论声音"强"。应推动传统媒体与新媒体融合向纵深发展，采用多种传播手段、运用多种媒介形态，力图做到受众全覆盖。传统媒体，尤其是具有强大资源优势的头部媒体，应积极探索媒介技术发展新路径，努力打造智能化、数据化、社交化、可视化的全媒体传播平台，壮大主流思想舆论。

参考文献

［1］崔保国、陈媛媛：《2021—2022 年中国传媒产业发展报告》，《传媒》2022 年第 16 期。

［2］《聚焦聚力聚势　用心用情用责——从河南日报迎接党的二十大报道谈起》，《中国记者》2022 年第 8 期。

［3］胡正荣、黄楚新、吴信训主编《中国新媒体发展报告（2022）》，社会科学文献出版社，2022。

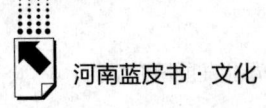

［4］山东大学传播与媒介研究中心课题组:《智媒时代如何培育县域全媒体人才队伍——县级融媒体中心从业人员现状调查与思考》,《光明日报》2022年8月11日。

［5］《2021年,河南票房全国第八,"郑州电影人"入选中国电影十大关键词》,正观新闻,2022年1月5日,https：//baijiahao.baidu.com/s?id=1721102313352454729&wfr=spider&for=pc。

［6］《2022年上半年河南规模以上文化及相关产业企业营业收入增长3.3%》,河南省人民政府网站,2022年8月12日,http：//www.henan.gov.cn/2022/08-12/2559762.html。

［7］《中原传媒：2021年净利润同比增长5.11%拟10派3.3元》,新浪财经,2022年5月16日,http：//finance.sina.com.cn/stock/relnews/cn/2022-05-16/doc-imcwiwst7695242.shtml。

［8］《图解中原传媒2022半年报：净利润4.58亿元,同比增加3.82%》,东风新闻,2022年8月25日,https：//mp.weixin.qq.com/s?__biz=MzUyMzAxNTYxOA==&mid=2247502225&idx=1&sn=e40431d830a9407b6df0ecbcbc7de221&chksm=f9c18d3cceb6042a3322a9f95c5434547be2463b585aa75688a5b0cb41c772b688e5de975f33&scene=27。

B.14 河南省国有景区管理体制改革调研报告

河南省委宣传部文化体制改革办公室
省委改革办改革二处调研组*

摘　要： 2021年10月，在河南省第十一次党代会上，文旅文创融合战略成为省委省政府重点实施的"十大战略"之一。旅游景区是文旅产业的核心要素，其市场化程度、服务质量水平、核心竞争力直接影响着文旅融合的发展水平和发展后劲。近年来，河南省旅游景区从开发到管理都取得了长足的进步，然而仍然存在诸多因素制约着景区的可持续发展，其中管理体制问题日益凸显。国有景区管理体制改革调研组以河南省景区管理体制机制为研究和调研对象，围绕建立统一有力的管理协调机制、建立灵活实用的景区经营机制、建立系统集成的政策支持体系、提升景区精细化专业化管理水平、健全具体完善的人才培养机制等方面，先后到焦作、安阳、洛阳、信阳、修武、温县、林州、嵩县、栾川、商城等市、县开展实地考察调研，并以书面调研的形式对省内其他地市的景区管理体制情况进行了了解。国有景区管理体制改革调研组总结当地景区管理的现状、问题及原因，并对未来景区管理体制改革提出建议。

关键词： 景区管理　体制机制　高质量发展

---

* 调研组成员：杨恒智、周鸥鹏、伍静、麻翔宇、赵洁、杜松江；执笔人：赵洁、麻翔宇、杜松江。杨恒智，中共河南省委宣传部文化体制改革办公室主任；周鸥鹏，郑州大学新闻与传播学院教授、博士生导师；伍静，省委改革办改革三级主任科员；麻翔宇，省委改革办改革三级主任科员；赵洁，郑州大学新闻与传播学院2020级硕士研究生；杜松江，中共河南省委宣传部文化体制改革办公室干部。

为认真贯彻落实楼阳生书记在河南省第十一次党代会上关于推进景区管理体制改革的讲话精神，按照年度工作安排和省委深改委《关于印发〈2022年全面深化改革工作重点任务〉的通知》中"深化景区管理体制改革"的相关要求，河南省委宣传部文化体制改革办公室联合省委改革办、郑州大学组成国有景区管理体制改革调研组，于近期开展了国有景区管理体制改革专题调研。2022年8月2~19日，国有景区管理体制改革调研组先后到焦作、安阳、洛阳、信阳、修武、温县、林州、嵩县、栾川、商城等市、县开展实地考察调研，并以书面调研的形式对其他地市的景区管理体制改革情况进行了深入了解。国有景区管理体制改革调研组主要围绕建立统一有力的管理协调机制、建立灵活实用的景区经营机制、建立系统集成的政策支持体系、提升景区精细化专业化管理水平、健全具体完善的人才培养机制等方面，梳理总结景区管理的现状、问题及原因，并对下一步的景区管理体制改革提出意见建议。

一　整体情况

河南省委省政府高度重视景区管理体制改革，其是河南省实施的文旅文创融合战略中的重要内容。河南省政府印发的《河南省"十四五"文化旅游融合发展规划》明确提出要积极稳妥推进旅游景区（点）所有权、管理权和经营权分离，各地认真贯彻省委省政府要求，积极探索景区（点）企业化经营、市场化运作，努力推动文化旅游业提档升级和高质量发展。2021年，河南省国有景区共接待国内外游客7.93亿人次，实现旅游总收入6078.87亿元。[①]

一是政策体系逐步健全。近年来，河南省各级政府高度重视文旅产业发展。2021年10月，在河南省第十一次党代会上，文旅文创融合战略成为省委省政府重点实施的"十大战略"之一，楼阳生书记在会上指出要推进景

[①]《2021年河南接待游客7.9亿人次　旅游收入达6079亿元》，凤凰网，2022年2月16日，https：//i.ifeng.com/c/8Dg4VEa8iYn。

区管理体制改革。河南省政府印发的《河南省"十四五"文化旅游融合发展规划》中提出建立相互协调、密切配合、分工合作的旅游管理体制。在法律许可的前提下，积极稳妥地推进旅游景区（点）所有权、管理权和经营权分离，推动景区（点）企业化经营、市场化运作。新乡市制定《新乡市"十四五"文化旅游业发展规划》。信阳市编制出台《信阳市"十三五"旅游产业发展规划》《河南省大别山红色旅游专项规划》《南湾湖创建国家生态旅游示范区提升规划》等发展规划和专项规划，对全市文化旅游产业发展进行科学布局、整体谋划。嵩县县委县政府及各主管部门正确领导、精准定位、创新经营思路，以积极创建国家级旅游度假区为目标，为嵩县旅游业的快速发展做出积极贡献。在栾川县委县政府的领导下，栾川县不断丰富和提升"栾川模式"内涵。"栾川模式"从"党政主导、部门联动，市场化运作、产业化经营"，到"旅游引领、融合发展、产业集聚、全景栾川"，不断创新发展，开展了一系列有益探索，取得丰硕成果，成为河南省旅游业发展最快、成效最好的县之一。

二是景区管理体制不断完善。各地积极探索景区管理体制改革，建立健全现代景区管理体制。修武县云台山风景名胜区管理局实施"一保留、两步走、全封存"计划，保留原单位性质、隶属关系、机构规格、社会管理职能及干部管理权限，封存事业单位人员档案，实行企业化管理，建立与市场经济体制相适应的管理体制。安阳市文旅集团组建运营公司，于2021年1月1日正式接收殷墟景区运营权，成为安阳首个经营权与管理权分离的试点景区，2021年在新冠肺炎疫情和汛情的叠加影响下，共接待游客43余万人次，营业收入1400余万元，同比2020年受疫情影响的21.7万人次，营业收入630余万元，分别增长98.2%、122.2%。在栾川县人民政府主导下，老君山景区进行体制改革，至2021年，老君山入园游客有170余万人次，旅游收入为3.69亿元，较改制前，双双实现了1000多倍的增长，创造了良好的经济效益和社会效益。鹿邑县将原太清宫景区管理委员会和明道宫景区管理处改为鹿邑县老子故里旅游开发有限公司所属的两个企业，实现了景区由行政化管理向市场化管理的转变。遂平县嵖岈山景区将经营权转让给天津海加利公司50年，成立嵖岈山旅游集团公司具体管理嵖岈山景区，公司自负盈亏，自主经营。2020年接待游客41.31万人次，2021年接待游客49.18万人次。

三是运营机制日益灵活。已经实现企业化经营的景区不断完善现代企业制度，实行了更加灵活的市场化经营机制。云台山景区建立与市场深度接轨、与绩效相挂钩的薪酬体系，高层管理人员实行年薪聘任制，中层、基层实行岗位薪酬制和考核退出机制，形成了高管排名制、中层末位淘汰制、基层回炉制。从2018年改革的提出到2020年的顺利落地，云台山市场竞争活力彻底迸发出来，景区接待游客在600万人次以上，旅游综合收入在7亿元以上，带动了全县3.81万人就业，对就业贡献率始终维持在24%以上。隋唐洛阳城景区推行职业经理人制度，并出台《营销激励办法》《攻坚789暨经营倍增计划实施方案》等激励政策及评优评先管理办法，通过专项奖金的激励与优秀人员的标杆效应，激发全体人员干事创业的激情与活力，持续推进降本增效。2020年新冠肺炎疫情防控期间，老君山实行营销推广激励机制，制定《老君山文旅集团关于员工创作发布短视频的考核办法》，鼓励公司员工利用短视频平台创作优秀作品宣传老君山，2020年老君山区景区抖音短视频奖励资金56.2万元，员工最高获奖金13.9万元，景区经营收入从2019年的1.85亿元增加至3.1亿元。

四是旅游产品更加丰富。各地鼓励旅游景区做优空间布局，做强核心产品，培育新型业态，持续推动景区转型升级。郑州市推进黄河国家博物馆、大运河国家文化公园、黄河天下文化综合体、沿黄生态廊道等重大文旅工程建设，依托郑汴洛轨道快线、大河文化绿道等，串联精品文旅线路，建设具有国际影响力的黄河文化旅游带。洛阳市不断推出"旅游+影视、综艺、演艺、游戏、研学、康养、文创"等新的旅游模式，给予游客沉浸式、惊奇感、专享化的独特体验。信阳市坚持以大别山北麓全域旅游示范区创建为统领，将A级景区建设与生态旅游示范区、中医药康养基地、体育健身步道、国家文化公园等国家级、省级旅游品牌创建有机结合、实施联创，不断放大旅游品牌创建综合效应。舞钢市二郎山景区招商引资打造网红打卡新景观——天空之门、天空之吻等,实施"豫见天眼"高科技项目,积极打造景区旅游市场复苏升温的"燃爆点"。叶县马头山风景区以玻璃崖壁漂流为核心吸引产品,围绕崖壁漂流不断优化景区空间,增加游客参与体验的项目。南阳市以沉浸式体验、年轻化消费为导向,运用现代技术创新沉浸式旅游模式,建立文旅融合业态新谱系。

五是管理水平不断提高。各地不断提高景区管理水平,营造优质旅游环境。全面落实标准化、规范化服务,发展和改善个性化、主题化、特色化服务,持续提高服务水平。周口市积极推动景区规范化管理、制度化治理,建立健全现代景区管理体制机制,坚持用制度管人、用制度管事、用制度谋发展,研究制定《景区考勤制度》《景区员工管理制度》《景区领导带值班制度》《景区绩效考核办法》等相关管理制度。洛阳老君山景区推出了"高层决策、区域管理、业务细化、责任到人"的16字管理模式,并对《老君山景区标准化管理制度体系》进行了完善补充,新增管理制度82个,特别是对管理薄弱环节,如营销管理、家庭民宿管理、商户管理、观光车管理等,进行了修改完善,形成了以"老君山十六字管理方针"为统领、具有鲜明个性特点、符合老君山旅游发展的管理模式。白云山在疫情防控期间经费比较紧张的情况下,投资一个多亿完善基础设施,管理局、旅游局与白云山景区协同联动,管理秩序良好。嵖岈山景区累计投资18亿元用于道路、停车场、游客中心、厕所、标识系统、信息化系统、购物场所及主题展馆等游览设施、服务设施建设,并对景区的内外部环境进行了综合整治。郑州市各景区基本建成智慧旅游景区,4A级以上旅游景区实现无线网络、智能导游、电子讲解、在线预订、信息推送等功能全覆盖。

二 存在问题

随着河南省文化旅游业的转型升级和快速发展,景区现行管理体制已无法适应文旅产业高质量发展新要求,虽然一些景区探索体制机制改革,创新管理模式,但总体看河南省现有管理体制仍存在诸多问题,景区管理体制不顺问题并未根本得到解决，多头管理和政企不分等依然普遍影响着河南省旅游景区的快速协调和持续发展。同时，伴随文旅业的迅速发展，游客需求层次普遍提高而且日趋理性，对景区旅游产品水平和服务品质有了更高的要求。然而，旅游景区管理与服务水平并没有随之相应提升，已经成为当前旅游产业链中的较为薄弱的环节。景区管理体制不顺、机制不活、激励缺失、人才流失成为阻碍景区高质量发展的深层次原因。

一是多头管理、交叉管理仍然存在。景区管理涉及多个部门，存在旅游资源条块分割、多头管理，权责不明的问题，旅游资源的所有权、景区所有权管理权经营权、各部门之间的沟通协调亟待理顺。多地由于旅游景区类型多样，形成了纵横交错的景区管理网络，造成参与景区经营管理的主体过多，多头管理的问题较为突出。比如，尧山景区是国家风景名胜区，主管部门为住建部，管理权在尧山风景名胜区管理局，行业主管部门是文旅部门，不利于景区统一有效管理。部分景区位于重点文物保护单位内，实施旅游项目受相关保护条例、建设用地指标、生态红线等的限制，活动开发亦受到一定程度限制，项目推进困难，导致部分旅游景区资源"保护"与开发不能有效协调。

二是主动经营、创新经营意识不强。事业单位景区普遍存在市场化程度低、机制不活等问题。员工利益与景区效益之间缺乏有效联动，缺少内部动力。市场主体不强、发展活力不够、创新动力不足，在市场中缺乏竞争力和话语权。部分具有事业单位性质或背景的景区薪酬绩效管理不完善，市场化经营机制不健全，存在"平均主义"、职工"主人翁"精神不足等问题。事业单位景区门票收入大多上缴财政，用于产品开发和市场营销的费用不足，景区的文化资源活化与新业态的培植较为缓慢，部分景区日常运行及看护人员工资等主要依靠捐赠款、摊位租赁等。比如，开封市龙亭公园和铁塔公园等国有事业单位，在市场经济形势下，经营理念落后、经营自主性差，依赖门票经济，导致发展活力不够、创新动力不足。

三是景区管理水平还有待提高。由于缺乏专业的运营团队，景区运营管理水平和效率不高，普遍存在"重经营、轻管理、弱服务"现象。在景区配套设施建设方面，一些景区道路等级低，景点专线班车较少，景区与景区之间连接不畅，严重地制约着景区的发展。在国有景区品牌宣传方面，河南省景区行政宣传多、市场营销宣传少，营销手段单一，创新力度不大，新媒体借势不足，没有形成有竞争力的龙头旅游品牌。大部分景区收入来源主要局限于门票、购物、餐饮等，在新业态方面开拓不够。旅游景区缺乏与其他景区的交流和合作，产业链条不完整，产品与市场不能与时俱进，更新慢，体验性差，不能有效吸引游客，河南全省景区没有形成联动互补的局面。

四是运营困难、生存困难较为突出。旅游业作为投入力度较大、周期较长、见效较慢的行业，很难吸引社会资本，本身发展的积极性就受到制约，加之受新冠肺炎疫情、自然灾害等因素影响，大部分景区客流量大幅减少，重要节假日无法正常开放，精心策划的活动无法正常开展，场地租赁困难，经营收入大幅下滑，运营压力较大。在财政拨款有限的情况下，对于保障景区的可持续发展力不从心。比如，竹沟革命纪念馆、烈士陵园、洛阳古代艺术博物馆、八路军驻洛办事处纪念馆等事业单位景区项目资金和日常支出困难。新乡市已出台的部分政策由于资金投入不多，难以形成对全市文旅产业大市场的有效撬动。民营景区自2020年以来，受新冠肺炎疫情影响，多次关闭景区，运营十分困难。

五是专业人才、顶尖人才储备不足。目前来看，河南省景区缺乏高素质文旅产业领军人才带动项目落地和发展。缺乏懂经营、会管理、善策划的专业人才，旅游产品开发不足、旅游市场开拓不够使得产品服务、经营收入、产品升级难以为继。一些事业单位职工留恋旧体制，担心改制后，单位难以适应市场经济带来的冲击，从而危及自身的切身利益。部分国有景区在一定程度上存在满编甚至超编现象，无法招聘年轻的专业人员，这些原因共同导致推动景区改革、提升景区服务质量存在一定困难。部分景区的管理人员为从其他事业单位转入人员，并无景区管理经验，而且年龄普遍偏大，对推进景区改革缺乏思路。景区管理团队中缺乏具有旅游专业背景的管理人才，同时管理人员大多一人身兼数职，在开展各项工作中，缺乏足够的专业技术支撑。

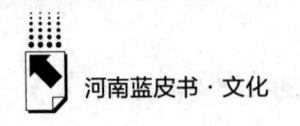

三 意见建议

针对河南省景区管理存在的体制僵化、机制不活、管理水平不高、支持资金不足、专业人才匮乏等诸多问题，围绕建立统一有力的管理协调机制、建立灵活实用的景区经营机制、建立系统集成的政策支持体系、提升景区精细化专业化管理水平、健全具体完善的人才培养机制等方面提出以下意见建议。

一是建立统一有力的管理协调机制。推动景区所有权、管理权、经营权"三权分置"。稳定所有权、明确管理权、放开经营权，逐步推动政企分开、事企剥离、企业化运营，构建起产权关系明晰、责任主体明确的景区管理体制，破解景区经营管理僵化、运营效率低下等问题。针对不同性质的景区进行精准分类，积极探索国有民营混合经营，采取"一景一策"的方法，根据景区特点探索自身发展方式，根据景区功能定位，因地制宜、分类施策、逐步推开，以保护管理为主的突出公益化取向，以经营开发为主的突出市场化要求。建立明确的责、权、利关系，建立规范科学的景区管理体系，积极稳妥推进景区改革。在守牢文物本体不得作为资产抵押的法律底线、坚持国有不可移动文物所有权不变、筑牢文物保护底线的前提下，探索由企业负责主导开发、经营，政府承担监管职能的"三权分置"模式。整合涉及影响景区经营管理的相关权力，避免多头管理造成条块分割、内部消耗以及缺乏协调等问题。理顺各相关部门在旅游发展中的职能关系，加强各部门之间的信息沟通和联络，重点明确各行政管理部门对景区规划、审批、建设、利用、保护、管理、监督等职能的统一管理，提高综合监督和治理效率，确保主要涉旅部门思想统一，破解"几张皮"问题。

二是建立灵活实用的景区经营机制。推进景区逐步完善市场化运营机制。已实行企业化经营的国有景区，要完善现代企业制度，健全公司法人治理结构，实现企业化管理；支持景区公司实施股份制改革，鼓励多种投资主体参与景区开发，推行职业经理人制度。文博场馆、文保单位、红色革命教育基地等公益属性的国有景区，要明确责任，深化改革，调动积极性，增强内生动力，鼓励延伸产业链条，开发运营文创产品、旅游演艺、特色餐饮等经营性项目。建立具有中国特色的现代企业制度，整合河南省主要旅游资源，形成具有支撑力、带动力、创新力的大型旅游企业。坚持市场导向，建立更加完善的开发运营机制和干部人事管理机制，加快薪酬绩效改革，在绩效考核、薪酬待遇、人才引进等方面进行改革创新。

三是建立系统集成的政策支持体系。研究制定给予景区在投融资方面政策支持的指导性意见，推动出台文化旅游发展的配套政策，给予景区及重点项目政策扶持，包括加大投融资支持力度，积极推进产品创新、服务创新、机制创新。出台更具竞争力的招商引资政策，加大财政资金的支持力度，吸引更多有实力的文旅企业来投资，提高文旅产业的竞争力。给予旅游项目用地、税费等方面优惠，建立旅游发展专项资金，统筹用于重点旅游项目奖补、旅游品牌创建、景区规划、旅游宣传、旅游项目申报前期费用等工作。积极开辟新的融资渠道和探索新的融资模式，构建立体的多元融资机制，吸引和引导更多社会资本参与旅游景区的开发建设，通过"投资主体多元化"来实现"融资渠道多样化"。

四是提升景区精细化专业化管理水平。景区要创新管理方式和经营机制，引进一批战略合作者参股投资或参与管理，加强与国内外知名专业旅游运营公司合作，推进旅游景区专业化、公司化、市场化运营。在景区宣传方面，创新宣传营销模式，持续营造传播热点，加强旅游特色宣传，增强形象品牌的影响力，形成品牌矩阵；在旅游产品方面，推出一批体现文化内涵、契合现代审美的文创作品，打造一批精品剧目，支持本土题材优秀文学作品、影视作品创作，打造旅游演艺剧场；在景区经营方面，鼓励管理机构和经营主体联合成立专门机构，在产业链延伸、文创产品研发、研学游、休闲体验游、旅游演艺、特色餐饮等经营性项目拓展上下功夫，延长旅游景区消费链条，增加旅游消费在旅游收入中的比重，不断完善配套设施，不断降低门票收入在旅游收入中的比例，由"门票经济"为主逐渐向依靠其他旅游消费收入为主过渡。构建包括所有利益相关者在内的旅游资源管理与监督网络。充分利用各类专业旅游行业协会、社会团体、科研院所等机构在管理实

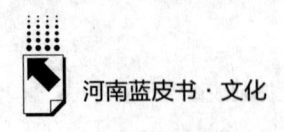

践和科学研究方面的优势,提高旅游景区管理水平。

五是健全具体完善的人才培养机制。加大文化旅游人才的培养、选拔和引进力度。探索建设文化旅游人才教育培训基地,加强与高校的交流合作,搭建景区与学校、企业之间的合作平台,拓宽旅游人才培养渠道。面向旅游市场,从深耕景区的专业人员中选聘职业经理人,加强对高层次管理者、新型经营者和职业经理人的培养,重点培养选拔一批懂项目、会营销、善管理的"多面手"。采取公开推荐、评审选拔的方式,每年在国内外范围内选拔培养文旅领军人才,通过项目扶持、培训辅导、实践锻炼、宣传推介等方式,全面增强文旅领军人才的竞争力、影响力和带动力。创新人才激励机制,大力引进高端旅游人才参与河南省旅游景区经营管理,建立人员分类和层级管理体系,形成留住人才、重视人才的用人机制。

参考文献

[1] 王玉成:《我国旅游景区管理体制问题与改革对策》,《河北大学学报》(哲学社会科学版) 2017 年第 3 期。

[2] 唐靖雯:《河南旅游景区服务质量及其标准体系构建》,《中国商贸》2010 年第 27 期。

[3] 高栓成、石培基:《我国旅游景区管理体制改革的战略思考》,《中国商贸》2010 年第 6 期。

[4] 佘可文:《旅游景区开发管理体制的现状与问题——以山西省为例》,《生产力研究》2010 年第 2 期。

[5] 黄金文、张阳:《旅游风景区管理新模式探讨》,《江苏商论》2009 年第 11 期。

[6] 蒋海萍、李经龙:《我国旅游景区的管理体制探讨》,《特区经济》2009 年第 4 期。

[7] 史文斌、张金隆:《我国旅游景区经营管理对策研究》,《江西社会科学》2005 年第 6 期。

B.15
关于布局建设河南博物馆群的思考与建议

联合调研组*

摘　要： 博物馆是保护和传播文化遗产的重要载体。在深入推进社会主义文化强国建设进程中，人们越来越倾向于形式多样的深度文化体验，"文博热""考古热""文化遗产热"等现象此起彼伏，全国各地掀起了文博事业发展新高潮，建设博物馆群成为带动区域经济、文化、社会协同持续发展的有效举措。本文通过系统梳理国内外博物馆群建设的总体情况，认真分析河南省建设博物馆群的基础优势，提出建设河南博物馆群的基本设想。以河南博物院为龙头，集中现有博物馆，形成综合统一又各具特色的博物馆群发展体系，提高中原地区博物馆的整体影响力，使其成为建设"出彩河南"的重大标识。

关键词： 河南　博物馆群　"文博热"

博物馆作为文化遗产保护和传播的重要载体，是一个民族、一个国家的根脉和灵魂。近年来，随着社会主义文化强国建设深入人心，越来越多的人"走进博物馆""爱上博物馆"，感受文化自信带来的磅礴力量。博物馆群作为带动区域经济、文化、社会协同持续发展的载体，正在被国内多个省份作

---

* 调研组成员：谢顺，河南省文化和旅游厅文旅文创专班成员；楚小龙，文博副研究馆员，河南省非物质文化遗产保护中心；郑鹏，郑州大学旅游管理与规划系主任，教授；李聪，河南博物院陈列部助理馆员。

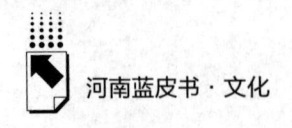

为"关键一子"列入新时期、新阶段彰显深厚文化根脉、独特文化优势的重要战略中。

一 对博物馆群概念的探究

博物馆群最早于欧洲提出。20世纪90年代，博物馆群已成为许多国际化大都市的标配，如美国华盛顿Mall、日本东京上野恩赐公园博物馆群、英国伦敦博物馆群等。各博物馆可以依托自身发展资源和优势，不断地实践摸索，与其他文化设施集群到一起共同发展，通过相互联系与合作，并配以相关的休闲娱乐设施，融入城市的文化战略之中，在满足人民日益增长的美好生活需要的同时，打造城市名片，提升城市软实力。博物馆群的主要特征是：地理空间相对集中，以一个或几个大型博物馆为龙头，由多座博物馆组成。具有四大属性。

第一，资源互依实现功能互补。在一个相对集中的区域内，汇集了少之几个、多至十几个的博物馆、美术馆或者展览馆，以一个或几个大型博物馆为龙头（主馆），通过与周边博物馆的合作与交流形成利益共同体，大小博物馆形成"结构有序、功能互补、整体优化、共建共享"的镶嵌体系，体现出大小博物馆互动、以区域一体为特征的高级演替形态，其本质是结构和功能的互补和互动。

第二，集聚发展带动效应协同。博物馆群可以是主体多元、形态聚合的，可以具有统一风貌，也可以风貌迥异。博物馆群的目的是通过"组团"进行资源整合，通过组建联盟形成互补，实现"1+1>2"的协同效应。人们来到博物馆群收获的不仅仅是知识，还有更多的休闲体验。博物馆群增强功能与功能、空间与空间、人与人之间的互动与交流，成为重要的文化交流传播场所。

第三，文化空间构筑城市文化。博物馆群有统一聚焦的主题，每个博物馆又各具特色。有的博物馆展示地方民族的文化成就，有的展出某一主题的展品，有的为某一艺术流派和艺术家进行专题展演。除各种各样的收藏品馆外，大多数专题博物馆同时也是社区博物馆，并形成社区文化标志。博物馆建设应丰富多彩，追求个性，与城市历史、文化特色相融合，除综合性博物馆外，应鼓励多建各种专题类博物馆、考古遗址博物馆和行业博物馆等。

第四，由"观看"转向"体验"。科技的发展促使数字时代到来，作为文化传承重要载体的博物馆在新时代背景下，以数字研发、数字技术的应用及综合技术的集成为手段，采用虚拟结合现实、传统结合现代、接触结合非接触的方式，以全新的思维理念和呈现模式补充传统的展示方式，从而在真正意义上打造博物馆智慧场景，使观众从"观看"博物馆转向"体验"博物馆。

二 国内外博物馆群的建设现状

与国外相比，我国的博物馆群大部分采取政府统一规划、统一建设的模式，一个重要特征即由多样化主题博物馆组成一个博物馆群，这些主题相互组合起来能够反映一个城市乃至一个国家的文化面貌。

第一，国外博物馆群。华盛顿的史密森尼博物馆群是目前世界上最大的博物馆和研究机构的集群，这些博物馆主要集中在美国国会大厦和华盛顿纪念碑之间的区域，步行20分钟范围内的博物馆就有10个，另有6座分布于华盛顿市区。这些博物馆几乎包含了自然、科技、历史和文化的方方面面，可以满足不同偏好的观众。英国巴斯古城博物馆群依托巴斯古城古建筑而建立，城区面积约29平方公里。18世纪乔治三世时代，由罗夫·阿伦与建筑师约翰·活特父子共同规划，引入意大利帕拉迪奥式的建筑，城区内共有15家博物馆，其中国立博物馆3家，其余均为私立博物馆。1987年，联合国教科文组织将巴斯全城列为世界文化遗产。德国柏林博物馆岛群位于德国柏林市中心施普雷河的两条河道的汇合处，故而称为"博物馆岛"。由柏林老博物馆、柏林新博物馆、国家美术馆、博德博物馆、佩加蒙博物馆5座博物馆构成，主要展示古希腊、古罗马的艺术品，以及古典主义、浪漫主义、印象主义题材的艺术作品。1999年，因其建筑与文化特色，博物馆岛被联合国教科文组织评为世界文化遗产。日本上野恩赐公园博物馆群位于东京台东区，始建于1873年，是日本第一座公园，整个公园占地约53.8公顷，由历史遗迹、樱花、动物园、博物馆共同构成。园区内博物馆围绕不同主题聚集，主要有东京国立博物馆、教育博物馆、国家西洋艺术博物馆、上野之森博物馆、东京艺术大学博物馆、国立科学博物馆等一批国家级文化设施，被称作"都市文博区"，是游客集中了解日本文化发展的最佳去处。

第二，国内现有及在建博物馆群。杭州环西湖博物馆群由50多座博物馆组成，以历史类博物馆为主，其中纪念馆及故居数量较多，突出表现杭州和西湖的重要人文价值。杭州西湖博物馆群除综合性博物馆浙江省博物馆外，还有专题博物馆，涉及茶叶、丝绸、陶瓷、中药、印学、钱币、织锦、相机、财税、运河等，以及纪念博物馆，如烈士馆、辛亥革命纪念馆，另外还有大量的人物纪念馆等，凝聚了杭州古城的传统和精华。南通环濠河博物馆群2011年由南通市政府牵头，将濠河景区周围中小型博物馆进行整体打包，以"环濠河博物馆群"的名义成功申报了第一批国家公共文化服务体系示范创建项目。环濠河博物馆群成员单位中有12家沿濠河而建，馆与馆之间的距离最远不超过3公里，分布比较集中。目前，南通市环濠河博物馆群在弘扬历史文化传统、打造城市文化品牌、发展文化旅游事业和丰富群众文化生活等方面进行了有效的实践探索。北京大红门博物馆群为正在规划建设项目，大红门地区为首都功能重要承载区，也是南中轴重要组成部分。根据发布的最新规划方案，大红门博物馆群及配套服务区规划设计范围总面积77.6公顷，规划地上建筑规模54万平方米至60万平方米，包括博物馆群一期、二期及综合配套服务区。该博物馆群包括国家自然博物馆、北京规划展览馆等。浙江青田博物馆群坐落于瓯江东堡山的中国青田·华侨文博生态城，以艺术博物馆为轴心，以东西景观大道为经纬，构建了不同主题的展示区域。规划有体现西方文化的咖啡博物馆、相机博物馆、红酒博物馆、华侨珍宝馆、当代艺术馆、进口日用品博物馆，更有呈现东方文化的石雕艺术馆、陶瓷艺术馆等。

三 河南省建设博物馆群的优势

河南是华夏文明的发源地，地处黄河文化核心区域，具有重要的历史地位、丰富的文化资源和深远的影响力。河南省博物馆已经基本形成了以省级博物馆为龙头，以市县级博物馆为主体，以行业和非国有博物馆为补充的具有中原文化特色的博物馆体系。但是，这些博物馆在分布在全省各个地市，即便是在同一地市也散落分布在不同的区域内，公众想要集中全面地参观既耗时又耗费精力。因此，整合博物馆及相关文化资源十分必要，通过将相关知识、服务、文化产业等聚集在一起，并形成一定规模，能够产生巨大的集聚效应和辐射效应。截至2021年底，河南已经建成384座博物馆，其中河南博物院为国家级重点博物馆，也是首批中央地方共建国家级博物馆之一，在国内乃至国际博物馆界均享有一定声誉。以河南博物院为龙头，集中现有博物馆，以大馆带动中小博物馆，使各个博物馆发挥各自的资源优势，求同存异，发挥整体整合功能，形成综合统一又各具特色的博物馆群发展体系，全方位展现深厚的中原地区文化，提高中原地区博物馆的整体影响力。

四 布局建设博物馆群的设想

博物馆群建设作为落实习近平总书记关于文化强国、文化和旅游融合发展等重要指示精神，突出河南文物、文化遗产比较优势，大力推进中华优秀传统文化创造性转化、创新性发展的一项重要战略举措，要更加注重系统观念，强化时代价值，以更高远的站位，更宽广的视野，多学科融合、新体系融通。以贯彻落实省委省政府文旅文创融合战略为主线，以打造"行走河南·读懂中国"品牌为主题，以满足人民群众日益增长的美好生活需求为根本目的，对标国际一流博物馆群使河南博物馆群成为全国重要的文化标识、全国文旅文创融合示范区，成为"设计河南"战略的重大支撑，成为省委省政府重大决策、重大部署、重大改革、重大工程经得起历史和实践检验的一流博物馆群，成为建设"出彩河南"的重大标识。

第一，关于目标定位。围绕打造国际一流博物馆群、全国重要文化标识，充分发挥文物、历史、文化和旅游资源的集聚辐射效应，有机结合人文、建筑与生态系统，紧密结合传统与现代，建设以创意设计、前沿科技为核心动力的新型文博先行示范区，使其成为见证河南历史文化、城市文明、传承创新的微观缩影地，展现经典永恒建筑群落的目的地，弘扬优秀文化的传播新高地，提升中原文化影响力、传播力。

第二，关于建设原则。一是一流设计。面向全球公开征集河南省博物馆群规划方案，对标国内外顶级博物馆群案例，提出设计策略和发展研判。面向国内外一线设计团队公开征集建筑设计、景观生态、交通运输、建设运营等设计方案。二是一流品牌。梳理国内外市场一线企业品牌，通过对企业品牌影响力分析，研判河南省博物馆群产业逻辑、业态布局、场景培育和产品前景，打造主体功能区、主题功能群、服务综合体、全域产业链的招商引进企业品牌。三是一流内容。依据市场前沿文博与相关产业的来源、类型，分区、分类地确定主题功能区，构建符合藏品展示、文化互鉴、对外交流、科教研学、旅游娱乐、商贸消费、形象传播的文旅文创融合全产业链。四是一流运营。坚持"以人为本、便民利企、市场导向、需求导向"，坚持顶层设计服务于运营需求，从选址初期即"同步规划、同步设计、同步建设、同步运营"，协同推进。五是一流管理。围绕河南博物馆群建设要求，优化调整周边30公里内的国土空间、城乡规划、交通运输和产业布局，以日接待6万人流量为最大承载，完善周边便民中心以及文化、教育、医疗等公共基础配套设施，同步建设旅游、餐饮、休闲、商贸等服务设施。

第三，关于建设任务。其一，主体展示区。以河南博物院新院建设为主体，主要展示中华历史文化进程，讲述中华文明通史，将其打造为国家文化重要地标、中华文明与世界文明交流互鉴平台、世界著名博物馆。一是展示人类文明的发祥地，按断代阐述远古时期到元明清时期5000年延续的文明史。二是展示河南文化发展的根源性，即黄河文化发源地、中华民族孕育地、华夏文明的起步地。三是展示河南众多王朝的建都地、中国历史上政治核心的交际地。四是展示河南是中华儿女根源地、民族文化交融地。五是展示河南是中国历史上重大事件的发生地，从时间、地点、事件、影响方面阐述发生在河南的历史事件。六是展示河南是中原文化瑰宝展示地、重量级国宝展示窗口。七是展示河南是"博博会"永久会址，是扩展博物馆社会功能、开拓博物馆文化产业发展新领域的重要平台。

其二，主题功能群。采取矩阵式布局，分层次逻辑，突出主题功能馆的特色属性，以文化展示、内容植入、场景打造、人气带动为主要功能，打造综合性强、数量多、业态鲜活的大型综合主题馆群。

（1）考古博物馆。以完整的考古视角展示考古发掘历程，串联调查勘探、文物挖掘、考古价值研究、文物修复等，展示完整的考古链条。

（2）名人博物馆。以展示河南历史名人成长历程为主线，树立"中原代有才人出，各领风骚数百年"的历史形象。

（3）战争博物馆。以河南历史上发生的重大、重要战争为主线，突出河南逐鹿中原以及河南是兵家必争的重要历史地位。

（4）农业文明博物馆。系统收藏、研究和展示河南农业历史、文化发展历程，突出河南农业在全国农业文明发展中的历史地位，建设全国科普教育基地。

（5）天文博物馆。研究和展示天地之中、观星台、洛阳灵台遗址、东汉国家天文台遗址等，使其成为展示河南天文历史的全国科普教育基地。

（6）地质地理博物馆。展示河南的地质地貌、地理变迁等，以及其对中华文明、中华民族的影响，同步链接河南省文物、文化和旅游资源。

（7）沿黄流域非遗博物馆。集珍品收藏、陈列展览、活态展示、教育研学、互动体验等功能，包含非遗展示馆、非遗书城、非遗学术交流中心、非遗古街等。

（8）"中国智慧"博物馆。通过展示老子思想、"河图洛书"、伏羲八卦、儒家思想、二程思想等，阐述河南历史名人在中国历史的发展史。

（9）功夫博物馆。展示太极功夫、少林功夫、濮阳杂技，包含功夫演出馆、论道研学馆、武林功夫擂台场地等设施。

（10）中华诗经博物馆。系统展示历代名家诗词、经文、书法，包含鉴赏、收藏、交流、研学等功能。

（11）历史建筑设计博物馆。研究、展示、交流、科普中国古代至现代历史建筑设计，通过科技手段动态展示河南城乡发展变迁、城乡规划成果等历史。

（12）交通博物馆。按时间主线、交通脉络等展示河南交通的发展历程，通过布展郑州火车站、铁轨、车厢、车票等交通文物，增强河南是交通大省的影响。

（13）治水博物馆。包含黄河、淮河、南水北调等治水、用水历史，以水文遗产保护、水文调查研究、水文展示宣传为载体，展示河南治水成就，普及水利知识。

（14）中医博物馆。以中医发展历程为主线，通过展示中医名家、中医古籍、中医药标本等，结合常态化的中医科研、交流、会诊等活动，打造国家级中医药研学科普基地。

（15）豫菜博物馆。以省市县分布为主线，采取里坊式街区布局，打造以豫菜为主另加全国名菜的餐饮街矩阵。

（16）瓷器博物馆。以河南瓷器发展历程为主线，通过展示河南汝瓷、钧瓷等瓷器历史沿袭、制作工艺、文化价值、艺术品鉴等，突出河南是瓷器文化大省的历史地位。

（17）豫剧艺术博物馆。通过征集豫剧相关塑像、戏曲服装、剧本等豫剧文物，以历史视角展示"腔派""声调""名旦"等发展历程，打造集研究、交流、排练、演出为一体的豫剧艺术综合平台。

（18）集邮博物馆。通过征集、收藏、展览实物、图表、景观、模型等，回顾邮票源远流长的发展历史，包含邮票学术交流、鉴定修复、投资交易、对外宣传等功能。

（19）民间收藏博物馆。集民间杂项、艺术品、文玩收藏展示、交流互鉴、交易拍卖为一体，打造河南民间收藏交易平台。

其三，数字矩阵网。面向元宇宙发展趋势和规律，以虚拟增强现实、现实映射虚拟、虚拟现实混合的手段，布局前沿数字科技和数字应用设施，构建数字链、区块链、物联网全覆盖网络，采取线上和线下结合的方式，创新应用5G、大数据、云计算、人工智能等数字技术，利用全息、AR/VR等技术手段，打造另一个镜像孪生的"元宇宙"博物馆群。

其四，全域产业链。将博物馆与相关产业融合，构建考古发掘、科学研究、文化阐释、影视制作、创意设计、IP打造博物馆全产业链条，打造考古旅游目的地、高等级旅游景区，同时，通过错位发展、产业互动、业态关联，联动辐射奥特莱斯、绿博园、只有河南·戏剧幻城、建业电影小镇等文化旅游景区。

其五，服务综合体。以服务主体展示区、主题功能群游客为目标，建设多层级的河南文化特色餐饮设施、高端宾馆，搭配建立亲子游乐、滨水休闲、文创产品销售等多业态综合体。

其六，生态系统环。博物馆群全区域布局植物博物馆，根据地势和水系，建立植物植被、水域生态、庭院景观、田园小品有序搭配的大生态系统环，将其打造成园林里的博物馆群。

其七，内容生产端。以内容生产激发主题博物馆展演、研究活力，引进和培育国际国内一流专业人才、创意团队，开展市集、宠物、极限运动、街舞、音乐节、啤酒节、社团等多圈层创意运营活动，构建人民喜爱的、市场追捧的、高品质的全域人文化、生态化、智能化、生活化的博物馆群落运营体系。

其八，配套服务链。引进一流物业服务经营团队，提供优质的安保、保洁、维修、客服等服务。采取对一流企业、人才倾斜的方式，建立河南省博物馆群人才公寓，完善符合青年创业人群需求的生活配套设施。通过规划建设高速铁路、公路和各类交通设施，强化外部交通网与博物馆群的接驳和无缝对接。优化生活服务设施布局，打造"15分钟生活服务圈"，建立高效便捷的科创企业服务体系。

第四，关于组织实施。其一，体制机制。组建河南省博物馆群建设领导小组，成立河南省博物馆群委员会，由省主要领导担任组长（主任），由宣传、文旅、发改委、自然资源、财政、住建、交通运输、文物、大数据、通信等部门主要负责同志担任副组长（副主任），形成合力，统筹协调河南省博物馆群建设工作。其二，政策保障。项目所在地政府要制定选址用地方案，发改委、自然资源、财政、交通运输、住建、教育、卫生、人社等部门要根据方案内容，制定出台支持河南省博物馆群建设的具体政策措施，部门协同，一体推进。其三，资金投入。财政部门统筹和调集财政专项资金力量，支持河南省博物馆群的公共服务基础设施建设。文旅、交通、水利、铁路、城建等国有企业可采取投资的方式参与产业运营，通过不同形式的持股方式支持河南省博物馆群的运营。其四，宣传推广。由宣传、广电等单位组织号召境内外媒体，采取新媒体手段，形成"一体策划、集中采集、多种生成、立体传播、同频共振"的河南省博物馆群新媒体推广矩阵，塑造"行走河南·读懂中国"省博物馆群品牌，多样融合地宣传推广平台。

B.16
推动河南文化产业高质量发展的路径研究

郭海荣*

摘　要： "十四五"时期是河南文化产业发展的重要战略机遇期，经过长期积累蓄势，河南文化产业已经具备弯道超车的优势和条件，因此，要加强在文化理论研究、顶层设计、文化项目、先进科技、人才队伍等方面的建设，推动河南文化产业的高质量发展。

关键词： 河南　文化产业　高质量发展

经过多年发展，河南文化产业发展已经取得长足进步，文化政策比较完备，文化业态较为齐全，产业体系基本完善，产业规模持续扩大，市场主体不断壮大，文化产品影响力增强，河南文化产业的竞争力和影响力获得有效提升。河南虽然文化资源丰富，但文化产业开发不足、行业利润增幅降低、创意创新能力较弱、优质文化产品不足等问题始终影响河南文化产业的进一步发展。"十四五"时期是河南文化产业发展的重要战略机遇期，经过长期积累蓄势，河南文化产业已经具备弯道超车的优势和条件，因此，要加强在文化理论研究、顶层设计、文化项目、先进科技、人才队伍等方面的建设，推动河南文化产业的高质量发展。

---

* 郭海荣，河南省社会科学院文学研究所（黄河文化研究所）助理研究员，研究方向为现当代文学。

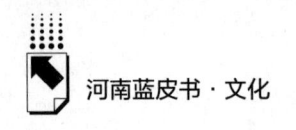

一 河南文化产业发展现状

1. 文化产业增加值不断攀升

近年来,河南文化产业始终保持较好的发展态势,不断努力构建新的发展格局,以文化产业发展助推河南经济社会快速发展。文化产业增加值不断增长,从 2012 年的 670.00 亿元增长至 2021 年的 2405.26 亿元,占 GDP 比重从 2.31%攀升至 4.08%。其中,文化制造业、文化批发和零售业、文化服务业分别从 363.30 亿元、34.30 亿元、271.90 亿元增长至 1255.87 亿元、440.00 亿元、709.39 亿元(见表1),成为推动河南经济发展的重要力量。

表1 2012~2021 年河南文化产业发展状况

单位:亿元,%

	总增加值	增加值			占比			总增加值占GDP比重
		文化制造业	文化批发和零售业	文化服务业	文化制造业	文化批发和零售业	文化服务业	
2012年	670.00	363.30	34.30	271.90	54.2	5.1	40.6	2.31
2013年	815.69	435.89	56.61	323.19	53.4	6.9	39.6	2.58
2014年	984.66	528.16	117.71	338.67	53.6	12.0	34.4	2.85
2015年	1111.87	588.47	128.71	394.70	52.9	11.6	35.5	3.00
2016年	1212.80	608.62	157.23	446.95	50.2	13.0	36.9	3.01
2017年	1349.23	588.26	167.30	593.66	43.6	12.4	44.0	3.01
2018年	2142.51	569.58	298.96	1273.97	26.6	14.0	59.5	4.29
2019年	2251.15	584.92	317.83	1348.41	26.0	14.1	59.9	4.19
2020年	2326.32	1195.95	383.48	746.89	51.4	16.5	32.1	4.23
2021年	2405.26	1255.87	440.00	709.39	52.2	18.3	29.5	4.08

资料来源:河南省统计局官网,https://tjj.henan.gov.cn/。

随着文化产业规模的不断扩大,吸纳就业能力也在不断提升,2012~2020 年,河南全省文化产业法人单位从 2.45 万家增至 3.64 万家,从业人员年收入从3.80万元增至7.14万元。① 仅以2022年上半年来看，河南规模以上文化及相关产业企业营业收入1220.82亿元，同比增长3.3%，其中文化新业态特征较为明显的16个行业小类实现营业收入86.88亿元，同比增长14.6%，② 显示出河南文化产业快速发展能力和极大的发展潜力。

2. 文化产业集聚成效显著

文化产业集聚发展集合了人才、技术、资本等要素，有助于推动企业发展和项目推进。河南持续实施重大文化产业建设项目，围绕推动文化产业高质量发展这一目标，加大政策扶持力度，充分调动社会各方面的力量，集中力量推动一批具有示范效应和产业拉动作用的重大文化产业项目实施，以河南省文化旅游投资集团为依托，带动文化产业快速发展。对重大文化产业项目要加强跟踪服务，确保顺利实施。河南省先后吸引了深圳华强、华谊兄弟等国内知名企业，培育出银基文旅、建业文旅等多家本土大型文旅集团，打造出方特欢乐世界、建业电影小镇、只有河南·戏剧幻城、黄帝千古情等重大文旅项目，在全国产生了较大影响。河南积极推动文化产业集聚区建设，努力培育各级文化产业示范区和示范基地，通过政策引导和市场规律实现要素聚合，提高资源配置率，推进文化产业的创新发展，推动传统文化产业转型升级。目前，河南已有"国家级文化产业示范园区1个、文化产业基地12个，国家文化出口基地1个，通过国家认定的动漫企业28家；省级文化产业示范园区19个、文化产业示范基地163个。19个省级文化产业示范园区聚集了4970多家文化企业，从业人员43万余人，2020年实现营业收入近313亿元"③。河南已基本形成由国家级文化产业示范基地、省级文化产业示范园区和示范基地等共同构成的文化产业支撑体系，通过对文化产业园

---

① 相关数据来自历年《河南统计年鉴》。
② 《2022年上半年河南规模以上文化及相关产业企业营业收入增长3.3%》，河南省人民政府网站，2022年8月12日，https：//www.henan.gov.cn/2022/08-12/2559762.html。
③ 《两大关键词回眸河南文化产业发展非凡十年》，河南省文化旅游手机报，2022年10月14日，https：//baijiahao.baidu.com/s?id=1746631525499394587&wfr=spider&for=pc。

区和集聚区布局的统筹规划，推进文化产业转型升级，充分发挥产业集聚和辐射带动作用，使产业集聚区成为实施重大项目的载体和文化科技融合创新的加速器。

3.文化影响力明显提升

河南文化产业经过多年蛰伏后，迎来了爆发式增长。2021年初《唐宫夜宴》的出现惊艳了整个中国，之后河南电视台陆续推出的《元宵奇妙游》《端午奇妙游》《中秋奇妙游》等系列节目，一次次唤醒人们对中原文化辉煌荣光的记忆，加深了人们对河南文化的认知与了解，提高了对当代河南文化建设的接受度和理解度。随着河南文化产业的不断推进和发展，曾经无法回答的丰厚的历史文化与当下文化建设如何结合的问题如今有了答案。河南对中国传统文化的深刻理解与当代诠释成为观众衡量类似节目的标杆，人们对河南文化与旅游的兴趣激增。2021年春节期间，河南省接待游客数量高达3400.68万人次，旅游收入147.59亿元，均创历史新高；① 在2021年端午节十大旅游热门城市的评比中，郑州市首次入选；洛阳市在2021年10月举行河洛文化旅游节期间，共接待游客1357.53万人次，旅游收入105.31亿元；② 2021年河南博物院自媒体平台总浏览量高达5.45亿人次，在全国博物馆中仅次于故宫博物院；③ 洛阳市举办的第四届中原国际文化旅游产业博览会，共签约18个重大文旅项目，涉及投资总额126亿元。④ 河南通过文化挖掘和文化赋能，将"国潮"引入景区，让景区成为有文化、有景色、有记忆的"打卡"地，成为承载区域文化的重要载体。

---

① 《就地过年助"燃"春节游 河南迎客3400万人次》，新浪财经，2021年2月18日，https://baijiahao.baidu.com/s?id=1691996988171033103&wfr=spider&for=pc。
② 《洛阳不仅是座城》，新华社客户端，2021年12月22日，https://baijiahao.baidu.com/s?id=1717094567754721481&wfr=spider&for=pc。
③ 《创新让豫博更具魅力》，河南省人民政府网站，2022年9月26日，https://www.henan.gov.cn/2022/09-26/2613592.html。
④ 《2021河洛文化旅游节精彩落幕，洛阳接待游客1357.53万人次》，西部文明播报，2021年10月30日，https://baijiahao.baidu.com/s?id=1715022643338391940&wfr=spider&for=pc。

二 河南文化产业高质量发展面临的主要问题

1. 文化产业规模相对较小

经过不断发展，河南省文化产业总体规模不断扩大，增幅持续提升，影响力明显增强，GDP占比从2011年的1.73%提升至2021年的4.08%，提升显著，但是这个成绩与建设文化产业强省相比还有不小差距。2020年，北京、上海、浙江、广东等地区的文化产业增加值分别为3770.2亿元、2389.64亿元、4494.8亿元、6210亿元，GDP占比分别为10.5%、6.1%、6.95%、5.59%，① 均远高于河南。河南省法人单位增加值的比重也低于全国平均水平，文化产业离成为河南支柱性产业还有很大距离。

2. 文化投入相对较少

2020年，河南文化旅游体育与传媒支出额为140.93亿元，远低于陕西省（161.8亿元）、山东省（170.11亿元）② 等周边省份。虽然为帮助文化企业纾难解困，河南先后出台了多项政策减轻文化企业资金压力，但总的来说，成效并不理想。受新冠肺炎疫情影响，居民消费动力明显不足，企业生产信心受损，包括建业文旅、银基文旅等知名品牌在内的众多文化企业，正在承受沉重的资金压力。这些对河南文化产业的发展必然会产生一定的负面影响。

3. 文化人才明显不足

人才是实现文化发展繁荣的核心要素，文化的传承创新离不开健全的人才队伍。近年来河南不断提升吸引人才的条件和待遇，加大高层次人才引进的力度，但目前仍不能满足河南文化产业高质量发展的需求。从数量上看，2021年，河南文化产业从业人数334686人，不足全省从业人数的0.7%，远低于北京（4.34%）、上海（3.19%）③ 等发达地区。从结构看，网络、

---

① 数据来源：北京、上海、浙江、广东统计局网站。
② 数据来源：陕西、山东统计局网站。
③ 数据来源：北京、上海、河南统计局网站。

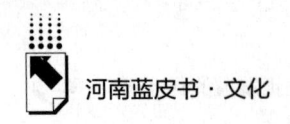

游戏、创意、设计等新兴业态人才明显缺乏，影响文化资源的创意设计和创新转化。从分布看，文化产业人才多集中在郑汴洛许几地，鹤壁、安阳、济源等地文化从业人数严重不足，这些都制约了相关行业的发展壮大，影响了河南文化产业的高质量发展。

三 实现文化产业高质量发展的路径选择

1. 以理论研究为基础

理论是实践的先导。要推动河南文化产业高质量发展，必须加强相关的重大理论问题研究，为推文化产业高质量发展提供理论支撑。首先，要加强中原文化研究。中原是中华民族的摇篮，历史上群星璀璨，曾经出现无数彪炳史册的大家先贤，当代中原也是人才辈出，精品频现。强势崛起的中原作家群、实力雄厚的书法艺术家、影响力强的戏剧和杂技等传统艺术、颇具实力的出版传媒业、小有盛名的实景演出和舞台艺术，这些都为河南文化产业的高质量发展打下了良好基础。但这些尚不能真正满足当下河南文化发展的需求，应加强对历代思想精神、文化艺术、民风民俗的理论研究，以理论为引导，加强中原文化建设，提升中原文化软实力，打造出能真正推动文化产业高质量发展的当代文化。

其次，要加强河南历史考古研究。河南是中华文明的重要发祥地，历史文化资源丰富，历史底蕴深厚，文化遗产众多。要根据河南历史文化的特点，深度研究以夏商周三代文明为代表的中华源头文化，如姓氏文化、文字文化、功夫文化等文化；考古洛阳龙门石窟、安阳殷墟、登封"天地之中"历史建筑群、丝绸之路河南段、大运河河南段等世界文化遗产保护基地及历史文化名城名镇名村等历史遗迹，充分发挥历史遗产在当代文化建设中的价值。要加强历史考古基础理论研究，确立一批中华传统文化符号，打造标志性文化景观，为推动文化产业高质量发展提供强大理论支撑。

再次，要加强中原思想文化精神研究。中原思想文化精神不仅曾经支撑和引领着中原文化的发展，更是塑造当代中原文化精神的基础和依据。要大力弘扬以爱国传统、民本理念、和合思想、创新意识等为代表的传统文化精神和以愚公移山精神、红旗渠精神、焦裕禄精神、"三平精神"等现代思想文化精神，通过系统性、开放性的深度思想理论研究，将上述精神集中凝练成统一的"中原文化精神"，共筑当代中原精神家园。

最后，要加强黄河文化研究。不仅要加强对黄河历史遗存、文献古籍的综合系统研究，更要深入挖掘黄河文化蕴含的时代精神，通过系统梳理、深入挖掘和价值转化，强化黄河延续历史文脉、承载时代精神的当代价值，提升黄河文化引领力，扩大黄河文化影响力，增强黄河精神辐射力。

2. 以顶层设计为引导

实现河南文化产业高质量发展，要根据文化强省战略和《河南省"十四五"文化旅游融合发展规划》确定的战略目标和发展任务，根据文化产业发展的实际水平，动态调整现有文化产业发展政策体系，逐步完善相关法律法规和行业政策。要从中原文化发展、文旅融合发展、文化与科技整合等方面，制定与文化强省战略和《河南省"十四五"文化旅游融合发展规划》相适应的政策措施，使之真正发挥作用，达到补齐短板、强化优势的效果，全面提升河南文化产业发展的产业影响力、市场占有率和综合竞争力，推进河南文化产业高质量发展。这就需要以顶层设计为引导，建立相应的政策体系，为推动河南文化产业高质量发展提供政策支持。经过多年发展，河南文化产业虽然已经取得一定的成绩，但整体水平在全国还处于比较落后的位置，即使中部地区也还处于追赶状态。虽然近两年生产出如"中国节日"系列节目、只有河南·戏剧幻城、建业电影小镇等一些文化爆品，极大地提升了河南文化的影响力，但总体而言，丰富厚重的文化资源尚没有被充分合理地转化为文化资产，资源的优势没有转化为产业发展的优势。随着《河南省"十四五"文化旅游融合发展规划》出台，河南文化产业的战略地位明显提升，成为文化强省建设的关键发力点。在加快推进文化强省建设进程中，有必要通过顶层设计对河南文化产业发展的总体思路、空间布局、重点任务和动力保障等方面进行调整完善，通过直接引导型的政策，对产业发展的各个方面进行资金投入等资源要素扶持；通过间接引导型的政策，营造良好的文化产业发展环境，激发产业发展潜能，有效调动河南文化产业发展各方主体的积极性。[①] 要系统梳理河南省内外已经出台且实际效果较好的激励扶持政策，结合河南地方实际，研究制定更具科学性、前瞻性的文化产业支持政策，力求有所突破和创新，力求发挥更加积极的作用。河南省级层面应抓紧出台相关政策，完善文化产业发展模式、动力机制和推进机制，加大对文化产业发展的支持力度。要给予产业发展政策支持，对产业发展主体、产业集聚平台、产业科技、市场体系等进行提档升级。在资金扶持、税收优惠、金融服务等方面加大政策支持力度。要完善支持文化企业发展壮大的扶持政策，针对创新产业发展短板进行有针对性的政策支持。

3. 以文化项目为支撑

推动文化产业高质量发展需要强有力的文化项目做支撑。需要集中力量抓好一批文化产业重点项目，通过财政、税收、金融等方面的优惠，力争做出竞争力强、效益良好、影响广泛的文化项目，带动文化产业发展。各地要在依托当地优势文化资源和优势产业发展的基础上，经过充分科学的论证，推出一批发展前景好、市场认可度高的重点文化产业项目；要利用大数据等现代科技手段认真研究分析消费者心理和河南文化消费市场的特点，策划开发符合消费心理、适合消费市场的文化产品和服务；要视野开阔，不局限于为本地服务，着力打造区域文化消费中心；要突出重点，积极扶持优势产业，推进重大文化项目，形成优势项目体系，支撑文化产业健康快速发展。

要建立文化产品的品牌带动机制。河南的文化市场经过多年发展，已经形成了以《禅宗少林·音乐大典》、《大宋·东京梦华》、只有河南·戏剧幻城、建业电影小镇、黄帝千古情等为代表的演艺品牌，以《梨园春》、"中国节日"系列节目等为代表的现代影视节目品牌，以洛阳龙门石窟、安阳

[①] 《建设文化强省！河南省"十四五"文化旅游融合发展规划公布》，河南省人民政府网站，2022年1月14日，http://www.henan.gov.cn/2022/01-14/2383167.html。

殷墟、登封"天地之中"历史建筑群等为代表的文化旅游品牌，以新郑黄帝故里拜祖大典、浚县庙会、马街书会等为代表的文化节会品牌，以洛阳唐三彩、朱仙镇木版年画、民权虎画等为代表的传统工艺美术品牌，通过推广文化产品和服务，提高文化品牌在文化消费市场中的占有率，使其成为河南文化产品、技术和资本进行交易的重要平台。

要实施重大文化交流项目。通过开展中原文化"走出去"与"请进来"系列活动，加强中原文化的对外交流，谋划新思路，开阔国际视野，增强科技能力，探寻全新文化传播载体，引进文化发达地区的先进思想理念、管理经验和技术、资金、项目等，逐步构建中原文化对外交流的国际化传播推广网络，强力推动中原文化走向世界，促进传承创新区文化建设及文化产业发展。

4. 以先进科技为引领

要聚焦文化发展中的难题，推动文化与科技深度整合，以先进科技引领河南文化产业的高质量发展。随着科技水平的不断提高，数字技术和网络技术已经成为创新表达传统文化、提档升级文化产业的关键力量，成为推动文化创新与建设的强大引擎。因此，建立有效的文化科技支撑体系是推动河南文化产业高质量发展的重点所在。努力推进文化领域的科技创新，积极推广运用高新技术成果，提高文化企业技术含量和文化产品在创作、生产、传播等环节中的科技含量。增强文化产品的艺术感染力，促进文化产业转型升级，延长产业链条，丰富服务内容，促使传统文化资源优势转变为现代文化产品优势。加快提升网络技术、数字技术在广播、影视、网络、出版、印刷、演艺等领域的运用水平，运用数字化技术丰富文化的表现力，持续推出以《唐宫夜宴》、"中国节日"系列节目等为代表的优质文化IP；改进现有娱乐形式，全面提高文化创意内涵和技术装备水平，包装开发以只有河南·戏剧幻城、《大宋·东京梦华》、《禅宗少林·音乐大典》、建业电影小镇等为代表的文化精品，提高文化产品的影响力和知名度，并以之为核心，全方位拓展产业链条。加强现代科技在非物质文化遗产传承发展中的运用，促进文化遗产的科学保护、合理利用、产业开发。提高工艺品生产制造中的科技

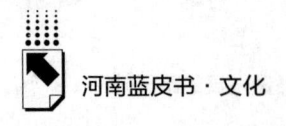

含量，提高工艺品的文化品位与技术水平。

要关注文物保护中的难题，推进文物保护利用与现代科技的有机融合。积极应用现代科技手段加强文物保护、利用、管理、传播，丰富文物科学研究内容，增强文物博物馆的创新发展能力和文化传播能力。运用现代科技手段和方法对河南省内的科技文化遗产进行分析、研究、修缮和保护，做好区域内科技文化遗产的学术价值、文化价值、教育价值、经济价值的研究与保护工作。开展田野文物安全技术防范工作，利用现代高科技手段提高田野文物安全系数。引进和应用现代科技，不断提高大型遗址的发现及保护能力、不可移动文物的保护水平及馆藏文物的保存、修复技术水平。不断增加博物馆建设与各项业务活动的科技含量，有效提升藏品保护、文物管理、陈列展示、信息传播、社会服务和运营管理的整体水平。通过研究制定《河南省文化和旅游资源分类、调查与评价》《河南省文化旅游资源普查工作导则》，调查登记文物、非物质文化遗产、古籍、美术馆藏品、地方戏曲剧种、传统器乐乐种、工艺美术、农业文化遗产、工业遗产、水利遗产、历史文化名城名镇名村（传统村落）、历史街区、历史建筑、历史地段、地名文化遗产等文化资源，建立泛文化旅游资源体系。通过建立文化旅游资源大数据库，实现资源分级分类保护利用和线上线下动态管理，打造文化旅游资源管理平台。

要关注体制机制中存在的不足，探索文化与科技高效融合的新型方式。体制机制的创新有助于文化与科技的融合、创新与突破。要充分发挥政府的主导作用，以企业为主体，以市场为导向，以高校、科研院所为支撑，积极推动政、产、学、研于一体的制度建设。政府应不断完善文化与科技融合创新的政策体系，打造金融服务、成果转化、技术服务、人才引进培育和知识产权保护5大平台，着力扶持培育发展一批技术水平高、文化表达力强、创新能力突出、市场优势明显的文化科技企业，不断提高企业的科技实力、文化实力和市场竞争能力。

5. 以人才队伍为依托

在知识经济条件下，最终决定一个国家一个地区社会发展进步的主要因素不是物质资源，而是人才资源。推动河南文化产业高质量发展的首要条件就是人才，要不断完善人才培养机制、不断增加人才资源总量、不断提高人才队伍整体素质，建立科学合理的人才支撑体系，努力打造出一支数量多、结构优、水平高的人才队伍，为河南文化产业高质量发展提供有力的人才保障和智力支持。

让人才真正成为经济转型"第一动力"，关键在于优先调整人才结构。尽管河南省人口数量较多，但是人才结构还存在"四多四少"现象，即"人口总量多、人才规模小；普通型人才多、高水平人才少；操作型人才多、创新型人才少；传统产业人才多、新兴产业人才少"，这与推动文化产业高质量发展的要求极不协调。要不断优化人才的素质结构、层级结构和分布结构，对高层次人才和急需紧缺人才重点引进、灵活引进，努力造就一批高层次文化领军人才、善于开拓文化新领域的创新型人才，坚持选人与用人相结合、引进与培养相结合，促进优秀人才向文化领域集聚。加强对领军人才、核心技术研发人才以及科技创新团队的培养和引进，抓紧培育重点领域急需紧缺专门人才，重点引进和培养文化创意、动漫游戏、广告会展、文化经纪、市场营销等专业人才。加大对企业经营管理人才开发的投入力度、优化企业家型人才生存发展环境、完善年度薪酬管理制度、加大企业家培养培训力度等，激发人才活力，使河南省企业经营管理人才职业化、市场化、专业化和国际化程度明显提高，企业竞争力显著增强。要创新人才发展机制，激发创造活力。深化教育改革，创新培养模式，加大教育投入力度、合理配置公共教育资源，形成人人能够成才、人人得到发展的人才培养开发机制；以市场和社会需求为导向，调整优化教育布局和学科结构，加快高水平大学和重点学科建设，突出培养创新型科技人才、重点培育急需紧缺人才，实现各类人才队伍协调发展。

参考文献

[1]《两大关键词回眸河南文化产业发展非凡十年》，河南省文化旅游手机报，2022

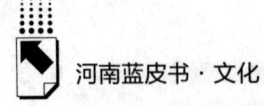

年 10 月 14 日，https：//baijiahao. baidu. com/s？ id = 1746631525499394587&wfr = spider&for = pc。

[2]《2021 河洛文化旅游节精彩落幕，洛阳接待游客 1357.53 万人次》，西部文明播报，2021 年 10 月 30 日，https：//baijiahao. baidu. com/s？ id = 1715022643338391940&wfr = spider&for = pc。

[3]《建设文化强省！河南省"十四五"文化旅游融合发展规划公布》，河南省人民政府网站，2022 年 1 月 14 日，http：//www. henan. gov. cn/2022/01 – 14/2383167. html。

[4]《就地过年助"燃"春节游　河南迎客 3400 万人次》，新浪财经，2021 年 2 月 18 日，https：//baijiahao. baidu. com/s？ id = 1691996988171033103&wfr = spider&for = pc。

[5]《洛阳不仅是座城》，新华社客户端，2021 年 12 月 22 日，https：//baijiahao. baidu. com/s？ id = 1717094567754721481&wfr = spider&for = pc。

[6]《创新让豫博更具魅力》，河南省人民政府网站，2022 年 9 月 26 日，https：//www. henan. gov. cn/2022/09 – 26/2613392. html。

区域报告
Regional Reports

B.17
西路军红色基因溯源研究报告

河南省社会科学院课题组*

摘　要： 大别山精神和西路军精神一脉相承，它们是中国共产党精神谱系的重要组成部分，是革命文化的宝贵财富，是中华文化的重要组成部分。大别山革命老区是红四方面军的摇篮和出发地，西路军由从大别山革命老区走出的红四方面军的主力部队构成，经历了感天地泣鬼神的长征和西征。哈密是西路军薪火相传之地和重生之地。红军用他们的双脚把相隔万里的两地连接在一起。本文对西路军红色基因溯源予以研究，一是通过大别山精神的形成与内涵、大别山精神影响下的西路军，论述了大别山精神烛照下的西路军；二是通过哈密西路军精神的火种，讲述了西路军红色基因的时代具象；三是从实施西路军红色基因溯源研究工程、实施西路军红色精神凝练工程、实施西路军红色文化传承弘扬工程、实施西路军红色旅游区域联动工程四个方面，提出了传承西路军红

---

* 课题组组长：李立新，河南省社会科学院文学研究所（黄河文化研究所）所长、研究员；课题组成员：卫绍生、陈东辉、杨波、张玉霞、田丹；执笔人：李立新、卫绍生、陈东辉、田丹。

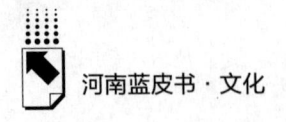

色基因的哈密对策。

关键词： 西路军　红色基因　大别山精神　哈密

    2022年7月，习近平总书记在新疆考察时强调，"要铸牢中华民族共同体意识，促进各民族交往交流交融"。① 中华文明是新疆各民族文化的根脉所在。要教育引导广大干部群众正确认识新疆历史特别是民族发展史，树牢中华民族历史观，铸牢中国心、中华魂，特别是要深入推进青少年"筑基"工程，构筑中华民族共有精神家园。要推动各族群众逐步实现在空间、文化、经济、社会、心理等方面的全方位嵌入，促进各民族像石榴籽一样紧紧抱在一起。中华文化包括中华优秀传统文化、革命文化和社会主义先进文化，研究、挖掘、展示包括西路军红色基因在内的革命文化，是铸牢中华民族共同体意识，促进各民族像石榴籽一样紧紧抱在一起的重要方面。

    2019年8月20日，习近平总书记在甘肃考察时，参观了中国工农红军西路军纪念馆，习近平总书记指出："我心里一直牵挂西路军历史和牺牲的将士，他们作出的重大的不可替代、不可磨灭的贡献，永载史册。他们展现了我们党的革命精神、奋斗精神，体现了红军精神、长征精神，我们要讲好党的故事、红军的故事、西路军的故事，把红色基因一代代传承下去。"② 2019年9月16日，习近平总书记到河南省考察调研，当天下午，首先来到位于新县的鄂豫皖苏区首府烈士陵园，向革命烈士敬献花篮，瞻仰革命烈士纪念堂。随后，参观了鄂豫皖苏区首府革命博物馆，并看望了当地红军后

---

① 《「奋进新征程　建功新时代·非凡十年」团结奋斗绘就新时代新疆壮美画卷》，央视网，2022年8月11日，https：//baijiahao.baidu.com/s？id=17408277128363018566&wfr=spider&for=pc。

② 《讲好西路军的故事》，中共中央党史和文献研究院，2020年9月13日，https：//www.dswxyjy.org.cn/n1/2020/0914/c244523-31860754.html。

代、烈士家属代表。习近平总书记强调"这次考察第一站就是鄂豫皖苏区首府烈士陵园,目的是在庆祝新中国成立 70 周年之际,缅怀革命先烈,告慰革命英灵"。① "要讲好党的故事、革命的故事、根据地的故事、英雄和烈士的故事,加强革命传统教育、爱国主义教育、青少年思想道德教育,把红色基因传承好,确保红色江山永不变色。"②

西路军由从鄂豫皖革命根据地走出的红四方面军的主力部队构成,具体包括红五军、红九军、红三十军和红四方面军总部,总计 21800 余人。因此,对西路军进行红色基因溯源,可以追溯到鄂豫皖苏区。鄂豫皖苏区包括湖北省黄冈市、河南省信阳市、安徽省六安市的大别山。鄂豫皖苏区所在的大别山革命老区是红四方面军的摇篮和出发地,哈密是红四方面军所组成的西路军薪火相传和重生地。红军用他们的双脚把相隔万里的两地连接在一起。大别山精神和西路军精神一脉相承,它们是中国共产党精神谱系的重要组成部分,是革命文化的宝贵财富。新疆是中国领土不可分割的一部分,新疆各族人民是中华民族大家庭的重要成员,革命先烈用理想和信念、鲜血和生命把新疆和中原牢牢连接在一起,铸牢中华民族共同体意识是先烈的遗愿、时代的使命。习近平在第三次中央新疆工作座谈会上指出:要铸牢中华民族共同体意识。③ 河南省委省政府印发了《关于贯彻落实习近平总书记视察河南重要讲话精神支持河南大别山革命老区加快振兴发展的若干意见》,提出"聚焦红色文化保护传承,弘扬大别山精神""建设大别山北麓全域旅游示范区",将大别山革命老区打造为"全国知名的红色文化传承区"。哈密和新县可以以西路军为纽带,互往互通,打造红色文化旅游品牌,造福两地人民。

---

① 《踏着总书记的"红色"足迹 感悟总书记的"红色"情怀》,光明网,2021 年 9 月 19 日,https://m.gmw.cn/baijia/2021-09/19/35177462.html。
② 《讲好党的故事 传承红色基因》,光明网,2021 年 6 月 10 日,https://m.gmw.cn/baijia/2021-06/10/34913103.html。
③ 《新疆维吾尔自治区政协推进铸牢中华民族共同体意识工作》,中国网,2022 年 4 月 18 日,https://baijiahao.baidu.com/s?id=1730409878359335399&wfr=spider&for=pc。

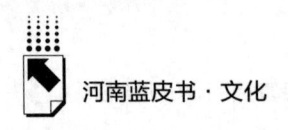

一 大别山精神烛照下的西路军

鄂豫皖三省交界处的大别山是长江和淮河两大水系的分水岭，也是南北气候和风土人情的衔接地带。中国新民主主义革命时期，这里是曾经是鄂豫皖苏区根据地。在中国共产党的坚强领导下，鄂豫皖苏区人民坚守信念，英勇奋斗，百折不挠，不怕牺牲，使大别山上红旗飘飘，28年屹立不倒，为中国革命和中国人民的解放事业做出了卓越贡献，凝铸了伟大的大别山精神。习近平总书记2019年在河南考察时指出："鄂豫皖苏区根据地是我们党的重要建党基地，焦裕禄精神、红旗渠精神、大别山精神等都是我们党的宝贵精神财富。"[①] 大别山精神是鄂豫皖苏区根据地无数革命先烈用鲜血培育而成的，是中国共产党人宝贵的精神财富，是实现中华民族伟大复兴的重要精神动力，鼓舞和激励着后人不忘初心、牢记使命，为实现中华民族伟大复兴的中国梦而努力奋斗。

（一）大别山精神的形成与内涵

大别山精神与马克思主义在中国的传播、新文化运动的兴起、中国共产党的成立、鄂豫皖工农武装起义、鄂豫皖苏区武装割据等重大历史事件紧密联系在一起。作为中国红色精神谱系的重要内容，大别山精神是马克思主义与中国革命具体实践相结合的结晶，是大别山军民坚持武装斗争、确保28年红旗不倒的精神写照，更是中国共产党人在新民主主义革命时期反抗帝国主义、官僚主义和封建主义壮阔历程的精彩剪影。

1. 马克思主义是大别山精神的红色基因

鄂豫皖苏区根据地是中国共产党最早建立的红色根据地之一。受马克思主义和俄国十月革命的影响，鄂豫皖一些进步知识分子通过办报刊、办学

---

① 《红旗渠精神代代相传》，人民网，2021年11月11日，https://baijiahao.baidu.com/s?id=1716079305411167715&wfr=spider&for=pc。

校、开书店等形式,积极传播马克思主义,呼应新文化运动。1920 年,恽代英和林育南在武昌创办"利群书社",经销《共产党宣言》《新青年》等进步书刊;董必武与张国恩等创办武汉中学,使其成为武汉最早传播马克思主义的阵地。在鄂豫皖交界的大别山地区,马克思主义的传播如星星之火。安徽省立第三甲种农业学校教师朱蕴山等在六安创建了"中国革命小组",霍山县燕子河燕溪小学校长徐守西、教师刘长青等成立了"马克思主义学习小组",寿县曹蕴真等组建了"马克思主义学术研究会"。河南信阳等地也先后涌现出一些进步团体,北京大学学生尚钺和信阳省立第三师范学生尚伯华等人成立了罗山青年学社,以研究和传播马克思主义为己任,积极向民众传播马克思主义和新思想。1921 年,恽代英在信阳柳林学校任职期间,和雷跻唐、陈南仲等人一道,向柳林学校师生传播马克思主义和进步思想。信阳县陈家庙小学校长高擎宇组建了"实现生活社",引导社友积极投身新文化运动。

2. 中国共产党的成立点燃了鄂豫皖苏区的火种

鄂豫皖地区进步知识分子在马克思主义和新文化运动的影响下,受新成立的中国共产党的鼓舞,积极投身中国共产党,成为光荣的共产党员。尚伯华等人组织的罗山青年学社的骨干成员先后加入中国共产党,后来成为鄂豫皖苏区根据地的中坚力量。1922 年,在武汉求学的汪后之与弟弟汪慕恕回到故乡光山,成立了"光山学界同人研究会"。研究会积极宣传马克思主义,向广大民众进行启蒙教育。研究会的骨干分子后来都加入了中国共产党,汪后之由此成为光山中国共产党的创始人。进步知识分子江梦霞从河南留学欧美预备学校回到故乡潢川任第一高校教员,积极传播革命思想,因此被校方辞退。江梦霞后来到开封嵩阳县中学工作,此后加入中国共产党。高擎宇创建的"实现生活社"积极深入群众,发动群众,组织群众,发动革命行动。"实现生活社"的成员后来大部分参加了中国共产党,有一些还成为鄂豫皖苏区革命运动的组织者和领导者。潢川省立七中教务主任兼英文教员吴丹坤积极宣传新思想,传播新文化,培养出一批进步青年,其中不少人加入了中国共产党,成为豫南革命运动的骨干力量。河南商城、固始和安徽六安、霍山、霍邱、金寨等地的进步知识分子,大力宣传马克思主义,积极进行革命活动,其中不少人后来成为鄂豫皖苏区最早一批共产党员。在鄂豫皖苏区创立之前，这里的许多革命志士在马克思主义、俄国十月革命和中国新文化运动的影响下，在中国共产党的领导下，为鄂豫皖红色政权的建立做出了积极贡献。

3. 鄂豫皖党组织的建立为大别山精神注入了强大动力

马克思主义和新文化运动在鄂豫皖地区的传播，吸引了一大批进步青年积极投身于革命斗争之中，自觉加入中国共产党。在此情况下，鄂豫皖地区的党组织也开始秘密成立。1921年，陈潭秋在家乡黄冈秘密发展党员，建立了党组织。受董必武委派，黄安籍党员王健、雷绍诠、董觉生等在黄安秘密发展党员，建立党组织。1923年，皖西寿县籍党员在小甸集小学成立了中共特别支部。1925年4月，隶属中共北方区委的信阳党团独立支部正式成立，由刘少猷、王克新、秦君霞、郭安宇、陈孤零5人组成支部委员会，刘少猷、王克新、郭安宇3人组成"干事局"，作为支部的领导核心。信阳党团独立支部积极发展进步学生参加中国共产党，于当年六七月成立了由贾子郁负责的中共信阳省立第三师范支部。此后，信阳柳林学校和信阳铁路以及扶轮学校也分别建立了党支部。6月，商城党团支部成立，袁汉铭任支部书记。后经上级组织批准，商城党团支部改建为中共商城特别支部，隶属中共豫陕区委领导。7月，经中共北方区委批准，中共信阳地方执行委员会（简称"中共信阳地委"）成立，刘少猷任书记，刘少猷、王克新、秦君霞为信阳地委第一届执行委员。同年秋天，中共六安特别支部成立，王绍虞（化名刘静清）任支部书记。10月，中共豫南中学支部成立，中共信阳地委执行委员秦君霞兼任支部书记。鄂豫皖地区党组织的建立，不仅为鄂豫皖苏区的创立奠定了坚实基础，而且为大别山精神的形成注入了强大精神动力。

4. 共产党领导的武装起义为大别山精神提供了强力支撑

1927年，中国共产党领导的南昌起义打响了武装反抗国民党反动派的第一枪，开启了推翻帝国主义、封建主义和官僚资本主义的武装斗争新局面。同年8月7日，中共中央在湖北汉口召开紧急会议（史称"八七会议"），确定了中国共产党进行土地革命和武装反抗国民党反动派的总方针。鄂豫皖交界处的大别山地区是最早传播马克思主义和新文化、新思想的地区之一。在中国共产党领导下，大别山地区成为新民主主义革命时期最重要的红色根据地之一。鄂豫皖苏区军民坚守信念，浴血奋战，不屈不挠，突破了敌人的重重封锁，粉碎了敌人的一次次扫荡，在鄂豫皖交界的大别山地区坚持28年红旗不倒，撑起了鄂豫皖苏区的一片蓝天，为中国人民的解放事业做出了重要贡献。鄂豫皖苏区军民在28年的革命斗争中铸造了伟大的大别山精神。

大别山精神具有丰富的思想内涵。研究者结合鄂豫皖苏区军民的革命斗争实践，从不同角度和侧面进行概括和阐释，提出了不同的见解。2012年，"大别山精神"研究组发布研究成果，把"大别山精神"概括为"坚守信念、胸怀全局、团结一心、勇当前锋"。[①] 中共中央党史和文献研究院李宁、王树林认为，大别山28年红旗不倒，凝结的是大别山军民对党忠诚、威武不屈、坚忍不拔的精神。[②] 大别山干部学院孙伟认为，大别山精神是追求理想、不屈不挠的奋斗精神，胸怀全局、勇挑重担的奉献精神，依靠人民、万众一心的团结精神，自强不息、排难创新的进取精神。[③] 有的学者则把大别山精神概括为信念坚定、英勇顽强、团结一心、甘于奉献。总结概括和阐释大别山精神，应该把鄂豫皖苏区的形成和发展壮大历程、大别山军民28年浴血奋战的历史、大别山根据地对中国革命做出的重要贡献结合起来，进行综合考察。鄂豫皖苏区28年红旗不倒，最根本在于：始终坚定共产主义理想信念，始终坚持共产党的绝对领导，始终保持和人民群众的血肉联系，始终保有不畏强敌的坚强意志。简而言之，就是坚定信念、听党指挥、心系百姓、不畏强敌。

（二）大别山精神烛照下的西路军

1. 大别山精神武装的西路军

西路军的主力部队是从大别山革命根据地走出来的红色武装。这支队伍

[①] 《大别山精神是啥》，《大河报》2012年11月8日。
[②] 《伟大的中国革命锻造崇高的大别山精神》，《光明日报》2021年3月24日。
[③] 《大别山精神的深刻内涵》，《学习时报》2020年5月8日。

是受大别山精神熏陶的工农武装，在开辟鄂豫皖苏区和川陕革命根据地的战斗中战功赫赫、威名远扬。在西征路上，面对强敌和各种各样的困难险境，西路军发扬坚定信念、听党指挥、心系百姓、不畏强敌的大别山精神，在异常艰难的西征之战中，打出了威风，打出了雄壮，拼出了精神。

2. 艰难困苦、玉汝于成的西路军

自1936年11月11日西路军军政委员会成立，至1937年3月14日西路军军政委员会在石窝山召开最后一次会议，决定成立西路军工作委员会时，西路军仅剩下2000余人。会议决定将现有人员编成三个支队，就地分散打游击。至此，西路军西征实际画上了句号。西路军西征之役，先后经历了古浪、永昌、山丹、高台城、倪家营等战役，每一次战役打得都异常艰苦，异常惨烈。由于没有群众基础，没有巩固的根据地，同时又缺少枪支弹药和兵员，缺少有力的后方支援，红四方面军在西征路上基本上处于孤军奋战状态。每一次战役，胜利了也是惨胜，失败了更是惨败。但是，从大别山走出来的红四方面军是共产党领导的红色武装，经受过血与火的洗礼，在异常严峻的形势下，他们始终坚定理想信念，始终听党指挥，始终保有旺盛的革命斗志，表现出英勇顽强、不畏强敌的大无畏精神。西征的第一大战役古浪战役，面对敌人的飞机大炮和精锐骑兵，红军指战员无畏无惧，英勇顽强，奋勇杀敌，取得了古浪战役的胜利，为西征开了个好头。此后，虽然历经千辛万苦，西路军将士始终不畏强敌，迎难而上，全力实现中共中央和中央军革命军事委员会的战略意图。

3. 西征路上虽败犹荣的西路军

西路军西征前后仅有5个月的时间，遭遇的困难与红军长征相比有过之而无不及。5个月的时间，两万多名红军在渡过黄河踏入河西之后，始终牢记使命、不惧艰险、勇战强敌，试图打通河西走廊。在西征途中，中共中央和中央革命军事委员会鉴于形势的变化，时而电令西路军全力以赴打通远方，时而命令西路军创建根据地、扩军、歼敌，时而又命令西路军东返。西路军秉承大别山精神，发扬长征精神，坚决听党指挥，不讲条件，不计代价，从中国革命的大局出发，忠实执行中共中央和中央革命军事委员会的指示。西路军西征虽然失败了,但西路军在大别山精神的烛照和长征精神的影响下,始终听党指挥、不畏强敌、敢于拼搏,在西征路上打出了威风,打出了精气神。

二 西路军红色基因的哈密具象

为保存革命火种,西路军孤军深入,一路破除艰难险阻,左支队翻越渺无人烟的祁连山,穿越寸草不生的大沙漠,在极端恶劣的自然环境和缺乏弹药等不利条件的双重夹击下血战红柳园,最终突出重围,顺利抵达星星峡。西路军奋战史是一段极其悲壮的历史,是中国革命史上的重大事件。西路军在浴血奋战中形成了内涵深刻的西路军精神,这是中国共产党人红色基因的重要组成部分,具有重要的时代价值。西路军在哈密留下了精神火种,历久弥新、代代相传。

(一)"西路军魂":星星峡的薪火世代相传

星星峡,是雄踞于丝绸古道上的险要隘口,西临哈密东接敦煌,是由东入疆的必经之地。西路军左支队向西跃进祁连山,一方面是遵从党中央的指示挺进新疆,另一方面则是出于军事部署的考虑。当时,东面、北面是马家军重兵把守区域,南面的柴达木盆地则是马步芳的势力范围,左支队到任何一个地区都将面临一场恶战。左支队虽然是三个支队中人数最多的队伍,但是经过数次战役,伤员等非战斗人员数量激增,余部战斗力量大打折扣。西进祁连山有助于摆脱敌兵追击,左支队生还的希望也更大一些。

1937年3月的祁连山被冰雪覆盖,左支队指战员在零下30多度的风雪中前行。经过十多天的行军,于3月下旬到达祁连山下西面的河谷地区。此时,左支队只剩900多人。4月,左支队陆续与马家军展开安西战役、白墩子战役、红柳园战役,损失200余名指战员。左支队队伍被敌军割裂开来,一部分人马沿着甘新公路继续西进,另一部分在李先念、李卓然、程世才的带领下进入茫茫的戈壁沙漠。4月24日,顺着甘新公路西行的队伍率先抵达星星峡，并与盛世才取得联系，全力搜寻营救西路军战士；4月27日，李先念率领的部队在星星峡附近遇到前来救援的队伍，乘车抵达星星峡；4月30日，抵达星星峡的西路军余部有240余人。在盛世才部边防人员的帮助下，汽车搜救队又解救了一些零散的西路军将士，最终到达新疆的西路军有437人。5月1日，中共中央代表陈云、滕代远率领一支由40多辆汽车组成的车队，驶抵星星峡，为左支队余部带去药品、食物。西路军的悲壮西征至此结束。

星星峡见证了左支队艰难入疆的进程，是革命火种不息、薪火相传之地。为了纪念左支队冲过腥风血雨到达星星峡，1997年哈密市在星星峡隘口修建汇合纪念碑，每年吸引不少人前来缅怀先烈。2010年星星峡镇修建了《西路军魂》雕塑。二男一女三位红军战士望向不同的方向，目光如炬注视前方，手握一把钢枪刺向天空。天地之中，西路军战士们的英姿融于群山，"捐躯赴国难，视死忽如归"的信念响彻山间。纪念碑侧后方山体上的"西路军魂"四个大字，彰显着西路军宁死不屈、百折不挠、顾全大局的伟大气节。星星峡，是中国工农红军西路军千里征战河西的终点，同时也是西路军挺进新疆、投身抗日战争洪流的起点。熔铸于伟大征程中的西路军精神，成为点燃伟大抗战精神的"星星之火"，激励无数爱国志士前赴后继为民族解放、国家独立而不懈奋斗。

（二）进疆纪念碑：人民不会忘记

1937年5月1日，左支队与党中央代表陈云、滕代远汇合，陈云主持了庆祝"五一"国际劳动节暨欢迎西路军左支队进疆大会。5月4日，左支队400余人全副武装，在陈云、李先念等人的带领下乘汽车离开星星峡，经哈密向迪化（今乌鲁木齐市）出发。历时4天，于5月7日到达迪化。为缅怀西路军艰苦卓绝的战斗历程，哈密市于1993年5月开始修建红军西路军进疆纪念碑，于1994年9月在哈密完工。红军西路军进疆纪念碑主碑是一尊高为6.2米的红军战士铜像，矗立在3米高的基座上。主碑正前方是陈云同志亲笔手书的题字碑，上刻"红军西路军进疆纪念碑"10个大字。铜像基座铭刻李先念的题词"红军西路军烈士永远活在我们心中"。汉文、维吾尔文的双语碑文铭刻在纪念碑背面。铜像主碑后两侧则是两块长 12 米、高 3 米的石雕。石雕为 30 名西路军战士，栩栩如生地呈现西路军"渡河西征""前仆后继""艰苦岁月""星星峡汇合"的历程。四部分浮雕构成一幅西路军英勇悲壮的史诗画卷。①

红军西路军进疆纪念碑的碑文内容主要分为三方面。一是阐述西路军战斗、进疆的历程。碑文回顾了红四方面军奉命执行宁夏战役计划，后因敌情变化而被迫中断。党中央指示过河部队组成西路军在河西创建根据地，争取打通苏联国际交通线。西路军孤军作战，遭到西北军阀马步芳等势力的围堵，因敌众我寡而失败。西路军余部分为三个支队转入祁连山打游击，其余两个支队损失大部分兵力，左支队在李先念、程世才的带领下向星星峡进发。左支队是西路军保留下来的唯一整建制部队。二是讲述陈云、滕代远迎接左支队的经过。西路军孤军西征，党中央对其安危极为关怀，多次采取措施进行支援和营救。陈云、滕代远作为党中央代表，于 1937 年 5 月 1 日前往星星峡迎接左支队进疆。三是讴歌西路军为革命做出的巨大贡献。西路军进驻迪化后，进行了汽车驾驶、无线电通信、军医、航空等军事技术学习，团结带领新疆各族人民支援抗战、建设新疆，为革命和建设做出了卓越贡献。

红军西路军进疆纪念碑借用浮雕、碑文、题字等形式，展现出西路军坚定信念、忠贞不屈的革命精神和顾全大局、视死如归的献身精神，对于进行革命传统教育、弘扬西路军革命精神具有重要的现实意义和深远的历史意义。西路军"半载转战千余里，孤军曾挡十万兵"的英雄气概，正如李先念同志题词所言那般，将长留我们心间。

(三)进疆纪念馆：为了永恒的纪念

为了纪念西路军挺进新疆，1992 年 9 月，中共哈密地委、哈密地区行

---

① 中共哈密地委党史委编《西路军魂》，新疆人民出版社，1996，第 17~20 页。

署决定修建红军西路军进疆纪念园,于1997年8月竣工并投入使用。20世纪90年代,西路军进疆纪念园位于哈密市红星西路,占地面积在15亩左右,采用仿古园林建筑式布局,集纪念与观赏价值于一体。红军西路军进疆纪念园由纪念广场、纪念馆和碑廊三部分组成。2012年,规划将红军西路军进疆纪念园建设为中国工农红军西路军进疆纪念馆。新馆占地96.83亩,建筑面积2844平方米,于2015年5月正式对外开放。2019年7月,纪念馆进行提档升级,通过声光电模拟复原再现西路军征战历史场景,大大丰富了展陈内容。升级后的中国工农红军西路军进疆纪念馆,以"永远的星星峡"为主题,共策划"浴血河西""永远的星星峡""火种赓续"3大部分12个单元的陈展,全方位展现西路军的英勇事迹。2021年,中国工农红军西路军进疆纪念馆被中央宣传部命名为"全国爱国主义教育示范基地"。

习近平总书记深刻指出,"历史是最好的教科书"[1]"对我们共产党人来说,中国革命历史是最好的营养剂"[2]"要把红色资源利用好、把红色传统发扬好、把红色基因传承好"[3]。为了进一步充分发挥红色教育基地的功能,中国工农红军西路军进疆纪念馆开设了"西路军魂、永放光芒"线上实景研学课堂,制作专题视频供哈密市中小学生开展线上红色教育。中国工农红军西路军进疆纪念馆不仅寄托着新时代人民群众对英烈的哀思和崇高敬意,更是弘扬红色文化、传承西路军红色基因的重要阵地。在新的时代背景下,中国工农红军西路军进疆纪念馆借助科技手段,用一幅幅图片,一组组雕塑,实现了红色历史的"活化";通过设置精品展览,在传播西路军精神、传承西路军红色基因方面发挥了重要作用。2019年,中国工农红军西路军进疆纪念馆接待游客数达

---

[1] 《习近平:历史是最好的教科书》,光明网,2021年6月18日,https://m.gmw.cn/baijia/2021-06/18/34932106.html。
[2] 《中国革命历史是最好的营养剂》,中华人民共和国国防部网站,2021年4月7日,http://www.mod.gov.cn/jmsd/2021-04/07/content_4882701.htm。
[3] 《把红色资源利用好》,光明网,2022年8月14日,https://m.gmw.cn/baijia/2022-08/14/35952482.html。

15.8万人次，① 2021年"五一"假期期间，纪念馆日均接待量在1000人次左右，中国工农红军西路军进疆纪念馆已经成为哈密"红色旅游打卡点"。

三 传承西路军红色基因的哈密对策

习近平总书记多次强调，用好红色资源，传承好红色基因。哈密是西路军远征途中的重要节点城市。西路军在哈密完成了沿河西走廊千里征战的历史任务，开启了进疆进而投身抗日洪流的新征程。作为西路军进疆见证地，哈密市对讲好西路军红色故事、弘扬西路军红色精神、传承西路军红色基因，负有义不容辞的责任。必须立足哈密当地西路军红色资源，着眼传承西路军红色基因全局，对接西路军西征沿线各地，建立传承西路军红色基因协调机制，共同把西路军红色基因传承下去。

（一）实施西路军红色基因溯源研究工程

从生物学的角度看，基因是产生一条多肽链或功能RNA所需的全部核苷酸序列。简单地说，基因就是遗传因子，是支持生命基本构造和性能的核心元素。红色代表着革命，红色基因就是革命的遗传密码，是推动社会发展进步的重要力量。只有搞清楚红色基因从哪里来，才能解决好红色基因向哪里去的问题。传承西路军红色基因，首要任务是对西路军红色基因进行溯源。知其所来，方能明其所往。

第一，深入研究西路军红色基因与马克思主义的关系。红色基因是中国共产党人最鲜明的身份标识。西路军红色基因，说到底，是中国共产党人的红色基因。中国共产党与以往任何政党的不同之处，其中之一就是以马克思主义理论为指导。习近平总书记指出，"马克思主义在中国的广泛传播催生了中国共产党，马克思主义使我们党拥有了科学的世界观和方法论，拥有了

---

① 赵玉伟：《红军西路军进疆纪念园全年接待参观者15.8万人次》，哈密发布公众号，2020年1月3日，http://www.jrhm.cn/2020/0103/16434.html。

认识世界、改造世界的强大思想武器"。① 西路军是一支以马克思主义为指导思想的军队,对马克思主义的坚定信仰是支撑西路军进行艰苦卓绝革命斗争的信念力量。西路军渡过黄河进入河西走廊,在那里浴血奋战,虽然结局惨烈,但是却展现了马克思主义者不屈的斗志。西路军付出巨大代价,消灭了马家军25000余人,牵制了国民党大量军队,策应了河东军队的战略行动,推动了西安事变的和平解决,第一次在河西走廊地区建立了中国共产党地方党组织和苏维埃政权。没有坚定的信仰信念,在极端艰险的条件下和极为恶劣的环境中就不可能创造出以上历史业绩。西路军为什么如此顽强,为什么一心向党,为什么矢志不渝进行革命斗争,他们的红色基因从哪里来的?这是需要首先研究的问题。马克思主义是中国共产党人红色基因的灵魂。应该组织专家学者成立哈密市"西路军红色基因与马克思主义关系研究"课题组,从西路军党组织建设中挖掘马克思主义对西路军的影响,从西路军共产党战士身上发掘马克思主义的真理力量,进而厘清西路军红色基因与马克思主义的内在关系。

第二,深入研究西路军红色基因与中华优秀传统文化的关系。马克思主义与中国革命实际相结合的过程,同时也伴随马克思主义与中华优秀传统文化相结合的过程。中华优秀传统文化是马克思主义在中国生根、开花、结果的文化沃土,是中国具体实际的重要组成部分。马克思主义基本原理同中华优秀传统文化相结合,是马克思主义中国化的应有之义。所以,作为以中国化马克思主义为指导思想的无产阶级政党,中国共产党人红色基因中不可避免地融入了中华优秀传统文化的内容和元素。从黄帝文化传承至今,中华文化已经绵延5000多年。在人类文化的历史长河中,中华文化最具独特的创造性和传承性。习近平总书记曾说,"泱泱中华,历史悠久,文明博大"。②中华民族在几千年历史中创造和延续的中华优秀传统文化,是中华民族的根和魂。这个根和魂,体现在中华文化的传承创新上,体现在中华文化所蕴含的思想思维中,体现在中华文化所展现的精神观念里。西路军的将士大部分

---

① 习近平:《在庆祝中国共产党成立100周年大会上的讲话》,《人民日报》2021年7月2日。
② 《一座新时代国家文化殿堂》,《光明日报》2022年7月31日。

出生在20世纪初期，他们中有不少人读过私塾，接受的更多的是中国传统教育，受中华优秀传统文化影响较深。可以说，中华优秀传统文化已经融入西路军将士的精神气质中，影响着他们的思维和行动，他们身上传承的红色基因不可避免地包含着中华优秀传统文化的养分和元素。应当成立哈密市"西路军红色基因与中华优秀传统文化关系研究"课题组，深入研究中华优秀传统文化所蕴含的思想观念、人文精神、道德规范对西路军将士的影响。

第三，深入研究西路军红色基因与鄂豫皖苏区的关系。西路军将士的来源可以追溯到鄂豫皖苏区，鄂豫皖苏区形成于土地革命时期。"八七会议"后，大别山区的党组织创造性落实会议精神，在鄂豫皖交界地带先后发动黄（安）麻（城）、商（城）南、六（安）霍（山）大规模武装起义，建立鄂豫边、豫东南、皖西革命根据地，走上了工农武装割据的道路。1930年3月，鄂豫皖边区党代表大会在黄安县箭厂河召开，会议宣布成立中共鄂豫皖边特委。6月，鄂豫皖边区第一次工农兵代表大会在光山县南部的王家湾召开，大会选举产生了鄂豫皖边区苏维埃政府。至此，以大别山为腹地的鄂豫皖革命根据地正式形成。鄂豫皖苏区把普及文化和宣传革命思想作为重要任务。据不完全统计，截至1932年春，鄂豫皖苏区共有报刊近50种，其中既有党报党刊，又有苏维埃政府报刊；既有红军报刊，又有群众团体报刊；既有时政性报刊，又有专业性报刊。影响比较大的报刊有中共鄂豫皖临时特委创办的《列宁周报》、鄂豫皖边特委创办的《党的生活》、鄂豫皖特区苏维埃政府创办的《工农兵》（后改为《苏维埃》季刊）、鄂豫皖军委政治部创办的《红色战士》、红四军创办的《红军周报》等。鄂豫皖苏区的思想建设和红色文化建设收到了春风化雨的效果，给苏区的党员和革命战士带来了深刻的思想洗礼，潜移默化他们的思维模式和行为方式。应当对西路军将士进行统计学分析，梳理西路军将士中在鄂豫皖苏区战斗过的数量和占比，研究鄂豫皖苏区对这些将士的影响，厘清鄂豫皖苏区与西路军红色基因的关系。

第四，深入研究西路军红色基因与红四方面军的关系。西路军是由红四方面军的三个军组成的。1931年11月7日，红四方面军在湖北黄安七里坪正式成立，其主力是鄂豫皖苏区部队。红四方面军下辖红四军和红二十五军,不久又建立红九军,全军共有六个师。1932年10月12日,红四方面军主力撤出鄂豫皖根据地,西进川陕开辟新苏区。红四方面军创建川陕革命根据地后,大力宣传革命思想,吸纳新生力量加入革命,队伍不断壮大。1933年7月,红四方面军击败川军的三路围攻,力量迅速发展,遂将所辖四个师升格为军,依次改编为红四军、红九军、红三十军和红三十一军,又将川东游击队改编为红三十三军。1935年5月,红四方面军撤出川陕苏区,进行长征。1936年秋,中国工农红军长征胜利结束后,根据中共中央革命军事委员会的命令,红四方面军第三十军、第九军和红四方面军总部及第五军先后向西渡过黄河,准备执行宁夏战役计划。[①] 后因敌情变化计划终止。11月11日,中共中央和中央革命军事委员会命令过河部队组成"西路军",领导机关称"西路军军政委员会"。所以说,西路军是从红四方面军脱胎而来的。红四方面军是一支具有豁得出、挺得稳、熬得住的作风,在实践中骁勇善战的,最能啃"硬骨头"的部队。红四方面军的军风军纪必然会在西路军中得到体现和延续。应当从红四方面军的思想建设、作风建设、纪律建设等方面着手,把握西路军红色基因与红四方面军的关系。

(二)实施西路军红色精神凝练工程

红色精神是指中国共产党领导中国人民在革命、建设、改革各个时期所形成的伟大革命精神。2021年9月29日,党中央批准了中央宣传部梳理的第一批纳入中国共产党人精神谱系的伟大精神。比如,井冈山精神、长征精神、延安精神、西柏坡精神等。毫无疑问,西路军精神是中国共产党人精神谱系的有机组成部分。但是,西路军精神的内涵是什么,目前还没有权威地得到广泛认可的界定。哈密市应该肩负起这项重要任务,实施西路军红色精神凝练工程,立足以下四个方面凝练西路军精神。

第一,立足西路军西征战斗实践凝练西路军精神。马克思主义唯物史观

[①] 中共中央党史研究室:《中国共产党历史·第一卷(1921-1949)》上册,中共党史出版社,2011,第401页。

认为，精神是物质长期发展的产物。任何一种伟大精神的产生都离不开坚实的社会基础，离不开火热的社会实践。所以说，伟大实践孕育伟大精神。西路军精神是在西路军西征战斗的革命实践中生成的。1936年10月24日，红三十军西渡黄河。随后，红五军、红九军、红四方面军总指挥部及特务团、教导团、妇女抗日先锋队也渡过黄河。这些军队渡河后，对敌采取主动进攻策略，先后在吴家川、尾泉、一条山、五佛寺、大拉牌等地区同敌人展开激烈战斗，顺利歼灭敌军1000余人。11月13日，党中央向共产国际报告"渡河者现组成西路军，受徐向前、陈昌浩指挥，人数两万两千，令其依照国际新的指示，向接近新疆之方向前进"[1]。西路军领命西进，很快占领古浪、永昌、山丹等地。但是，西进计划遭到马家军的疯狂破坏，他们对西路军围追堵截，妄图将西路军消灭在河西地区。西路军在东起武威西至山丹的一条长线上同马家军进行鏖战。干柴洼、横梁山、古浪、四十里铺、八坝、二十里铺、水磨关、永昌城、山丹等地，都见证着西路军英勇战斗的悲壮和惨烈。1937年1月，西路军攻占高台，进驻临泽沙河堡、倪家营子一带。数万马家军追踪而至，西路军进行了守卫高台的殊死搏斗，"战斗的激烈程度是我军长征以来罕见的"[2]。在这些激烈战斗中，西路军将士展现出了一不怕苦、二不怕死的战斗精神。应当从西路军的战斗实践中，总结西路军将士身上的群体特征和革命精神。

第二，立足西路军将士英勇事迹凝练西路军精神。西路军精神是作为群体的西路军的精神风貌、意志品质、信念操守的集中体现。作为群体的西路军，又是由一个个鲜活的个体构成的。这些鲜活的个体就是西路军将士，他们每一个人的英勇事迹中都蕴含着西路军精神。必须从西路军将士可歌可泣、可咏可叹的壮烈行动和感人故事中发掘西路军精神。红五军军长董振堂，西渡黄河后率部参加了攻占山丹、临泽、高台等县城的战斗。1937年1

---

[1] 《徐向前传》（章节选读），共产党员网，2013年11月8日，https：//fuwu.12371.cn/2013/11/08/ARTI1383873647801649_3.shtml。

[2] 《高台血战》，高台县人民政府网站，2022年4月11日，http：//www.gaotai.gov.cn/xq/lswh/202204/t20220411_825590.html。

月，董振堂的第五军驻守高台，面对近十倍于己的马家军，他们毫不畏惧，浴血奋战。敌人在飞机大炮的掩护下疯狂进攻，我军却弹药匮乏，步枪平均每支仅有5发子弹，机枪每挺不到100发子弹。董振堂率领部队血战9天9夜，直至最后一人一弹，壮烈牺牲。红军女战士李开英曾经在一次战役中顶住了200名马步芳骑兵，创造了革命奇迹。一次血战之后，李开英和十几名女伤员与大部队走散，与200名敌人在一条小山沟里遭遇。李开英和战友们居高临下，借着有利地形打败了第一波敌人。敌人继续围追堵截，李开英急中生智，吹起了军号。敌人听到我军的集结号，以为遭遇了我军大部队，吓得仓皇而逃。在牺牲前，李开英还嘱咐战友见到自己的儿子后"告诉他要革命到底"。西路军有许许多多像董振堂、李开英这样对革命事业无限忠诚的将士，应该深入挖掘他们的英勇事迹，从他们一言一行中发掘人性的光辉，凝练西路军精神。

第三，立足西路军有关重要论述凝练西路军精神。我们党的领导同志对西路军有不少重要论述。1937年12月，毛泽东在接见西路军所剩部分领导同志时说："西路军是失败了，但这不是说西路军广大的干部和战士没有努力，他们是英勇的、顽强的。"① 1958年7月，朱德在青海视察谈到西路军时说："当时战斗打得激烈，很艰苦，损失很大，光师以上的指挥员就牺牲了不少。对牺牲的和失散在青海的同志，你们一定要搞清楚他们的情况。"② 1983年1月，陈云说："西路军打通国际路线，是党中央、毛主席过草地以前就决定的。当时共产国际也愿意援助，二百门炮都准备好了，我亲眼看见的。"③ 徐向前认为："西路军担负的任务，飘忽不定，变化多端，并大大超出应有限度，是导致失利的根本因素。"④ 李先念曾经为肃南裕固族自治县

---

① 《高台：用生命筑起顶天立地丰碑》，中共中央党校，2021年4月20日，https://www.ccps.gov.cn/zl/fdbnlqhxzc/202104/t20210420_148407.shtml。
② 《惨烈西路军：生死皆为主义》，新知网，2019年12月18日，https://www.lishixinzhi.com/xgs/1074107.html。
③ 《陈云与李先念》，中国共产党新闻网，2014年4月9日，http://dangshi.people.com.cn/n/2014/0409/c85037-24857720-3.html。
④ 《应星教授撰文谈军事发包制》，《社会》2020年第5期。

题词：以西路军浴血奋战的精神建设祁连山区。习近平总书记既充分肯定西路军的历史功绩，也高度评价西路军的革命精神。他说："西路军不畏艰险，浴血奋战的英雄主义气概，为党为人民英勇献身的精神，同长征精神一脉相承，是中国共产党人红色基因和中华民族宝贵精神财富的重要组成部分。我们要讲好党的故事，讲好红军的故事，讲好西路军的故事，把红色基因传承好，革命精神要传承弘扬！"① 这些重要论述有助于深刻认识西路军西征的战略意义，有助于全面准确地凝练西路军精神。

第四，立足西路军精神研究成果凝练西路军精神。一些学者对西路军精神进行了初步研究。李荣珍把西路军精神概括为"坚定不移的理想信念，对党和人民的无限忠诚，大无畏的革命英雄主义气概，服务人民的根本宗旨，团结合作、严守纪律的革命精神"。② 王海峰认为西路军用鲜血和生命谱写了感天动地的英雄壮歌，铸就了"顾全大局、服从命令，团结一致、同仇敌忾，生命不息、战斗不止，艰苦奋斗、顽强不屈"的红西路军精神。③ 龙作联、龙一国把西路军精神凝练为"信念坚定、对党忠诚的革命理想主义精神，坚韧不拔、不怕牺牲的革命英雄主义精神，威武不屈、百折不挠的革命乐观主义精神"。④ 张忠认为西路军西征是长征精神的继续和发展，体现了"生命不息、战斗不止、服从组织、严守纪律、团结一致、同仇敌忾、顾全大局、忍辱负重、信念不变、艰苦奋斗、百折不挠、愈挫愈勇、争取胜利"的革命精神。⑤ 赵巧敏认为西路军精神突出表现为"坚定的理想信念，强烈的大局意识，顽强的战斗意志，积极的群众立场以及赤心向党的耿耿衷心"。⑥ 张生寅、何志明认为西路军精神有着多方面的内涵，其中最主要的是"顾全大局、服从命令、严守纪律；英勇顽强、不怕牺牲、甘于奉

---

① 《开创富民兴陇新局面——习近平总书记甘肃考察纪实》，《人民日报》2019年8月24日。
② 李荣珍：《星星峡的历史回声——陈云与西路军》，《档案》2005年第4期。
③ 王海峰：《在赓续红西路军精神血脉中汲取智慧和力量》，《甘肃政协》2021年第3期。
④ 龙作联、龙一国：《红西路军精神初探》，《中国集体经济》2016年第16期。
⑤ 张忠：《红西路军精神价值的传承与发展——兼谈丝绸之路经济带视阈下对于张掖的影响》，《新丝路》（下旬）2015年第11期。
⑥ 赵巧敏：《红西路军精神内涵和在新时代的启示》，《发展》2021年第Z1期。

献;牢记宗旨、坚贞不屈、忍辱负重"。①王彩霞把西路军精神概况为"忠诚理想、坚定信念,顾全大局、服从命令,生命不息、战斗不止,团结一致、同仇敌忾、顽强不屈、忍辱负重"。②董汉河等人也对西路军精神进行了提炼和归纳。专家学者对西路军精神的研究和概括有助于我们更加全面地认识和把握西路军精神。

(三)实施西路军红色文化传承弘扬工程

西路军红色文化是指西路军在西征过程中创造的革命文化,包括西路军征战遗迹、西路军电报书信、西路军红色故事等。西路军红色文化蕴含着丰富的革命精神和厚重的历史文化内涵,具有重要的现实意义。弘扬西路军红色文化,传承西路军红色基因,哈密市应当担负起应有的责任。要实施西路军红色文化传承弘扬工程,大力学习、传承、弘扬西路军红色文化,不断厚植社会主义现代化强国的红色底蕴,用西路军文化凝聚干事创业的强大动力。

第一,整理西路军红色文化口述史。西路军西征的历史距今已有80多年,历史见证人健在的不是很多。这些人是西路军浴血奋战河西走廊的亲历者,对西路军有着特殊的感情,他们本身就是西路军文化不可或缺的一部分。要走访查找西路军的健在者,对他们进行抢救性采访,真实记录西路军英勇斗争的光辉事迹,留存珍贵史料。进入21世纪以来,西路军越来越受到广泛关注,一些记者和党史爱好者对西路军战士有过专门采访,留下了不少音频视频资料。比如,2012年,西路军女战士陈慧芳曾向《解放军报》记者讲述过西路军英勇悲壮的战斗历程。2018年,甘肃境内还幸存十余名西路军女战士,有人专门对她们进行走访。要把对这些资料的收集和整理作为西路军红色文化口述史的重要部分,对其抓实抓好,助力形成西路军口述史料体系。由于时间久远,大多数西路军将士已经故去,但他们的后人还

---

① 张生寅、何志明:《论西路军精神》,《青海社会科学》2010年第3期。
② 王彩霞:《红西路军精神的时代价值》,《发展》2021年第9期。

在。他们一定给后人讲述过西路军的事迹，并留存相关西路军遗物和信札。要走访西路军后人，听他们讲述西路军故事，从他们那里搜集西路军信息，复印和复制西路军史料。

第二，推进西路军红色文化进党课。党课是中国共产党组织对党员和入党积极分子进行教育而开的课。作为每一名共产党员的必修课，党课是进行党性、党纪和党的基本知识教育，传播党的理论，弘扬党的文化的有效载体。传承弘扬西路军红色文化，首先要在党员干部群体中进行，让每一名党员干部对西路军红色文化都有一个深刻的感知，并从中汲取红色养分。一方面，要组织党史专家整理编辑西路军红色故事，形成具有真实性、可读性、故事性等特点的西路军英勇事迹系列，让党课讲授者乐于以西路军红色故事阐释深刻的革命理论，从而自觉地讲述西路军红色故事，传授西路军红色文化。另一方面，要制作西路军红色文化系列课件。组织专业人员，坚持政治性和故事性相统一、理论性和史料性相结合、传统性和现代性相融合，制作西路军红色文化系列课件，以供党课授课者选用。同时，还可以采取远程授课的方式，在基层组织上党课时播放西路军红色文化课件。更为重要的是，要培育一批专门讲授西路军红色文化的党课宣讲者。遴选一批具有深厚学术素养、熟悉西路军斗争史、政治坚定、口才出众的专业人才，对他们进行专门培训，使他们快速成长为讲述西路军红色故事、传授西路军红色文化的骨干力量。

第三，推进西路军红色文化进校园。这里的校园专指大中小学校园。校园是学生学习的地方，大部分人成长的历程都与校园有着密切的关系。推动西路军红色文化进校园，有助于传承弘扬西路军红色文化，引导学生扣好人生的第一颗扣子。要在大中小学思政课教学中融入西路军红色文化。要根据不同年龄段学生接受知识的习惯和特点，有针对性地推进西路军红色文化进课堂。对于中小学生，要抓早抓小、久久为功、潜移默化、耳濡目染，在思政课中增加西路军浴血战斗的故事，通过讲故事的方式增强思政课的趣味性，让中小学生沉浸在西路军将士的感人事迹中，不知不觉地接受西路军红色文化的熏陶。对于大学生，要在思政课中增加西路军西征的史料和相关研究成果，增强西路军红色文化的政治性、理论性和逻辑性，使他们通过学习深刻领悟西路军红色文化所蕴含的坚定信念和革命志士对真理的不懈追求。要在大中小学校园文化建设中融入西路军红色文化。在西路军战斗过地方的中小学校，校园里的建筑物、景观设施、道路等，可以以西路军的烈士命名。有条件的学校，可以修建西路军英雄人物雕塑等，将其作为校园文化标志性设施。推动大中小学校在展板和宣传栏中，增加西路军红色文化内容，这些措施可以先在哈密市等西路军战斗过的市县施行。要在大中小学校社团活动中融入西路军红色文化。在开展读书活动、专题讲座、征文比赛、演讲辩论、教学比赛、话剧表演和书法展示等活动时设置西路军红色文化主题，让学生在参与的过程中感受西路军红色文化的魅力。

第四，推进西路军红色文化进网络。移动互联网方兴未艾，各种信息加速在网上激流涌动，网络成为信息传播的主渠道。中国互联网络信息中心（CNNIC）发布的第49次《中国互联网络发展状况统计报告》显示，截至2021年12月，我国网民规模达10.32亿人，互联网普及率达73.0%。这就意味着，当下我国大多数居民主要是通过互联网接受知识和文化的。尤其是青年一代，对网络的依赖度非常高。要大力推进西路军红色文化进网络，不断增强西路军红色文化的网络传播力和社会影响力。要加强网络内容建设，有针对性地发挥主流媒体网站、文化娱乐网站和"两微一端"等网络平台的作用，扩大西路军红色文化的有效覆盖范围。要以青少年为主要对象，把讲好西路军红色故事作为重点，多用"网言网语"，多做"看不见的宣传"，进一步增强西路军红色文化网络吸引力、感染力。要遵循网络传播规律，变换语言表达方式，采用艺术化宣讲，把西路军红色文化融入感人故事、动听歌声、戏剧表演等艺术形式中，达到寓教于乐、潜移默化的效果。当下，人们更喜欢通过短视频接收信息。要推动西路军红色文化数字化、可视化，组织专业人士把西路军红色故事制作成短视频，通过抖音、B站、快手等互联网传播平台在全网发布，让广大网民在聆听、阅读、观看西路军红色故事中体悟西路军红色文化的丰富内涵。

（四）实施西路军红色旅游区域联动工程

2022年7月，习近平总书记在新疆考察时强调，"让中华文化通过实物实景实事得到充分展现、直抵人心，教育引导各族群众树立正确的国家观、历史观、民族观、文化观、宗教观，增进对伟大祖国、中华民族、中华文化、中国共产党、中国特色社会主义的认同"。① 红色旅游，能够让人们通过实物实景实事感受红色文化。西路军西征留下了许多宝贵的红色资源。这些红色资源既有社会价值又有经济价值，要坚持把社会效益放在首位，大力推进西路军红色旅游业健康发展，保护好、利用好西路军红色文化资源，让更多的人在旅游中接受西路军红色文化教育。

第一，打造西路军红色旅游哈密品牌。哈密是西路军进入新疆的第一站，是陈云同志和李先念同志会合的地方，拥有星星峡、中国工农红军西路军进疆纪念馆、红军西路军进疆纪念碑等红色旅游资源。要充分利用这些红色资源，真正让红色旅游成为哈密市一张亮丽的名片。一是星星峡品牌。星星峡是雄踞于丝绸古道上的险关要隘，历经岁月长河的淘洗，星星峡依然遗留很多传唱千古的历史记忆。近代以来的爱国故事就有林则徐入疆、左宗棠率部种植"引得春风度玉关"的左公柳等。1937年3月，西路军左支队进入新疆的星星峡。1949年10月，王震率部由星星峡进入新疆。要以西路军红色遗迹为主题，结合星星峡历史遗存，把星星峡打造成传承红色基因的旅游胜地。二是中国工农红军西路军进疆纪念馆。纪念馆中央是陈云和李先念的紫铜像。馆内展有红军西路军征战河西、会合星星峡、返回延安的大量珍贵历史图片和部分实物。要着力开发中国工农红军西路军进疆纪念馆的红色旅游资源，真正发挥其红色文化教育功能。三是红军西路军进疆纪念碑。由陈云题写的红军西路军进疆纪念碑，位于哈密机场附近。这是西路军进入新疆的标志性纪念物，要发掘其象征性意义，将其打造成感悟西路军精神的红色旅游胜地。

---

① 《完整准确贯彻新时代党的治疆方略　建设团结和谐繁荣富裕文明进步安居乐业生态良好的美好新疆》，《人民日报》2022年7月16日。

第二，推动西路军红色旅游资源串珠成链。西路军红色文化旅游资源更多处于甘肃的河西走廊地区。西路军在河西进行5个月的浴血奋战，战场散布在河西走廊各地。可以说，河西走廊是西路军悲壮历史的见证地，也是西路军革命遗迹保存最多的地方。这里的西路军红色旅游资源最为丰富。这些红色旅游资源包括武威横梁山战役遗址、古浪县红军西路军烈士陵园、高台西路军烈士陵园、红军四十里铺战役纪念馆、梨园口战役纪念馆、临泽红西路军倪家营战斗遗址、肃南"红窝山会议"遗址、瓜州红军纪念塔等。由于地广人稀，这里的西路军红色旅游资源还没有形成联动效应。哈密市可以牵头联合河西走廊各地，建立西路军红色旅游资源联动机制，把散布在祁连山区的红色旅游点像珍珠一样串起来，打造成亮丽的旅游链，吸引更多的游人来瞻仰西路军战斗过的地方，接受爱国主义教育。要推动西路军红色空间再塑造，联合打造"行走河西，落脚哈密，品味红色文化，读懂西路军"品牌，推动西路军红色文化和旅游融合发展。开发重走西路军西征路红色旅游线路，从西渡黄河开始，到鏖战山丹、进军永昌、浴血临泽、血战高台等，让旅游者在身临其境中感悟西路军的悲壮和不易。

第三，开发西路军红色旅游文化产品。文化产品，是指传播思想、符号和生活方式的消费品。西路军红色旅游文化产品，就是和西路军有关的，针对游客设计的，能够传播西路军文化、弘扬西路军精神的旅游文化产品。作为旅游的衍生品，这些产品能够强化旅游记忆、传播思想文化、影响旅游消费者思维和心理。可以开发西路军红色旅游文化系列产品。一是英雄人物系列。西路军有无数的英雄将士，如董振堂、孙玉清、杨克明、熊厚发、陈伯稚、曾日三、吴富莲等，他们的事迹感人至深。可以制作他们的便携式塑像，在塑像上镌刻他们的英勇事迹，方便游客将他们的塑像请回去，放在书桌上时瞻仰，从中接受红色教育。二是遗址遗迹系列。西路军西征时留下了很多战斗遗址，后来也建立了许多纪念碑、纪念馆等。哈密的手工艺刺绣远近闻名，可以联合手工艺刺绣厂家大批量生成以西路军遗址遗迹为素材的刺绣，让游客在手工艺刺绣中感悟西路军文化。三是口袋书系列。西路军浴血河西走廊，产生了许多舍生忘死的英雄人物，留下了许多可歌可泣的英勇事迹。可以把这些人物和事迹创作成为系列红色故事,以口袋书的形式出版发行,方便游客购买阅读。

第四,促进西路军红色旅游两方联动。西路军红色基因,可以追溯到鄂豫皖苏区。黄冈市的红安、麻城、团风、英山、罗田、浠水有不少红色旅游资源。信阳市的新县是鄂豫皖苏区首府所在地,那里有鄂豫皖苏区首府烈士陵园、鄂豫皖苏区首府革命博物馆、中共中央鄂豫皖分局和省委旧址、鄂豫皖革命根据地旧址、鄂豫皖军委及红四方面军总部旧址、红四方面军后方总医院旧址等革命纪念地。六安市有金寨县革命烈士陵园、金寨红军广场、独山革命旧址、大别山革命历史纪念园、裕安区独山革命旧址群、苏家埠战役纪念园、金寨县红二十五军军政机构旧址、霍山县诸佛庵镇革命遗址等红色革命遗址。哈密市可以推动建立"两地四市"(两地:哈密、大别山,四市:哈密市、信阳市、六安市、黄冈市)互动机制,开发西路军红色基因溯源线路。这样就可以把哈密的西路军红色旅游资源和大别山革命老区的红色旅游资源有效衔接起来,真正让游客了解西路军的红色基因从哪里来,进而更好地把红色基因传承下去。

参考文献

[1]《完整准确贯彻新时代党的治疆方略 建设团结和谐繁荣富裕文明进步安居乐业生态良好的美好新疆》,《光明日报》2022年7月16日。

[2] 丁同民、闫德亮、林志成:《彪炳史册的大别山精神》,人民出版社,2017。

[3] 周勇:《中国共产党抗战大后方历史》,重庆出版社,2017。

[4] 朱培民、王宝英:《中国共产党治理新疆史》,当代中国出版社,2015。

[5] 中共新疆维吾尔自治区委员会党史研究室编《中共新疆地方史(1937-1966)》,中共党史出版社,2011。

[6] 秦生:《红西路军史》,中国社会科学出版社,2011。

[7] 郝成铭、朱永光:《中国工农红军西路军·文献卷》,甘肃人民出版社,2004。

[8] 红军西路军进疆纪念碑筹建领导小组编《中国工农红军西路军左支队在哈密》,新疆大学出版社,1993。

[9] 中共甘肃省委党史资料征集研究委员会编《悲壮的征程》,甘肃人民出版社,1991。

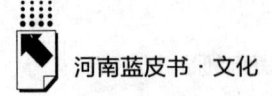

［10］蒋超:《西路军遗址遗存保护开发研究》,《社科纵横》2021年第3期。
［11］赵宇、和宝军:《中国工农红军西路军的历史回顾及当代价值》,《攀登》2021年第5期。
［12］蔺学伦、陈晓霞、张宁、樊海:《红西路军革命精神的时代价值》,《河西学院学报》2021年第4期。
［13］晏苏摘、刘波:《西路军"新兵营"》,《百年潮》2021年第5期。
［14］赵学东、李文平:《象征与传播:形塑红西路军革命精神的文化路径》,《图书与情报》2021年第3期。
［15］闫奇峰、张莉平:《红色文化遗产的保护,传承和利用研究——以甘肃省为例》,《建筑设计管理》2019年第9期。
［16］景雅丽:《哈密红色资源的社会价值与作用》,《中共乌鲁木齐市委党校学报》2018年第8期。
［17］黄庆:《论西路军的历史功绩和现实意义》,《赤峰学院学报》(汉文哲学社会科学版)2012年第1期。
［18］刘占广:《为有河西行路难——中国工农红军西路军徘徊河西走廊原因分析》,硕士学位论文,兰州大学,2009。
［19］史庆钊、覃天:《血肉筑起的丰碑——记红军西路军英勇悲壮斗争史》,《今日新疆》2006年第10期。
［20］赵建军、李先念:《从祁连山到星星峡——西路军左支队浴血奋战记》,《党史博采》2004年第9期。
［21］董汉河:《西路军左支队进驻新疆及返抵延安考论》,《甘肃社会科学》1999年第6期。
［22］《大别山精神是啥》,《大河报》2012年11月8日。
［23］《伟大的中国革命锻造崇高的大别山精神》,《光明日报》2021年3月24日。
［24］《大别山精神的深刻内涵》,《学习时报》2020年5月8日。
［25］中共哈密地委党史委编《西路军魂》,新疆人民出版社,1996。
［26］赵玉伟:《红军西路军进疆纪念园全年接待参观者15.8万人次》,哈密发布公众号,2020年1月3日,http：//www.jrhm.cn/2020/0103/16434.html。

B.18
郑州文旅文创产业发展路径调研报告

冀佳佳　武赛男*

摘　要： 随着近年来经济社会的快速发展，郑州产业结构调整步伐日益加快，文旅文创产业发展也从注重规模进入注重发展质量的新阶段。河南省第十一次党代会提出，要实施"文旅文创融合战略"，郑州市第十二次党代会也强调，要"推动文化繁荣，加强历史文化传承"，这为郑州文旅文创产业高质量发展奠定了坚实的政策基础。作为中国八大古都之一，郑州文化旅游资源丰富，文旅文创产业发展初具规模，但与国内文旅文创产业强市相比，还存在转型动能不足、文旅品牌缺乏、营销力度不大、产品创意含量不足等问题。要打造具有国际影响力的文化都市，郑州就需要采取多种措施，将自身的文旅资源优势转化为文旅文创产业优势，提升城市文旅文创产业发展能级，进而实现郑州文旅文创产业高质量发展。

关键词： 郑州　文旅文创产业　高质量发展

郑州是国家中心城市，是国家重要的航空和陆路交通枢纽，在国家发展战略中占据着非常重要的地位。特别是近年来，郑州生产总值已经突破1万亿元大关，这为郑州建设文化强市奠定了坚实的经济基础，提供了广大的市

---

* 冀佳佳，河南省社会科学院党政办公室八级职员，研究方向为文化产业与媒介文化；武赛男，郑州工商学院经济系讲师，研究方向为产业经济与国际贸易。本文系郑州市2021年度社会科学调研课题补充项目"郑州文化产业高质量发展研究——基于对文化产业强市发展经验的分析"研究成果（项目号：1037）。

场空间。郑州在推进国家中心城市建设过程中，不仅要巩固既有经济发展基础，还要顺应经济结构转型升级大势，实现经济的可持续发展。国内外文旅文创产业发展经验表明，要想文旅文创产业产业链长、经济附加值高，除了具有经济价值、社会价值外，还需具有其他传统产业所不具备的文化价值。发展壮大文旅文创产业，不仅有利于郑州经济转型升级，对于提高郑州的文化软实力、文化影响力也具有十分关键的作用。郑州历史文化底蕴深厚、文化禀赋优势突出、历史文化遗存较多，在发展文旅文创产业方面拥有着得天独厚的优势。当前，郑州文旅文创产业规模大、发展迅速，但文旅资源的优势还没有完全发掘出来，城市文化与郑州文化大市的地位也不是特别匹配，文化建设的质量还有待进一步提升。在立足新发展阶段、贯彻新发展理念、构建新发展格局的战略背景下，郑州建设文化强市，既需要厚植自身文旅文创产业发展土壤，也需要借鉴国内文旅文创产业强市的经验，以此来提升文化影响力，实现文旅文创产业的高质量发展。

一 郑州推动文旅文创产业高质量发展的优势和机遇

2022年3月，河南省委书记楼阳生到郑州调研文旅融合发展工作，强调"要坚定文化自信，以'行走河南·读懂中国'为主题，以历史文脉包括人物、事件等为主线，以省会郑州为中心，整合资源，串珠成链，设计精品路线，优化产品供给，打造中国历史文化全景式集中展示地、知名旅游目的地"。[①] 楼阳生书记的讲话为郑州推进文旅文创融合指明了方向、提供了遵循。郑州是河南的政治、经济中心，同时也是重要的文旅大市。在近年来发展过程中，为了促进文旅文创产业发展，郑州出台了一系列促进文旅文创产业发展的利好政策，文旅文创产业发展的效能得到显著提升。从文旅文创产业发展水平角度来看，郑州文旅文创产业规模大，资金投入力度大，文化

---

① 李铮、冯芸：《坚定文化自信 做强文化产业》，《河南日报》2022年3月30日。

旅游资源得到精心保护，对外文化传播力进一步增强，文化精品不断涌现，文化消费需求持续升级，部分文创产业园区先后建成，这些都构成了郑州文旅文创产业高质量发展的优势。具体来说，郑州推动文旅文创产业发展具有以下四个方面的优势。

一是文化旅游资源种类丰富。郑州地处中原腹地，是华夏历史文明发祥的核心区域，在漫长的岁月中，产生了自身独特的历史文化资源。郑州有古代商城遗址、古荥冶铁遗址、大河村遗址、西山古城遗址、织机洞遗址、新砦遗址、裴李岗文化遗址、双槐树遗址等远古文化遗存，有城隍庙、宋陵、郑韩故城、少林寺、中岳庙、康百万庄园、观星台、嵩阳书院等历史建筑，有黄帝、列子、韩非子、杜甫、李商隐、李诫、白居易、刘禹锡等历史文化名人，有二七纪念塔、郑州国棉厂、百年德化街等近现代历史建筑，有黄河游览区、嵩山风景区、伏羲大峡谷、河南博物院、方特欢乐世界、建业电影小镇、只有河南·戏剧幻城等文化旅游景点，有新郑拜祖大典、《黄帝千古情》实景演出等文化活动，有郑州烩面、葛记焖饼、炸油馍头等特色饮食文化，也有新密麻纸、嵩山木雕、黄河澄泥砚、猴加官、小相狮舞等非物质文化遗产，加之郑州在历史文化遗存的保护、传承方面做了大量工作，这为郑州文旅资源深度开发提供了良好的条件。

二是总体文旅文创产业体量较大。郑州市坚持把文旅文创产业放在经济社会发展中的重要位置，采取了不少措施刺激文旅文创产业发展，如提供专门资金扶持文化企业发展，强化文化消费引导，积极推动文化企业上市融资等，这些举措有力推动了文旅文创产业发展。此外，河南省统计局发布的最新数据显示，郑州市规模以上文化企业已达到 522 家，从业人数 64678 人，资产总规模 913.18 亿元，营业收入 501.4 亿元，这充分显示了郑州文旅文创产业发展的活力和后劲。与此同时，郑州在近些年相继建立了不少文创产业园，如郑州国际文化创意产业园、国家动漫产业发展基地（河南）、石佛艺术公社、金水文化创意园、郑东新区出版产业园等。这些都彰显了郑州文旅文创产业蓬勃发展的态势。

三是战略机遇叠加效应明显。基于郑州在国家发展战略中特殊的优势，近年来，不少国家战略、省级战略在郑州相继落地，这给郑州文旅文创产业发展带来了难得的发展机会，也取得了良好效果。2012年，《中原经济区规划》获批之后，郑州把建立"华夏历史文明传承创新区"放在发展的突出位置，通过挖掘历史文化资源，培育"拜祖大典"等根亲文化品牌，大力提升文化软实力，有力促进了郑州文旅产业的发展和繁荣。为了促进国际经济文化交流，国家提出了"一带一路"倡议，提出要增进文化交流、共同保护历史文化遗产等。郑州作为"一带一路"的重要节点城市，作为国家中心城市，在推动与国外文化的艺术交流上有着广阔的空间，为文旅产品和服务的展销创造了良好的环境。在省级层面，河南省第十一次党代会，强调要实施"十大战略"，"文旅文创融合战略"作为"十大战略"之一，这同样给郑州文旅文创产业发展带来了新的命题。对郑州来说，如何使文化与旅游、创意深度融合，是郑州面临的重要课题，这不仅关系着文旅文创产业发展的质量，对文旅文创产业的可持续发展也有十分重要的影响。

四是文化消费面临迭代升级。根据郑州市统计局2022年发布的数据，郑州2021年居民人均可支配收入39511元，比上年增长6%。伴随人们物质生活水平的提高，人们对精神文化生活的需求也越来越高。文化消费水平的提高也使人们不再满足于去图书馆、博物馆、艺术馆、科技馆、群艺馆、美术馆等享受免费公共文化产品和服务，而会选择去消费高品质的文化产品，以达到放松心情、获得知识的目的。同时，文化消费的迭代升级也给文旅产品的供给提出了更高要求。这既需要公共文化场所提供基础的公共文化产品，也需要郑州文旅企业提供更多、更多样性、更高质量的文旅产品和服务。除了本地消费者外，越来越多的人也开始选择来郑州进行文化消费。近年来，为提振文化消费，郑州在文化对外宣传上做了很多工作，如拍摄、传播《郑州八度》《郑州24小时》，举办国际摄影展览、电影展览、拜祖大典等文化交流活动，深刻展示了郑州文化底蕴，吸引了更多的人到郑州进行文旅消费。

二 郑州建设文旅文创产业高地的重要意义

现在是后工业化时代、信息时代,经济发展越来越依靠知识、创意,一个地区的经济对知识和创意的依赖度越高,也就证明该地区的经济发展质量越高。发达国家的发展经验也充分表明,文旅文创产业一旦被打造成支柱产业,将会带来具体的经济效益、社会效益和文化效益。郑州作为转型发展中的省会城市,要实现高质量发展,在激烈的区域文化竞争中处于优势地位,就需要打造文旅文创产业发展高地,从而为郑州实现持续健康发展注入强大发展动力。郑州建设文旅文创产业高地的意义主要表现在四个方面。一是有利于营造都市文化氛围。文化是一个城市的根和魂,没有浓厚的文化气息,城市就不会有自己的特色。从这个角度上来说,文化往往也是城市的一张亮丽名片。通过高质量发展文旅文创产业,郑州能够形成自身的文化品牌,营造浓厚的文化氛围,展示"郑龙头"的文化特色与文化形象。二是有利于增强文化自信。中原文化是中华文化的主干,是华夏历史文明的重要组成部分,同时也是中原儿女的精神家园。郑州发展高水平文旅文创产业,既能促进经济发展,也能增进市民对郑州本土文化的思想认同、情感认同和行为认同。三是有利于实现经济转型升级。根据高瞻产业研究智库的预测,随着时间的推移,全国旅游业规模仍将会持续扩大(见表1),发展文旅文创产业依然是推进经济发展的助推器。与沿海发达城市相比,郑州文旅文创产业起步晚、发展基础相对薄弱,还没有成为拉动郑州经济发展的主要动力。高水平、高起点做大做强文旅文创产业,有利于郑州优化产业结构,培育新的经济增长点,扩大国家中心城市的经济辐射范围,更好参与国内外城市经济竞争。四是有利于推进文化体制变革。深化文化体制改革是我们破除文化发展体制机制障碍的重要抓手,同时也是构建高效率文化生产和服务机制的客观要求。从根本上来说,发展壮大文旅文创产业既需要强化宏观调控,也需要激发文化企业活力。高质量发展文旅文创产业,将有利于郑州国营文化单位转企改革,培育郑州民营龙头文化企业,形成国营、民营文化企业互相竞争又相互促进的文旅文创产业市场竞争格局，从而推动文化体制改革持续走向深入。

表1　2022~2026年中国旅游行业发展规模预测

单位：亿人次，万亿元

	国内旅游人次	国内旅游收入
2022年	67.25	5.95
2023年	72.37	6.43
2024年	76.14	6.94
2025年	80.78	7.52
2026年	84.56	8.25

资料来源：以上数据为高瞻产业研究智库预测所得。

三　郑州文旅文创产业发展存在的短板和挑战

郑州文旅文创产业无论是发展规模，还是发展质量都与一线城市存在一定差距，这既有经济方面的原因，也有体制机制等其他方面的原因，而且在一定程度上影响了郑州文化强市的建设。因此，要实现郑州文旅文创产业的高质量发展，就需要明确郑州文旅文创产业面临的外部挑战和自身短板。当前，这些挑战和短板主要有以下五个方面。

一是制度机制不健全。文化体制改革的方向是"政企分开、管办分离"，增加文化事业和文化企业活力。从调研的结果来看，当前郑州国有文旅企业的运行机制还没有理顺，开办企业、生产文化产品和开展服务以行政手段为主，对文化市场的把握能力不高，不少文旅企业架构仍然是传统的科层制架构，而不是更加灵活的扁平制架构，企业有时难以应对激烈的市场竞争。此外，很多文旅企业资金的来源往往是政府投资，缺少社会资金的注入，客观上使一些企业难以做大做强、争夺文化市场的制高点。

二是龙头文旅企业不多。龙头文旅企业对一个地区的文旅文创产业发展有着很强的带动作用，例如深圳的方特、杭州的宋城演艺、广州的奥飞娱乐、长沙的湖南广电，都在文化行业内占据着重要地位。郑州文旅文创产业的龙头企业，一般为国有企业集团，这些企业在本地影响力较大，但对外辐射影响力较小，对整个文旅文创产业的带动作用有限。郑州民营文旅文创企业数量较多，但多是中小型文化企业，并呈现弱、小、散的状态，因此郑州缺少在行业内有较大影响力的龙头文旅文创企业。一些大型的文旅文创企业虽然有部分比较出名的文化产品、服务，但文化产品、文化服务的生命周期较短，产业链不长，难以持久变现。

三是文旅文创产业创新动力不强。与北京、上海等城市相比，郑州文旅文创产业整体实力较弱。郑州文旅文创产业的发展主要依赖资金、劳动力等要素推动，还没有实现用科技推动、用创意推动。这主要表现为郑州文旅文创产业行业缺乏品牌意识，具有本地特色的文旅文创产业精品不多，尤其是在很多领域没有具有全国影响力甚至世界影响力的创意产品。世界文旅文创产业的发展经验表明，文旅文创产业发展水平越高，文创产品的种类和数量就越丰富，郑州文旅文创产业在此方面还有巨大的提升空间。

四是高端文旅文创人才不足。虽然郑州文旅文创行业整体从业人员数量较多，但与国内文旅文创产业强市相比，郑州高端文旅文创人才还不是很多，特别是缺少文化行业领域的领军人才。比如，杭州宋文化旅游资源开发得比较好，就与杭州有着大量文旅人才有密切关系。经过调研发现，郑州文旅文创行业不仅缺少高端文化产品生产人才，也缺少高端文旅文创行业营销人才、文旅文创行业科技人才、文旅文创行业管理人才。人才的缺乏，给郑州文旅文创产业的高质量发展带来困难。

五是城市文化氛围不浓厚。首先，文旅文创产业软、硬件设施质量有待提高。随着经济社会的不断发展，市民对文旅产品、服务的要求越来越高。与国内文旅文创产业强市相比，郑州的文旅设施、文旅场所不多，文化活动质量不高，文旅服务的供给能力也有待提升，难以调动郑州市民参与文化活动、进行文化消费的积极性。其次，文化对外传播力有待增强。郑州虽然有着大量的文旅资源，也开发了不少文旅产品，但很少"走出去"进行营销活动，民间文化交流的土壤不深厚，阻碍了郑州文化软实力的提高。最后，城市文化主题有待提炼。城市文化精神非常重要，比如西安文旅主打唐文化、杭州文旅主打宋文化、北京文旅主打明清文化、上海文旅主打海派文化，都取得一定成绩。郑州文化资源既有远古的黄帝文化、早期的商文化、封建社会时期的嵩山文化，也有近代的红色革命文化，由于存在大量文化形态，这也给郑州提取城市文旅主题带来了极大的挑战。

四 国内文旅文创产业强市发展的经验

为了更好地发展文旅文创产业，很多城市都着力发挥自身在文旅文创产业的比较优势。近些年，北京、上海、广州、深圳、杭州、长沙、武汉、成都、西安等城市在文旅文创产业发展方面有很多好的做法，借鉴其发展经验，对促进郑州文旅文创产业发展具有重要意义。

第一，强化数字赋能。为了更好顺应数字化发展大势，杭州市把发展数字内容产业放在重要位置，切实用数字技术为文旅文创产业发展赋能增效。在杭州文化产业"十四五"规划中，杭州十分注重数字文旅文创产业发展，提出着力打造数字文旅文创产业链、价值链，开展各种形式的云展览、云直播、云交易、云互动，推进在线艺术教育和数字文化旅游，促进文旅文创产业相关制造业从数字化向智能化转型，这将进一步促进杭州文旅文创产业转型发展。

第二，推动对外交流。文旅文创产业要实现更高程度的发展，就必须重视外国市场，打通文化产品和服务的"外循环"。上海作为沿海文旅文创产业强市，积极推进对外文化合作交流，在文旅文创产业国际化发展道路上迈出了新的步伐。一方面，上海注重打造国际文化活动品牌，重点扶持文艺产品到国际上进行展览等活动，善于利用各种国际节庆活动推介文旅产品和服务，取得了一定效果。另一方面，上海注重加强与共建"一带一路"国家的合作，积极从国内外搜集文化投资、文化贸易信息，积极扭转文旅文创产业贸易逆差，在文旅文创产业的竞争中获得了先机。

第三，注重资金支持。文旅文创产业的发展离不开政府投资和社会资本的支持，否则，创意就难以产业化，文旅资源就难以有效开发。西安为了推动本地文旅文创产业发展，专门出台政策，设立文旅文创产业发展基金，扩大各类文旅文创产业发展基金的规模，以强化政府注资的方式，撬动社会资本进入文旅文创产业。此外，西安还探索建立文化创意产业银行，为文化创意产业融资、贷款、资产评估提供业务支持，着力解决中小型文化企业资金相对短缺的问题。西安还为文化企业投资制定了兜底措施，对于投资文旅文创产业的企业，西安会提供首次投资额的 30%、最高 100 万元的风险补偿，极大调动了企业投资文旅文创产业的积极性。同时，西安还通过政府购买公共文化服务、减免税费等措施，给予文旅企业资金支持，有力促进了西安文旅文创产业发展。

第四，聚焦创新驱动。创新是文旅文创产业发展的发动机，高质量的文化产品和服务离不开好的创意。北京早在 21 世纪初期，就将文旅文创产业确定为支柱产业，并确定了"创意整合型"的发展路径。近年来，北京制定了推进文旅文创产业创新发展的意见，提出要重点发展创意设计、艺术品交易、演艺娱乐等行业，强调要发挥文创智库的作用，通过"产业创意化、创意产业化"，推动创意产业发展。北京市"数字故宫"、故宫文创产品等创意产品层出不穷，成为文创企业争相模仿的样板。

第五，大力引进人才。人才是第一资源。人才是文旅文创产业发展的主体，优秀的文旅文创产业人才甚至能够带动整个产业的发展。成都就非常重视文旅文创产业人才的引进和培养，如施行高层次人才落户政策、建立人才公寓、引进高学历人才等措施，不仅吸引了不少文创专业大学生、研究生留在成都就业，也吸引了不少社会人才到成都发展。成都文创产业的发展离不开成都 100 万文创人才的智力支撑，随着经验的积累，占社会就业人数 11%的文创人才必将推动成都文旅文创产业的大发展和大繁荣。

第六，改善营商环境。良好的营商环境是文旅文创产业发展的催化剂，也是文旅企业做大做优做强的关键所在。国内文旅文创产业强市，往往非常重视在改善营商环境上下大功夫。例如，北京为了提振文化消费，向居民发放文化惠民消费券，大力促进节庆经济发展；成都为了提高文旅文创产业领域人才创新的积极性,大力保护文创产业知识产权;西安优先保障文旅文创产业项目用地,支持企业充分利用闲置的厂房发展文旅文创产业;上海则顺应产业跨界融合的大势,积极推进文化产业与技术、旅游、创意、贸易深度融合,从而培育出新的文旅文创产业新业态;武汉则提出要打造读书之城、博物馆之城、艺术之城、设计创意之城、大学之城,为文旅文创产业发展营造浓厚的文化氛围。

第七,帮扶企业成长。企业是经济发展的细胞,文旅文创产业发展壮大要靠千千万万的文化企业。培育、壮大文旅文创企业,既要支持龙头、头部文化企业发展,也要孵化、引导中小型文化企业发展。杭州为了支持中小型文化企业发展,建立了不少文旅文创产业孵化园区,在园区内,文旅文创企业可以享受到税费减免、资金支持、市场指导、办公场地供给等服务,成功孵化了很多文旅文创企业。北京则注重培育龙头文化企业,特别是文化独角兽企业,这为北京大量出文化精品奠定了良好基础。与此同时,北京还制定了"领航计划",培育文旅文创领域的"专、精、特、新"企业,有效地延长了文旅文创产业的产业链和价值链。

第八,优化产业集聚。"文旅能够融合的直接原因在于二者的资产通用性"。[①] 相同文化企业、互补文化企业在文旅资产上的空间集聚,能够降低文旅文创产业投入成本,提高企业运行效率,提高社会知名度和市场竞争力。长沙是中国独具特色的媒体创意之都,电视湘军曾经创造了很多收视奇迹,为此,长沙以媒体娱乐产业为重点,使歌厅文化、饮食文化等文旅资源向娱乐产业集聚,大大增强了湖南卫视娱乐产业集聚区的影响力。成都也很重视文旅文创产业的园区化和楼宇化,其文旅文创产业集聚区主要分布在主城区,并沿着交通主干道集聚,产生了很大市场影响。北京的文旅文创产业创新示范区、文化和科技融合示范基地等集聚区,产生了示范效应以及良好的经济效益和社会效益。

---

① 高清明、陈明:《西部地区文旅融合的典型模式和优化路径》,《经济体制改革》2022年第4期。

五 郑州推进文旅文创产业高质量发展的对策建议

作为黄河文化带的重要节点城市和国家中心城市，郑州要成为具有深厚文化底蕴的文化大都市，需要在既有文旅文创产业的基础上，统筹文化事业与文旅文创产业发展，大力发掘本土文化资源，扩大文旅文创产业规模，提高发展质量，营造浓厚特色文化氛围，推进文旅文创产业与科技等要素深度融合，切实提高城市文化软实力，以高质量的文化精品，不断满足市民日益增长的精神文化生活需要，确保郑州在激烈的地域文化竞争中处于更加有利的位置。

第一，加强政策指导。在郑州"十四五"规划的基础上，出台郑州市"十四五"时期文旅产业发展规划，从政策支撑、资金投入、文化资源保护、文化氛围营造、文化消费提振、制度建设、产业链条完善等方面对文旅文创产业发展提供指导意见。按照"两带一心"文化布局规划文旅文创产业空间布局。依托郑州西部环嵩山文化带，保护文化资源，推动文旅融合，以文促旅，以旅彰文，实现文化资源高效利用。依托郑州北部黄河文化带和黄河文化遗存，建设黄河国家文化公园，打造自然资源与文旅资源相辅相成的生态观光带。依托郑州中心城区交通便利、人才集聚、资金雄厚的优势，推进文旅文创产业与创意深度融合。围绕精品文旅线路，打造旅游集散中心，提高文旅业服务效能。着力推广乡村旅游、博物馆旅游、主题公园旅游、红色旅游，推进全域旅游向纵深发展。强化郑州、开封、洛阳在文旅文创产业上的合作，打造"三座城、三百里、三千年"文化旅游带，充分放大三地在文旅文创产业发展上的协同效应。

第二，培育新的业态。抓住建设国家中心城市的机遇，根据市场需求，优化调整郑州文旅文创产业结构，实现文旅文创产业优化升级。优化郑州文旅文创产业产业链条，持续补链、增链、强链，健全文创产业体系。强化文旅文创产业项目的引领、带动作用，规划实施"百家博物馆"等文旅文创产业重点项目、重点工程，带动文旅文创产业实现跨越式发展。持续推进文旅文创产业集聚区建设，推动资本、人才、土地等要素集聚，使文旅文创产业相关行业优势互补。结合文旅文创产业辐射范围广、融合度高的特点，推动文旅文创产业与科技产业、媒体产业、商业、非遗手工业、社区服务业、健康养老业、会展业等相融合，提高传统产业的文化价值含量，进一步扩大文旅文创产业整体规模。

第三，推出文旅精品。郑州文旅文创产业高质量发展离不开大量有市场吸引力的文化产品和服务。应充分挖掘郑州本土文化精神的物质载体，将郑州文化符号深度嵌入各类文旅文创商品中，提升文化产品供给总量，扩大文化产品市场规模。大力发展文化服务市场，通过政府采购、百姓点单、企业制单等形式，引导文化企业向市民提供优质的互联网服务、展演服务、非遗产品交易服务、物流服务、产品设计服务、市场调查服务。提高文化产品和服务的创意含量，创新表达形式，使文化产品和服务契合现代生产、生活场景，最大限度地满足客户需求。增强品牌意识，打造文旅品牌，提高文化产品的知名度、美誉度，进而为推出变现周期长、可识别度高的文化产品奠定良好基础。

第四，搭建良好平台。一是搭建制度平台。持续推进国有文旅企业单位体制改革，用市场竞争激发企业活力。创新金融、财政制度，为文化企业融资提供资金支持、税务减免。完善土地使用制度，优先保障文化项目用地需求。二是搭建文化活动交流平台。充分利用郑州作为"一带一路"重要节点城市的优势，主动参与国际文化交流，促进郑州文旅服务贸易输出，提高郑州文旅文创产业发展的国际化水平。坚持"走出去"与"引进来"相结合，引进文旅文创产业强国先进的理念和设备，助推郑州文旅文创产业发展。在国外和国内重点城市，设立城市文化展厅或文旅文创产业营销中心，依靠"拜祖大典"等平台，向海内外推介、宣传郑州文旅产品和服务。三是搭建文化消费平台。从黄河文化、嵩山文化、商都文化、功夫文化、黄帝文化等本土文化中提炼郑州城市核心文化，将这些文化要素融入旅游中，营造良好城市文化氛围。转变市民文化消费观念，通过发放文化消费券等形式，促进文化消费。加强社区文化基础设施建设，通过数字技术发布文化服务信息，开展文化活动展播、订购文化服务，提高文旅文创产业营业收入。

第五，发展体验经济。体验经济是一种新的经济类型，这类经济活动注重人的心理体验和感官满足，从而能创造更多的经济价值。一是加强对各类历史文化遗产的保护，高标准建设历史文化遗存展示区、体验区，使市民在享受文化服务的过程中，增强对郑州市历史文化精神的思想认同、情感认同和行为认同。二是借鉴北京798艺术园、上海田子坊等地经验，充分利用郑州废旧厂房等工业文化遗址，设立文旅文创产业主题公园，举办文旅文创产业市集交易活动，让市民在游园、进行文旅消费过程中体验中西文化交融之美。三是传承好、活化利用好郑州小相舞狮、新密麻纸、黄河澄泥砚、登封木雕、苌家拳等非物质文化遗产，引导市民体验郑州非物质文化遗产的制作过程，促进非物质文化遗产与市场、科技、创意、设计、教育培训、演艺活动相衔接，充分释放非物质文化遗产的经济效益和社会效益。

第六，建设人才高地。实现郑州文旅文创产业高质量发展，需要大量高素质的文旅文创产业人才来支撑。应营造"近者悦、远者来"的制度激励环境，大力留住、引进文旅文创产业人才，解决郑州文旅文创行业高端人才匮乏的问题。首先，要出台资金补助、户口迁移等方面的利好政策，留住本地文旅文创产业人才，防止人才外流。其次，加强对本土文旅文创产业人才的培训，支持他们通过访学、交流、外派锻炼等形式，学习国内外文旅文创产业强市在发展文旅文创产业方面的经验，开阔发展视野。再次，要积极引进外地高端文旅文创产业管理人才、经营人才、科技人才、创意人才，为他们提供优厚条件，引导他们为郑州文旅文创产业发展献策出力。最后，发挥文旅文创产业智库在文旅文创产业发展中的重要作用，不断提高郑州文旅文创产业发展的科学化水平。

从发展周期上看，郑州文旅文创产业已经进入了扩大规模和提高发展质量的新阶段，推进文旅文创产业转型升级势在必行。提高郑州文旅文创产业发展质量是个系统工程，既需要推进文化资源与旅游相融合，又需要推进文化资源与创意相融合；既需要打造黄河主地标城市，又需要带动周边地市文

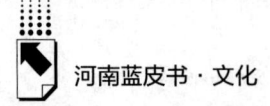

旅文创产业发展；既需要壮大原有业态规模，又需要发展新业态。在"强省会"战略环境下，作为拥有丰富文旅资源的省会城市，把文旅文创产业打造成支柱产业，必将对郑州国家中心城市建设产生极大的促进作用，产生广泛社会影响。

参考文献

[1] 高清明、陈明：《西部地区文旅融合的典型模式和优化路径》，《经济体制改革》2022年第4期。

[2] 孙中叶、王惠：《八大国家中心城市文旅文创产业发展比较研究》，《河南工业大学学报》（哲学社会科学版）2018年第7期。

[3] 李孝敏：《郑州华夏历史文明传承创新核心区建设的思考》，《中共郑州市委党校学报》2015年第5期。

[4] 李铮、冯芸：《坚定文化自信　做强文化产业》，《河南日报》2022年3月30日。

[5] 霍秀珍：《郑州市文化首位度提升思路及对策》，《产业创新实践》2021年第18期。

[6] 郑正真：《科技赋能文旅文创产业高质量发展的路径研究——以成都市为例》，《成都行政学院学报》2021年第8期。

[7] 钟一博：《新媒体视角下西安市影视文化与文旅产业发展融合探究》，《兰州工业学院学报》2021年第8期。

B.19
河南博物院文创产品开发的思考与建议

李 珂*

摘 要： 近年来，河南博物院创新文创开发，淬炼文化内涵，聚焦国潮、非遗潮，推出独具特色种类多样的文创产品，通过科技赋能，让古老文物"活"起来，搭建智库平台，吸引社会力量合力开发文创产品，爆款不断，在文创领域走出了一条特色道路，取得了一系列成绩。但产品设计依然难逃同质化窠臼，部分产品实用性不强，馆藏资源利用率低，文化输出水平有待进一步提升。在接下来发展中，建议仍要在"创"字上下功夫，让古老文物"飞入寻常百姓家"；立足中原大地，充分整合特色文化资源，激发创作灵感，叫响"行走河南·读懂中国"品牌；把握时代脉搏，与时俱进，拥抱元宇宙，积极推动文化数字化转型；聚焦新时代，将游戏化思维融入文创产品设计，寓教于乐，以趣味体验吸引年轻人，打造文创新形态等。

关键词： 河南博物院 文创 创新开发 元宇宙

党的十八大以来，以习近平同志为核心的党中央高度重视历史文化遗产的保护和传承工作，2022年5月，习近平总书记在十九届中央政治局第三十九次集体学习时强调"让更多文物和文化遗产活起来，营造传承中华文明的浓厚社会氛围。文物和文化遗产承载着中华民族的基因和血脉，是不可

---

* 李珂，河南省社会科学院新闻与传播研究所研究实习员，研究方向为媒介文化与网络舆情。

再生、不可替代的中华优秀文明资源"。①博物馆作为公共文化机构,承担着保护历史遗存、传承历史文化、培育社会主义核心价值观的重任。博物馆文创产品,以传统文化为底蕴,承载着特殊的文化符号,是展示馆藏资源、增强文化记忆、连接社会大众的有效载体。

2019年2月,河南博物院成立"文创产业工作领导小组",设立"文创办",致力于文创产品的设计、研发、推广和销售,在发展中形成了以豫博文创为主品牌,辅以产品类、活动类两大子品牌的品牌战略,文创空间也不断拓展,形成线上与线下、院内与院外联动发展格局。据统计,截至2022年8月,河南博物院开发文创产品近1700款,其中"考古盲盒""仕女乐队""国宝的奇妙冒险"等系列产品广受社会好评,以"博物雅堂"为代表的文化沙龙、暑期少儿活动节等系列公益活动让更多文博爱好者和青少年群体走进博物院、爱上博物院,成为中华优秀传统文化的践行者、传播者。

一 河南博物院文创产品开发的基本情况

(一)文创产品形式多样,聚焦国潮、非遗潮

1. 盲盒类文创产品

手办盲盒"仕女乐队"还原院藏文物"绘彩陶坐姿伎乐女俑"8位仕女形象,真人化地刻画了8位仕女的面部表情与肢体动态,或柔和、或灵动、或俏皮,充分展现了隋唐仕女的小情绪和小脾气,通过颠覆常规、传承创新,展现国潮东方美。单盒手办一款一盒保密包装,拆封前无人知晓盒中款式,给足了消费者期待与惊喜。"失传的宝物"系列盲盒是用河南各个文化历史名城的土质,把"宝物"(文物仿制品)包起来,制成失传的宝物,消费者可利用内赠的"洛阳铲"挖掘到华夏古代部落的十二兽首印、汉景

---

① 《让更多文物和文化遗产活起来》,国际在线,2022年6月2日,https://baijiahao.baidu.com/s?id=1734528395993567637&wfr=spider&for=pc。

帝时期的银锭、古代军事所用的令牌、春秋战国时期的虎符等，感知中原文化的魅力。字画修复盲盒"妙手复丹青"一定程度上还原了纸质文物在破碎中一点点复原"重生"的场景，通过沉浸式体验感知文物修复工作者的艰辛和不易，致敬"历史时光守护者"。盲盒类文创产品极大调动了消费者的参与性、互动性、沉浸性、体验性，让古老文物走进更多人的视野。

2. 美食文创产品

2022年中秋节来临之际，河南博物院特别制作了"中秋不搬砖"文创月饼。这款月饼的设计灵感为宋代的"杂剧、散乐人物雕砖"，消费者可从这"六块砖"（六块月饼）中了解宋代百姓的娱乐日常，想象穿越千年的勾栏瓦舍热闹的场景。此外，还有以青玉人首蛇身饰为原型的"玉佩造型水果味糖果"、以西汉玉舞人为原型的"长袖善舞造型棒棒糖"、古钱币巧克力、文物撒花咖啡等。美食文创产品让消费者实现了从"指尖的享受"到"精神与味蕾的满足"。

3. 生活家居类、文具类文创产品

生活家居类文创产品主要有杜岭方鼎玻璃方杯、三彩听琴流沙杯垫、妇好鸮尊冰箱贴、大美国色环保包、展现河南石窟寺艺术的非遗娃娃"绢舞飞天"、"纸是有点难"卷纸、瑰宝方形丝巾、钧窑花器礼盒等；文具类文创产品主要是书签、绘图尺、笔记本、鼠标垫等，如莲鹤方壶软抄本、豫博珍宝鼠标垫。在具备实用性的基础上，融入了设计者的智慧和灵感，赋予了产品本身丰富的文化内涵、厚重的历史故事，满足了消费者个性化需求。

（二）科技赋能，数字创意产品让文物"动"起来

2022年8月10日，河南省委书记楼阳生在郑州市调研博物馆群建设工作时强调，要用好现代科技手段，提升团队创作水平，开发更多可视化呈现、互动化传播、沉浸式体验的创意产品。围绕传统文化的数字化探索，河南博物院创新尝试"科技+创意"模式，让古老文物"动"起来，让文化"活"起来，充分释放传统文化魅力。

如与支付宝合作推出全国首个AR弹幕服务，打造"一起考古吧"数

字考古盲盒，充分融入首批数十款馆藏文物如镇院之宝莲鹤方壶、杜岭方鼎、武则天金简等文物，7天吸引超3000万名用户"在线考古"，揭开远古文物的神秘面纱。发行"妇好鸮尊"3D版文创数字藏品，上线即售罄。2022年5月18日即国际博物馆日，河南博物院开发行业首款贾湖骨笛"有声数字纪念票"，首次将声效融入纪念票，复原了"中华第一笛"贾湖骨笛婉转悠扬的远古乐声。该数字纪念票采用蚂蚁链司法存证技术进行IP版权保护及确权，消费者在支付宝小程序上搜索购买便可拥有独一无二的数字纪念票。

科技赋能极大扩展了文化的空间场域，降低了文化消费的门槛，通过传统与科技的有机融合，进一步复活馆藏文物，凸显文化价值，让传统文物变得有趣有料，吸引、带动更多的年轻人从线上走入实体博物院，带着更多的知识储备重新审视中华优秀传统文化，进一步增加文化自信。

（三）搭建智库平台，合力开发文创产品

在文创开发上，河南博物院以"大文创"为工作理念，创新开发模式，促进文创交流，积极寻求社会力量的参与。文创产品的开发不仅涉及院内各个部门和专家学者，还有各类高校、知名品牌方、企业合作方等，河南博物院与200多家省内外文创企业和高校合力打造"文创智库平台"与"文创生态合作圈"。合作方式多元化，人员构成多样化，充分发挥各方优势，推动文创产业发展，不断提升文化创意产业开发经营水平。

在搭建智库平台的基础上，河南博物院还大力发掘人才，加强人才队伍建设，创立文创人才培训基地，为来自各大高校各个专业的实习生搭建创意平台，制定《实习生培训手册》，先后培养40多位来自新闻、考古、历史、旅游、艺术设计等不同专业的实习生。注重对青年人才的培养，启动"传帮带"培养工程，为青年人才量身定制培养方案，充分发挥年轻人的力量，为文创产品的设计、研发和创新注入源源不断的活力。

为寻找更多的创新思维和优质产品，在河南省文化和旅游厅、河南省文物局的指导下，河南博物院多次主办"河南省博物馆文创大赛"，吸引来自

五湖四海的设计爱好者、设计团队参与其中，掀起一场又一场河博文创热，遴选出来的参赛作品不仅能为全域博物馆文创品牌输入优秀产品，还可以为文创产品研发探索新方向，共创文博文创产业辉煌。此外，河南博物院还牵头成立"河南省博物馆学会文创专业委员会"，致力于促进区域内博物馆间文创工作的学习交流、经验分享，带领更多的博物馆发挥馆藏资源优势，打造特色文创品牌。

二　取得成绩

（一）考古盲盒等顶流 IP 出圈，入选全国博物馆文创精品榜单

豫博文创于 2019 年下半年推出考古盲盒，2020 年 12 月火爆全网，"失传的宝物"考古盲盒一经推出便成爆款，线上线下火爆出圈，上线即告罄，一度卖到脱销，出现一盒难求的局面，曾创下一个月内网上挖宝上亿人次、5 天线上销售额超 50 万元，单款文创品年销售总量 3000 多万元的纪录，在年轻人群体中更是掀起了一场经久不衰的"博物馆热"。

2021 年 9 月，在全国文化文物单位（博物馆）文化创意产品优秀成果终评会上，由河南博物院打造的"失传的宝物"考古盲盒成功入选"全国博物馆文创精品榜单"，从全国 208 家博物馆报送的 1000 余件（套）产品中脱颖而出，得到专业评委和公众的青睐。"失传的宝物"系列盲盒积极走出国门，先后入驻 TOPTOY 亚洲潮玩集合店和海外大型超市，受邀入驻 TikTok，为国际友人展示中原文化的独特魅力，得到许多海外粉丝的热爱和支持。

"考古盲盒"系列产品将考古发掘融入拆盒过程，把青铜器、钱币、玉器、瓷器、铜镜、箭镞等 100 余件"微缩文物"仿制品藏进土里，体现了"动态文创"的创作理念，玩家可在独立的"考古现场"中沉浸式体验考古的乐趣，感受发现历史的瞬间，充分满足消费者的精神享受和文化体验，为传统文化的保护和传承创造了无限可能。

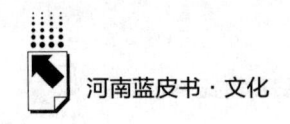

（二）助力文化旅游，推动文旅文创融合发展

2021年9月，在郑州召开的河南省委工作会议上把"实施文旅文创融合战略"放到了"十大战略"中，要求发展特色鲜明的全链条文创产业，壮大文旅文创市场主体，为文旅文创融合发展指明了方向。河南博物院紧跟上级精神，深化文旅融合，在文创产品的开发中融入"立体文创"的设计思路，与旅游公司合作，打造"考古盲盒全省游"精品旅游项目。将盲盒中的仿制品作为传播载体，引导消费者去文物的发掘地打卡，如带着仿制的杜岭方鼎去其出土之地——郑州商城遗址游览，进一步了解郑州商代都城建都背景、城市布局与功能分区，感受商都郑州的文化魅力。通过文创产品的热销引出多样的旅游线路，带动文物出生地"活"起来，将文物资源禀赋有效转化为文旅发展动能，真正实现以文促旅，以旅彰文。

2022年5月，在中原大地即将麦熟之际，河南博物院联合河南各地市12家博物馆在只有河南·戏剧幻城举办"麦田里的博物馆"文创展，将黄河文化孕育出的文化遗存放进麦田，向游客展示"土地与传承、麦子与文明、历史与我们。"在只有河南·戏剧幻城最中心的位置——地坑院，游客可观赏到麦田与展品的奇妙组合，开启浪漫的文化之旅。

文创产品的开发强化了旅游目的地与游客之间的黏性，同时使河南博物院本身也成为旅游热门打卡地。《2021携程春季旅行大数据报告》显示，河南博物院上榜清明十大热门景区，排名第2，假期期间，河南博物院每天接待游客上万人次，来自全国各地的游客或参观文物展览，或购买文创精品，深入了解文创背后的历史文化故事。据统计，在三天假期的时间里，河南博物院总参观人数为32047人，线上有将近8万人通过"智慧导览"小程序了解在展文物的相关信息，文创产品销售额同样与日俱增，充分释放博物馆的经济影响力，实现经济效益与社会效益的统一。

（三）推进跨界融合，品牌影响力不断扩大

近年来，河南博物院致力于跨界融合，以"博物馆+"的方式不断丰富

文化供给，将文创产品的开发与教育、社会活动、旅游、餐饮、潮牌、直播等相融合，赋予传统文化更鲜活、更接地气的表达，成功吸引社会各界不同层次的受众，品牌影响力越来越大。

"文创+教育"。为促进文创爱好者之间的相互交流，充分发挥博物馆教育功能，2019年，豫博文创积极凝聚社会组织力量，开设"博物雅堂"，定期开展丰富多彩的文化沙龙和体验活动，不断激发传统文化活力。还举办暑期少儿活动节、中原国学讲坛、黄河文化系列研学、历史教室线上课程等多种多样的公益教育活动，为多元化的受众搭建学习交流的平台，受益公众数以千万计。其中中原国学讲堂、历史教室线上课程已成为享誉全国的教育品牌。

"文创+潮牌"。河南博物院与鸿星尔克强强联合，结合馆藏特色，将中国传统文化融入国潮，将华夏藏珍融入运动装备，打造千年古风力作，推出一系列联名款产品，如"唐宫夜宴"休闲鞋、"妇好鸮尊"滑板鞋。在鞋身铺印猫头鹰图案，赋予青年勇气及克敌制胜的精神，独特的设计演绎灵性的东方美学，在提升品牌影响力的同时，激发大众民族情怀。

"文创+直播"。在新冠肺炎疫情影响下，河南博物院积极探索"云端"魅力，顺应大视频时代网络直播的趋势，于2021年8月上线"豫来豫潮"直播间，推出《宝物出道了》栏目，邀请各地博物馆馆长、专家、河南博物院金牌讲解团队做客直播间，带文物线上出道，以轻松活泼的风格讲解文创产品背后的文物故事，让文物爱好者在线上也能领略到馆藏文物之美。

在豫博文创助力下，2021年国际博物馆日，河南博物院荣膺"全国最具创新力博物馆"，先后获评2020年度全国最具创新力博物馆（第1名）、2020年度全国博物馆海外综合影响力十佳（第3名），并连续位居"全国十佳最受欢迎景区"前列，多次位居"全国热搜排行榜"十佳前列。

三　存在问题

（一）产品设计难逃同质化怪圈，缺乏实用性

在"考古盲盒""文物修复大师"等系列明星产品外，其他大部分产品

依然难逃同质化窠臼，停留在简单提取文物元素层面，设计相对保守。如批量生产的冰箱贴、书签、杯垫等文创产品，浮于形式、设计简单、缺乏创意，与其他博物馆同类产品相比，没有体现出本质上的差异。在河南博物院某宝线上旗舰店可以看到，类似明信片、摆件、帆布包等一些缺少创意的仿制品销量惨淡，甚至无人问津，类似产品难以真正体现文化内涵，激发情感共鸣，且易引起消费者审美疲劳。

考古盲盒火爆于2020年底，时至今日，来自河南博物院的"考古风"已经刮了两年，文创产品的开发也多以盲盒为基础，在"盲盒IP"之外，似乎没有出现其他频频出圈、屡屡掀起市场热潮的文创产品。下一步，需进一步挖掘其他消费场景，不断寻找新的切入点，解决创意枯竭问题，设计出更多消费者喜爱的新模式、新玩法。

另外，部分产品的品质有待提升，在线上旗舰店购物平台可以看到，一些明星产品不乏质感一般、做工比较粗糙、不够精致、包装材料简陋、缺乏实用性、性价比低等评价。博物馆文创产品在制造卖点的同时，需要进一步提高文创产品质量，对其进行严格把关，树立精品意识，杜绝粗制滥造，不断提升消费体验。

（二）馆藏资源利用率低，有待进一步开发

藏品是推动博物馆发展的重要力量，也是各项工作开展的基础。河南博物院官方网站显示，河南博物院是我国成立较早的博物馆之一，馆藏资源丰富，现有馆藏文物17万余件（套），精品文物数量多、种类全、品位高、价值大，其中尤以史前文物、商周青铜器、历代陶瓷器、玉器及石刻最具特色。丰富的馆藏资源为文创产品的开发提供了得天独厚的优势，但是纵观河南博物院打造的文创产品，其中的文物元素大多提取于贾湖骨笛、妇好鸮尊、莲鹤方壶、杜岭方鼎等九大镇馆之宝，少见其他文物的身影，相比于馆藏的17万余件（套）的文物来说，可谓沧海一粟，还有许多精品尚待挖掘与展示。

在充分展示九大镇馆之宝特色的基础上，河南博物院文创产品的开发还需大力发掘其他典藏精品的历史文化价值，这样不仅会提高藏品利用率，还

可以从中激发更多的创作灵感,开发越来越多的明星产品,在增强新鲜感的同时让社会大众领略到更多的国宝风貌和文化魅力。如以蟠螭纹镈、五凤铜熏炉为代表的青铜器,以三彩文官俑、灰陶豆为代表的陶器,以青玉谷纹璧、青玉龙首璜为代表的玉器,以定窑镂雕八角兽首盘、白釉黑彩虎纹枕为代表的瓷器,以石孔雀、镂雕盘龙纹石砚为代表的石刻等,都是院藏精粹,可充分汲取这些文物自身的历史意义,结合造型特点,开发出更多兼具美感与实用价值的文创精品,让馆藏文物得到大量、有效的展示。

四 发展建议

(一)在"创"字上下功夫,让古老文物"飞入寻常百姓家"

文创作品,"文"是根本,"创"是生命。文创产品的出圈不仅要精准把握文物的文化内涵,还要在"创"字上下功夫。一是紧跟时代潮流,结合当下社会语境开发"首创"产品。甘肃博物馆以铜奔马为原型打造的"马踏飞燕"毛绒玩具,以"丑萌"火爆出圈,其憨态可掬的造型让人直呼"上头",与"绿码"(绿马)同音的创意也抓住了时代特征,顺应了人们对新冠肺炎疫情早日结束的期待。该玩偶一经推出立刻火爆全网,线上线下一度卖到断货。这样的文创产品有效融合了传统文化与青年亚文化,撬动社交共享。

二是将生活美学融入文创设计中。生活美学主张世俗生活与审美关照的统一,运用到博物馆文创领域就是要用美学的眼光来设计产品,通过创意将生活元素与艺术元素相结合,综合考虑产品的实用性与文化性,彰显文创产品的生活功能与品位。北京故宫博物院以"紫禁城生活美学"为文创主题,在产品设计中强调生活功能和美学属性,如紫禁春满晴雨伞、故宫猫紫禁月满流沙杯、宫喵赏莲渔夫帽以及多款"她经济"的美妆等都是以生活必需品为母体,同时结合了带有紫禁城审美风格的文化元素,销量可观。以审美关照日常生活,让文创产品长伴人们左右,在提高大众文化审美情趣的同时让更多人"把博物馆带回家"。

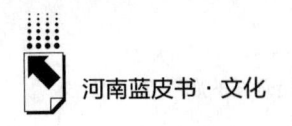

（二）在文化资源整合上下功夫，倾力塑造"行走河南·读懂中国"品牌

"一部河南史，半部中国史"，河南作为中华文明的重要发祥地，坐拥深厚的文化资源，为文创产业持续发展提供了源源不断的动力。河南博物院文创产品的开发在馆藏资源的基础上，将创新的触角延伸到河南各个角落，深入整合全省历史文化资源，通过动态立体的文创产品传播河南特有的文化符号，提高与中原文化的融合度。如以洛阳龙门石窟、安阳殷墟、登封"天地之中"历史建筑群、丝绸之路河南段、大运河河南段为代表的世界文化遗产，以豫剧、太极拳、少林功夫、皮影戏、木版年画等为代表的非物质文化遗产等，这些代表性元素与符号都可以融入文创产品的设计中，让更多文物和文化遗产"活"起来。

此外，还可将河南特有的文化传说、历史故事、人文情景等融入文创产品中，如虞城木兰说、济源愚公移山传说、禹州大禹治水传说、灵宝黄帝传说、泌阳（桐柏）盘古神话传说等。借助趣味故事开发文创产品，着力提升叙事能力，推出有质感、有温度、有故事的文创产品，让消费者在了解故事的过程中形成对文创产品的特殊记忆，增强对中原文化的情感认同、价值认同。通过以点带面挖掘资源，更好地传播河南历史文化，不断提升河南的美誉度、知名度、关注度，让广大受众通过文创产品真正感受到"行走河南·读懂中国"，叫响"行走河南·读懂中国"形象品牌。

（三）在数字文创上下功夫，破圈元宇宙积极打造数字博物院

2022年3月，来自全国50家博物馆、高校的60名专家学者联合发布《关于博物馆积极参与建构元宇宙的倡议》，倡导顺应时代大势，把握数字化发展新格局，积极拥抱"元宇宙"，减小虚拟与现实之间的数字鸿沟。当下，人工智能、大数据、5G、AR、VR等技术的发展为数字文创提供了更多的可能性，未来文创产业的发展可充分利用移动互联时代的红利，积极探索元宇宙的应用场景，推动文创产业虚拟化、数字化、沉浸式发展，让沉寂

已久的博物馆藏品变得"触手可及"。

　　河南博物院需加速融入元宇宙赛道，抢抓机遇，打造数字博物院，建立虚拟展厅，推出虚拟展品以及虚拟志愿者，借鉴国内外博物馆应用元宇宙的成功经验，开发虚拟数智人。虚拟人是元宇宙最核心的形态之一，即用数字技术创造拟人形象，赋予其人格。博物馆可以创造"虚拟人"，以"人"的方式与受众建立情感关联，强化博物馆的亲近感知，提高辨识度，如中国国家博物馆创造的首个虚拟数智人"艾雯雯"，其青春靓丽的形象使其一亮相便圈粉无数，吸引大量粉丝关注。

　　元宇宙时代，数字化成为各大博物馆新趋势，越来越多的文博机构也开始涉足数字藏品领域，在区块链技术的加持下，实现了古老文物的数字化发行、购买、收藏和使用。技术的发展日新月异，博物馆也应与时俱进，不断探索元宇宙的新方向，如通过博物馆策展让人体验观展的场景感，带领观众进入文物所处的历史时代，与文物沉浸式对话，实现交互式游览，帮助游客更好地理解文物内涵。

（四）在目标群体上下功夫，将游戏化思维融入文创产品设计

　　当下，年轻人的消费喜好正在从单一的"物质消费"向复合型"精神消费"转变，越来越注重个性化、体验感。中国文博文创消费调研报告显示，年轻消费者特别是"95后""00后"成为文创产品的主要消费群体，因此找到与年轻人的沟通方式，开发符合年轻人的审美趣味、具有长期生命力和商业价值的文创产品越发成为出圈的关键。

　　将游戏化思维运用到文创产品的设计中，借助游戏化在营造场景和沉浸式体验等方面的优势，开发出兼具趣味性和商业价值的文创产品，增强文化资源的可体验性，助力博物馆社教功能的发挥。游戏化文创在国内外已经有了很多成功的案例，如故宫出版社联合国内领先的益智解谜游戏内容设计方奥秘之家共同创作的"谜宫"系列互动解谜书，将院藏文物、历史档案、解谜游戏、文艺创作融为一体，让消费者在享受游戏带来的快乐的同时轻松获取历史文化知识，如今该系列已经推出第三部作品，累计销售超过70万

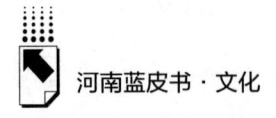

册，入围"中国年度文化 IP 金竹奖"等众多国家级奖项，深受广大读者特别是青少年的喜爱。

河南博物院可与腾讯、网易、完美世界等知名游戏企业加大合作力度，基于馆藏资源提炼博物馆中的游戏化元素，推出具有知识吸引力、场景沉浸力和互动关系力的游戏化文创产品，如将九大镇馆之宝植入当下火热的手游中，发掘可延展的文化符号、历史人物，制作有趣且多元的联动游戏，让玩家在游戏中近距离感受文化文物的魅力。在"游戏化+博物馆文创"的产品设计中，要避免片面的娱乐化、一味地追求新奇体验而丧失文化品格，找寻趣味性与保护传统文物、学习历史文化之间的平衡点，实现消费者从文创产品的购买者一跃成为知识的参与者和优秀传统文化传播者，于潜移默化中增加历史自信、文化自信。

参考文献

［1］冯芸：《楼阳生在郑州市调研博物馆群建设工作》，河南日报客户端，2022 年 8 月 10 日，https：//app-api.henandaily.cn/mobile/view/news/78764517823086592277382。

［2］宋华：《河南博物院文创发展路径探析》，《中国博物馆》2022 年第 3 期。

［3］丁福利：《5·18 | 博物馆的力量，我们的力量！》，河南博物院微信公众号，2022 年 5 月 17 日，https：//mp.weixin.qq.com/s/Z3WURfMd2chMMfW5Jv339g。

［4］徐梦玲：《文物何以"活"起来，文创何以"潮"起来？——专访河南博物院文创办主任宋华》，光明日报客户端，2022 年 5 月 20 日，https：//app.gmdaily.cn/as/opened/n/7f95851509c147dba1d910ce23c2f7c1。

B.20
河南省博物馆 IP 开发策略研究

卢 冰*

摘 要： IP 化运营是近年来文化娱乐市场典型的运营方式，随着博物馆文化资源受到大众关注，IP 化运营这一新兴生态模式也逐渐向文博领域内延伸。河南省文博系统抓住契机，推动博物馆进行文化创意和跨界合作，并取得了一定成效。但整体上河南省内各博物馆对 IP 的开发、运营都尚在探索阶段，各博物馆发展不平衡、持续创新能力不足、产业生态不健全。据此需要文博系统深入挖掘博物馆文物资源内涵，打造独特内容体系；构建产业生态，延伸品牌价值；创新传播渠道，提升传播效果。多措并举提升博物馆 IP 运营水平，从而进一步促进河南省文化产业的发展。

关键词： 河南 博物馆 IP 运营 产业生态

IP（Intellectual Property）原意为"知识产权"，但在互联网语境下可以引申为所有成名文学艺术作品的版权，包括文学、影视、动漫、游戏等多种形式。IP 化运营是近年来文化娱乐市场典型的运营方式，依靠互联网对拥有一定影响力和关注度的 IP 进行多领域、多渠道的开发利用，现在已经发展成文化娱乐产业的一种新兴生态模式。

随着各项政策的支持、文化自信的崛起和文化消费的转型，博物馆文化资源日益受到大众关注，互联网 IP 运营的模式也逐渐向文博领域内延伸，

---

* 卢冰，河南省社会科学院文学研究所（黄河文化研究所）助理研究员，研究方向为中国传统文化。

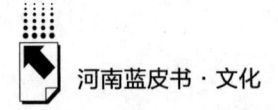

目前国内文博系统中 IP 运营比较成熟的是故宫博物院。河南省各博物馆紧跟时代潮流，随着河南卫视推出的《唐宫夜宴》火爆出圈，河南省内博物馆也推出了相关的文创产品，并与其他品牌跨界合作。

一 博物馆 IP 化运营的必然性

2016 年被称为中国的"博物馆 IP 元年"，这一年中国文博知识产权交易平台的建立以及知名博物馆与互联网巨头联合打造的线上平台，为博物馆解决 IP 设计、投资、生产、销售、推广等问题提供了具体的方案。IP 化运营的模式向文博领域内延伸源于文物资源日益受到大众关注，也是消费升级背景下满足人民群众日益增长的文化需求的必然选择。同时，互联网也为 IP 化运营提供多种技术支持和平台支撑，为博物馆 IP 化运营保驾护航。

（一）各项政策支持文物活化利用并鼓励进行文化创意

党的十八大以来，习近平总书记多次强调要加强文物保护利用和文化遗产保护传承。习近平总书记曾在中共中央政治局第十二次集体学习时提出："要系统梳理传统文化资源，让收藏在禁宫里的文物、陈列在广阔大地上的遗产、书写在古籍里的文字都活起来。"[1] 国家相继出台了与博物馆改革相关的指导意见，为博物馆进行文化创意指明方向并提供政策支撑。

2015 年国务院颁布实施《博物馆条例》，其中第三十四条明确规定："国家鼓励博物馆挖掘藏品内涵，与文化创意、旅游等产业相结合，开发衍生产品，增强博物馆发展能力。"[2] 2016 年国务院发布的《关于进一步加强文物工作的指导意见》也强调要"深入挖掘文物资源的价值内涵和文化元素……延伸文博衍生产品链条……进一步调动博物馆利用馆藏资源开发创意

---

[1] 《保护好中华民族精神生生不息的根脉》，人民网，2022 年 3 月 20 日，https：//baijiahao. baidu. com/s？id=1727765551956233862&wfr=spider&for=pc。
[2] 《博物馆条例》，中国政府网，2015 年 3 月 2 日，http：//www. gov. cn/zhengce/2015-03/02/content_ 2823823. htm。

产品的积极性……为社会资本广泛参与研发、经营等活动提供指导和便利条件。实施'互联网+中华文明'行动计划，支持和引导企事业单位通过市场方式让文物活起来。"①

《河南省"十四五"文化旅游融合发展规划》提出要实施文旅文创融合战略，创意成为文化旅游融合发展的催化剂，以IP构建为核心的内容生产方式成为主流。河南省将依托郑州、洛阳的城市建设，规划布局世界级文化创意园区、国际艺术社区，建设文化创意人才"豫漂"聚落，进一步发展以河南博物院、郑州博物馆、洛阳博物馆等为核心的都市文博区。

（二）消费升级需要博物馆行业提供更丰富的文化产品和文化服务

《河南省"十四五"文化旅游融合发展规划》提出要"实现全体人民共同富裕，迫切需要促进人民精神生活共同富裕，把满足人民文化需求和增强人民精神力量结合起来，让文化和旅游发展成果更加公平合理惠及全体人民"。②

随着消费市场的成长、消费结构的优化，居民的消费需求也在持续释放。2021年，全国居民恩格尔系数为29.8%，比上年下降0.4个百分点；居民人均服务性消费支出比上年增长17.8%，占居民人均消费支出比重为44.2%，比上年提高1.6个百分点。③ 居民物质消费所占的比重趋于下降，而服务消费所占比重趋于上升；同时生存型消费占比呈下降趋势，而享受型消费和发展型消费占比呈上升趋势。特别是新型文化消费快速增长，2013~2021年全国居民人均消费支出中，人均教育文化娱乐消费支出年均增长超过8%，④ 其中2021年全国居民人均教育文化娱乐消费支出2599元，增长

---

① 《国务院关于进一步加强文物工作的指导意见》，中国政府网，2016年3月4日，http://www.gov.cn/gongbao/content/2016/content_5058893.htm。
② 《河南省"十四五"文化旅游融合发展规划公布》，河南省文化和旅游厅网站，2022年1月16日，https://hct.henan.gov.cn/2022/01-28/2391546.html。
③ 盛来运：《逆境中促发展 变局中开新局——〈2021年国民经济和社会发展统计公报〉评读》，国家统计局网站，2022年2月28日，http://www.stats.gov.cn/tjsj/sjjd/202202/t20220227_1827958.html。
④ 《"数说十年"消费市场提质扩容 流通方式创新发展》，中国青年网，2022年9月22日，https://baijiahao.baidu.com/s?id=1744673713908063161&wfr=spider&for=pc。

27.9%，占人均消费支出的比重为10.8%。①

随着消费群体的变化，特别是"90后""00后"等消费主力追求个性化生活，有较高的文化娱乐需求。超过六成消费者表示每半年或者每季度会进行一次参观文化场馆和观影赏剧的消费活动。近年来，安阳市殷墟博物馆、海昏侯国遗址博物馆等考古遗址博物馆在旅游网站推荐榜单中的排名渐次靠前，这一趋势折射了文化消费的深化与转型。年轻一代的消费群体见证了中国在民族复兴进程上的跨越式发展，对中华文化的自信心提升。博物馆丰富的馆藏文物和深厚的文化底蕴，也提供了探索文明根脉、寻找文化认同的文化消费场景。消费的提质升级，必然会加快文博行业在文化创意、场景营造等方面的创新探索，在传统的陈列展示服务之外，文化场馆需要提供更为优质的文化产品和文化服务，以适应消费转型的需求。

（三）互联网为博物馆IP化运营提供技术支持

面对文化消费升级新趋势，参观游览博物馆已经无法满足人民群众的需求，大众更期待体验感强、互动性强的文化呈现方式。这种消费需求的转向与移动互联网、大数据、VR等科技手段相结合，为提高博物馆馆藏文物的展陈水平提供契机，也为博物馆转变运营思路提供动力。

近年来文旅行业线下参观游览受疫情影响有所限制，互联网提供的文旅产业数字化方案为线上消费提供了另一种思路，短视频、网络直播、云展演、云体验等线上服务异军突起。腾讯文旅利用大数据、人工智能等数字技术打造的"老家河南·黄河之礼"非遗数字馆，挖掘河南省境内黄河流域9个地市的非物质文化遗产资源，搭建了数字化的宣传、推广、交易平台。河南博物院华夏古乐团的"云端音乐会"、洛阳博物馆的"夜游记"直播活动都充分利用互联网技术，为博物馆带来更多流量和关注。

博物馆行业IP运营需要推出优质内容吸引粉丝用户，通过粉丝用户实

---

① 《2021年居民收入和消费支出情况》，国家统计局网站，2022年1月17日，http://www.stats.gov.cn/tjsj/zxfb/202201/t20220117_1826403.html。

现文物资源变现。与 IP 相关的内容生产、流量吸引、商业转化等各个环节又需要互联网提供技术支持。互联网运用 IP 模式在影视、游戏等领域有了一定经验，转向博物馆资源市场后，互联网与博物馆的结合将会推动各地博物馆在文化创意、宣传推广等多方面的资源和技术统筹整合。

二 河南省内各博物馆 IP 开发现状

河南省内各博物馆积极探索转型之路。近年来，河南博物院全面开放，文创产品出圈，销售额增速明显。洛阳博物馆推进文创开发和线上运营，取得了良好的效果。在国家版权交易中心联席会议等主办的"2021十大年度国家 IP"评选活动中，《唐宫夜宴》（视听表演）获选，另外河南博物院获文博赛道金奖。

（一）文创产品出圈，"豫博模式"引领潮流

近年来河南博物院创新体制机制、丰富文创产品种类，2021 年随着"考古盲盒"等系列产品爆火，文创销售额突破 4000 万元，具有良好增长势头。"考古盲盒""古钱币巧克力"等文创产品成功出圈。3D 版数字文创品"妇好鸮尊"正式上线，瞬间被秒空。

河南博物院还策划了"博物雅堂"文化沙龙、河南省博物馆文创大赛、"川上曰"文创市集等系列活动。此外，豫博文创打造了子品牌"豫来遇潮"，以满足不同年龄、不同层次消费者的文化需求，得到了公众的喜爱与关注，形成了河南博物院文创发展独树一帜的"豫博模式"。河南省其他博物馆也紧跟河南博物院的脚步，漯河市博物馆、周口市博物馆等地市博物馆布局文创开发业务、承办文创大赛、筹备文创店，致力打造独具特色的文创品牌。

（二）加强行业交流，提高协同发展水平

河南省博物馆界共同组建了河南省博物馆联盟，以"共通、共建、共享"为发展原则，通过加强文物保护、文创开发等领域内的合作，推动河南省内博物馆的文化资源整合和博物馆之间的交流，提升河南馆藏文物资源的利用

效率。河南博物院还将联动省内文博资源打造"考古盲盒文物游"项目，创新文博资源协同发展的模式。河南博物院加强对外交流，与中央美术学院、人民创意等开展战略合作，在学术研究、展览展示、品牌拓展、人才培养、文化创意等领域展开深度广泛合作，积极推进文创领域跨界整合的高质量发展。

（三）开展跨界合作，探索数字化转型

河南的博物馆行业积极开展跨界合作，加快数字化转型，结合年轻游客的兴趣点，探索出不少文创产品出圈方式，用创意设计结合技术手段，让更多年轻人了解河南文化。

河南博物院与郑州二七区万达广场联手开展的博物馆 IP 主题展览"探见博物馆之旅"，将博物馆精品展、考古挖掘搬进购物场景，结合考古盲盒的互动体验，让人们在购物休闲的场景也能近距离感知传统文化的魅力。2021 年天猫联合河南博物院、洛阳博物馆等 5 大博物馆开展"国宝不止一面"的主题联名活动，活动发布的创意短片《国宝不止一面》以博物馆馆藏文物为主角，用拟人化的手法表现了国宝文物"坐班"之后的情景，场景中使用"网络热词"对话现代生活，创意十足又符合当代社会年轻人的趣味。

河南博物院也不断升级考古盲盒，2021 年 9 月推出的"一起考古吧"小程序，将河南博物院文物元素融入互动小程序"一起考古吧"，增强考古盲盒的可玩性和互动性。

三 河南省内博物馆 IP 开发和运营的问题

河南地处中原，是华夏文明的重要发祥地之一，河南也是文博大省，各类博物馆数量达 384 家，其中 9 家是国家一级博物馆。但整体而言，河南省各博物馆发展不平衡，持续创新能力不足，且产业生态不健全。

（一）各博物馆发展不平衡

河南博物院近年来强势出圈，在国内文博行业内极具影响力，但其他市

县级博物馆中只有洛阳博物馆表现亮眼。河南省内各博物馆发展不平衡且有很大的差距。

（二）持续创新能力不足

博物馆文创产品属于时尚快消品，需要及时更新，创意不能持续发力则难以形成竞争优势。河南省文博系统文化创意人才的缺失也使得文创资源开发能力不足。

（三）产业生态不健全

国外博物馆历史文化IP的开发和授权，已形成成熟的产业链，衍生品也涉及家居、图书、影视、游戏等各个领域，营收可观。国内的故宫博物院在衍生品开发方面也起到了示范作用，相比之下河南省内的文创开发和IP衍生尚处于起步阶段，须奋起直追。

四 河南省博物馆行业IP开发对策建议

河南省是文化资源大省，但将资源优势转化为产业优势还须深入挖掘博物馆文物资源内涵，打造独特内容体系；构建产业生态，延伸品牌价值；创新传播渠道，提升传播效果。

（一）深入挖掘博物馆文物资源内涵，打造独特内容体系

实现文化IP的持续吸引力，在馆藏文物中开发出更具识别性元素的文创产品，是各大博物馆都在探索的问题。将烦琐的考古文物知识通俗化、具象化，并结合当下的社会审美，用好自己的馆藏文物打造内容体系，打造独一无二的文化IP品牌。同时，要注意挖掘地方文化特质，链接地方文旅产业。博物馆IP开发要精准诠释文化内涵，同时要将文化意蕴体现在实物中，这就需要有一个资源筛选和文化定位的过程。一个明星IP应包含"价值观""多元演绎""商业变现"等多项要素，根据文化定位设立文化标签，如故宫博物院围绕清宫生活打造的系列宫廷IP，浙江省博物馆以呈现古代

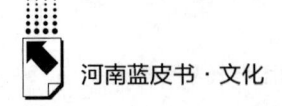

女性生活为原创点打造的"丽人行"等都是典型案例。

文博资源的开发利用需要专业团队挖掘馆藏文物的内涵，打造成可知可感的产品，同时也需要大众参与提供审美指导。一方面，要加强对文化创意人才的培养，健全国内外人才合作机制。博物馆是文化资源的宝库，要想实现资源向产品的转化必须进行创意开发，这就需要创意人才发挥才智。另一方面，要加强大众的互动参与，广泛征求创意。馆藏文物属于历史遗存，与当代生活有一定距离，需要对其进行创意改造，只有使之符合当下社会大众的接受心理和审美期待，才能引起大众的共鸣，因此IP开发的过程离不开大众的参与。

（二）构建产业生态，延伸品牌价值

IP的终极目标是形成产业生态，围绕IP的一源多用开发形成文学、动漫、游戏、影视、主题公园、衍生品、教育、培训等多领域共生的生态体系。只有协同发展，持续输出文化创意与品牌价值，IP才有广阔的开发空间和无限延展的生命力。

授权IP，延伸博物馆经济链条。当IP成熟到一定阶段，就可以开始进行授权等商业化探索，通过动画、游戏、舞台剧、网络剧、周边等多种形式，发展出更多更广泛的付费用户，验证IP价值的同时进一步吸引更多领域的粉丝。2016年以来文博主题的大电影、综艺节目、真人秀等异彩纷呈，《国家宝藏》的播出使文博电视节目又新增了一个类型。故宫博物院、南京博物院、陕西历史博物馆已经试行了博物馆授权产业。

营造城市文化空间，形成线上线下融合发展的优势。当前"商业特展+文创商店"的模式在博物馆界流行，对商场而言可以营造商场文化氛围，增加消费体验；对博物馆而言能够实现馆藏资源的市场转化。此外，博物馆文化与创意的主动输出还可以延伸至机场、地铁、公交站等公共空间，形成公共空间的"博物馆化"趋势，实现对公共场所观众的引流。

（三）创新传播渠道，提升传播效果

腾讯给IP下的定义是"被市场检验过的一种用户情感的载体"。文化

IP 的高效传播，在于其应用场景的有效传播。

增加文化 IP 的出现频次，扩大其覆盖面，进行文化 IP 的延展设计。馆群联动的传播方式也可以打造文化品牌，浙江省博物馆联合安徽博物院、江西省博物馆、苏州博物馆、湖州市博物馆共同举办"丽人行——中国古代女性图像展"，实现五馆"云互动"的主题延伸。

抓住营销契机，提高营销效果。洛阳博物馆邀请洛阳籍青年演员王一博担任推广大使，借助电视剧《风起洛阳》的热度在社交平台营销；与 QQ 炫舞合作"如果文物会跳舞"特色国潮展览等，这些都取得良好效果。2021年，洛博开设虚拟展厅，引入 3D 扫描技术，推出了"云中看洛博""二十四节气介绍""博物馆里品非遗"等线上活动。2022 年 5 月，洛阳博物馆推出"洛博夜游记"直播活动，并强势出圈，借大热剧《梦华录》顺势再现《韩熙载夜宴图》，借最热的美妆话题进行唐妆复原，每次的直播都紧跟热点。只有通过更有趣、更吸引人的方式，将博物馆文化与年轻人的兴趣相结合，才能取得更好的传播效果。

参考文献

[1] 姜璐：《"IP"经营——博物馆提供公共文化产品与服务的新思路探索》，《中国博物馆》2017 年第 1 期。

[2] 张弋、负瑞静：《河南博物院成"网红"，文创产品频频出圈》，大河网，2022年 7 月 19 日，https：//news.dahe.cn/2022/07-19/1062301.html。

[3] 盛来运：《逆境中促发展 变局中开新局——〈2021 年国民经济和社会发展统计公报〉评读》，国家统计局网站，2022 年 2 月 28 日，http：//www.stats.gov.cn/tjsj/sjjd/202202/t20220227_1827958.html。

[4] 《"数说十年"消费市场提质扩容 流通方式创新发展》，中国青年网，2022 年 9 月 22 日，https：//baijiahao.baidu.com/s?id=1744673713908063161&wfr=spider&for=pc。

[5] 《2021 年居民收入和消费支出情况》，国家统计局网站，2022 年 1 月 7 日，http：//www.stats.gov.cn/tjsj/zxfb/202201/t20220117_1826403.html。

B.21
开封文旅文创融合发展研究报告

郭树伟*

摘　要： 开封地区是中华民族黄河文化的核心展示地带，留存了丰富的文化遗产，尤其是最能体现华夏历史文明高峰的宋文化，还有古都文化、市井文化、菊花文化，最能展示城市的个性特征。开封市在当前历史机遇下，加强组织领导和规划设计，突出示范引领作用和文化地标的打造，以宋文化、古都文化、市井文化、菊花文化为代表的城市文化得到了一定程度的发展，同时也有一些方面有待进一步改善和提高。建议完善顶层规划，统筹发展布局；重视调查研究，加大研发力度；提升文化品位，提高建设品质；加强宣传展示，讲好黄河故事；推动文旅融合，促进产业发展。

关键词： 开封　文旅文创　黄河文化

开封市是八朝古都，孕育了黄河文化、宋文化、运河文化和焦裕禄精神等，是著名的历史文化名城。徜徉在古城的长街窄巷，包公祠、开封府、延庆观、岳飞庙，犹见当年古都神韵；汴京刺绣、北宋官瓷、朱仙镇年画，处处呈现了开封人沉淀千年的古都情怀；杨家湖、潘家湖、铁塔湖、包公湖，秋日盛开着菊花，展现着开封的新气象、新情怀。开封这片热土见证了宋文化的辉煌，丰富了黄河文化的内涵，洋溢着世俗市井的热情，传承着中华优秀传统文化的精髓。

---

* 郭树伟，河南省社会科学院文学研究所（黄河文化研究所）副研究员，研究方向为唐宋文学。

一 开封市文旅文创文化资源的分布梳理

开封是构建具有国际影响力的黄河文化旅游带的核心示范区,是全国唯一兼具黄河、大运河、古都文化、古代市井文化的展示地,在文旅文创方面具有得天独厚的历史资源。

(一)开封的古都文化

历经数千年,开封留存了丰富的文化遗产,尤其是最能体现华夏历史文明高峰的宋文化。近代著名学者陈寅恪说:"华夏民族之文化,历数千载之演进,造极于赵宋之世。"[①] 北宋时候的东京城环境优美,"四水贯都",重要的地理环境带来了北宋的盛世繁荣,也孕育了承上启下、影响深远的宋文化,创造了中华文明史上的文化高峰。北宋东京城首创了外城、内城和皇城三城环套的重城格局,确定了城市中轴线,开创了坊市合一的城市发展理念,深刻影响了后世城市发展;文化艺术竞相发展,无论是文、词、书、画,还是戏曲、茶道、刺绣、陶瓷,都达到了空前高度;天文历法、冶铸航运、建筑纺织都曾站上世界科技的巅峰。宋文化深深根植于中华民族最基本的文化基因,集中体现着华夏民族独特的精神标识,影响着国人向上向善的文化自觉,对华夏文明乃至世界文明影响深远。

(二)开封的黄河文化

开封因河而起,因河命名,中华先祖于上古时期就在此繁衍生息,开封早早成为历史上繁华的大都市。开封也因河而饱受沧桑,多少灿烂文明被淹没于滚滚泥沙之下。勤劳勇敢的开封人,屡次重建,留下了辉煌灿烂的文明,表现出非同寻常的坚韧和智慧,为作为中华民族根和魂的黄河文

[①] 陈寅恪:《金明馆丛稿二编》,生活·读书·新知三联书店,2001,第277页。

化添上浓墨重彩的一笔。开封文化是黄河文化的突出代表,或者说黄河孕育了开封文化。开封在沿黄城市群中,其地理、历史和文化资源有其独特性。开封地处黄河中游,属于黄河全段最脆弱位置,被称为"豆腐腰"的一段黄河自西向东,到郑州以后进入平原,落差变小,造成泥沙大量沉积,以致开封段黄河河床越来越高,此处河床平均高出开封市区7到10米,最高达13米。因此,黄河在开封流域形成了最能展现独特自然风貌的悬河奇观。从文献记载来看,黄河在开封段的决口高达370多次,开封城有15次被黄河水困、7次被淹毁重建的经历。开封城曾数次被淹又原址重建,中轴线千年未变,形成了"城摞城"的世界奇观:历次黄河水患将开封2000多年间从战国时代到清代的6座古城池深深淤埋于地下。正因开封受黄河水患最深,其屡毁屡建、百折不挠的黄河精神表现得最为淋漓尽致,留下了大量的治黄遗址遗迹,这里既有上古时期大禹治水的遗迹"兰考簸箕营",又有纪念明朝名臣于谦治黄功绩的于谦亭,还有纪念清朝林则徐治黄功绩的林公堤。此外,还有与黄河密切相关的十余处文化遗迹,如镇河铁犀、柳园古渡口、冯玉祥治黄工程纪念碑、铜瓦厢决口遗址等,都彰显着开封独特的黄河文化。这一独特的地理环境也造就了开封政治经济文化的辉煌。

(三)开封的菊花文化

开封被命名为"中国菊花名城",开封菊花栽培技艺也在2010年被列入开封市非物质文化遗产名录。菊花是开封的市花,每年10月18日至11月18日是开封菊花文化节。在开封源远流长的养菊、赏菊、品菊、咏菊、画菊的传统中,形成了一种和菊花相关联的文化体系及文化现象。唐代诗人刘禹锡的"家家菊尽黄,梁园独如霜"诗句中的"梁园"即今开封禹王台公园。北宋时期,开封是国之首都,开封菊花更是驰名全国,《东京梦华录》中记载:"九月重阳,都下赏菊有数种……无处无之。"古代中国的第一部关于菊花的专著《菊谱》(北宋刘蒙著),收录了35种菊花,并详述其形、其色。

（四）开封的市井文化

开封是一个有故事的城市，开封的文化品牌主要建立在民俗文化之上。在龙亭公园、铁塔公园、天波杨府举办的大宋上元灯会，重现了北宋上元夜盛景；在万岁山和中国翰园举办的春节庙会，让八方游客充分领略到了古城开封的悠久历史和民俗风情。其他景区也纷纷举办了民俗文化节活动，使春节的开封生发出浓郁的年味。"到开封过大年"成为众多游客的一致选择。《清明上河图》还将搬上诗歌春晚的舞台，北京主会场将通过诗歌、绘画等形式表现《清明上河图》的风采，开封画家黄庚义的油画《清明上河图》与开封诗人汪海君创作的《那城·那画·那情》以及清明上河园将以诗情画意展示《清明上河图》的魅力。精彩的节目仿佛将游客带回到1000多年前的大宋王朝，既让游客有穿越时空之感，又让游客体验到当年大宋王朝的繁荣景象。万岁山春节大庙会、大型水上实景演出《大宋·东京梦华》、开封铁塔等开封元素非常惹人注目。仿佛来到了七朝古都开封，融入了开封宋文化的独特魅力之中，尽情与忘我、品味和享受了一番。

二　开封市文旅文创融合发展的现状

构建"人类命运共同体"既是新形势下中国国际传播能力建设的目标与方向，也是讲好中国故事的突破口与立足点。为了使中国故事的内容及叙事更加丰富，需要从中国传统文化、中国与世界的交往以及人与自然的关系中寻找优质资源，近年来，河南放大文化和旅游资源优势，坚持走文旅文创融合发展之路，在文化传播、文创开发、文旅演艺、主题公园等领域不断出新出彩。

（一）开封的古都文化文旅文创融合发展的现状

开封是八朝古都，开封铁塔将与北京天安门和八达岭长城、西安大雁塔、南京阅江楼、沈阳故宫凤凰楼以及埃菲尔铁塔、悉尼歌剧院等共同亮相第三届中国诗歌春晚主会场60平方米大屏幕。夜幕下的古城,处处火树银花、流光溢彩、水光楼影,千年前金碧辉煌的东京城仿佛就在眼前。宋都古城保护与修缮已上升为省级战略,开封市下大功夫着力打造古城。在强化顶层设计、科学编制规划的同时,开封市突出项目支撑,借创新之手,谋划打造古城墙、千年中轴线、大运河及水系三条文化带。宋都古城保护展示工程重点建设五大工程,包括宋都水系生态修复、高标准打造文创艺谷、高水平建设世界历史文化名都等。

(二)开封的黄河文化文旅文创融合发展的现状

开封市根据自身文化资源,确定"三区一基地"的定位,高起点规划了发展思路。所谓三区,指的是立足于华夏文明之源、黄河文化之魂核心区的资源优势,立足于黄河流域枢纽区域的地理优势,立足于黄河流域高质量发展的核心引擎,打造开封黄河文化核心展示区、水生态文明建设先行区、大都市文旅融合高质量发展示范区。一是黄河悬河城摞城保护展示工程,重点建设七个遗址展示馆,包括城摞城顺天门遗址展示馆、北宋皇宫遗址展示馆、黄河悬河城摞城展示馆等;二是深入挖掘黄河文化的时代价值,并提出打造"黄河历史文化主地标"的构想。将特色文化元素融入重大工程项目之中,"一渠六河"连通治理工程、黄河生态廊道示范带、爱思嘉·农业嘉年华、乡村振兴"1+6"示范带、开封西湖等集生态保护、文化展示、旅游休闲于一体的重大民生工程相继建成,在实干之中化转化为实景。

(三)开封的菊花文化文旅文创融合发展的现状

做大"菊"文章,深挖"菊"魅力。近年来,开封的菊花文化节业已成为河南省节会文化的重要品牌,是展示开封文旅文创融合形象的平台之一,同时也是古城开封提升文化软实力和经济硬实力的重要抓手。开封加强国际合作与交流,逐步扩大对外开放并拓展其深度,讲好开封菊花文化的历史传承,进一步提高了城市的品级品味,在加快开封成为世界旅游名城的道路上迈出了重要的一步。"年年岁岁花相似、岁岁年年节不同",开封历年菊花文化节都争取出新意，形成一定的规模景观，"到开封去看菊花"成为郑州、许昌、商丘、新乡市民近郊旅游的绝好去处。每年秋天，开封的大街小巷充溢着花朵饱满色彩鲜艳的各类菊花，形成"满城尽带黄金甲"、冲天香气溢汴城的文化景观。

（四）开封的市井文化文旅文创融合发展的现状

宋"潮"王者·荣耀清明·畅游开封——王者荣耀全国城市赛及"宋风电竞"赛事等，吸引青年群体在潮流时尚中感受宋文化；"夜经济"活力在丰富的业态中竞相绽放，探索互联网、新科技、文化节会的发展新路径，打造文化旅游新生态。清明上河园主题公园于1998年对外开放，该公园是一个大型的历史文化主题公园。主题公园以北宋东京画家张择端的传世名作《清明上河图》为创作蓝本儿，再现了北宋年间东京场景，公园内有北宋年间的各种小吃，各种民间杂耍，也有对《杨家将》《岳飞传》的实景模拟演出，再现1000多年前的历史场景，游人深入其间，恍若走进了历史隧道之中。开封市成功打造了令人称道的"清明上河园"文旅文化品牌，并荣获中国旅游知名品牌、国家5A级旅游景区、国家文化产业示范基地、中国十大文化旅游景区之一、影响世界的中国旅游文化知名品牌等许多荣誉。

三 开封市文旅文创融合发展存在的问题和挑战

开封地区是中华民族黄河文化的核心展示地带，留存了丰富的文化遗产，尤其是最能体现华夏历史文明高峰的宋文化，还有古都文化、市井文化、菊花文化，最能展示城市的个性特征。开封市在当前历史机遇下，加强组织领导和规划设计，突出示范引领作用和文化地标的打造，以宋文化、古都文化、市井文化、菊花文化为代表的城市文化得到了一定程度的发展，同时也有一些方面有待进一步改善和提高。"十四五"时期，河南省文化和旅游的发展面临复杂而深刻的变化，出现了新情况、新挑战。尤其是新冠肺炎疫情给国内国外的文旅文创产业发展带来了空前考验，增加了文旅文创产业融合发展的不可确定性,文旅文创产业融合发展的道路还要经历一段困难的日子。促进文旅文创融合发展,推动文旅产业高质量发展,对于全面提升开封市的影响力和综合实力,具有非常重要的意义。开封市虽然在文旅文创融合发展方面取得了一定的成绩,但与文旅产业发展比较先进的兄弟省市比较,在加强文旅文创融合发展方面还存在明显的差距,主要表现在以下几个方面。

一是文旅文创融合发展水平有待提高。文化和旅游的有机融合,是建立在文化和旅游全面发展的基础之上的。就开封市文化产业和旅游业发展来说,旅游接待人次数和旅游综合收入年均都在稳步增长,但两者明显分布不均,旅游业发展相对较快,而文化产业发展则总体偏慢,旅游开发尚未完全摆脱以历史资源为依托的情况。二是文旅文创融合发展亟须技术赋能。近年来,开封市的清明上河园、万岁山公园虽然在体验式、沉浸式、互动式旅游方面做了一些探索和尝试,出现了一批新业态、新亮点,但总体来说在技术赋能上仍有很大欠缺,在实施开封宋都文化地标塑造工程、打造中原会客厅和宋都文化地标、打造开封夜游文旅新地标方面技术运用不足。三是推动文旅融合发展的政策有待完善。开封市在积极探索政府机构改革方面迈出了重要步伐,但"政府主导、部门联动、社会参与"的文旅融合大发展格局尚未完全形成,仍然存在市场机制、经营机制、管理体系不够健全等问题,文化遗产、文化资源与旅游业在规模化、整体化有机融合方面还有待加强。相关政策不足,导致部分文化遗产保护不够,部分文物保护单位设施简陋,保护机制不完善,人员缺乏;文化研究力量不足、文物遗址发掘不够;一些非遗传承人面临后继无人的现实困难。四是文化资源优势尚未转化成产业优势。开封市的文化资源非常丰富,但其还远没有发展为文化旅游产业强市,主要原因有二:一方面是研究力量薄弱,另一方面是创意人才缺失。研究力量薄弱是开封市文旅产业快速发展的制约因素之一。理论是行动的先导。开封市目前的研究队伍不够强大,大多为文化旅游的爱好者,专业素养不高;研究者多为单兵作战,缺少团队协助,难以形成有影响力的学术成果;研究资金支持力度不大,缺少有行业影响力的专业研究机构和学术交流平台。由于理论研究的滞后，未能对开封市现有的文化资源进行有效的研究、开发和利用，开封文旅文创融合发展的地方文化特色和内涵不够鲜明。

四 开封市文旅文创融合发展的对策建议

开封文化资源丰厚，人文荟萃，尤以宋文化最为著称，但将资源优势转化为产业优势还须深入挖掘馆藏文物的文化内涵，适应当代社会的审美趋势。应深入挖掘开封文化内涵，打造独特内容体系；构建产业生态，延伸品牌价值；创新传播渠道，提升传播效果。

（一）推动文旅文创融合战略全面落实，促进文化旅游高质量发展

国务院批准的《开封市城市总体规划（2011—2020年）》对开封的定位是"国家历史文化名城""文化旅游城市"。开封市委市政府积极做好大运河保护传承和利用，推动文化旅游融合发展。河南省委书记楼阳生在省委工作会议、省十一次党代会、省委十一届二次全体会议等不同场合，就实施文旅文创融合战略作出系统部署，坚持前瞻性、全局性、系统性观念，为"十四五"时期河南文化和旅游发展明确了时间表和路线图，努力加快将河南建设成中华文化传承创新中心、世界文化旅游胜地。开封在黄河文化、古都文化、宋文化、市井文化方面有各自的特点。2021年河南省文旅厅厅长、党组书记姜继鼎召开推进全省文旅文创融合战略动员会，在会上指出"要聚焦重点、强化责任，把创新摆在发展的逻辑起点、现代化建设的核心位置，推动文旅文创融合战略全面落实，促进文化旅游高质量发展"。[1]围绕"行走河南·读懂中国"品牌，以历史事件、历史人物等为主题主线，系统梳理在中华文明演进历程中具有重大价值、突出影响、关键意义的历史文化

---

[1]《从节目爆火出圈看河南文化品牌建设与宣传》，人民网，2022年8月4日，http://henan.people.com.cn/n2/2022/0804/c378397-40067642-2.html。

资源，策划推出人类起源、文明起源、国家起源、逐鹿中原、追寻先贤、姓氏寻根、元典思想、治黄史诗、科技发明、中国功夫、红色中原、考古发现等16条主题文化线路，涉及578处文物和文化资源。从顶层规划来看，开封与郑州、洛阳同处于黄河中下游交汇地段，是华夏文明的发源地，是中华文化的根与魂的核心地，建议省级统筹规划，打造郑汴洛黄河文化旅游带，构建黄河文化展示体系，开发沿黄低空观光游览。对隋唐大运河通济渠郑汴洛段进行清淤疏浚，连通水上航道。

（二）塑造文旅文创品牌，打造国际文化旅游名城

全力塑造"行走河南·读懂中国"品牌体系，探索"文化+互联网+科技"相互融合的模式，助力传统文化节会转型升级，强力带动旅游消费。2022年的清明文化节，开封以弘扬文化、宣传开封、带动旅游、促进招商、拉动消费、服务发展为目标，深入推进文旅商融合发展，释放更多新宋文化的时代魅力。坚持国际化视野，突出北方水城特色，推进黄河流域生态文明建设，打造黄河流域水治理生态城；深入推动郑开同城，建设中原城市群一体化高质量发展示范区，打造区域一体化高质量发展示范城；坚持历史风貌与业态功能并重、城市更新与消费升级共进，构建以文旅体验为主的宜居宜业宜游区域性消费中心，打造品质宜居消费智城。规划引领谋项目、优化环境招项目、培育平台做项目，高水平建设世界历史文化名都，开封在持续深化提升中步履铿锵，让在开封的群众身临其境感受开封传统文化的博大精深，沉浸式体验"来趣宋潮"主题市集。根据市场需求，开封优化调整文旅文创产业结构，实现文旅文创产业优化升级。完善开封文旅文创产业产业链条，持续补链、增链、强链，健全文旅文创产业体系。

（三）加强新型文旅文创人才建设

开封市要形成各种创意要素充分涌流的文旅创作生态环境，就需要想尽一切办法吸引新型文旅文创人才，加大文化旅游人才的培养、选拔和引进力度。探索建立文化旅游人才教育培训基地，加强与高校的交流合作，搭建景

区与学校、企业之间的合作平台，拓宽旅游人才培养渠道。面向旅游市场，从深耕景区的专业人员中选聘职业经理人，加强对高层次管理者、新型经营者和职业经理人的培养，重点培养选拔一批懂项目、会营销、善管理的"多面手"。采取公开推荐、评审选拔的方式，每年在国内外范围内选拔培养文旅领军人才，通过项目扶持、培训辅导、实践锻炼、宣传推介等方式，全面增强文旅领军人才的竞争力、影响力和带动力。

（四）强化文旅文创融合发展资金保障

创新金融、财政制度，为文化企业融资提供资金支持、税务减免。搭建制度平台，持续推进国有文旅企业单位体制改革，用市场竞争激发企业活力。完善土地使用制度，优先保障文化项目用地需求。推动政银企合作，出台相关政策，主动对接合作银行，推进开封优秀文化企业和项目进行对接，搭建文化活动交流平台。充分利用开封作为"一带一路"重要节点的优势，抓住郑汴洛一体化的历史契机，开封应主动引入国际金融资金，促进开封文旅服务贸易输出，提高开封文旅文创产业发展的国际化水平。坚持"走出去"与"引进来"相结合，引进文旅文创产业先进的理念和设备，助推文旅文创产业发展。在国外和国内重点城市，设立开封城市文化展厅或文旅文创产业营销中心。

参考文献

［1］《河南省人民政府关于印发河南省"十四五"文化旅游融合发展规划的通知》，河南省人民政府网站，2022年1月13日，http：//www.henan.gov.cn/2022/01-13/2382423.html。

［2］《省文旅厅副厅长李延庆应邀为河南海外侨领国情省情班学员进行授课》，人报融媒深度观察，2022年8月27日，https：//baijiahao.baidu.com/s？id=1742296292588588005&wfr=spider&for=pc。

［3］陈勤娜：《开封市黄河文化的保护传承和弘扬》，谷建全主编《河南文化发展报告（2021）》，社会科学文献出版社，2021。

B.22
2022年驻马店文旅文创融合发展报告

郭 超*

摘　要： 2022年，驻马店市积极实施文旅文创融合发展战略，主动融入"行走河南·读懂中国"品牌体系建设，深度挖掘以重阳文化、车舆文化、梁祝文化、盘古文化、嫘祖文化、戏曲文化等为代表的优秀传统文化，大力弘扬大别山精神、竹沟精神等，在资源整合、催生业态、激发活力、品牌打造等方面成效显著。但与文旅业发展比较先进的兄弟省市相比，驻马店市还存在发展水平有待提高、发展亟须技术赋能、发展政策有待完善、资源优势转化不足等问题。推动驻马店市文旅文创融合高质量发展，需要进一步明确发展定位，科学规划布局，创新管理体制，优化营商环境，推动全市文旅产业和社会经济再攀新高峰。

关键词： 驻马店　文旅文创　文化创新

　　近年来，随着人们对旅游品质的要求不断提高，文化旅游日益受到社会青睐，文旅融合已经成为旅游发展的时代潮流。2021年召开的河南省第十一次党代会，明确把文旅文创融合战略纳入全省"十大战略"，纳入高质量建设现代化河南、高水平实现现代化河南的大局之中，强调要坚持以文塑旅、以旅彰文，深入挖掘历史文化，让游客在沉浸式体验中感受中原文化

---

* 郭超，黄淮学院天中文化研究院院长、教授，研究方向为历史文化。

的博大内涵、精神和力量。深入实施文旅文创融合战略，加快推进文化强省建设，对于高质量建设现代化河南、高水平实现现代化河南具有非同寻常的价值和意义。驻马店是文化资源大市，天中文化博大精深，市第五次党代会提出了"着力推动文化大繁荣大发展，提高跨越发展的软实力"的目标要求。驻马店市文广旅系统抢抓各项机遇，积极实施文旅文创融合发展战略，加大优质文化旅游资源整合开发力度，主动融入"行走河南·读懂中国"品牌体系建设，强力推动文化旅游项目建设，全面完善公共文化服务体系，持续壮大文化旅游市场主体，让更多人在旅游体验中感受传统文化的魅力。

一 驻马店市推动文旅文创融合发展的基本情况

一年来，驻马店市的文化旅游产业虽然受到新冠肺炎疫情和自然灾害的冲击，但仍然展现出持续发展的基本态势。驻马店市上下积极实施文化惠民工程，深入开展群众性精神文明创建活动，不断丰富群众精神文化生活；传承创新发展优秀文化，深度挖掘以重阳文化、车舆文化、梁祝文化、盘古文化、嫘祖文化、戏曲文化等为代表的优秀传统文化，大力弘扬大别山精神、竹沟精神等，倾力打造竹沟特色小镇、雷岗战役遗址、鄂豫边省委旧址等红色品牌，为文旅文创融合发展奠定了坚实基础、积累了宝贵经验、提供了发展方向。

（一）文旅文创资源整合取得新成效

驻马店历史悠久，文化璀璨，素有"豫州之腹地，天下之最中"的美誉，是中华文明重要发祥地之一。作为文化资源大市，驻马店市拥有推动文旅文创融合发展的深厚基础，物质文化遗产与非物质文化遗产都十分丰富，可谓品质优、影响大、类型全、分布广，其中博大精深的天中文化、传奇文化、驿站文化、红色文化均为驻马店独特的地方文化。在物质文化遗产方面，上蔡故城、冶铁遗址、楚长城、鸿隙陂等文化遗产巍巍屹立，中原革命摇篮竹沟、杨靖宇将军纪念馆及故居、刘邓大军强渡汝河旧址等革命遗址熠熠生辉。最新普查结果显示，驻马店市共有各类革命遗址242处，其中革命纪念场馆10处，遗址、旧址、故居195处，革命烈士墓地、陵园37处。在非物质文化遗产方面，盘古开天、女娲造人、伏羲画卦、嫘祖始蚕、梁祝化蝶等文化传说起源于此，在中原大地上留下了辉煌绚丽的篇章，被华夏儿女千古传唱。驻马店市被中国民间文艺家协会命名的"民间文化之乡"多达七个，即"中国盘古圣地"（泌阳县）、"中国梁祝之乡"（汝南县）、"中国重阳文化之乡"（上蔡县）、"中国嫘祖文化之乡"（西平县）、"中国冶铁铸剑文化之乡"（西平县）、"中国车舆文化之乡"（平舆县）、"中国女娲文化之乡"（遂平县）。目前，驻马店市共拥有9项国家级非遗项目、55项省级非遗项目、208项市级非遗项目、643项县级非遗项目。① 这些非物质文化遗产底蕴深厚、内涵丰富，为全市文旅事业发展提供了良好条件。

如何对丰富多样的文化资源进行深度发掘整合，关系着文化旅游发展的前景和质量。驻马店市在文化资源整合中主要做了三方面的工作。

一是坚持规划先行，大力推进全域文化旅游。其一，编制完成《驻马店市全域旅游发展规划》，按照"一心一带四组团"的总体结构，以组团式发展带动全域旅游，其中"一心"即城市游客服务中心，"一带"即淮河湿地生态文化旅游带，"四组团"即北部观光度假组团、东部文化体验组团、南部研学养生组团、西部山水休闲组团。其二，将红色革命文物开发纳入"十四五"文旅融合发展规划，制定出台《驻马店市红色资源保护利用方案》。其三，深入挖掘文明之源，扎实开展文物科普交流活动、文物科普进校园活动，讲好以天中文化、传奇文化、驿站文化和红色文化为代表的"天中故事"，助推全域文化旅游融合发展。

二是坚持项目带动，加快重点文旅项目建设。其一，注重发挥驻马店市中心城区在全域旅游发展中的龙头带动作用，结合皇家驿站、方特"熊出

---

① 《第五批非物质文化遗产项目名录公布 驻马店19个项目上榜》，河南省人民政府网站，2021年7月23日，http://www.henan.gov.cn/2021/07-23/2187572.html。

没"旅游度假区、杨靖宇将军纪念馆、金顶山景区、中国渔都等重点项目，发展产业观光游，打造集主题游乐、文化体验、红色教育、运动康养度假于一体的复合型旅游目的地。其二，通过整合文化资源、创新旅游项目、提升服务质量、丰富审美形式等多种创意措施，推进遂平、确山省级全域旅游示范区创建工作，推进嵖岈山生态旅游度假区基础设施建设，倾力将其打造成服务品质游、精品游、访客游的豫南示范区。

三是坚持"双创"方向，推动文旅文创深度融合。以深化机构改革助推文旅文创融合。为加强文物的保护、管理和利用，推动当地优秀历史文化资源得到创造性保护、创新性发展，挂牌成立了驻马店市文物局。截至2021年7月，驻马店市共有文物遗迹3150处，其中全国重点文物保护单位18处，省级文物保护单位79处，市级文物保护单位77处，县级文物保护单位200余处，馆藏各时期珍贵文物10万余件套。[①] 驻马店市文物保护事业迈上了新征程，进入了新的发展阶段。地处豫东南的新蔡县，曾因境内小洪河和汝河交汇长期遭受水灾，被人戏称为"洪水招待所"。在全省实施文旅文创融合战略的背景下，新蔡县按照"康养水城、问津新蔡"的发展定位，"以全力打造豫东南区域性副中心城市、全面建设魅力水城、繁荣新蔡为引领，以文旅活县为动力"，"大力弘扬大别山精神，恢复重建提升小李庄烈士纪念馆、任芝铭故居、刘邓大军强渡汝河遗址等一批红色文化基地项目"，[②] 将昔日的"洪水招待所"蝶变成宜居、宜业、宜商、宜游的生态水城、魅力水城，谱写出一曲传统农业小城的文旅发展新篇章。

（二）文旅文创融合催生文旅新业态

一是新理念催生新业态。一年来，驻马店市大力推进"文化+""旅游+""文旅+"，把"吃、住、行、游、购、娱"和"商、学、闲、情、

[①]《驻马店市文物局今日揭牌成立》，驻马店市文化广电和旅游局官网，2021年7月15日，https：//wglj. zhumadian. gov. cn/showinfo-64-2461-0. html。
[②]《新蔡：担当实干谋发展 奋楫争先向未来》，《河南日报》（特刊·驻马店篇）2022年9月15日。

奇"结合起来，文化旅游与多产业融合发展成效明显，催生出一大批体验式、沉浸式、互动式旅游新业态。如遂平县推出的1955工业文化创意园，汝南县推出的"船游汝南""夜游汝南"项目，嵖岈山风景区推出的露营季、星空影院等露营项目，皇家驿站打造的"时光驿巷"怀旧主题街区，蓝天芝麻小镇的"四季打卡"等，都是深受游客喜欢的文化旅游项目，"跑"出了驻马店市的文旅文创融合发展加速度。①

二是新需求催生新业态。文化旅游在实现自身转型升级过程中，打破了原有的业态划分边界，使文化旅游与相关行业形态走向融合成为可能。近年来，受新冠肺炎疫情等不可控因素的影响，城市周边游和乡村游成为市民的出游首选，近郊游、乡村游、家庭游成为端午节、"五一"劳动节、中秋节、国庆节等小长假的主流和亮点，果蔬采摘、玩水漂流、休闲垂钓、登山健身等活动深受游客喜爱。特别是"五一"劳动节期间，正是各类瓜果上市时期，以泌阳马谷田、确山胡庙、遂平杰美庄园等为代表的特色农业种植园区，成为市民出游热点，吸引了大量市民前去采摘体验；益农庄园、遇见世外桃源亲子农场、留庄稻田公园、三秋醋博园等推出的儿童手工作坊、农耕体验、科普实验、萌宠乐园等"乡村旅游+研学"旅游产品，吸引了众多孩子及家长前往打卡游玩。

三是新创意催生新业态。在沉浸式旅游中，"天地为被，大地为床"的露营方式席卷而来，游客携家人好友在青山绿水间体验"安营扎寨"。将露营与音乐会、露天电影、烧烤等活动相结合，会形成一种特色的"露营+"模式，这成为驻马店市旅游业态的新热点。白云山景区推出的"星空帐篷露营""爱情天梯"等年轻化文旅产品，在小长假期间异常火爆、频繁出圈。驻马店市倾力打造的皇家驿站及相关特色小镇，以中国传统古建筑为载体，重点挖掘民俗文化、发展特色商业、展现夜市风情，截至2022年9月，"累计开街面积10万平方米以上，入驻大小商家共367家，累计接待省内外

---

① 王晓晶：《驻马店：旅游新业态"跑"出文旅文创融合发展加速度》，潇湘晨报，2022年8月22日，https://baijiahao.baidu.com/s?id=1741468186754242188&wfr=spider&for=pc。

游客 1400 万人次",①将明代一个小小的皇家驿站建设成流光溢彩的"不夜城",成为驻马店别具特色的"城市会客厅",充分体现出文旅文创产业的独特魅力。

(三)文化创意激发文旅产业新活力

通过文化创意激发文旅活力,持续推进文旅文创深度融合,是新冠肺炎疫情防控常态化影响下驻马店市进行文化建设的重要举措。

一是创新营销方式,建立新媒体文旅宣传矩阵。如成功举办第三届全球文旅创作者大会暨 2021"老家河南"美好春游季(嵖岈山站)暨第九届嵖岈山西游文化节、"绿色发展、美好生活" 2021 年中国旅游日等主题活动,有序开展"乐游嵖岈、畅享天中""记者带你游天中""豫见金秋·惠游老家"等文旅惠民活动,这些活动具有较高的市场关注度和新鲜度,深受广大群众欢迎。2022 年 6 月开通的"驻马店文旅"微信公众号,得到社会各界的广泛关注和高度认可,连续进入"河南政务微信影响力月榜(文旅类)"榜单前列。

二是优化资源配置,差异化推出文化旅游产品。如中秋节期间,皇家驿站景区举办了皇城电音节、中秋音乐盛典、拜月大典、猜灯谜、漫展巡游等文旅活动,金顶山景区推出了"登金顶邀嫦娥一起吃月饼"活动,嵖岈山景区推出天空漂流、树顶攀跃等活动,老乐山景区推出"中秋打铁花""梦幻北极光"等主题活动,这些活动共同营造出浓厚的节日氛围。此外,全市各文化场馆举办的类型不一的中秋主题活动,泌阳和园景区农耕馆推出的充满中原农耕文化元素的打板栗、摘柿子、戏水摸鱼等乡村旅游活动,都吸引着广大市民举家出游、前往参观,为群众提供了丰富的假日文旅大餐。驻马店市依托竹沟革命纪念馆、中共中央中原局旧址等红色旅游景区、景点,策划推出的"牢记初心红色之旅""革命圣地游""千里跃进游"等红色旅游线路产品,还入选了河南省"建党百年红色旅游十大精品线路"。

---

① 《豫南明珠 擦亮标识》,《河南日报》(特刊·驻马店篇)2022 年 9 月 15 日。

三是发展智慧旅游，多举措挖掘文旅消费潜力。支持相关行业发展智慧旅游，开展形式多样的主题活动，不断拓宽旅游消费领域。每年的"中国旅游日"（5月19日）系列活动，驻马店市各县区、各景区都积极开展形式丰富的主题活动，为市民和来驻游客奉上惠民文旅大餐。如嵖岈山风景区推出以"天磨湖马鞭草·梦幻花海，遇见最美的自己"为主题的旅游活动，金顶山景区推出"爱旅游，更爱你！"主题活动，老乐山景区门票打折，皇家驿站景区、铜山湖景区、白云山景区、蓝天·芝麻小镇景区、南海禅寺景区等免收门票，中国首个白芝麻文化博物馆免费对游客开放，皇家驿站景区导游讲解免费、观看节目免费、停车免费等，① 用实实在在的惠民举措推动智慧旅游蓬勃发展。

（四）文旅文创品牌打造呈现新亮点

驻马店市立足打造"行走河南·读懂中国"品牌，以"千年古驿站·生态文明城"为文旅主题，构建多部门联合、市县联动的宣传推广机制，在讲好天中故事、扩大区域文化影响力、打造文旅文创品牌等方面呈现新亮点。

一是文化旅游形象宣传媒介呈现新亮点。除了持续在央视新闻综合频道等黄金时段投放驻马店文化旅游形象宣传广告外，还在驻马店西至上海虹桥的G1715次高铁列车车厢内投放了形象宣传广告，在《驻马店日报》连续开办了"文化旅游"宣传专版，取得了良好的宣传效果。

二是开展区域文化旅游合作呈现新亮点。驻马店市注意加强区域协作，深挖周边市场，不间断开展宣传推广，持续提高市场占有率。受疫情和汛期等多重不利因素影响，自2021年起驻马店多次接待成都、武汉等地来豫的旅游专列，在2022年9月举办的中国—东盟博览会旅游展会上，还以该市5A级景区嵖岈山和确山县小提琴协会为例，全方面推介驻马店的文化旅游

---

① 陈宁：《我市2021年"中国旅游日"推出惠民文旅"大餐"》，《驻马店日报》2021年5月21日，http://zmdrb.zmdnews.cn/zmdrb/20210521/html/content_63836.htm。

资源、旅游精品线路、特色旅游商品等，吸引更多游客到驻马店一睹"千年古驿站·生态文明城"的别样风采；积极推进淮河生态经济带文旅联盟和大别山革命老区旅游一体化进程，不断拓展区域旅游合作广度，精准开拓长三角、珠三角市场，以扩大文旅市场半径，进而实现资源共享、线路互推、客源互送等发展目标。

三是加快推进文化品牌建设呈现新亮点。驻马店市在擦亮传统文化品牌的同时，还不断加快新的文化品牌的建设。继2019年驻马店经济开发区被评为"河南省戏曲之乡"，2021年新蔡县被河南省民间文艺家协会命名为"河南省仪狄文化之乡"以来，2022年3月平舆县被河南省民间文艺家协会授予"河南省太任文化之乡"称号。目前，正阳县正着力打造"中国孝德文化之乡"，驿城区正着力打造"河南省驿站文化之乡"，汝南县正着力打造"河南省诚信文化之乡"，文旅文创展现出跨越时空的纵深发展空间，也为驻马店市文旅融合发展增添了新的生机与活力。

二 驻马店市推动文旅文创融合发展存在的不足

加强文旅文创融合发展，推动文旅产业高质量发展，对于全面提升驻马店市的影响力和综合实力，具有非常重要的意义。驻马店市虽然在文旅文创融合发展方面取得了一定的成绩，但与文旅产业发展比较先进的兄弟省市比较，在加强文旅文创融合发展方面还存在明显的差距，主要表现在以下几个方面。

（一）文旅文创融合发展水平有待提高

文化和旅游的有机融合，建立在文化和旅游全面发展的基础之上。就驻马店市文化产业和旅游业发展来说，旅游接待人次数和旅游综合收入年均都在稳步增长，但两者明显分布不均，旅游业发展相对较快，而文化产业发展则总体偏慢，旅游开发尚未完全摆脱以自然山水和历史资源为依托的情况，尚未从依赖"门票经济"的粗放经营走上高品质的"旅游+文化"的集约发展之路。据统计，2021年驻马店市接待游客3600万人次，旅游综合收入

247亿元，约占全市生产总值比重8%。而文化产业的发展则相对较弱，其中2020年驻马店市文化产业增加值为82.56亿元，占全市生产总值比重约为2.89%，低于全省4.06%以及全国4.43%的水平。①

（二）文旅文创融合发展亟须技术赋能

近年来，驻马店市虽然在体验式、沉浸式、互动式旅游方面做了一些探索和尝试，出现了一批新业态、新亮点，但总体来说在技术赋能上仍有很大欠缺。特别是云平台、全息影像、5D光影、VR虚拟现实、3D打印技术等在文旅产品中运用不足；在实施驻马店天中文化IP塑造工程、打造中原会客厅和天中文化地标IP、打造驻马店夜游文旅新IP方面运用不足；在积极融入河南省长城国家文化公园和长征国家文化公园建设工程方面力度较小；在引入数字艺术、沉浸式体验、裸眼4D、互动投影、体感互动、雾森效果、增强现实技术（AR）等多媒体技术推动沉浸式旅游演艺方面，与发达地区相比还有很大差距。

（三）推动文旅文创融合发展的政策有待完善

驻马店市在积极探索政府机构改革方面迈出了重要步伐，但"政府主导、部门联动、社会参与"的文旅融合大发展格局尚未完全形成，仍然存在市场机制、经营机制、管理体系不够健全等问题，文化遗产、文化资源与旅游业在规模化、整体化有机融合方面还有待加强，在对文旅产业发展给予实质性奖励、鼓励市场主体建设精品景区、打造新业态项目、开发乡村旅游项目、开办农家乐和民宿等方面需要进一步提供资金支持。相关政策不足，导致部分文化遗产保护力度不大，部分文物保护单位设施简陋、保护机制不完善，人员缺乏；文化研究力量不足、文物遗址发掘不够；一些非遗传承人面临后继无人的现实困难。

---

① 李跃勇：《2022年3月2日在驻马店市第四届人民代表大会第九次会议上的政府工作报告》，《驻马店日报》2022年3月18日。

（四）文化资源优势尚未转化成产业优势

驻马店市的文化资源非常丰富，但还远没有发展为文化旅游产业强市，主要原因有二：一是研究力量薄弱；二是创意人才缺失。

研究力量薄弱是制约驻马店市文旅产业快速发展的因素之一。理论是行动的先导。驻马店市目前的研究队伍不够强大，大多为文化旅游的爱好者，专业素养不高；研究者多为单兵作战，缺少团队协助，难以形成有影响力的学术成果；研究资金支持力度不大，缺少有行业影响力的专业研究机构和学术交流平台。由于理论研究的滞后，未能对驻马店市现有的文化资源进行有效的研究、开发和利用，文旅文创融合发展的地方文化特色和内涵不够鲜明。例如，由于研究基础薄弱，当地的八卦文化开发尚未起步，伏羲画卦之地——上蔡白圭庙依然处于原始状态，与周口淮阳太昊陵的开发利用相比差距甚大；汝南县想力推梁祝文化，但多次招商未能成功；皇家驿站是驻马店市近年来倾力打造的重大文化旅游项目，目前已初具规模，但对驿站文化的研究和挖掘相对滞后。在红色文化资源开发中，也存在同类现象。例如，驻马店作为杨靖宇的家乡，由于对杨靖宇青年时期在河南的历史贡献研究不够，未能很好地利用好这一国内知名的文化品牌；竹沟精神作为中国革命精神的重要组成部分，但长期以来缺乏研究，对其精神内涵和历史地位深挖不足、提炼不够、宣介不广，等等。由于缺少理论研究和深度挖掘，驻马店市的文化资源优势未能很好地转化为旅游优势和产业优势，无法满足大众化的文化体验和文化消费需求，在一定程度上也制约了文化旅游产业的发展。

创意人才缺失是制约驻马店市文旅产业快速发展的又一因素。其一，缺少文化创意景区。驻马店市旅游景区以自然山水为主，人文景观明显不足。由于缺少文化创意，驻马店市特色鲜明的人文景观"六山"中，除嵖岈山外，老乐山、金顶山、白云山、铜山、盘古山的区域观光竞争优势不明显，很多资源没有得到开发利用，现有景观同质化程度较高，更未形成完整高效的文创产业链。其二，缺少优秀的文创产品。近年来，驻马店市在文化创意方面取得了可喜的成就，不仅创作了微电影《爱在嵖岈》《鬼子来了》、全息旅游电影《皇家驿站》以及动漫《盘古开天》《重阳登高》等，还推出了《嫘祖》《杨靖宇》《血战雷岗》《郭了凡》《雷岗风雨渡》等新编剧目。但总体而言，这些文创作品规模较小，产业化程度较低，没有形成完整的文化产业链。与大唐不夜城、东北不夜城、迪斯尼乐园、故宫博物院、宋城等景区相比，与《大宋·东京梦华》《印象刘三姐》《禅宗少林·音乐大典》等实景演出剧目相比，都有很大差距。其三，缺少专业性文创人才。目前，驻马店市既缺乏文化创意人才、文创运营人才、技术开发人才，又缺乏懂投资、懂运营、懂管理、懂创意的复合型高端人才，还缺乏有针对性的人才引进政策。

三 推动驻马店市文旅文创融合发展的对策建议

为进一步推进驻马店市文旅文创融合发展，按照中央和河南省委省政府的宏观布局和具体指导，借鉴先进省市的成功发展经验，现结合驻马店市自身的实际，提出如下对策建议。

（一）明确发展定位，制定切合实际的文旅文创融合发展政策

一个有吸引力的文化旅游目的地，必定有一个特色鲜明的文化发展定位。推动驻马店市文旅文创融合高质量发展，应把文旅融合纳入驻马店市的整体产业发展战略之中，通过制定符合当地实际的相关文旅政策，全面提升文旅文创融合发展产业化水平。

一是建立文旅融合研究机构或平台，推进驻马店市文旅融合研究。建议由政府牵头，联合企业和高校，成立驻马店市文旅文创融合发展研究中心，以加强对驻马店市文化旅游融合发展的研究。具体来说，要研究国际国内文化旅游产业发展趋势和相关政策，为市政府制定文化旅游发展政策提供决策参考；对旅游规划的制定和实施进行评审、调研和监督；培养文化创意人才。

二是制定推动驻马店市文旅文创融合发展的相关政策。按照国家相关政策要求，完善文旅融合体制机制，做好顶层设计，形成指导实践的行动纲领。在制定推进驻马店市文旅融合发展的政策时，既要强化政府服务意识，做好文化旅游资源的优化整合，加快补齐各项服务短板，又要充分借助市场力量，调动民间投资的积极性，以有限的财政投入撬动更多的社会资源。

三是重点扶持文旅文创融合发展的项目、企业和品牌，打造驻马店文旅融合样板。深入挖掘驻马店市丰富的文化资源，有效整合全域旅游资源，完善全域旅游空间体系，打造文旅产业IP，提升文化和旅游产品供给质量，促进文化和旅游公共服务提质增效，扶持1~2个文旅融合的重点项目、企业、品牌，努力打造文旅融合的驻马店样板。

（二）科学规划布局，推动驻马店市文旅文创产业提质升级

近年来，驻马店市与全国各地一样，在旅游规划方面还存在轻策划重规划的问题，有人甚至把规划当作策划。鉴于过去在这方面存在的不足，结合驻马店市实际，应做好以下几点。

一要高度重视策划工作。政府应加强对策划工作的组织和领导，对策划确定的任务进行分解，制定任务分工方案，落实责任。通过策划，充分挖掘和展现区域文化与特色资源，创造性地提出支撑定位的核心理念、超级亮点与引爆点。

二要深化对重大文旅项目的调研和论证。策划立项后，规划编制单位要认真做好基础调查、资料搜集、课题研究等前期工作，深入研究前瞻性、关键性、深层次的重大问题，充分考虑相关行业的要素支撑条件、资源环境约束和重大风险防范等因素，做到防患于未然。

三要建立科学完善的评审机制。相关部门应当采取多种形式广泛听取基层群众、相关部门和专家学者的意见，提高策划工作和规划编制的透明度和社会参与度。可委托研究机构或组织专家组对规划进行论证，积极引入第三方评估，形成论证报告。

四要做好跟踪研究和后续服务工作。策划工作和规划编制完成后，要对策划及规划成果进行跟踪研究，强化过程考核、结果考核，看其是否符合实际、能否顺利实施，并及时地做出修改和调整。科学规划布局，推动驻马店市文旅文创产业提质升级。

（三）创新管理体制，加快构建区域文化旅游产业发展新格局

一是通过完善机制吸引文化创意企业。借鉴国内先进地区的成功经验，完善公平竞争的市场机制和服务机制，制定符合驻马店市实际的支持文化创意产业的相关政策。如制定创业园区建设、创业服务资金支持、创业投资资金支持、优秀人才企业资金支持、落实税收优惠、重大贡献奖励等方面的政策，吸引国内外知名文化创意企业，推动驻马店市文化创意产业快速发展。

二是通过项目建设探索多元发展格局。选取一些基础较好的重大文化创意项目，通过政府购买服务等方式，加大政府政策扶持力度，调动社会各界力量的参与，积极探索"政府支持、社会参与、市场运作"的资本运作模式，逐步形成投资主体多元化、融资渠道社会化、投资方式多样化、项目建设市场化的文化产业发展新格局。

三是通过多种举措培养文化创意人才。人才是文化创意产业发展的灵魂。解决人才不足的问题，一靠培养，二靠引进。通过集中培训、实践锻炼、外出学习、企业挂职等方式，提升驻马店市文化创意人才的整体水平；依托黄淮学院等本地高校，开设文化创意专业，鼓励大学生在本地就业；加大政策优惠力度，吸引文化创意高端人才。

（四）优化营商环境，助推文化旅游高质量发展再攀新高峰

一是不断优化推动文化旅游高质量发展的外部环境。积极搭建专业学术研究机构和研究平台，以团队协助的形式凝聚力量，深入开展学术研究。组织团队制定历史文化资源挖掘整理的中长期计划和实施方案，并对每年的工作任务进行分解，合理分工，落实责任，稳步求效。

二是重点扶持一批有重大影响力的历史文化研究项目。借鉴河南省兴文

化工程文化研究项目的做法，市政府每年拿出一定的专项经费，组织省内外的有关专家对天中文化、驿站文化、嫘祖文化、梁祝文化、红色文化等驻马店市重大历史文化资源进行研究挖掘，联合攻关，通过社科项目申报的形式给予支持，同时做到创新管理体制，确保项目经费的合理使用。

三是培养和引进文化旅游专业人才。针对目前驻马店市文化旅游研究专业人才不足的问题，对现有人才加强培养和锻炼，创造各种条件，充分调动他们的工作积极性；通过刚性引进和柔性引进相结合的方式，加大高端人才引进的政策扶持力度，不断提升驻马店市的文化影响力和区域竞争力，推动驻马店市文旅产业和社会经济的全面发展。

参考文献

［1］《驻马店市文物局今日揭牌成立》，驻马店市文化广电和旅游局官网，2021年7月15日，https：//wglj.zhumadian.gov.cn/showinfo-64-2461-0.html。

［2］王晓晶：《驻马店：旅游新业态"跑"出文旅文创融合发展加速度》，潇湘晨报，2022年8月22日，https：//baijiahao.baidu.com/s？id=1741468186754242188&wfr=spider&for=pc。

［3］王晓晶、王纪方：《文化增活力　旅游添魅力——2021年驻马店市文化广电和旅游工作十大亮点》，《驻马店日报》2022年1月25日，http：//tzwb.zmdnews.cn/tzwb/20220125/html/content_68129.htm。

［4］《河南这十年：书写推动文化繁荣兴盛的"河南答卷"》，凤凰网河南，2022年10月16日，http：//hn.ifeng.com/c/8K6MrGMvQDZ。

［5］李跃勇：《2022年3月2日在驻马店市第四届人民代表大会第九次会议上的政府工作报告》，《驻马店日报》2022年3月18日。

［6］杨晓东、祁道鹏：《奋进天中　争先出彩——奋进新征程　建功新时代·非凡十年　出彩中原》（驻马店篇），《河南日报》（特刊）2022年9月15日。

［7］《第五批非物质文化遗产项目名录公布　驻马店19个项目上榜》，河南省人民政府网站，2021年7月23日，http：//www.henan.gov.cn/2021/07-23/2187572.html。

［8］《新蔡：担当实干谋发展　奋楫争先向未来》，《河南日报》（特刊·驻马店篇）2022年9月15日。

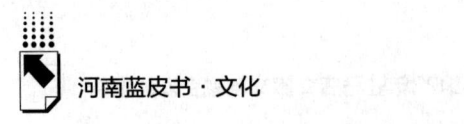

［9］《豫南明珠　擦亮标识》,《河南日报》(特刊·驻马店篇) 2022 年 9 月 15 日。

［10］陈宁:《我市 2021 年"中国旅游日"推出惠民文旅"大餐"》,《驻马店日报》2021 年 5 月 21 日,http：//zmdrb.zmdnews.cn/zmdrb/20210521/html/content_63836.htm。

附 录 2021~2022年河南文化发展大事记[*]

李玲玲[**]

2021年

10月

10月12日 国家文物局公布了《大遗址保护利用"十四五"专项规划》，对"十四五"期间我国大遗址的保护、利用工作进行规划和部署。在公布的145项省、自治区、直辖市内大遗址中河南占了16项，还有一些遗址点被列入跨省区大遗址名单。

10月14日 中国开封第39届菊花文化节开幕。全国政协副主席何维、省人大常委会副主任徐济超、副省长刘玉江、省政协副主席高体健等出席开幕式。本届菊花文化节的主题为"风华百年·菊香中国"。

10月16~17日 黄河保护与文化发展论坛在新乡举行。全国政协副主席、民进中央常务副主席刘新成，民进中央副主席朱永新，省政协副主席周春艳，省政协副主席、民进河南省委会主委张震宇，中国工程院院士王复明，水利部黄河水利委员会副主任徐雪红等出席会议。本次论坛由民进中央

---

[*] 本部分内容来自《河南日报》、河南省人民政府网站、河南省文化和旅游厅官网。
[**] 李玲玲，河南省社会科学院《中原文化研究》杂志社副研究员，研究方向为先秦史与中原文化。

人口资源环境委员会、黄河水利委员会河南黄河河务局、黄河水利科学研究院主办。

10月17日 仰韶文化发现暨中国现代考古学诞生100周年纪念大会在三门峡市开幕。习近平总书记专程发来贺信。中宣部副部长、文化和旅游部部长胡和平，中国社会科学院院长谢伏瞻，省委书记楼阳生，省长王凯，文化和旅游部副部长、国家文物局局长李群等领导出席会议。考古学界众多专家代表李伯谦、刘庆柱、王巍、陈星灿、赵辉等参加了此次盛会。

10月17日 2021海峡两岸周易文化论坛暨第三十二届周易与现代化论坛在安阳市举行。第十二届全国政协副主席马培华，省政协副主席龚立群等参加了开幕式并讲话。论坛以"传承优秀传统文化，共论周易创新发展"为主题，采取线上线下相结合的形式举办。来自海峡两岸及海外的易学专家学者、经贸考察团成员、易学爱好者等共约2000人在现场参加开幕式，约10万人通过网络直播观看。本次论坛由安阳市人民政府、河南省人民政府台湾事务办公室主办。

10月18日 在三门峡市举行的第三届中国考古学大会开幕式上，公布了全国"百年百大考古发现"，北京周口店遗址、舞阳贾湖遗址等100项发现入选。其中，河南14个项目上榜，位居全国第一。河南此次入选"百年百大考古发现"的14项重要发现为：舞阳贾湖遗址、新郑裴李岗遗址、渑池仰韶村遗址、三门峡庙底沟遗址、巩义双槐树遗址、偃师二里头遗址、偃师商城遗址、郑州商城遗址、安阳殷墟（含洹北商城、后冈遗址）、三门峡虢国墓地、洛阳东周王城遗址、汉魏洛阳城遗址、隋唐洛阳城遗址、许昌白沙宋墓。这是继"中国20世纪100项考古大发现"评选中河南17项入选后，再次折桂。

10月19日 2021中国（安阳）国际汉字大会在安阳殷墟宫殿宗庙遗址广场开幕，省人大常委会副主任李公乐出席开幕式。本届大会以"汉字文化与世界文明"为主题，由中国人民对外友好协会和河南省人民政府共同主办，来自33个国家和地区的约200位专家学者、外交官、留学生等通过线上线下不同方式参加开幕式。

10月22日 第四届高校院所河南科技成果博览会在新乡市平原文化艺

术中心开幕，副省长费东斌出席开幕式。此次博览会由省科技厅、省教育厅和新乡市政府承办，旨在发挥高校院所科研优势，利用新乡市优势资源，搭建科技与金融、产业与院所、军工与民用、地方与国家沟通交流的平台。

10月23日 第四届中国·河南招才引智创新发展大会重要活动之——黄河流域生态保护和高质量发展高端论坛在洛阳举行。论坛深入贯彻落实习近平总书记关于黄河流域生态保护和高质量发展的重要指示精神，共商生态保护大计，共谋高质量发展未来。

10月30日 2021中国AOPA娱乐飞行大会暨第十三届安阳航空运动文化旅游节在安阳开幕，省政协副主席高体健出席并宣布大会开幕。本届大会持续到11月2日 期间同时举办中国·安阳低空空域改革拓展高峰论坛、中国通用航空新业态发展高峰论坛和安阳民用无人驾驶航空试验区城市场景运行建设论坛。

10月31日 中国黄河文化研究中心黄河论坛暨《河南黄河文化地标》新书发布会在黄河交通学院举行。此次论坛由河南省社会科学界联合会主办，黄河交通学院、黄河水利委员会黄河水利科学研究院、中国黄河文化研究中心、焦作市武陟县人民政府共同承办。论坛主题为"黄河文化与文旅文创融合战略"。

11月

11月1日 以"感知世界·智创未来"为主题的2021世界传感器大会在郑州国际会展中心开幕，省委常委、副省长费东斌出席大会并致辞。

11月3日 省人大常委会教科文卫委员会召开文化产业发展工作情况汇报座谈会，听取省直有关部门相关情况汇报，就推动河南省文化产业高质量发展交流研讨。省人大常委会副主任徐济超出席会议并讲话。根据省文旅厅汇报，2013~2019年，全省文化及相关产业年增加值均保持9%以上的增长率，全省文化产业得到快速发展，逐步成为河南省经济发展的重要力量和新的增长点。

11月8日 河南日报报业集团周口分社全媒体中心、穆青精神实践基地正式成立，顶端新闻周口频道同步开通。省委常委、周口市委书记安伟参加了成立仪式。

11月11日 文化和旅游部联合财政部、税务总局公布了2021年通过认定的动漫企业名单，共有50家企业入选。其中，河南喜果动漫有限公司、河南玄蚂文化传播有限公司两家企业荣登榜单。

11月18日 河南省中原学者许为钢当选为中国工程院院士，"中原学者"人才培养计划取得了新成绩。至此，已有9位中原学者分别当选为中国科学院院士和中国工程院院士，河南省院士人数达到25名。

11月24日 副省长何金平到郑州市调研牵头推进文旅重点项目建设工作。先后调研了河南博物院新院项目、河南省文物考古研究院新院建设、大河村国家考古遗址公园等，仔细询问项目规划、建设进度、存在的问题困难等情况，强调要高质量推进重点文旅项目建设。

11月29日 第一批国家级文明旅游示范单位公布，河南省云台山风景名胜区、嵖岈山风景区榜上有名。

12月

12月3日 2021夏文化论坛在郑州举行。此次论坛的主题为"夏文化在中华文明进程中的历史地位与作用"，采取线上线下相结合的方式，来自全国各地的100多位考古界的专家学者参加了论坛。论坛由河南省文化和旅游厅、河南省文物局指导，中国社会科学院考古研究所、河南省文物考古研究院、中国考古学会夏商考古专业委员会、河南省文物考古学会、郑州嵩山文明研究院主办，河南省夏文化研究中心承办。

12月4~5日 为期两天的第10届亚洲旧石器考古学年会在郑州开幕。国家夏商周断代工程首席科学家李伯谦、中国考古学会理事长王巍、亚洲旧石器考古联合会荣誉主席高星、亚洲旧石器考古联合会主席王幼平、省文物局局长田凯、郑州市委常委、宣传部部长陈明等出席。该年会由亚洲旧石器考古联合会、中国考古学会、省文物局、郑州市政府主办，由郑州市文物局和郑州中华之源与嵩山文明研究会协办，由中国考古学会旧石器专业委员会、北京大学考古文博学院、市文物考古研究院承办。来自中国、日本、韩国、俄罗斯、德国等国家和地区的百余位学者参加会议，40位学者作学术报告。

12月5日 中国工程院国际工程科技战略高端论坛暨第六届黄河论坛在郑州开幕。此次论坛由中国工程院主办，中国工程院农业学部、省教育厅、省科技厅、省农业农村厅、省科协和河南农业大学联合承办，来自中国科学院、中国工程院的12位院士和国内高校、科研院所的300余名知名专家学者出席了论坛。

12月11~12日 由中国旅游研究院和中国旅游协会等联合主办的"2021中国旅游集团化发展论坛"召开，河南省推出的重磅文旅作品——只有河南·戏剧幻城，与北京环球影城、上海迪士尼乐园等景区共同入选"2021文旅融合创新项目"，为河南文旅产业再添新彩。

12月17~18日 2021年度河南考古工作成果交流会在南阳举行。来自河南省文物考古科研单位、高校以及中国社会科学院考古研究所的考古工作者、专家、学者，汇报交流了本年度考古发掘和研究成果。

12月21~24日 省人大常委会副主任徐济超到三门峡、焦作调研文旅融合发展工作，实地查看文物陈展、生态保护、山村民宿、特色文化旅游发展等情况，深入了解当地文旅事业发展状况。

12月28日 重建重振河南省科学院揭牌仪式在郑州举行。省委书记楼阳生揭牌，省长王凯主持，省政协主席刘伟出席。中国科学院院士、西湖大学校长施一公致辞。28名两院院士、数百名国家级人才和国内科研院所、高校、企业代表出席。

12月28日 在文化和旅游部召开的推进纾困政策落实与企业创新发展工作电视电话会议上，河南省文化和旅游厅被表彰为全国11个助企惠企先进单位之一。

12月31日 省政府印发《河南省"十四五"文化旅游融合发展规划》，为"十四五"时期河南文化和旅游发展进行了全面规划，确立了明确目标和清晰路径图。

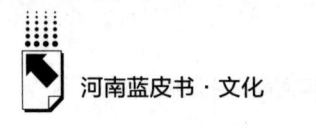

2022年

1月

1月21日 由河南省文化和旅游厅指导，河南日报社主办的2021"河南非遗年度人物"推选宣传活动正式启动。此次推选活动以"璀璨非遗·领创未来"为主题，推选出引领非遗传承创新的年度人物。

2月

2月8日 全省文化和旅游工作会议在郑州召开，重点部署了2022年文旅工作重点任务，要求以实施文旅文创融合战略为统领，全力打造"行走河南·读懂中国"品牌体系、建设"三山"康养旅游基地，全面推动河南省文化和旅游高质量发展。

2月14日 文旅产业指数实验室发布《2022年1月全国省级文化和旅游新媒体传播力指数报告》。全国省级文化和旅游新媒体综合传播力指数评价维度由微信传播力、微博传播力、头条号传播力和抖音号传播力四个指标构成。1月，河南文化和旅游新媒体综合传播力指数排名全国第十。

2月20日 河南豫剧院新院址暨豫剧大剧院正式落成启用，省人大常委会副主任徐济超、省政协副主席李英杰出席落成仪式。河南豫剧大剧院历经8年、总投资1.2亿元，其落成启用为河南再添文化新地标。

2月22日 由省文化和旅游厅指导、河南日报社主办的2021"河南非遗年度人物"推选宣传活动颁奖典礼在只有河南·戏剧幻城举行。这是河南省首次举办"河南非遗年度人物"推选宣传活动。

2月24日 副省长何金平到洛阳调研文旅重点项目建设、文物保护利用工作。

2月24日 第七届全国画院美术作品展在郑州美术馆（新馆）开幕。

本次展览汇集了来自全国各地画院的 903 件优秀美术作品，包括中国画、油画、版画、水彩水粉、雕塑等多个类别。展览时间持续至 3 月 6 日。

2 月 25 日 郑州大剧院"新春演出季"活动启动。此次演出季持续到 4 月底，共有 28 部 45 场精彩剧目，满足市民多元化文化需求。

3月

3 月 1~5 日 河南全省将同步开展 2022 年"河南省新时代文明实践推动周"活动，活动的主题为"让文明之光照亮新征程"。

3 月 10 日 首届河南省网络文明大会在郑州开幕，省委书记楼阳生对加强河南省网络文明建设作出批示。

3 月 12 日 "行走河南·读懂中国"2022 河南智慧旅游大会在只有河南·戏剧幻城景区和线上同时举行。大会以"面向元宇宙，建设文旅美好新生活"为主题，首次推出元宇宙虚拟会议空间。

3 月 13 日 河南省文化旅游投资集团有限公司作为河南省 6 家首批重组企业之一正式挂牌。整合省内优质文旅资源组建河南文旅投资集团，是河南省加快文化旅游强省建设的重要举措。

3 月 14 日 "2021 河南考古新发现论坛"在郑州市举行。论坛推选"南阳黄山遗址""郑州大河村遗址""安阳陶家营遗址""南阳夏庄墓地""隋唐洛阳城正平坊遗址"五个考古发掘项目为"2021 年度河南省五大考古新发现"。此次论坛由河南省文物局指导，河南省文物考古学会、《华夏考古》杂志主办。

3 月 18 日 中国社会科学院考古学论坛在北京举行，同时揭晓"2021 年中国考古新发现"六大项目，河南南阳黄山新石器时代遗址位列其中。

3 月 28 日 省委宣传部会同省文化和旅游厅主办的"行走河南·读懂中国"主题采访活动正式启动。此次活动聚焦"探寻典籍里的河南""文明探源""探访博物馆"三大主题，多名记者深入郑州、洛阳、开封、三门峡、南阳、商丘、周口、安阳、鹤壁、新乡等地采访，全景式报道中原历史文化灿烂成就以及创造性转化、创新性发展成果。

3月28~29日 省委书记楼阳生深入文化宣传单位、遗址公园、重点项目、文化产业园区等地，调研文旅文创、媒体融合、图书出版、创意产业发展等。

3月31日 由中国文物报社、中国考古学会主办的2021年度全国十大考古新发现在北京揭晓，南阳黄山遗址入选。至此，河南省入选全国十大考古新发现的项目达50项，继续领跑全国。

4月

4月3日 农历三月初三，壬寅年黄帝故里拜祖大典在新郑黄帝故里园区举行。第十二届全国政协副主席齐续春，省政协主席刘伟，省委常委、统战部部长王东伟，省委常委、郑州市委书记安伟，省人大常委会副主任徐济超，副省长何金平，省政协副主席周春艳等出席大典。此次大典由河南省人民政府、政协河南省委员会、国务院台湾事务办公室、中华全国归国华侨联合会、中华全国台湾同胞联谊会、中华炎黄文化研究会联合主办，由郑州市人民政府、郑州市政协承办，新郑市人民政府执行。延续"同根同祖同源、和平和睦和谐"主题，突出弘扬黄河文化、讲好黄河故事、增强文化自信，形式上采取"小线下、大线上"原则，精减人员、压缩时长，具体议程由现场典制性拜祖仪式、网上拜祖、电视直播、插播网上拜祖和境外拜祖、主持人和专家访谈等共同组成。

4月6日 以"同祖同根同源祈福国泰民安"为主题的第十五届嫘祖拜祖大典在西平县举行。

4月12日 中国（洛阳）沉浸式文旅发展投资洽谈会暨沉浸式文旅论坛开幕。本次投洽会由洛阳市政府主办，以"青年友好沉浸赋能"为主题，采取线上方式举行。

4月14~15日 省人大常委会副主任徐济超率调研组在郑州就黄河文化保护传承弘扬开展调研并座谈。调研组在巩义市双槐树遗址、巩县石窟、荥阳市青台遗址、大河村遗址等处，实地察看了遗址挖掘情况及相关成果。

4月15日 "考古中国·夏文化研究"项目工作推进会在线上举行，著名考古学家李伯谦、王巍、赵辉、陈星灿、栾丰实，以及来自国家文物局、中国社会科学院考古研究所、中国国家博物馆、北京大学考古文博学院和河南、陕西、山西、安徽等省相关单位的专家学者，围绕夏文化研究项目进展及2022年度项目整体计划，进行了深入研究探讨。

4月21日 河南省召开"4·23"世界读书日系列活动启动仪式电视电话会议，与"书香河南"建设工作专班第一次会议合并举行。省委常委、宣传部部长王战营出席主会场并讲话。

4月21日 河南省文化和旅游厅印发《关于抓好促进旅游业恢复发展纾困扶持政策贯彻落实工作的通知》，推出十条具体措施，从数字赋能、搭建文旅消费平台、提速研学旅行等多层面发力，优化文旅产业发展环境，推动河南文旅业的复苏和回暖。

4月25日至5月1日 全省文化馆系统在全省开展河南省全民艺术普及周活动。河南省全民艺术普及周活动已经成功举办9次，由全省170多家文化馆统一主题、统一海报、上下联动。本次普及周主题为"呈现中原风韵，展示出彩河南"。

4月28日 第十三届南阳月季花会在南阳世界月季大观园开幕。中国花卉协会月季分会向南阳授予"中国月季新品种发布中心"牌匾，《花中皇后南阳月季》邮票同日发行。第十三届南阳月季花会秉持"月季为媒、文化为魂、交流合作、绿色发展"的办会宗旨，以"南阳月季香飘五洲"为主题，通过"线上+线下"双线融合的方式举办。

5月

5月16日 壬寅年黄帝故里拜祖大典总结座谈会在郑州召开。

5月16日 迈点研究院发布《2022年4月中国文旅业发展报告》，河南省银基文旅集团、建业文旅集团、洛阳文旅集团、河南文旅投资集团入选4

月"全国文旅集团品牌影响力百强榜"。

5月17日 河南省社会科学院和河南日报报业集团在郑州联合召开"保护传承弘扬河南历史文化，全面推进河南兴文化工程"座谈会。

5月18日 国家"十三五"重点文化工程、大运河文化带重大项目——隋唐大运河文化博物馆在洛阳正式开馆，"5·18"国际博物馆日系列活动同步启动。省委常委、洛阳市委书记江凌，副省长何金平共同为隋唐大运河文化博物馆揭牌。国家文物局党组副书记、副局长顾玉才，世界运河历史文化城市合作组织秘书长邓清，中国博物馆协会理事长刘曙光等分别在线致辞。

5月18日 第十九届（2021年度）全国博物馆十大陈列展览精品揭晓，三门峡庙底沟博物馆的"花开中国——庙底沟与中华早期文明的发生历程"荣获"全国博物馆十大陈列展览推介活动精品奖"，郑州博物馆的"微观之作——英国V&A博物馆馆藏吉尔伯特精品展"入选国际及港澳台合作奖。

5月23日 文化和旅游部办公厅印发关于公布2022年度内地与港澳文化和旅游交流重点项目、培育项目名单的通知，共有来自全国15个省（区、市）以及有关全国性人民团体、文化和旅游部直属单位申报的27个项目被评为2022年度内地与港澳文化和旅游交流重点项目，11个项目被评为2022年度内地与港澳文化和旅游交流培育项目。其中，由河南建业实景演出文化发展有限公司中牟分公司申报的只有河南·戏剧幻城港澳文化交流项目被评为2022年度内地与港澳文化和旅游交流培育项目；由河南金城国际旅行社有限公司申报的"寻找最早中国"豫澳文旅文创交流项目被评为2022年度内地与港澳文化和旅游交流重点项目。

5月29日 由河南大学黄河文明与可持续发展研究中心、黄河文明省部共建协同创新中心、中国历史研究院—河南大学黄河文化研究院联合主办的学习"中共中央政治局第三十九次集体学习"精神专题座谈会在河南大学举行。线上线下参会的省内外文物考古专家认真学习习近平总书记在主持学习时发表的重要讲话。

5月31日 河南首个报纸数字藏品"《河南日报》创刊号"将在数藏中国平台发布，以全新的数字化体验为《河南日报》创刊73周年送上跨越时空的问候与祝福。

5月份 《河洛文化生态保护区总体规划（2021—2035）》（以下简称《规划》）获省政府批复并发布。《规划》提出，3年后将初步建成国家级河洛文化生态保护区。

6月

6月3日 在法国亚眠傲多亭的"地球村嘉年华"活动现场，由中法教育交流协会布置的中国展区，引来了诸多关注。来自河南博物院、郑州文化馆等19个单位的163件作品和视频集中亮相，向在场近19个国家的国际友人展示中原文化、讲述中国故事。

6月10日 省委常委、宣传部部长王战营深入郑州市，调研指导文化和自然遗产保护利用工作。

6月11日 "行走河南·读懂中国"2022年文化和自然遗产日河南主场活动在郑州启动。主题是"文物保护：时代共进　人民共享"，河南主场活动由省文物局主办。

6月11日 在甘肃兰州举行的2022年文化和自然遗产日主场城市活动上，由国家文物局、中央网信办联合开展的2022年度中华文物全媒体传播精品（新媒体）推介项目和入围项目名单公布。洛阳博物馆报送的《动听了！博物馆》荣获2022年度中华文物全媒体传播精品（新媒体）入围项目。

6月10~13日 全国政协副主席刘新成率文化文史和学习委员会调研组来河南，就推进黄河国家文化公园建设进行专题调研并召开座谈会。调研组先后赴洛阳、开封等地，到二里头夏都遗址博物馆、隋唐洛阳城国家遗址公园、龙门石窟、开封市博物馆、州桥遗址、大梁门遗址博物馆等地，考察黄河文化保护发展情况；到小浪底水利枢纽、兰考县黄河湾、黑岗口调蓄水库、黄河水势观测台、黄河柳园口，调研生态廊道建设工作；到焦裕禄纪念园拜谒焦陵，学习焦裕禄精神。

6月14~15日 "寻访总书记足迹、牢记领袖嘱托"暑期行走大思政实践活动同时在郑州、开封、信阳、南阳启动，来自郑州大学等4所高校的青年学生和教师，寻访习近平总书记的足迹，采取"走、访、拍、讲、写"等形式，倾听人民呼声、感应时代脉搏。

6月19日 河南省文化旅游投资集团有限公司在洛阳正式挂牌，同时举行了省文旅投资集团项目合作集中签约仪式。省委常委、洛阳市委书记江凌和省文旅投资集团负责人共同为河南文旅投资集团揭牌。

6月21日 2022年河南省科技活动周启动仪式在国家技术转移郑州中心举行。何金平副省长出席仪式并宣布活动周开幕。本届活动周由省科技厅、省委宣传部、省科协主办，以"走进科技你我同行"为主题，组织开展科技法律法规和科技政策宣传、科技创新成果展览、科普讲解大赛、优秀科普作品评选、科普巡讲、"科学之夜"、科普中原讲坛、科普中原百家谈、科普中原云课堂、科技小院助力乡村振兴等一系列科普宣传活动。活动周将持续至6月27日。

6月22日 河南科技智库黄河国家战略研究基地在郑州揭牌。该基地的依托单位是黄河勘测规划设计研究院有限公司，基地成立后，将承担大量的决策咨询项目，为黄河流域生态保护和高质量发展战略深入实施提供重要支撑。

6月23日 由省委宣传部主导、中原出版传媒集团承担的重点出版工程——"中华文脉——从中原到中国"（丛书）在郑州举行新书发布暨出版座谈会，《河洛古国》《溯源中国》《汉字之光》《戏台上的中国》等第一批15种图书集中发布。中宣部出版局、中国历史研究院、北京大学、北京师范大学、黄河水利委员会、省委宣传部、省政府参事室、省社科院、河南博物院、中原出版传媒集团等单位的领导、专家及作者代表参加了座谈会。

6月23日 国家发展改革委下达文化保护传承利用工程2022年第二批中央预算内投资3.0605亿元，支持河南省殷墟遗址博物馆等7个重点文物保护和考古发掘项目。通过本次投资计划的实施，聚焦国家级重要文化遗产保护和提升公共文化服务设施水平，推动中华优秀传统文化创造性转化、创新性发展。

6月25~26日　"2022夏文化论坛——多学科视野下的夏文化探索"在禹州市举行。此次论坛由河南省文化和旅游厅、河南省文物局指导，由中国社会科学院考古研究所、河南省文物考古研究院、中国考古学会夏商考古专业委员会、中华炎黄文化研究会史前文化研究分会、河南省文物考古学会等单位主办，由河南省夏文化研究中心承办。国家文物局、中国社会科学院考古研究所、河南省文物局、许昌市和禹州市等有关方面领导，以及来自全国各地考古研究机构、大学的专家学者通过线上线下的方式参加了论坛。

6月28日　为期两天的全省"能力作风建设年"活动读书会在郑州举行。省委书记楼阳生出席第一次全体会议并讲话。

6月30日　省文旅文创融合战略工作专班会议在郑州召开，深入学习贯彻习近平总书记在中共中央政治局第三十九次集体学习时的重要讲话精神，学习贯彻省委书记楼阳生在调研文旅文创、媒体融合时的指示要求，安排部署下一步重点任务。省委常委、宣传部部长王战营主持会议并讲话。

6月30日　河南省文物考古研究院新院项目开工仪式在郑州举行。国家文物局副局长关强、副省长何金平出席开工仪式，并共同为项目奠基。

7月

7月6日　第34届中原畜牧业交易博览会（河南家禽交易会）在郑州开幕。副省长武国定出席交易会开幕式。自1989年以来，河南省已连续33年成功举办中原畜牧业交易博览会。本届交易博览会以"交易、展示、交流、合作"为主旨，共有来自全国25个省（区、市）、全省17个省辖市和济源示范区的431家企业参展。

7月18日　"行走河南·读懂中国"品牌推广暨元宇宙创造者大赛启动仪式在郑州举行，副省长何金平出席了大赛启动仪式。本次大赛以"逐鹿中原·创造元豫宙"为创作主题，以"行走河南·读懂中国"百大标识项目为基础内容，以发生在河南的重大历史事件、重要历史人物、知名文旅IP为主要创作题材。

7月18日 国家文物局等多部门联合印发《黄河文物保护利用规划》（以下简称《规划》），对黄河流域文物保护利用工作作出部署。《规划》规划的范围为黄河干支流流经的青海、四川、甘肃、宁夏、内蒙古、山西、陕西、河南、山东9省（区）的69个市（州），规划主要对象为各级文物保护单位及尚未核定公布为文物保护单位的不可移动文物。

7月20~22日 文化和旅游部非物质文化遗产司副司长胡雁一行莅临焦作温县考察太极文化生态保护区创建工作。

7月21日 文化和旅游部对第十七届文华大奖终评作品名单和第十七届文华编剧奖、文华导演奖、文华表演奖"提名人选"名单予以公示（第十七届文华音乐创作奖、文华舞台美术奖无"提名人选"）。河南省3项上榜，其中，河南豫剧院（三团）创演的豫剧《大河安澜》入选第十七届文华大奖终评作品名单，河南省曲剧艺术保护传承中心的陈涌泉入选第十七届文华编剧奖"提名人选"名单，河南豫剧院（三团）的张平入选第十七届文华导演奖"提名人选"名单。

7月22日 2022周口荷花节暨周口·淮阳文化旅游消费季系列活动正式拉开帷幕。其前身是连续举办了十多年的淮阳荷花节。2022年3月，"周口荷花节"已被河南省节庆办列入省级节庆活动目录。7月，周口市淮阳区被省文旅厅、省发展改革委、省财政厅列入河南省文化和旅游消费示范区创建名单。此次文化旅游消费季活动由省文化和旅游厅、周口市人民政府主办，由周口市文化广电和旅游局、周口市淮阳区人民政府承办。以"荷香周口 和美中国"为主题，活动时间为7月22日至10月22日。

7月23日 第二届"文化润疆·豫哈少年行"暨夏令营手拉手活动启动仪式在郑州举行，来自河南和新疆哈密的青少年共同开启一场文化之旅。

7月29日 由上海市文物局、河南省文物局和中国社会科学院考古研究所指导，由上海博物馆、河南博物院主办，河南省文物考古研究院等20家文博单位共同参与的"宅兹中国——河南夏商周三代文明展"在上海博物馆开幕,该展览是"何以中国"文物考古系列大展的第一个展览,7月30日起正式对外展出。上海博物馆联合河南、陕西、江苏、浙江、四川、甘肃、湖南、湖北等国内文物大省文物局、博物馆,将在10年内举办"何以中国"文物考古系列大展,"宅兹中国——河南夏商周三代文明展"是第一个展览,将在上海博物馆展出至10月23日。

7月31日 "文化产业特派员"制度试点启动会在信阳举行,河南省将济源示范区、信阳市光山县、洛阳市栾川县、焦作市修武县的20个村作为首批试点,正式拉开"文化产业特派员"下乡的序幕。2022年3月,文旅部、教育部等6部门联合印发《关于推动文化产业赋能乡村振兴的意见》,提出探索实施"文化产业特派员"制度,建立汇聚各方人才的有效机制。河南成为率先推行"文化产业特派员"制度的试点省份。

8月

8月3日 第二届郑州食品博览会在郑州国际会展中心开幕。展会将持续至8月5日 共有来自全国各地的276家参展商携带数千种产品参会,300余家采购商到会对接洽谈。四川、辽宁、云南等7省(自治区),长春、沈阳、大理、玉林等8市(自治州)人民政府携当地知名食品企业组团参会。

8月4日 副省长何金平到洛阳偃师二里头夏都遗址调研文物和文化遗产保护传承工作。

8月9日 第六届全球跨境电子商务大会在郑州国际会展中心轩辕堂开幕。外国政要、国际组织代表、专家学者、知名跨境电商企业代表等900余人深入探讨交流,为全球跨境电商发展贡献经验和智慧。乌拉圭总统路易斯·拉卡列·波乌向大会致辞。省委书记楼阳生出席开幕式并宣布大会开幕。

8月9日 中国舞协"国风舞语"传承和弘扬中华优秀传统文化——"行走河南·读懂中国"创作采风启动仪式在河南博物院举行。此次活动由中国舞蹈家协会、中共河南省委宣传部、河南省文联主办，由中国文联舞蹈艺术中心、河南省舞蹈家协会、河南博物院共同承办。

8月10日 省统计局发布了2022年上半年河南规模以上文化及相关产业企业营业收入相关数据。全省2877家规模以上文化及相关产业企业实现营业收入1220.82亿元，按可比口径计算，比上年同期增长3.3%。相关数据显示，文化新业态支撑作用进一步增强。分业态看，文化新业态特征较为明显的16个行业小类实现营业收入86.88亿元，比上年同期增长14.6%，比全部规模以上文化及相关产业企业高11.3个百分点。分行业类别看，新闻信息服务、内容创作生产和文化投资运营等表现亮眼。分产业类型看，文化制造业营业收入678.55亿元，比上年同期增长8.7%；文化批发和零售业营业收入224.21亿元，同比增长0.7%；文化服务业营业收入318.07亿元，同比下降5.3%。分领域看，文化核心领域营业收入787.82亿元，比上年同期增长4.3%；文化相关领域营业收入433亿元，同比增长1.3%。

8月10日 省委书记楼阳生在郑州市调研博物馆群建设工作。

8月13日 全国第五届中医药文化大会在三门峡市开幕。第十二届全国政协副主席马培华、台盟中央副主席吴国华、河南省政协副主席李英杰、斯洛伐克共和国驻华大使馆特命全权大使杜尚·贝拉等出席开幕式。大会采取线上线下相结合的方式举行。来自国内外中医药领域的院士专家、国医大师、行业大咖等650余人以线上线下结合的方式参加了此次会议。

8月15日 由新华社、省委宣传部主办的传承弘扬焦裕禄精神理论研讨会在兰考举行。省委常委、宣传部部长王战营，新华社副社长张宿堂出席会议并讲话。

8月17日 2022年两岸关系研讨会在河南郑州举行，来自海峡两岸的有关人士和专家学者130余人以线上线下方式参会，围绕"把握历史大势，共谋民族复兴"主题深入研讨。中共中央台办、国务院台办副主任陈元丰主持开幕式。研讨会由海峡两岸关系研究中心主办，由河南省海峡两岸交流促进会承办。与会专家学者围绕"坚持'九二共识'，维护两岸和平发展""携手反'独'促统，共圆民族复兴愿景"两项子议题进行了交流研讨。

8月17~19日 以"古都新城携手 共绘河海美景"为主题的2022年中国（河南）自由贸易试验区开封片区粤港澳大湾区文化产业招商暨开封综合保税区推介会在深圳、广州开启了为期三天的"文化出海"之旅。河南自贸试验区开封片区是全国唯一以发展文化产业为主的自贸片区，主要发展服务外包、医疗旅游、创意设计、艺术品交易、文化金融，探索文化产业开放先行区建设，推进文化国际化进程。

8月18日 郑州技术交易市场中科院河南专家团科技成果发布周启动仪式在龙子湖智慧岛大厦举行。这是中科院驻郑新型研发机构首次集中开展成果发布活动，也是郑州技术交易市场首次面向全省多地举行的科技成果转化品牌活动。

8月19日 省委常委、宣传部部长王战营陪同中央党校（国家行政学院）教育长兼文史教研部主任、中华文明与中国道路研究中心主任李文堂一行，深入郑州市调研指导中华文明探源工作。

8月21日 以"感知世界·智创未来"为主题的2022世界传感器大会在郑州国际会展中心开幕。省委常委、副省长费东斌出席大会并致辞。本次大会为期三天，由工业和信息化部、中国科学技术协会、河南省人民政府主办，活动包括传感器创新大赛、智能传感器产销对接会等。

8月23日 依托鹤壁辛村遗址的河南省文物考古研究院豫北文物整理基地正式开工。这标志着辛村遗址的考古工作、豫北地区的考古工作，走上更加规范化、科学化的轨道。

8月23日 国家文物局公布2022年度"弘扬中华优秀传统文化、培育社会主义核心价值观"主题展览征集结果，确定对100个展览项目予以集中推介。河南省获得集中推介的有：河南博物院的金相玉式——沿黄九省区金玉特种工艺瑰宝展、郑州二七纪念馆的千秋二七展览、南阳市博物馆的渠首遗珍——南水北调中线工程南阳段文物保护成果展、焦作市博物馆的丰碑——"特别能战斗"焦作工人阶级的奋斗史篇等。其他入选重点推介、集中推介的展览中亦有河南文物的身影，比如故宫博物院的"何以中国"展览、上海博物馆的宅兹中国——河南夏商周三代文明展等。

8月24日 国家知识产权局发文确定国家知识产权强县建设试点示范县和国家级知识产权强国建设试点示范园区名单，河南省4个县（市、区）与3个园区入选。其中，郑州市金水区获批国家知识产权强县建设示范县（市、区），长垣市、洛阳市涧西区、禹州市（地理标志类）获批国家知识产权强县建设试点县（市、区）；郑州高新技术产业开发区获批国家级知识产权强国建设示范园区，郑州市金水区国家知识产权创意产业试点园区、洛阳高新技术产业开发区获批国家级知识产权强国建设试点园区。此次试点示范时限为2022年8月至2025年7月。

8月25日 由文化和旅游部、山东省人民政府共同主办的第七届中国非物质文化遗产博览会在济南开幕。河南有16个非遗项目及4个非遗美食企业亮相博览会。本届非遗博览会以"连接现代生活 绽放迷人光彩"为主题，以线上线下方式邀请全国各地非遗项目参展、参演，持续至8月29日。

8月26日 以"新格局、新机遇、新发展"为主题，2022豫台经贸洽谈会暨两岸智能装备制造中原论坛在洛阳开幕。

8月28日 中共河南省委"中国这十年·河南"主题新闻发布会在郑州举行。省委书记、省人大常委会主任楼阳生作主题发布并回答记者提问，省委副书记、省长王凯回答有关提问。《人民日报》、新华社、中央广播电视总台、《光明日报》、《经济日报》、《中国日报》、中国新闻社、《中国青年报》、《农民日报》、香港大公文汇传媒集团、《香港商报》、《河南日报》、河南广播电视台等媒体的110余名记者参加发布会。

8月 省财政下达超3亿元资金，支持河南省公共文化事业高质量发展。该项资金的下达，将有助于完善基本公共文化服务体系建设，推动文化资源融合共享，提升公共文化产品供给能力，为全省文化创新发展提供有力保障。

9月

9月3日 由国家版权交易中心联席会议主办、新浪财经、微博协办的

2021十大年度国家IP颁奖典礼在陕西延安举行。本次活动共评选出"北京冬季奥运会开闭幕、三星堆遗址、神舟十三号载人飞船"等10个"国家IP"奖项、16个赛道的金银铜奖以及特别单项奖。内容涵盖文旅、文博、音乐、影视、文学、文创设计、动漫、非遗、体育等多个赛道。其中，河南博物院在文博赛道上荣获金奖。

9月1~4日 由国家文物局、河南省人民政府指导，中国博物馆协会、中国自然科学博物馆学会、郑州市人民政府共同主办的第九届中国博物馆及相关产品与技术博览会在郑州举行。国家文物局党组副书记、副局长顾玉才，河南省人民政府副省长刘玉江，中国博物馆协会理事长刘曙光等出席开幕式并致辞。本届"博博会"共有645家企业及博物馆参展，展览总面积6万平方米，为历届之最。

9月5~11日 主题为"网络安全为人民，网络安全靠人民"的2022年国家网络安全宣传周河南省活动在洛阳举办。省委常委、副省长费东斌出席开幕式并讲话。活动由省委宣传部、省委网信办、省教育厅、省工业和信息化厅、省公安厅、省通信管理局、省广播电视局、省总工会、团省委、省妇联、中国人民银行郑州中心支行、洛阳市政府主办。

9月5日 由省社会科学院和河南日报社联合主办的"非凡十年 出彩河南"理论研讨会在郑州举办。来自省社科院、河南日报社、省委党史和地方史志研究室、省社科联、省委政研室、郑州大学、省政府研究室、省委党校、河南财经政法大学等单位的近百名专家学者参加。

9月8日 省委常委、宣传部部长王战营深入洛阳市偃师区，调研指导夏文化保护、研究、宣传工作。

9月12日 作为第十三届中国艺术节暨第十七届文华奖参评剧目，由河南豫剧院（三团）创排的现实题材豫剧《大河安澜》在河南艺术中心上演。同时，通过津云、文艺中国、文旅之声、学习强国等多个平台App、微信视频号、微博、抖音等渠道，以线上直播的形式参评此次艺术节，角逐第十七届中国文化艺术政府奖文华大奖。

9月15~17日 为期3天的2022第五届河南（郑州）国际现代农业博

览会在郑州国际会展中心拉开帷幕。本届农博会由河南日报社、省农业农村厅、省商务厅主办，大河报（大河传媒有限公司）、郑州汇卓展览有限公司承办。

9月16日 国家文物局举办的"考古中国"重大项目重要进展工作会，发布本年度考古研究新成果，偃师二里头遗址发现的多网格式布局、郑州商城遗址贵族墓等最新考古发掘成果再次令世人瞩目，厚重的历史文化让河南迎来高光时刻。

9月16日 第二届沿黄九省（区）政协书画文艺精品展演在山东美术馆开幕。开幕式采用视频连线方式举行，在其他八省（区）设分会场。河南省政协副主席周春艳在河南分会场出席活动。

9月16日 以"喜迎党的二十大 砥砺奋进新征程"为主题的2022年河南省社会科学普及周开幕式在郑州举行。本届社会科学普及周活动由省委宣传部、省社科联联合主办。

9月17日 2022年河南省暨郑州市全国科普日活动在郑州启动。省委副书记、政法委书记周霁，省人大常委会副主任徐济超，副省长宋争辉，省政协副主席高体健等出席启动仪式。全国科普日的主题为"喜迎二十大科普向未来"。

9月18日下午 随着"何以黄河——当代黄河主题艺术研究展"在郑州美术馆新馆开展，2022年中国（郑州）黄河文化月正式拉开帷幕。省委常委、宣传部部长王战营，省委常委、郑州市委书记安伟出席启动仪式并观展。此次活动以"黄河儿女心向党"为主题，共组织开展黄河文学艺术系列展演活动、"大河欢唱庆盛会"系列文化活动、黄河文旅系列活动、中国（郑州）黄河合唱周、"美丽郑州炫舞世界"活动周5大系列25项活动。

9月17~18日 中国廉政研究2022年学术年会暨"廉润莲城·中原廉文化"系列活动在许昌市举办。来自全国知名高校和廉政研究机构的百余位专家学者通过线上线下相结合的方式参会。活动以"喜迎二十大、清风满中原"为主题，由河南日报社、中国管理现代化研究会廉政分会主办，由河南省纪委监委驻河南日报社纪检监察组、许昌市纪委监委宣传部协办，由河南法制报社、许昌市文投传媒有限公司承办。

9月19日 河南省科普大篷车"喜迎二十大 科普渠首行"暨2022年南阳市全国科普日活动在淅川县启动。此次由省科协、省文明办、省教育厅、省乡村振兴局、省水利厅、南阳市委市政府联合开展的活动，调集了22辆科普大篷车，在9月19~25日，走进淅川、西峡、内乡的60多所中小学校，开展青少年科技教育。同时，还将创新开展南水北调中线工程水源地生态保护宣传、农技专家走基层、科普专家报告会等近30场专题科普活动，提升全民科学素质。

9月19日 省委书记楼阳生主持召开文艺工作者座谈会。河南省宣传、社科、文学、书法、美术、戏曲、曲艺、文艺副刊、广播电视、网络文学、文艺评论等领域的代表参加了座谈会。

9月19~21日 由文化和旅游部、广西壮族自治区人民政府共同主办的中国—东盟博览会旅游展在桂林举办。河南省携12个省辖市文化广电和旅游局及部分重点文化旅游企业参展，并举行"行走河南·读懂中国"河南文化旅游推介会。

9月20日 由省社科联主办的2022年（第十一届）河南社会科学学术年会在郑州开幕。本届学术年会以"喜迎党的二十大 奏响河南哲学社会科学最强音"为主题。来自省级学会（协会、研究会）、高校社科联、省社科联人文社会科学重点研究基地的代表参加了开幕式。

9月20日 "云游中华·博古通新"港澳青少年内地云游学系列活动正式启动。此次活动由文化和旅游部港澳台办公室指导，河南省文化和旅游厅（港澳青少年内地游学联盟常设秘书处）联合北京市、浙江省、江西省、陕西省等文化和旅游厅（局）共同主办。香港中联办经济部、亚洲旅游交流中心有关负责人，香港立法会教育界、旅游界议员，香港教育局代表，香港中文中学联会、香港新界校长会、香港直接资助学校议会、九龙地域校长联会等校长会主席或理事，以及香港中小学的80余名历史老师参与了首场云游学活动。

9月21日 中国北斗应用大会暨中国卫星导航与位置服务第十一届年

会在郑州举行。副省长宋争辉出席大会开幕式并致辞。本届大会以"智能时空、创新引领"为主题，其间将举办北斗应用的高端论坛、中国卫星导航与位置服务第十一届展览会等活动。

9月22日 "书香河南"首届全民阅读大会将在郑州举行。省委书记楼阳生出席并宣布大会开幕。此次大会以"书香润万家 奋进新时代"为主题，省级主展场分为6个板块，共展出4000余种精品出版物、20种数字阅读类融媒产品，还将举办近百种文创产品展览和20余场阅读活动。活动将持续开展1个月。

9月22日 河南首届创新投资大会在郑州举行，河南将发展政府投资基金作为完善政府投资体系、推动创新发展的重要一环，与科研院所、企业、金融机构联动，进一步加快科技成果转化落地步伐，为新兴产业、未来产业发展提供更为优质的资本服务和强大的创新资本支撑。

9月23日 2022洛阳河洛文化旅游节暨第五届中原国际文化旅游产业博览会在洛阳会展中心开幕。省委常委、洛阳市委书记江凌出席开幕式。2022洛阳河洛文化旅游节暨第五届中原国际文化旅游产业博览会由省委宣传部指导，由省文化和旅游厅、洛阳市政府主办，主题为"行走河南·读懂中国"。

9月23日 2022年中国农民丰收节河南省主会场活动在漯河市临颍县皇帝庙乡举行。省委副书记、政法委书记周霁出席活动。

9月24日 第五届中国·河南招才引智创新发展大会，在郑州中原龙子湖学术交流中心隆重开幕。此次会议由中共河南省委、河南省人民政府、欧美同学会（中国留学人员联谊会）、中国博士后科学基金会共同主办。全国人大常委会副委员长、欧美同学会（中国留学人员联谊会）会长丁仲礼向大会发来视频致辞。省委书记楼阳生出席大会开幕式，为"河南省实施创新驱动、科教兴省、人才强省战略首席科学家"代表颁发聘书，并启动招才引智创新发展大会VR（虚拟现实）线上人才招聘平台。省长王凯在开幕式上为青年人才代表发放人才公寓钥匙。省政协主席刘伟出席。

9月24日 中华文明起源形成与中华优秀传统文化研究院在郑州成立。

该院是省社科院的内设机构，研究院成立之后，将立足于河南地区丰厚的历史文化资源和众多的考古遗存，以学科发展前沿为指引，在文明起源的中原模式和中原道路研究、中原地区文明发展演进研究、中原地区早期国家的形态模式研究、中原文明与周边区域文明的比较研究、中华文明起源话语体系的建设等方面取得成果，深入研究形成突破。

9月25日至10月1日 河南省文旅文创融合创新基地系列活动之河洛文化旅游节将在洛阳隆重举行。

Abstract*

The year of 2022 is an important year for the implementation of the 14th Five-Year Plan, and a key year for Henan Province to anchor the "Two Guarantees", implement the "Ten Strategies" and accelerate the construction of a strong province in culture. It is also the starting year when we thoroughly implement integrated development plan of culture and tourism for the 14th Five-Year period, promoting the cultural tourism and cultural creation to be a pillar of Henan. Over the past year, Henan Province has focused on building itself into a strong province in culture, taking the implementation of integrating culture into tourism and creation as the focus of its efforts, and taking the cultural brand of "Traveling Henan to Read China" as its guide. Over the past year, we have applied a combination of measures to better tell "Central Plains Stories" and the "Yellow River Stories". Henan Province has compiled and issued "Henan Provincial Integrated Development Plan of Culture and Tourism for the 14th Five-Year Plan Period", "The Work Plan for the Implementation of the Integrated Strategy for Cultural Tourism" and "Culture Creation, and the Implementation Plan for Brand Building of 'Traveling Henan to Read China'". These plans have culminated in a strategic positioning including two elements: Chinese cultural inheritance and innovation center and world cultural tourism resort. In addition, the plans have also defined the route map and project plan, taking cultural tourism and culture creation as a pillar. We have steadily improved the construction of public cultural service facilities and digital platforms, the cultural initiatives

---

* 本书摘要和目录英文翻译者为河南农业大学外国语学院张莉教授，主要研究方向为英语翻译与文化传播。

designed to benefit the public becoming more colorful, and digitalization of public culture keeping advancing. Wonderful literary and artistic creations, excellent works have been bestowed a series of awards, and the cultural image of Henan has been continuously enhanced. The project of developing Chinese culture has been steadily promoted. We have made concrete efforts to implement projects, and planned to promote 138 key cultural tourism and cultural creation projects with a total investment of 422.3 billion yuan, which constituted the "strong support" for the integrated strategy of cultural tourism and cultural creation. The excellent traditional culture is endowed with the expression of the times through formal innovation. Upholding fundamental principles and breaking new ground, and through innovation and creativity, we have successfully pushed the excellent traditional culture into people's focus. The series "Chinese Festival" are popular on the Internet and are loved and praised by young people. Fully promote Henan Provincial Institute of Cultural Heritage and Archaeology reshaping reform aimed at building a world-class archaeological institution. Henan Culture & Tourism Investment Group has been successfully established and has become the "flagship force" in promoting the integrated strategy of cultural tourism and cultural creation. We have strengthened and enlarged the cultural industry. The added value of culture and related industries in the whole province increases from 67 billion yuan in 2012 to 220.299 billion yuan in 2020, accounting for 2.26% of GDP in the same period to 4.06%. Cultural industry is becoming a new energy of economic growth. Central China Publishing Media Group has been selected as "Top 30 National Cultural Enterprises" for 7 consecutive years. In 2023, we will focus on creating the brand of "Traveling Henan to Read China", building the Yellow River National Cultural Park and building a number of cultural signs with the significance of Chinese civilization. We will focus on deepening the project through exploring the origin of Chinese civilization. We will concentrate our efforts on archaeological research fields such as Yangshao culture, Xia culture and Yin Shang culture to form breakthroughs. And efforts will be made to promote the high-quality development of cultural tourism and accelerate the construction of Zhengzhou-Kaifeng-Luoyang international cultural tourism destination. We will promote cultural confidence and cultural reliance, and stimulate cultural innovation and creativity. In a word, the road to the modernization of Henan Province will be illuminated with the light of culture.

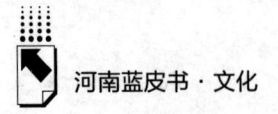

Keywords: Henan; Integration Strategy for Cultural Tourism and Cultural Creation; "Traveling Henan to Read China"; Strong Province in Culture

Contents

I General Report

B.1 Analysis and Outlook of Henan Culture Development Trend in 2022-2023

Research Group of Henan Academy of Social Sciences / 001

Abstract: 2022 is an important year for the full-scale layout of the 14th Five-Year Plan, and also a key year for the implementation of integrated development of culture and tourism in Henan. Keeping to the grand goal of building a strong province in culture, and implementing the strategy of integrating cultural tourism and cultural creation, we have shaped the brand system of "Traveling Henan to Read China" in an all-round way, greatly accelerating Henan's development in the integration of culture and tourism. Over the past year, Henan Province has issued a series of policies and regulations successively, taking specific measures to promote the development of the cultural and tourism industry from policy, taxation, finance, talent and other aspects. We have progressively improved the construction of public cultural service facilities and digital platforms, cultural initiatives designed to benefit the public becoming more colorful, which has laid a good foundation for Henan in the continuous promotion of the public culture digitalization. The integrated development of culture and tourism has created great strategic opportunities. The cultural industry has seen steady progress, with the core cultural sector accounting for a growing share. Culture popularization and investment have become the main force of growth, and the emerging cultural business forms are developing with good momentum. Literary and artistic creations flourish, excellent works have consecutively been awarded, and Henan's cultural image has been continuously improved. Steady progress has been made in the protection of culture heritage, apparently resurrecting the intangible cultural heritage back to the peoples' lives, which has brought a continuously strong social influence. However, it should be noted that there still exist the following issues and problems in the integrated development of culture and tourism in Henan: The digitalization of public cultural services needs to be further upgraded. The institutions and mechanisms for the strategy of integrated cultural and tourism need to be improved. The integrated development of culture and tourism needs to avoid being cross-duplicated with other projects. Cultural tourism and cultural creative industry need to be further integrated, and the synergy between cultural tourism industries waits improvement. Generally, the comprehensive influence of the integrated brand of culture and tourism still needs to be enhanced. To build a flagship cultural tourism force and improve the quantity, quality and toughness of leading enterprises is still the top priority for the development of cultural tourism industry in Henan in the next few years. In 2023, all policies and regulations formulated by the state and Henan Province during the period of the 14th Five-Year Plan period will be taken as the main basis. Building on all-out efforts, we will continuously promote and upgrade the digitalization of public culture to improve the public cultural services. We will strengthen multi-level coordination, vigorously promote the improvement and innovation of the systems and mechanisms for integrating culture into tourism, and build the cultural tourism integration mechanism. We will encourage multiple sectors to take measures to rapidly improve the comprehensive brand influence of Henan Culture and Tourism, and strive to write a glorious chapter of modernized Henan in the historical coordinates of the new era.

Keywords: Henan; Strong Province in Culture; Integration of Culture and Tourism; The Brand of "Traveling Henan to Read China"

II Special Reports

B.2 Research on the Path and Measures of Implementing the Integration Strategy for Cultural Tourism and Cultural Creation in Henan

Research Group of Henan Academy of Social Sciences / 040

Abstract: To promote the integrated development of culture and tourism is a major decision made by the CPC Central Committee and The State Council. It is an important way to promote the transformation and upgrading of cultural and tourism industry, and to improve the quality and efficiency. Since 2021, Henan has kept encouraging positive interplay between culture and tourism and has made great achievements in promoting the integrated development of culture and tourism in a wider range, greater depth and at a higher level. However, due to the influence of the Covid-19 pandemic and other uncertain factors, the deep-seated problems restricting the integrated development of culture and tourism in Henan have also been surfacing. To promote the high-quality development of the integration of cultural tourism and cultural creation, we should stick to the Yellow River culture and the Central Plains culture as the basis, build the cultural and tourism brand of "Traveling Henan to Read China" as the main line, and build a strong province of cultural tourism as the goal. We will give full play to Henan's resource advantages, geographical advantages and development advantages, select suitable methods and paths for the integrated development of Henan's culture and tourism, and continue to improve Henan's cultural image from competitiveness and soft power.

Keywords: Integration Strategy for Cultural Tourism and Cultural Creation; "Traveling Henan to Read China"; Path Selection

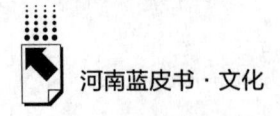

B.3 Research on the Integrated Development of Cultural Tourism and Cultural Creation in Henan

Research Group of Cultural System Reform Office of the Publicity Department of the CPC Henan Province Party Committee / 065

Abstract: Since the Party's 18th National Congress, the CPC Central Committee with Comrade Xi Jinping as the core has attached great importance to culture and tourism work and has made a series of important arrangements for the integrated development of culture and tourism. In March 2018, the Ministry of Culture and Tourism of the People's Republic of China was officially established with the approval. Since then, the integrated development of culture and tourism has become a national strategy. In October 2021, at the 11th Party Congress of Henan Province, the integration strategy for cultural tourism and cultural creation became one of the "Ten strategies" focused on by the provincial Party Committee and provincial government. This paper takes Henan Province's cultural tourism and cultural creation industry as the object of research and study. Focusing on the current situation, problems and causes of Henan's cultural tourism and cultural creation integration, the research group has visited cities and counties as Jiaozuo, Anyang, Nanyang, Xinyang, Wen County, Tongbai County, etc., to carry out fieldwork research. Besides, it has also studied the development of cultural tourism and cultural creation industry in some other cities and counties through material research. Corresponding countermeasures are put forward to address the current problems from eight aspects which are top-level design, resources mining, brand polishing, strengthen the application of science and technology, improve creativity, going international, reform deepening, talents training.

Keywords: Integration of Culture and Tourism; Cultural Creation; High Quality Development

Contents

B.4 2022 Report on the Implementation of Integration Strategy for Henan Cultural Tourism and Cultural Creation

Wang Chao, Wang Baolu / 081

Abstract: This article comprehensively sorts and summarizes the implementation of the integration strategy for cultural tourism and cultural creation at provincial and local levels in 2022. On the one hand, focused on building the brand of "Traveling Henan to read China", the whole province has been accelerating the construction of museum clusters, planning and promoting major projects, cultivating flagship cultural tourism force, and improving the service quality of "food, accommodation, travel, sightseeing, shopping, entertainment", etc. On the other, the provincial municipalities like Jiyuan demonstration area have taken initiative to focus on the key provincial projects by giving full play to their respective advantages in resources, channels and platforms. In the meanwhile, they have made plans of high standards, highlighting their local characteristics. They have carried out differentiated strategic positioning. The whole province has been making its joint efforts to promote the integration strategy for cultural tourism and cultural creation to a more profound and practical level.

Keywords: Integration Strategy for Cultural Tourism and Cultural Creation; "Traveling Henan to Read China"; Differentiated Strategic Positioning

B.5 Study on the Value and Implementation of Henan Integration Strategy for Cultural Tourism and Cultural Creation

Zhang Fei, Chu Xiaolong, Si Zhixiao,
Yang Yi, Xie Shun and Wang Chao / 089

Abstract: Taking the integration strategy for cultural tourism and cultural creation as one of the "Ten strategies", Henan has built the brand of "Traveling Henan to Read China" in an all-round way. It has accelerated the construction of the Chinese culture inheritance and innovation center and the world cultural tourism resort, both of which have become a groundbreaking and key move to promote the high-quality integrated development of cultural tourism in the new era. The article systematically discusses the significance of implementing the integration strategy, and proposes paths for the implementation, with a view to providing reference for Henan's cultural strategy to be implemented in a more effective way.

Keywords: Integrated Development of Cultural Tourism and Cultural Creation; "Traveling Henan to Read China"; Yellow River Culture

B.6 Report on Promoting the Construction of Henan as a Strong Cultural Province through Integration Strategy for Cultural Tourism and Cultural Creation

Yang Hengzhi, Du Songjiang / 098

Abstract: With the development of economy and society and the improvement of material living standards, cultural tourism consumption has gradually become the new normal. The CPC Central Committee has raised the development of cultural tourism and cultural creation industries to a new strategic level. The provincial Party Committee and provincial government have made the integrated development of cultural tourism and cultural creation the top priority of current work and have made arrangements for it, including focusing on top-level design, issuing various work plans for cultural tourism and cultural creation, strengthening the implementation of key projects, focusing on promoting the construction of museum cluster projects, shaping Henan brand image, focusing on creating high-quality cultural activities and programs, promoting integrated innovation in culture and tourism, strengthening the cultivation of the complete cultural industry chain, deepening the reform of system and mechanism, and providing more policy support. At present, notable achievements have been made in the implementation of integration strategy for the cultural tourism and cultural creation, but there are still problems such as low transformation rate of cultural resources and imperfect training mechanism of talents, etc., at which, priority should be given to such aspects as the reform of system and mechanism, the main role full played by government in investment and financing, and organizational support, etc. We will continuously implement the integration strategy to build Henan into a strong province in cultural tourism.

Keywords: Integration of Cultural Tourism and Cultural Creation; Reform in System and Mechanism; Strong Province in Culture

B.7 Research on the Integration of Intangible Cultural Heritage and Rural Tourism in Henan Province　　　　Xi Ge / 113

Abstract: Promoting the in-depth integration of representative programs of intangible cultural heritage with rural tourism is not only an important dimension of the integration strategy for cultural tourism and cultural creation, but also a necessity for intangible cultural heritage to help revitalize the countryside. Henan boasts various, rich and characteristic intangible cultural heritage resources, and houses many famous historical towns, villages and time-honored villages that carry historical memories and show cultural changes. Under the promotion of the rural revitalization strategy and the construction of beautiful villages, Henan has taken solid steps towards the integration of intangible cultural heritage and rural tourism. However, due to the lacks of targeted integration planning, creative ways for integration, talent training and financial support, the integration of the two types of resources has encountered development bottlenecks. Based on this, we, on the one hand, implement the national development strategy, do a good job of top-level design, deepen institutional reform, improve the talent teams, build a capital investment system and build publicity platforms, and on the other, effectively promote the in-depth integration of intangible cultural heritage and rural tourism by fully using cultural creation in a peculiar way to integrate region, humanity and experience.

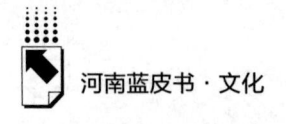

Keywords: Henan Province; Intangible Cultural Heritage; Rural Tourism; Cultural Creativity

Ⅲ Case Reports

B.8 Research on Ideas and Measures of Brand Building of
"Traveling Henan to Read China"　　*Yang Yi, Si Zhixiao* / 123

Abstract: The CPC Henan Province Party Committee proposes to make every effort to build the brand of "Traveling Henan to read China", which can not only fully demonstrate the historical and cultural heritage and accomplishments of Henan, but also better tell China's stories taking place in Henan. Traveling Henan provides a good opportunity to read and to know China through recalling history, feeling civilization and elevating spiritual status. In order to enhance the brand's influence, this article proposes a series of initiatives, including establishing a new mechanism for the protection and use of the resources and creating a new space for cultural display and experience.

Keywords: "Traveling Henan to Read China"; Show and Experience New Space Culture; International Research Tourism

B.9 Research on the Theme Route of "Traveling Henan
to Read China"
　　Special Group on Cultural Tourism and Cultural Creation,
　　Culture and Tourism Department of Henan Province / 132

Abstract: Building the brand of "Traveling Henan to Read China" is an important part of the strategy for integrating cultural tourism and cultural creation. This article systematically sorts out cultural resources of great value, prominent influence and key significance on the Central Plains, and initially proposes 14 theme routes which are the Journey of Human Origins, Journey of Civilization Origins, Journey of National Origins, Journey of Dynasty History, Journey of the Changes on Central Plains, Journey of Sage Pursuit, Journey of Surname and Roots Seeking, Journey of Classic Thought, Journey of the Epic of Yellow River, Journey of Scientific and Technological Inventions, Journey of Characters and Poetry, Journey of Mutual Appreciation of Civilizations, Journey of Four Ancient Capitals, and Journey of Chinese Kung Fu. All of the 14 theme routes are expected to bring great benefits to the brand building of "Traveling Henan to Read China".

Keywords: "Traveling Henan to Read China"; Theme Routes; Cultural Tourism and Cultural Creation

B.10 Analysis on the Development Strategy of Promoting the Integration of Cultural Tourism and Creation with Cultural Innovative Expression
—A Case of Henan TV Series "Chinese Festivals"

Jin Ruixia / 144

Abstract: In the past two years, Henan TV series "Chinese Festivals" has come into people's focus, becoming a prominent case of the integration of cultural tourism and creative development in Henan. Taking the series as the main research object, this article concludes that the key to the integration development of cultural tourism and cultural creativity lies in cultural innovative expression. Specifically, it includes developing traditional cultural resources with high-tech empowerment, promoting the efficient publicity of brand cultural tourism and cultural creation with new concept, and assisting the rapid interactive response of cultural tourism and cultural creation with new mode, etc. Thanks to the resource endowment, Henan is full of great potential and wide prospect in its integrated development of cultural tourism and cultural innovation.

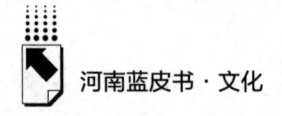

Keywords: Cultural Tnnovation; Integration of Culture and Tourism; Henan Satellite TV; Chinese Festivals

Ⅳ Comprehensive Reports

B.11 Report on the Development of Public Cultural Services in Henan Province in 2022　　　　　　*Kong Linghuan* / 155

Abstract: As the integration strategy for cultural tourism and culture creation is advanced all over Henan Province in 2022, the construction of public cultural services in Henan ushers in a new development opportunity. The development of public cultural services is in good condition, as is concretely shown in five aspects: Firstly, the top-level design has been constantly improved, with its relevant supporting system being perfected; secondly, the system of public culture services has been innovated with focus on its key work; thirdly, cultural activities are taken in various forms with grassroots as their main body; fourthly, digitalization of public culture is accelerated, enhancing the public cultural services; fifthly, the financial investment has been increased to provide solid financial guarantee for the public culture services. However, there also exist problems, for example, the public cultural services need to be improved in equitable access, in service efficiency and in service creation. Recommendations are to equalize the access to public cultural services to meet the basic cultural needs of all people, to take multiple initiatives to effectively promote efficiency of public cultural services, and to innovate public cultural services to enhance high-quality development of public culture.

Keywords: Henan; Public Cultural Services; High Quality Development

B.12 Innovative Path to Enhance Reading Level of All People through Program "Reading Vogue in Henan"

Liu Lanlan / 172

Abstract: Nationwide Reading Movement is an important measure to meet people's spiritual and cultural needs, improve social civilization and promote cultural reliance and cultural confidence. In recent years, with great priority to nationwide reading movement, Henan has incorporated the program of "Reading Vogue in Henan" into its overall economic and social development. A great deal of work has been done in reading content, reading brand, reading channel and digital reading, thus creating a strong atmosphere for the whole province and strongly improving the cultural quality of all people. Reading boom in Henan also needs to do a practical and profound job from at least such five aspects as reading campaign, content guiding, diversified reading, multi-level reading and long-term reading guarantee mechanism.

Keywords: "Reading Vogue in Henan"; Public Reading; Strong Province in Culture

B.13 Report on the Development of Journalism in Henan Province in 2022

Tian Dan / 185

Abstract: 2022 witnesses the rapid development of journalism in Henan Province on all fronts, with a growing trend of omni-media and platform development. Traditional media, represented by newspapers, radios and televisions, are gradually shrinking in size, while the news media are actively trying artificial intelligence products. Traditional media are rooted in quality of content creation. They are committed to make our communications more effective by upholding fundamental principles and breaking new ground. New media platform is constantly optimized in accounts, and the Party newspapers' transition to omni-media has achieved great success. With the dazzling "Chinese Festival" series shown on the Henan Satellite TV in 2022, the media industry has taken a new stage, with remarkable effects being made in popularization through mainstream media convergence. At the same time, many tricky problems are waiting to solve, such as the new media think tank construction, the cultivation of omni-media personnel and other aspects. In view of the above-mentioned problems, we should work hard to launch high quality research results on think tanks, and promptly build new media think tank brands for a more comprehensive and better journalism work. We should deepen the reform of media personnel system and mechanism, further release the vitality, and strengthen the capacity building of practitioners.

Keywords: Henan Province; Journalism; Convergence Communication; Talent Team

B.14 Report on the Reform of the Management System of State-owned Scenic Spots in Henan Province

Division 2 of Investigation and Research Team from Cultural System Reform Office, Publicity Department of the CPC Henan Province Committee / 197

Abstract: In October 2021, at the 11th Party Congress of Henan Province, the integration strategy for cultural tourism and cultural creation was determined to be one of the "ten strategies" for Henan Party Committee and provincial government to focus on. Tourism scenic spots are the core elements of the cultural tourism industry, and their marketization, service quality and core competitiveness directly affect the development and momentum of the integration. Recent years has seen great progress of scenic spots in our province from both development and management. There exist, however, many factors that restrict the sustainable development of scenic spots, among which the management system is increasingly prominent. This research team takes the management system and mechanism of scenic spots in Henan Province as the object of research and study. Focusing our attention on the establish a unified and powerful management and coordination mechanism, a flexible and practical operation mechanism of the scenic spot, a systematic and integrated policy support system, improve the refined and professional management level of the scenic spot, and improve the specific and perfect talent training mechanism, have carried out field researches in Jiaozuo, Anyang, Luoyang, Xinyang, Xiuwu, Wenxian, Linzhou, Songxian, Luanchuan, and Shangcheng, in the meantime, we have also done enough material researches on some other counties and cities. Based on the summarized current situations, problems and relevant causes, suggestions are put forward for the future reform on management system of these scenic spots.

Keywords: Scenic Spots Management; Systems and Mechanism; High Quality Development

B.15 Suggestions on Building Museum Clusters in Henan

Joint Reach Teams / 207

Abstract: Museums are important carriers for the protection and dissemination of cultural heritage. In the process of deepening the construction of a socialist cultural power, people are more and more inclined to various forms of in-depth cultural experience. "Culture and museum craze", "archaeological craze", "cultural heritage craze" and other phenomena keep rising. A new climax of cultural and museum development has been set off across the country. Building museum groups has become an effective measure to drive the coordinated and sustainable development of regional economy, culture and society. This paper systematically combs the overall situation of the construction of museum groups at home and abroad, carefully analyzes the basic advantages of building museum groups in Henan Province, and puts forward the basic idea of building Henan museum groups. Taking Henan Museum as the leader, we will focus on existing museums, form a comprehensive, unified and distinctive museum group development system, improve the overall influence of museums in Central Plains, and make them a major symbol of building a "brilliant Henan".

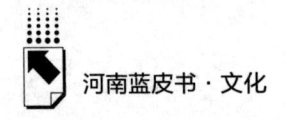

Keywords: Henan; Museum Clusters; "Culture and Museum Craze"

B.16 Research on Promoting High Quality Development of
Henan Cultural Industry *Guo Hairong / 217*

Abstract: The "14th Five-Year Plan" period is an important strategic opportunity for the development of Henan's cultural industry. After a long period of accumulation of momentum, Henan's cultural industry has been equipped with the advantages and conditions to overtake the curve. Therefore, it is necessary to strengthen the construction in cultural theory research, top-level design, cultural project, advanced science and technology, and talent team to promote the high-quality development of Henan's cultural industry.

Keywords: Henan; Cultural Industry; High Quality Development

V Regional Reports

B.17 Research on Red Gene Tracing of West Route Army
Henan Academy of Social Sciences Research Group / 229

Abstract: The spirit of Dabie Mountain and the spirit of the West Route of Red Army are one and the same. They are an important part of the spiritual genealogy of the Chinese Communist Party, the valuable asset of revolutionary culture and an important part of Chinese culture. The old revolutionary area of Dabie Mountain is the cradle and starting place for the Red Fourth Front Army. The West Route Army is composed of the main forces of the Red Fourth Front Army that came out of the old revolutionary area of Dabie Mountain and experienced the Long March and the West March that touched heaven and earth. Hami (in the Xinjiang Uygur Autonomous Region) is the place where the West Route Army passed on and was reborn. The Red Army used their feet to connect the two places, which were separated by 10,000 miles, together. This article studies the origin of the red gene of the West Route Army. First, it explores the formation and connotation of the Dabie Mountain spirit and the growth of West Route Army under the influence of this spirit. Second, from the spirit forged by West Route Army in Hami, it narrates the era image of the red gene of the West Route Army. Thirdly, it puts forward measures to inherit the red gene of the West Route Army from four aspects in the form of project implementation which are to trace the red gene of the West Route Army, to condense and upgrade the red spirit of the West Route Army, to inherit and carry forward the red culture of the West Route Army, and jointly exploit the resources of red tourism of the West Route Army.

Keywords: West Route Army; Red Gene; Spirit of Dabie Mountain; Hami

B.18 Investigation on the Development of Zhengzhou Cultural Tourism and Creative Industry

Ji Jiajia, Wu Sainan / 255

Abstract: With the rapid development of economy and society in recent years, the pace of industrial restructuring in Zhengzhou is accelerating day by day. The development of cultural tourism and cultural creative industry has also entered a new stage from focusing on scale to focusing on development quality. The Eleventh Party Congress of Henan Province proposed to implement the "integration strategy for cultural tourism and cultural creative industries", and the Twelfth Party Congress of Zhengzhou City also emphasized the need to "promote cultural prosperity and strengthen historical and cultural heritage", which laid a solid policy foundation for the high quality development of Zhengzhou's cultural tourism and cultural creation industries. As one of the eight ancient capitals of China, Zhengzhou is rich in cultural tourism resources, and the development of cultural tourism and creative industry is taking shape. However, compared with the domestic strong cities in cultural creative industry, there are still problems such as lack of motivation to transform, lack of cultural and creative brands, weak market, and insufficient creative content of products. In order to build a cultural city with international influence, Zhengzhou needs to take various measures to transform its advantages of cultural and tourism resources into advantages of cultural and tourism creative industry, to enhance the development level of the city's cultural and tourism creative industries, and to realize the high-quality development of Zhengzhou's cultural and tourism creative industries.

Keywords: Zhengzhou; Cultural Tourism and Cultural Creative Industries; High Quality Development

B.19 Suggestions on the Development of Cultural Creative Products in Henan Museum   *Li Ke* / 269

Abstract: In recent years, Henan Museum has brought innovation to its cultural creation and development. Focused on national vogue with Chinese characteristics and the tide of loving intangible cultural heritage, it has tempered cultural connotation and created unique and diverse cultural creative products, enabling ancient cultural relics to be "awake" and "alive" with the help of science and technology. It has built think tank platform, attracting social forces to jointly develop cultural products. As cultural products have unceasingly come into being, it has walked on a path with characteristics, and has been rewarded with a series of achievements since then. However, product design is still hard to escape from the stereotype of homogenization, so that some products are not designed as practical as expected, library resources are low in utilization, and cultural output needs to be further improved. As a next step, we should work on the word "create", so that the ancient relics can "fly into ordinary people's homes". We should take root in the Central Plains, fully integrate characteristic cultural resources, stimulate creative inspiration, and popularize the brand of "Traveling Henan to Read China". We should also have our finger on the pulse of the times, keep up with the times, embrace the metaverse to make initiative and pioneer, and actively promote the digital transformation of culture. We should focus on the New Era to create new forms of cultural products, explore the gamification thoughts into the design of cultural products, immerse education into entertainment, and attract young people with fun experiences, etc.

Keywords: Henan Museum; Cultural Creation; Innovation Development; Metaverse

B.20 Research on IP Development Strategy for Henan
Province Museum *Lu Bing* / 281

Abstract: IP-based operation is a typical mode of operation in the cultural entertainment market in recent years. As museum cultural resources have received public attention, the emerging ecological model of IP-based operation has gradually extended to the field of heritage and museums. The sectors of Henan heritage and museums have seized the opportunity to promote cultural creativity and transboundary cooperation, and have been rewarded with certain achievements ever since. However, on the whole, the development and operation of IP on museums in Henan Province are still in the early phases of exploration, with development among museums unbalanced, continual innovation insufficient and industrial ecology unsound. Therefore, it is necessary to deeply excavate the connotation of museum cultural relic's resources and create a unique content system. It is necessary to construct industrial ecology to extend brand value, and diversify channels of dissemination to improve communication effect. Various measures should be tried and taken to improve the IP operation level of museums so as to further promote the development of cultural industry in Henan Province.

Keywords: Henan; Museum; IP Operation; Industrial Ecology

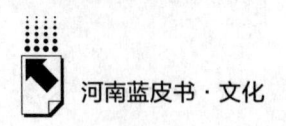

B.21 Research on the Integration of Kaifeng Cultural Tourism
and Cultural Creation　　　　　　　　　　*Guo Shuwei* / 290

Abstract: As the core exhibition area of the Yellow River Culture of the Chinese nation, Kaifeng is rich in cultural heritage, especially in the Song culture, the ancient capital culture, the city culture and the chrysanthemum culture, which can best reflect the peak of Chinese history and civilization. Under the current historical opportunity, Kaifeng City has strengthened its organizational leadership, highlighting its demonstration and leading role. Good plan and design are prioritized, followed by building cultural landmarks. The urban culture with Kaifeng's characteristics has developed to a certain extent. But there are also some aspects to be further improved and enhanced. Suggestions are as follows: to improve the top-level planning, to coordinate the development layout, to attach importance to the investigation and research, to intensify research and development, to improve both the cultural taste and construction quality, to strengthen the publicity and display, to tell well the story of the Yellow River, and to promote the integration of cultural tourism and cultural industry.

Keywords: Kaifeng; Cultural Tourism and Cultural Creation; Yellow River Culture

B.22 Report on the Integration of Zhumadian Cultural
Tourism and Cultural Creation in 2022　　　*Guo Chao* / 300

Abstract: In 2022, the city of Zhumadian actively implemented the strategy for integrated development of cultural tourism and cultural creativity, actively participating the band construction of "Traveling Henan to Read China". A deep excavation of the excellent traditional culture has been done represented by Chongyang culture (customs of respecting the elderly), Ancient carriage culture, Liang Zhu culture (about love story), Pan Gu culture (about the creation figure in Chinese mythology), Leizu culture (namely sericulture), opera culture, as well as red cultures in the name of Dabie Mountain Spirit and Zhugou Spirit. Moreover, remarkable results have been achieved in coalescing resources, promoting business formats and stimulating dynamic brand building. However, compared with the brother provinces and cities who do well in culture and tourism industry, Zhumadian City are still faced with problems in development, such as inadequate ability to use advanced technology, lake of sound development policy, and insufficient exploitation of resource advantages. To promote the high-quality development cultural tourism and cultural creation in Zhumadian City, it is necessary to further clearly position the development, scientifically plan the layout, innovate management system, and optimize the business environment, so to promote the city's cultural tourism industry and social economy to climb to new heights.

Keywords: Zhumadian; Culture Tourism and Culture Innovation; Cultural Creativity

Appendix Cultural Development Events in Henan from 2021 to 2022

Li Lingling / 315

社会科学文献出版社

皮 书

智库成果出版与传播平台

❖ 皮书定义 ❖

皮书是对中国与世界发展状况和热点问题进行年度监测，以专业的角度、专家的视野和实证研究方法，针对某一领域或区域现状与发展态势展开分析和预测，具备前沿性、原创性、实证性、连续性、时效性等特点的公开出版物，由一系列权威研究报告组成。

❖ 皮书作者 ❖

皮书系列报告作者以国内外一流研究机构、知名高校等重点智库的研究人员为主，多为相关领域一流专家学者，他们的观点代表了当下学界对中国与世界的现实和未来最高水平的解读与分析。截至 2022 年底，皮书研创机构逾千家，报告作者累计超过 10 万人。

❖ 皮书荣誉 ❖

皮书作为中国社会科学院基础理论研究与应用对策研究融合发展的代表性成果，不仅是哲学社会科学工作者服务中国特色社会主义现代化建设的重要成果，更是助力中国特色新型智库建设、构建中国特色哲学社会科学"三大体系"的重要平台。皮书系列先后被列入"十二五""十三五""十四五"时期国家重点出版物出版专项规划项目；2013~2023 年，重点皮书列入中国社会科学院国家哲学社会科学创新工程项目。

皮书网

（网址：www.pishu.cn）

发布皮书研创资讯，传播皮书精彩内容
引领皮书出版潮流，打造皮书服务平台

栏目设置

◆ **关于皮书**
何谓皮书、皮书分类、皮书大事记、
皮书荣誉、皮书出版第一人、皮书编辑部

◆ **最新资讯**
通知公告、新闻动态、媒体聚焦、
网站专题、视频直播、下载专区

◆ **皮书研创**
皮书规范、皮书选题、皮书出版、
皮书研究、研创团队

◆ **皮书评奖评价**
指标体系、皮书评价、皮书评奖

◆ **皮书研究院理事会**
理事会章程、理事单位、个人理事、高级
研究员、理事会秘书处、入会指南

所获荣誉

◆ 2008年、2011年、2014年，皮书网均在全国新闻出版业网站荣誉评选中获得"最具商业价值网站"称号；

◆ 2012年，获得"出版业网站百强"称号。

网库合一

2014年，皮书网与皮书数据库端口合一，实现资源共享，搭建智库成果融合创新平台。

皮书网　　"皮书说"微信公众号　　皮书微博

权威报告·连续出版·独家资源

皮书数据库
ANNUAL REPORT(YEARBOOK) DATABASE

分析解读当下中国发展变迁的高端智库平台

所获荣誉

- 2020年,入选全国新闻出版深度融合发展创新案例
- 2019年,入选国家新闻出版署数字出版精品遴选推荐计划
- 2016年,入选"十三五"国家重点电子出版物出版规划骨干工程
- 2013年,荣获"中国出版政府奖·网络出版物奖"提名奖
- 连续多年荣获中国数字出版博览会"数字出版·优秀品牌"奖

成为用户

登录网址www.pishu.com.cn访问皮书数据库网站或下载皮书数据库APP,通过手机号码验证或邮箱验证即可成为皮书数据库用户。

用户福利

- 已注册用户购书后可免费获赠100元皮书数据库充值卡。刮开充值卡涂层获取充值密码,登录并进入"会员中心"—"在线充值"—"充值卡充值",充值成功即可购买和查看数据库内容。
- 用户福利最终解释权归社会科学文献出版社所有。

卡号:16954956 1861

数据库服务热线:400-008-6695
数据库服务QQ:2475522410
数据库服务邮箱:database@ssap.cn
图书销售热线:010-59367070/7028
图书服务QQ:1265056568
图书服务邮箱:duzhe@ssap.cn

S 基本子库
SUB DATABASE

中国社会发展数据库（下设12个专题子库）

紧扣人口、政治、外交、法律、教育、医疗卫生、资源环境等12个社会发展领域的前沿和热点，全面整合专业著作、智库报告、学术资讯、调研数据等类型资源，帮助用户追踪中国社会发展动态、研究社会发展战略与政策、了解社会热点问题、分析社会发展趋势。

中国经济发展数据库（下设12专题子库）

内容涵盖宏观经济、产业经济、工业经济、农业经济、财政金融、房地产经济、城市经济、商业贸易等12个重点经济领域，为把握经济运行态势、洞察经济发展规律、研判经济发展趋势、进行经济调控决策提供参考和依据。

中国行业发展数据库（下设17个专题子库）

以中国国民经济行业分类为依据，覆盖金融业、旅游业、交通运输业、能源矿产业、制造业等100多个行业，跟踪分析国民经济相关行业市场运行状况和政策导向，汇集行业发展前沿资讯，为投资、从业及各种经济决策提供理论支撑和实践指导。

中国区域发展数据库（下设4个专题子库）

对中国特定区域内的经济、社会、文化等领域现状与发展情况进行深度分析和预测，涉及省级行政区、城市群、城市、农村等不同维度，研究层级至县及县以下行政区，为学者研究地方经济社会宏观态势、经验模式、发展案例提供支撑，为地方政府决策提供参考。

中国文化传媒数据库（下设18个专题子库）

内容覆盖文化产业、新闻传播、电影娱乐、文学艺术、群众文化、图书情报等18个重点研究领域，聚焦文化传媒领域发展前沿、热点话题、行业实践，服务用户的教学科研、文化投资、企业规划等需要。

世界经济与国际关系数据库（下设6个专题子库）

整合世界经济、国际政治、世界文化与科技、全球性问题、国际组织与国际法、区域研究6大领域研究成果，对世界经济形势、国际形势进行连续性深度分析，对年度热点问题进行专题解读，为研判全球发展趋势提供事实和数据支持。

法律声明

"皮书系列"（含蓝皮书、绿皮书、黄皮书）之品牌由社会科学文献出版社最早使用并持续至今，现已被中国图书行业所熟知。"皮书系列"的相关商标已在国家商标管理部门商标局注册，包括但不限于LOGO（ ）、皮书、Pishu、经济蓝皮书、社会蓝皮书等。"皮书系列"图书的注册商标专用权及封面设计、版式设计的著作权均为社会科学文献出版社所有。未经社会科学文献出版社书面授权许可，任何使用与"皮书系列"图书注册商标、封面设计、版式设计相同或者近似的文字、图形或其组合的行为均系侵权行为。

经作者授权，本书的专有出版权及信息网络传播权等为社会科学文献出版社享有。未经社会科学文献出版社书面授权许可，任何就本书内容的复制、发行或以数字形式进行网络传播的行为均系侵权行为。

社会科学文献出版社将通过法律途径追究上述侵权行为的法律责任，维护自身合法权益。

欢迎社会各界人士对侵犯社会科学文献出版社上述权利的侵权行为进行举报。电话：010-59367121，电子邮箱：fawubu@ssap.cn。

社会科学文献出版社